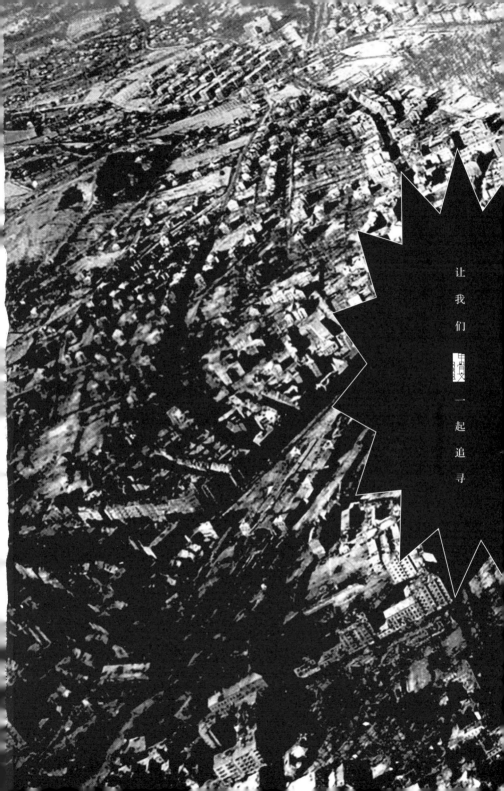

让我们一起追寻

Krisztián Ungváry

〔匈〕翁格瓦利·克里斯蒂安 著

陆大鹏 刘晓晖 译

THE SIEGE OF BUDAPEST

布达佩斯之围

第二次世界大战中的
一百天

100 Days in
World War Ⅱ

社会科学文献出版社

SOCIAL SCIENCES ACADEMIC PRESS (CHINA)

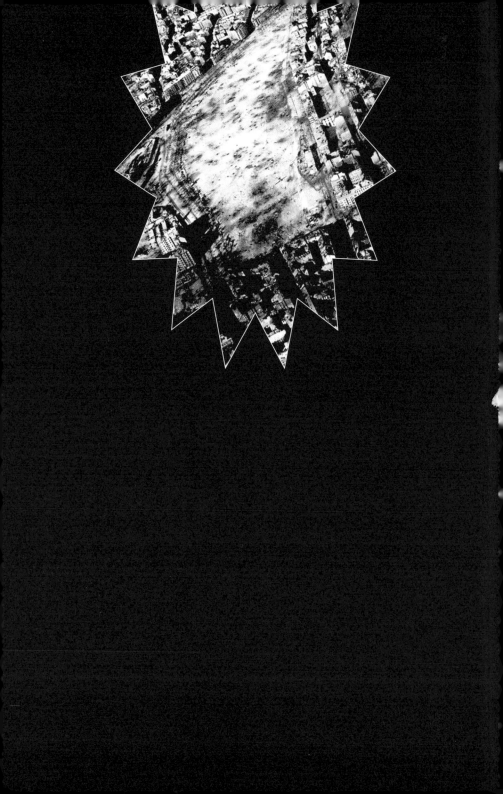

目　录

图片列表

指挥官伊万·阿方因少将

15. 费奥多尔·托尔布欣元帅，乌克兰第 3 方面军司令员，被他的军官簇拥着

16. "我在战斗，你必须为了胜利而工作。"当时东线鼓吹团结的招贴画

17. 翁瑙伊·拉斯洛，翁瑙伊营的营长

18. 高兰陶伊·埃尔温，翁瑙伊营的传令兵，1943 年 7 月，当时是克塞格军校的学员

19. 埃里希·克莱因上尉，"统帅堂"师第 1 炮兵营营长

20. 泰莱基·帕尔街，1945 年 1 月 5 日。匈军炮兵的大车和马匹

21. 红军重炮在轰击布达佩斯市中心

22. 红军工兵和扫雷犬在布达佩斯市中心

23. 大环路上的商店在燃烧，1945 年 1 月

24. 尼古拉·索瓦中将（最左），罗马尼亚第 7 步兵军军长，和他的士兵在布达佩斯市中心

25. 布达佩斯的一条狭窄街道，德军一辆弹药车爆炸

26. 伊万·马纳格罗夫中将（图中穿的是少将制服），红军第 53 集团军司令员，后成为"布达佩斯集群"司令员

27. 玛格丽特大道

28. 从链桥看布达，1945 年 2 月

29. 血之原野上损毁的德军滑翔机

30. 守军指挥部所在的隧道。1945 年 2 月，一名德军传令兵骑在摩托车上

31. 赫尔穆特·弗里德里希上尉（右）与本书作者

32. 塞尔·卡尔曼广场（今天的莫斯科广场）上突围的死

地图列表与地图说明

16."保护屋"（国际犹太人隔离区）、犹太人隔离区和迫害犹太人的主要地区

单位	步兵	装甲兵	骑兵	摩托化或机械化步兵或装甲掷弹兵	山地步兵军	突击炮/自行火炮	伞兵
集团军	3	6	Pliev				
军	7 (Rom)	III	5	2 gd.			
师	10	13	8	Szent László / FHH	1		
旅		39	4				
团	38	30	16	66		1831 gd.	
营	E		AA8			10	II/1
连							

本表格依据的是参加围城战的单位。苏联单位标有红星，匈牙利单位的旗帜上方有小型纹章，罗马尼亚单位番号之后的括号里会标注。

BBS	布达佩斯保安营	**FHH**	"统帅堂"师
BGB	布达佩斯近卫营	**gd.**	近卫军单位（苏联）
Gend.	宪兵	**Pol.**	警察
EFS	"欧罗巴"快速机动营	**(Rom)**	罗马尼亚
Univ.	大学突击营		党卫军
Res.	预备役单位		

前　言

约翰·卢卡斯 [*]

　　翁格瓦利·克里斯蒂安的这部著作至少有两个优点。首先，这是一部无与伦比的军事史。其他关于斯大林格勒战役、华沙战役或柏林战役的军事历史书虽然各有所长，但都不像翁格瓦利的书那样极其详尽并且特别生动地还原了部队在何时何地如何运动和作战。军事历史学家应当仔细鉴赏本书。布达佩斯人民应当读这本书，他们当中数量越来越少的六十年前布达佩斯战役的亲历者也应当读这本书。作为历史学家，我也发现这本精彩绝伦的著作当中有不少新鲜的细节。

　　本书的第二个优点更了不起。这不仅是一部优秀的军事史，还从人性、政治和社会的层面对这出恐怖而丑恶（偶尔也有英雄主义）的大戏进行了还原。在这出大戏里，一座伟大的首都遭到围攻，100 万居民的生存和心灵被卷入一场残酷的内战，而这场内战是更大范围战争的一部分。所以，这场恐怖的、令人胆寒的大戏不仅规模宏大，也极其复杂，它的意义甚至超越了第二次世界大战。

　　这样一部史书会给读者，尤其是隔着数千英里的距离和至

---

[*] 约翰·卢卡斯（John Lukacs, 1924~2019），匈牙利裔美国历史学家，亲身经历了布达佩斯围城战，1946 年逃往美国，后在美国多所大学任职。他支持自由民主，反对民粹主义，推崇丘吉尔。他的著作有《乔治·凯南传》（Geroge Kennan）、《历史上的希特勒》（*The Hitler of History*）等。（本书脚注均为译者注。）

少两代人时间的当代读者，带来很多困难。所以我主动肩负起为这部权威著作写序言的使命。我现在必须谈谈本书十分复杂的主题造成的困难。

首先，即便在今天，历史造成的思想包袱仍然很沉重。有一个奇特的现象是，很多平民不愿意讨论他们在战争时期的悲惨和屈辱经历。据我所知，还没有心理历史学家接触过这个问题，更不要说做深入研究了。（前不久，卓越的德国作家 W. G. 塞巴尔德描述过这个问题。令他震惊的是，很少有德国人愿意谈他们在战争期间遭遇空袭时蒙受的苦难。这的确奇怪，因为我们知道盟军对德国城市的轰炸越来越残酷，越来越不区分军用与民用目标；而且，德国人在其他时候经常自哀自怜，尤其是在他们战败之后。）上述心理状态，可以概括 1944 年至 1945 年的布达佩斯人和大部分匈牙利人，当时匈牙利人蒙受的苦难包括成千上万的匈牙利女性被强奸。羞耻和恐惧也许可以解释这种缄默的、被压抑的记忆。但在布达佩斯，问题还不止这些。出于很多原因（有政治的、心理的等），匈牙利人无法或者不愿重新审视（或消化）他们的祖国和人民在 1944 年至 1945 年的悲剧历史，尽管即便在今天的布达佩斯也能看到一些废墟和房屋上的弹痕。

所以我必须概述一下 1944 年的匈牙利形势和它的近期历史。匈牙利是个历史悠久的国家，在奥匈帝国最后几十年里享有程度相当高的独立性（不过没有完全独立）。第一次世界大战之后，出于各种理由（大多是错误的理由），西方协约国及其新的"盟国"捷克斯洛伐克、罗马尼亚、南斯拉夫运用相当可疑的"民族自决"原则肢解了匈牙利国家。1920 年的《特里亚农条约》剥夺了匈牙利三分之二的领土，让三百多万匈牙利人突然处于外国统治下。《特里亚农条约》对匈牙利的惩罚远甚于《凡尔赛和约》对德国的惩罚。这一切发生在1918年11月匈牙利的革命爆发不久之后。1919年3月，共产党在匈牙利建立了一个短命政权，遭到民族主义者的反革命镇压。革命、战败、国土沦丧：这些伤痛影响了随后二十年的匈牙利政治。匈牙利仍然是"王国"，但仅仅是名义上的。国家元首是曾经的海军将领霍尔蒂·米克洛什，他的头衔是摄政王。20世纪20年代，匈牙利略微恢复了一点元气。30年代，德国在希特勒领导下再度崛起，迅速成为欧洲的主要强国，废弃和撕毁了《凡尔赛和约》。当时的很多匈牙利人，尤其是军官，仰慕第三帝国，这不足为奇。希特勒对匈牙利没有特别的好感，但主要因为匈牙利在1938年至1941年站在德国那边（这是很难避免的），匈牙利收复了部分失地。

但这时匈牙利的命运已经被卷入即将爆发的第二次世界大战。1938年3月，希特勒吞并奥地利，庞大的第三帝国成了匈牙利的邻国。渐渐地，理智的匈牙利人认识到（或者说应当认识到），匈牙利国家的主要问题已经不是收复失地，而是想方设法保住匈牙利的独立性。统治阶级的大多数人既不愿承认也没有考虑过这个紧迫的问题，很大一部分匈牙利人民没有认识到这个问题，尤其军人更是没有认识到。大多数匈牙利军人愿意让自己和自己的国家适应希特勒德国的战争策略，相信纳粹德国是不可战胜的。于是匈牙利颁布了反犹法律（下文会详谈）。1940年11月，匈牙利加入了所谓德意日三国同盟条约的体系。1941年4月，匈牙利参加了希特勒侵略南斯拉夫的战争，尽管就在几个月前匈牙利才与南斯拉夫签署了"永久友好条约"

（保守派的匈牙利总理泰莱基·帕尔为此开枪自尽①）。1941 年 12 月，英国对匈牙利宣战，几天后匈牙利对美国宣战。

一支匈牙利军队奉命开往苏联，与德军并肩作战。但在 1942 年和 1943 年，发生了一些微妙的变化。一些爱国的（而不是民族主义的）保守派人士和摄政王决定小心翼翼地、秘密地减少匈牙利对希特勒的支持。新总理卡洛伊·米克洛什走马上任。他们秘密尝试与英美接触。1943 年 1 月和 2 月，苏联红军基本上全歼了匈牙利第 2 集团军，其残部不得不开始撤退。根据英美与匈牙利政府心照不宣的约定，英美空军在飞越匈牙利上空时不会投弹。（1942 年 9 月，布达佩斯遭到苏联空军的一次小规模空袭。）除了匈牙利第 2 集团军的悲剧，匈牙利和布达佩斯（包括犹太居民）大体上没有受到战争摧残，尽管苏联红军正在从东北方逼近匈牙利。

现在希特勒的忍耐结束了。他于 1944 年 3 月 18 日召见匈牙利摄政王，命令霍尔蒂任命一个完全亲德和亲纳粹的政府。摄政王别无选择，只能服从。德军进驻布达佩斯和其他城市。不久之后，布达佩斯遭到英美飞机的空袭。匈牙利犹太人开始遭到残酷无情的侮辱、迫害和镇压。在德国人的命令下，在匈

---

① 泰莱基·帕尔伯爵（1879～1941）于 1920～1921 年和 1939～1941 年两次担任匈牙利总理。他是匈牙利历史上有争议的人物。一方面，他不愿意屈服于希特勒，不愿意卷入战争，希望保住匈牙利的独立性；另一方面，他是积极的反犹分子，制定了多部反犹法律。1939 年德国入侵波兰时希望从匈牙利借道，泰莱基严词拒绝，后来还开放边境，接纳逃到匈牙利境内的波兰军人和难民，所以他在波兰享有很好的声誉。德国入侵南斯拉夫时，匈牙利再次面临两难选择，泰莱基反对匈牙利在军事上支持德国，但匈牙利军方不理睬泰莱基，与德国合作。泰莱基感到匈牙利背叛了自己的盟友南斯拉夫，并且相信匈牙利跟着德国走是死路一条，于是选择自杀。泰莱基还是地理学家、大学教授和匈牙利童子军运动的大力支持者。

牙利许多军事和民政机关的配合下，约 40 万匈牙利犹太人被关押在隔离区，然后被强行运走，大多被送往奥斯维辛集中营。他们中的大多数人没能活到战争结束。最后一批被拘捕和驱逐的是布达佩斯的犹太人，约 16 万人。6 月底至 7 月初，霍尔蒂振作起来。在罗斯福总统、瑞典国王和庇护十二世教宗的书信的刺激下，他命令停止驱逐布达佩斯的犹太人。七周后，敌视匈牙利的邻国罗马尼亚背叛了希特勒，倒向苏联。一个月后，第一批苏联红军从西南方踏上匈牙利领土。在做了不够充分的准备之后，摄政王于 10 月 15 日通过广播宣布匈牙利放下武器、向盟国投降。几个钟头之后，他就被德军包围并逮捕。再过几个小时，德国人扶植了匈牙利纳粹"箭十字党"组建政府，该党成员不仅包括狂热分子，还有刑事罪犯。随后几个月里，布达佩斯陷入恐怖气氛，然后遭到苏联红军围攻。

第一批苏联红军于 11 月 2 日接近布达佩斯东南角，正式的围城于圣诞节开始，以 1945 年 2 月 13 日德军和匈军瓦解并投降为结局。在此期间，战火燃遍匈牙利全境，无数村庄和城镇陷入火海，数百万人遭到战争残害，身体和心灵都蒙受了巨大创伤。我们对这一点也要提及，因为除了军人之外，布达佩斯围城战还波及大量平民。这是军队之间的较量，也是心灵的较量。

布达佩斯围城战开始的时候，布达佩斯人民正处于严重的甚至悲剧性的分裂当中。今天已经不可能准确判断当时分裂的程度。当时没有民意调查（1939 年 5 月之后也不再有选举），何况就连同一个人的内心也往往存在分裂和矛盾。但作为历史学家和曾经见证并经历那些岁月的人，我必须努力去探查那个四分五裂、饱受折磨的人群的心理状态。

我估计，在围城战开始之时，布达佩斯居民（非犹太人）也许有15%愿意继续站在德国那边。这些人包括箭十字党的狂热分子，也包括其他很多不一定是箭十字党党员的人，他们相信苏联红军的到来是最糟糕的局面，所以他们必须抵抗。另有15%的人得出了与之截然相反的结论：匈牙利与希特勒德国结盟是政治和道德上的灾难，他们必须想方设法加以抵制；箭十字党政府包括犯罪分子，所以苏联人越早占领布达佩斯越好。在这15%的人当中，共产党人及其同情者只占很小的比例。其余人，即总人口的大约70%（当然这是非常粗略的估计）在局势和事件的冲击下变得麻木，有时不愿意去思考未来；他们的注意力完全被自己和亲人面临的危险占据了；他们对围城战的结束意味着什么没有清楚的概念；他们的心中充满困惑，充满矛盾。

除了上述几点粗略的总结，过去不曾有，现在也没有社会学研究去解释那些深刻的、往往是致命的分裂。有意思的是，匈牙利贵族的残部大体上是反纳粹的，所以他们至少在短期内期待着苏联人到来，尽管在共产党统治下贵族阶级不会有好下场；与此同时，工人阶级普遍亲德和亲纳粹，甚至是纳粹的信徒（马克思等人的观点在这里不适用）。所谓的基督徒（意思是非犹太人、非社会主义者）中产阶级的立场非常分裂，也许能够反映上述的15%：70%：15%比例构成情况。信教的人、不信教的人，天主教神父和新教牧师，教师、法官和律师，公务员、商人和警察，等等，也都很分裂。在围城战期间，有些人的倾向和观念会发生变化，这无疑是因为他们的恐怖遭遇。

他们的记忆也会变。如我之前所说，很多人觉得压抑自己的记忆比追忆和反思轻松得多。

　　时至今日，也就是围城战的六十年之后，仍然存在一个问题，它涉及布达佩斯的犹太人以及他们与邻居的关系。1944年底布达佩斯战役开始的时候，当地的犹太人是希特勒统治下欧洲（乃至整个欧洲）幸存人数最多的一群犹太人，这的确是个不寻常的现象（与科学不同，在历史学当中，例外往往比普遍现象更重要）。布达佩斯犹太人遭受歧视、迫害和镇压，很多人失去了生命，但大多数人在1944年底还活着。当然，他们在为自己的生命而战栗，屏住呼吸等待"解放"，不管解放者是谁。

　　布达佩斯人民内部致命的、痛苦的分裂，往往与他们和犹太人邻居的关系直接相关。犹太人群体内部的状况也各不相同。首先，当时（和今天一样）很难确定他们的准确人数，主要是因为很多犹太人与基督徒通婚，也因为很多犹太人皈依了基督教。在第二次世界大战之前，犹太人融入匈牙利社会和被同化的程度非常高。但现代反犹主义与宗教无关，而与种族主义有关。匈牙利反犹主义是对融入匈牙利社会程度最高的、最成功的犹太人的反对和怨恨。第一次世界大战之前匈牙利反犹主义只是零星现象，但在1919年短暂的共产主义政权之后，反犹主义迅猛发展，因为1919年政权的三分之二领导人是犹太人。结果是，反犹成为霍尔蒂政府的一项官方政策，并且政府在1938年至1941年颁布了一系列反犹法律法规。这些反犹措施有的是在德国要求下做出的，但有的是匈牙利人自发。二十五年的反犹教育和宣传对很多匈牙利人产生了影响。到1944年底，布达佩斯的犹太人命悬一线。

　　此时统治布达佩斯的是狂热反犹的箭十字党"政府"。但此时已是 1944 年 11 月，已经不可能将犹太人运往奥斯维辛集中营了。箭十字党起初在德国的要求下（艾希曼及其党羽在 10 月 15 日之后再次来到布达佩斯）命令将全部犹太人，不分年龄和性别，押往西方的奥地利和德国。但这样的强制行军命令大多被取消了，因为它们不切实际。12 月初，围城战开始之前，布达佩斯犹太人的处境如下。（1）政府在主要由犹太人居住的区域设立了隔离区，绝大多数犹太人被强迫迁入隔离区。高高的木栅栏将隔离区封闭起来，任何人不得通行。隔离区内挤进了 7.2 万名犹太人，他们在围城战中得以幸存。1945 年 1 月 16 日至 17 日，第一批苏联红军抵达了犹太人隔离区。（2）另有 2.5 万或 3 万名犹太人居住在市区另一区域的若干公寓楼内。这些"犹太人"房屋（1944 年 4 月起，门口涂着很大的黄色大卫之星）处于一定程度的"国际"保护之下——这在当时是奇怪的现象。瑞典政府（以及勇敢的拉乌尔·瓦伦贝格，围城战期间他一直待在布达佩斯）、瑞士公使馆、葡萄牙公使馆、西班牙公使馆和梵蒂冈公使馆宣布，生活在这些房屋内的犹太人暂时处于他们的保护之下。此时与匈牙利有外交关系的国家所剩无几，为了维持与这些中立国的外交关系，箭十字党政府的外交部接受了这种做法。但犯罪团伙不接受。他们多次侵入犹太人居住的房屋，将很多犹太人押到寒风瑟瑟的街上，将他们带到多瑙河码头，杀害他们，将尸体丢进冰冷的河水。不过，生活在有"国际"保护的房屋内的犹太人大多得以幸存（勇敢地保护犹太人的瓦伦贝格在围城战后不久失踪）。还有很多犹太人，也许多达 5 万人，往往持有假证件，得到他们的非犹太人邻居、朋友和熟人的庇护，或者在围城战之前或期间躲进了女修院、本堂神父住宅、修道院和其他宗教机构。在布达佩斯围城战期间，在德军与苏联红军激烈交战期间，在令布达佩斯人民分裂的内战期间，在那些希望德军卷土重来或者红军"解放"他们的人的心中，还有另一种凶残的斗争。有的人对布达佩斯犹太人的命运无动于衷，也有的人对他们关怀备至。仅仅这一点就让布达佩斯围城战的历史变得错综复杂，让它变得远远不只是第二次世界大战历史的一个章节，也不只是纳粹屠犹历史的一个章节。

但决定布达佩斯围城战走向的，不是布达佩斯居民，甚至也不是那些在城内跌跌撞撞地鏖战的士兵。决定这座城市命运的，很大程度上是斯大林和希特勒。

1944 年 8 月，苏联红军兵临华沙城下。这时斯大林命令红军停止西进。他决定让红军先攻入巴尔干半岛、罗马尼亚、保加利亚、塞尔维亚，然后进入匈牙利。这个决定是符合逻辑的，是从战略和地理角度考虑的，但也是政治性的。德军此时正准备从东南欧撤退（不过不打算撤离匈牙利）。不会有英国或美国军队到东南欧去填补军事和政治的真空。丘吉尔知道这一点。这是他在 10 月飞到莫斯科试图与斯大林达成某种协议的两个主要原因之一（另一个原因是试图决定波兰的未来）。他们果然达成了协议。斯大林同意遵守关于英美与苏联在巴尔干半岛和匈牙利势力范围的一项协议，把希腊留给英国人。起初，斯大林和丘吉尔同意双方平分匈牙利。几天后莫洛托夫要求修改协议，安东尼·艾登①同意让苏联人占据匈牙利的 75%。此时苏

---

① 罗伯特·安东尼·艾登（1897～1977），第一代亚芬伯爵，英国保守党政治家，三次担任外交大臣，1955～1957 年担任首相。他给丘吉尔当了十几年副手，后来接替丘吉尔成为首相。1956 年，他出兵干预苏伊士运河危机失败（标志着大英帝国正式衰落，脱离超级大国行列），随后辞职。英国人一般认为他是历史上最差的首相之一。

联红军已经征服匈牙利南部和东部的大部分地区，正在进军布达佩斯。（丘吉尔之所以接受莫洛托夫的要求，还有一个原因是他在莫斯科期间，匈牙利向西方投降并停战的努力失败了。）10月底，斯大林命令并敦促罗季翁·雅科夫列维奇·马利诺夫斯基元帅（当时在匈牙利境内的两支主要红军部队之一的司令员）尽快拿下布达佩斯。苏联红军先头部队于几天后抵达布达佩斯郊区。但马利诺夫斯基暂时还没有办法穿透和征服这座城市，所以真正的围城战一直到圣诞节才开始，那时另一支红军在费奥多尔·伊万诺维奇·托尔布欣元帅指挥下从西南面包围了城市。说到这里，我必须表示，在有一点上，我与我的好友翁格瓦利有细微的分歧。斯大林当然想尽早西进，但我觉得他当时主要关心的问题并不是这个。他当然对迟迟不能拿下布达佩斯不满，对围城战耗时过久不满。不过，他虽然因此感到恼火，但并不是特别不能接受。苏联红军征服布达佩斯的速度相对较慢，就是一个间接证据。这一次苏联红军前进得十分谨慎。无论如何，斯大林都想要确保布达佩斯和匈牙利落入他的掌控之中。他的下属对这一点非常清楚。从下面这个例子就可以看出他们的政治决心：苏联红军占领佩斯的一两天后，就把瓦伦贝格逮捕并押到了莫斯科。

　　希特勒的目标也许更值得玩味。他的主要意愿很明显：尽可能地拦截和阻滞红军向维也纳进军。如果为了达到这个目的需要毁掉布达佩斯，他也能接受。在这方面他取得了成功：布达佩斯围城战让苏联红军消耗了大量人力和时间，战事拖延得足够久。这就是为什么希特勒禁止布达守军突围，尽管德军的两次反击已经打到了距离城市很近的地方，突围是有可能成功的。希特勒希望布达佩斯（或至少布达）继续担当苏联红军的肉中刺，阻挠他们向维也纳进攻。值得注意的是，德军在匈牙利西部的最大规模反击是在布达佩斯陷落之后发起的。这是德军在东线的最后一次攻势，也是在整个战争中的最后一次攻势，起初取得了一些突破，但最终还是失败了。此次攻势的意义在于展现了希特勒的思维。好几年来，他的主要希望（也是唯一希望）就是让他的几个敌人内讧。这个目标基本上不可能从政治或外交层面达成，但如果德军在战场上（不管是哪条战线）突然取得一次大捷，也许能迫使盟国的关系破裂。希特勒在阿登发动攻势（"突出部战役"）的目标就是这个，而不是重新征服巴黎。1945年3月他绝望之中的最后目标就是在匈牙利西部对苏联红军造成一次毁灭性打击。他没有成功，但延迟了盟军的进展。

在这里我必须补充一点。这是历史学家很少提及，或者提得还不够的。那就是希特勒默许他的一些下属努力在英美和苏联之间制造矛盾。1944年，这样的事情有很多。在布达佩斯方面，至少有两个例子。其中之一涉及拉乌尔·瓦伦贝格。他根本不是瑞典外交官，他来到布达佩斯是出于人道主义信念，并得到了犹太人和美国一些组织的帮助。德国人允许他在布达佩斯活动，允许他待在那里，经常把他当作西方盟国利益的代表来对待（在很多方面，他的确是这样的代表）。德国人这么做有好几个理由，其中之一就是在英美和苏联之间煽动矛盾。苏联人知道这一点（德国人也确保了他们知道这一点），所以他们占领布达佩斯之后立刻逮捕了瓦伦贝格并将其押往莫斯科。另一个例子是海因里希·希姆莱的干涉，他明令禁止摧毁布达佩斯的犹太人隔离区，禁止杀害其居民。（另外，在苏联红军进抵隔离区两天前，若干党卫军单位和箭十字党计划侵入隔离区并屠杀其居民。一名德军少将威胁要逮捕胆敢侵入隔离区的人，阻止了这个计划。）我们有理由相信，希姆莱的命令并没有违背希特勒的意愿。

布达佩斯围城战于 1945 年 2 月 13 日结束，那是雅尔塔会议结束之后的第二天。雅尔塔会议期间，丘吉尔、罗斯福和斯大林只字未提布达佩斯或匈牙利，因为它们显然即将完全被苏联控制。六十年后的 2004 年，匈牙利的若干杂志和右翼组织的数百名游行示威者仍然在宣扬布达最后守卫者的所谓英雄主义。其他人回忆起那一天（如果他们愿意回忆的话），则会说那是他们获得"解放"的日子。是啊，布达佩斯围城战太复杂了。它的历史和人民对于它的记忆太复杂了。

作者序

　　布达佩斯战役是第二次世界大战中最漫长、最血腥的城市攻防战之一。从 1944 年 11 月 3 日第一批苏联红军坦克出现在匈牙利首都郊区到 1945 年 2 月 13 日红军占领布达城堡山，一共持续了 102 天（市内的战斗于 12 月 24 日开始，持续了 51 天）。相比之下，柏林仅两周就陷落了，维也纳只坚持了五天，而巴黎和欧洲的其他首都（华沙除外）根本没有经历战火。其他的德国"要塞"，如柯尼斯堡和布雷斯劳，抵抗的时间也较短，分别是 77 天和 82 天。

　　布达佩斯（更准确地说，是布达）具有重要的战略意义，是兵家必争之地。在一千年历史里，布达佩斯经历过十几次激烈程度不一的围城，但第二次世界大战造成的破坏远远超过它之前的体验。在血腥程度上只有列宁格勒战役、斯大林格勒战役和华沙战役能够与布达佩斯战役相提并论。

　　列宁格勒被封锁了差不多三年，但没有发生巷战。斯大林格勒的鏖战持续了四个月，但大多数市民已经被疏散。而在布达佩斯，除了德国、匈牙利和苏联军人，还有 80 万非战斗人员被卷入了为期三个多月的围城战。战况如此激烈，以至于当时的军人将其与斯大林格勒战役相比。

　　绝大多数布达佩斯居民没有得到疏散。至少有 3.8 万名平民死亡，匈牙利和德国军人的死亡人数大概也是这么多。所以防守一方的死者当中有一半是平民。苏联红军的伤亡人数大概也有 8 万人，因此此役的总伤亡人数接近 16 万。

关于此役的德文、匈文或俄文档案材料很少。当时的军人写下的很多材料已经丢失或者被销毁。留存至今的极少数文献之一是匈军第 10 步兵师的作战日志。该师参谋长拜纽夫斯基·哲泽命令将该日志埋在布达的一处庭院内，它就在那里待了四十多年，直到 1986 年才被收入布达佩斯军事档案馆。从 20 世纪 80 年代中叶开始，该档案馆收录了越来越多的回忆录，但因为政治原因，这些材料起初被束之高阁，不对外开放。

在很长时间里，关于此役的所有出版物都是宣传工具。第一份有学术价值的叙述是托特·山多尔的《布达佩斯的解放》（*Budapest felszabadítása*），出版于 1975 年。但托特只能读到部分苏联文献，完全没有办法接触德国档案。他的作品主要关心的也不是布达佩斯发生了什么事情。全书 279 页中只有 62 页讲的是城内的战斗，其余部分谈的都是政治问题和解围作战。托特这么写不是出于偶然，而是因为他必须对各种细节保持沉默，并且很多亲历者在他写作的时候也不能直抒胸臆。生活在伯尔尼的戈斯托尼·彼得能够自由地开展研究，从 20 世纪 60 年代起发表了一些有价值的史料和研究作品，主要用的是德文和匈文。1989 年，匈牙利历史学家不再受到政治压力。不过，尽管匈牙利人对近期军事史的兴趣越来越浓，全面审视布达佩斯战役的书还是一直没有出现。唯一的例外是 1994 年布达佩斯军事历史研究所一次会议的论文集。

我写作本书的目标是利用全部现存的史料，复原第二次世界大战中最血腥的城市战役之一的真相。现有的官方档案很不完整，所以我经常不得不依赖亲历者的回忆。不管怎么说，在办公室或战地邮局写的公报无法真切地传达围城战的恐怖气氛。所以个人叙述在我的研究中发挥了重要作用。

我努力从德国和匈牙利幸存者那里获取信息。不过，尽管德国人承受了作战的主要负担，但德国军人的叙述很少，而且往往不准确，因为他们不熟悉当地情况。苏联军人的叙述甚至更少见。所以，对于具体的交战过程，我主要用的是匈牙利人的叙述。

布达佩斯战役的历史在匈牙利和德国都引起了很多人的兴趣。本书的匈文版已经出了四版，德文版有三版，英国版出了一版。现在仍然有幸存者来找我，为我提供更多宝贵的信息。除了写作本书，我还就它的主题在布达佩斯和柏林组织了成功的展览。

本书最初是我在布达佩斯厄特沃什·罗兰大学的博士论文。我在德国弗赖堡联邦档案馆的研究得到了德意志学术交流中心两项奖学金的支持。该机构的工作人员，尤其是 Brün Meyer 先生，不知疲倦地帮助了我。我还想感谢其他为我提供文献或个人经历细节的机构和个人。本书的"参考文献"部分刊载了他们的名字。

布达佩斯战役是匈牙利、德国和俄罗斯历史的一部分。那些悲剧性的，有时是可耻的事件仍然能激起令人痛苦的回忆，所以即便在几十年后的今天，也很难客观公正地讨论这段历史。考虑到这一点，我要向下列诸位道谢，感谢他们的技术建议和对本书手稿的发人深省的评论：András Ceglédi、Klaus Ewald、Ervin Galántay、Ferenc X. Kovács、Péter Nádas、György Pongrácz、István Ravasz、Endre Sasvári、Péter Szabó、Sándor Tóth、Rudolf Ungváry、Sándor Vadász、György Válas、Frigyes

Wáczek 和 Philip Wetzel。我要特别感谢本书的英译者 Ladislaus Löb 教授，他对本书的贡献远远超过了单纯的翻译，他还帮助我纠正了许多不准确的细节。

翁格瓦利·克里斯蒂安

一 序曲

喀尔巴阡盆地的总体态势，1944 年秋

由于德军在东线遭到一连串惨败，德国的盟友意大利、罗马尼亚和匈牙利逐渐动摇。在这三个国家，要求解除与德国同盟关系的政治力量开始占上风。1944 年初，战火逼近匈牙利边境。为防止匈牙利像意大利一样与盟国单独媾和，德国国防军占领了匈牙利。但德国领导层未能实现占领罗马尼亚的计划，罗马尼亚得以继续欺骗德国，最终倒向苏联。1944 年 8 月 23 日，罗马尼亚国王米哈伊一世将亲法西斯的首相扬·安东内斯库解职，罗马尼亚断绝了同德国的外交关系。德军在罗马尼亚东部的战线迅速崩溃，南乌克兰集团军群大部被歼灭，苏联红军的乌克兰第 2 方面军几乎没有遇到任何抵抗便横穿罗马尼亚，8 月 25 日进抵匈牙利的特兰西瓦尼亚边境。10 月初，红军抵达南方的大匈牙利平原①边界。10 月 6 日，乌克兰第 2 方面军开始总攻，试图与从喀尔巴阡山发动攻击的乌克兰第 4 方面军联手，在特兰西瓦尼亚围歼德军和匈军（约 20 万人）。在匈牙利的德军南方集团军群共有 31 个师、293 辆坦克和突击炮，面对乌克兰第 2 方面军的 59 个师、825 辆坦克和自行火炮。兵力对

---

① 大匈牙利平原面积约 5 万平方公里，覆盖了今天匈牙利国土的一半以上，其北面和东面是喀尔巴阡山脉，西南面是外多瑙山脉和克罗地亚山脉，南面的边界大致沿着萨瓦河。蒂萨河是该地区最重要的河流。

比为 40 万人对 69.82 万人。[1]

在从毛科到大瓦劳德①的 160 公里战线上，苏联红军有 2 个坦克军和 2 个机械化军，计有 627 辆坦克、22 个骑兵师和步兵师；在他们北面的匈军第 3 集团军有 70 辆坦克、8 个师。匈军缺少反坦克武器，防线很快被撕碎，红军随后奉命向德布勒森方向进攻。同时德军也在该地区集中了兵力。德军的"吉普赛男爵"行动旨在歼灭大匈牙利平原上的乌克兰第 2 方面军，然后转向南方和东方，夺取喀尔巴阡山口，从而构建一条利于防御的战线。10 月 10 日至 14 日，德布勒森爆发坦克战。德军和匈军 11 个师共有 227 辆坦克和突击炮，而面对他们的红军占有三倍以上的数量优势：39 个师、773 辆坦克和突击炮。

苏联红军于 1944 年 10 月 20 日占领德布勒森，但还是无法达成包围德军第 8 集团军与匈军第 1 和第 2 集团军（部署在特兰西瓦尼亚和喀尔巴阡山地区）的目标。另外，伊万·叶菲莫维奇·彼得罗夫大将指挥的乌克兰第 4 方面军本应从北面收拢包围圈，却几乎没有取得任何进展。因此德军南方集团军群成功地将部队撤出，逃脱了被包围的噩运。10 月 15 日，霍尔蒂·米克洛什摄政王脱离德国、与苏联单独媾和的企图被挫败，此前一直被牵制在边境地区的德军装甲部队得以加入前线作战。到 10 月 20 日，德军仅损失 133 辆坦克，而红军损失多达 500 辆，相当于其全部坦克兵力的 70%。[2] 到 10 月底，德军装甲部队将伊萨·亚历山德罗维奇·普利耶夫将军的机械化骑兵部队包围在尼赖吉哈佐地区，这股红军虽得以突围，但损失惨重。即使在战争后期，德国国防军仍然

---

① 大瓦劳德今天属于罗马尼亚，又称奥拉迪亚，在该国西北部。

是一支可怕的力量：平均来看，红军要付出 4 辆坦克的代价，才能消灭 1 辆德军坦克。如果红军的进攻更果敢一些，损失也许会少得多。

占领匈牙利之后，希特勒任命埃德蒙·维森迈尔为德国在匈牙利的最高全权代表。维森迈尔需要考虑党卫军的利益，但实际上他一个人决定了匈牙利的政策。布达佩斯围城战开始之前，他宣称，即使布达佩斯"被摧毁十次也无关紧要，只要能守住维也纳"。[3]

在匈牙利南部的包姚和东部的索尔诺克之间，只有匈军第 3 集团军精疲力竭的 7 个师和德军第 24 装甲师的 20 辆坦克在据守阵地、抵挡苏联红军第 46 集团军，因为德军大部分装甲部队被投入了德布勒森的坦克战。红军已经进逼到距离布达佩斯只有约 100 公里处。但红军如果此时发动进攻就得承担极大的风险，因为德军装甲部队可以迅速重新集结以保卫城市，而红军的装甲车辆损失过大，无力展开攻势。

苏联红军占领了蒂萨河以东和大匈牙利平原的南部，而在布达佩斯和匈牙利西部，箭十字党开始了恐怖统治。

20 世纪 30 年代后半期，匈牙利的多个极右翼组织合并，组建了箭十字党。由于匈牙利人对 1919 年的共产党政权普遍感到失望，而且国内的封建体制得以延续，再加上匈牙利社会的反犹传统，箭十字党很快兴盛起来。该党的领袖是萨拉希·费伦茨，一名被撤职的总参谋部少校军官。在 1938 年的大选中，该党在工人阶层中极受欢迎，赢得约 20% 选票。该党许诺保卫工人农民的利益，开展土地改革和社会改革；彻底消除犹太人的影响，驱逐匈牙利的所有犹太人；建立一个匈牙利领导下的联邦国家，即所谓"匈牙利—喀尔巴阡—多瑙大祖国"，包括匈牙利、斯洛伐克、伏伊伏丁那①、布尔根兰、克罗地亚、达尔马提亚、鲁塞尼亚②、特兰西瓦尼亚和波斯尼亚。他们从纳粹党那里学来了"元首"制度和生存空间原则：一个民族应当无条件地服从领袖的绝对统治，并为不断增加的人口征服更大的生存空间。

尽管布达佩斯的命运事实上取决于德国的军事政策，箭十字党声称，匈牙利人民必须坚决抵抗步步紧逼的红军，否则就会遭到暴力镇压、洗劫并被遣送到西伯利亚。遭到迫害的犹太人把进逼的红军视为解放者，其他人则感到前景黯淡。布达佩斯表面上的相对平静很快被打破，犹太人被驱赶到隔离区，或者被遣送至德国集中营。成群的难民背井离乡，向西逃亡，大匈牙利平原上还传来了疏散平民的命令。语言学家科沃洛夫斯基·米克洛什在目睹小佩斯③郊区的情景后在日记中写道：

> 这座城市即将遭到持续围攻，我们必须做好准备。一个老妇人谈到凯奇凯梅特的疏散时泪流满面。他们携带了一些衣物和食物，但没办法把三头猪从农场带走。整座城市成了一个大救济院，如果他们在这里也待不下去，那该怎么办？[4]

---

① 伏伊伏丁那今天是塞尔维亚北部的一个自治省，民族构成复杂，其中塞尔维亚人为主体民族，马扎尔人为第二大民族。伏伊伏丁那有六种官方语言。最大城市是诺维萨德（Novi Sad）。

② 鲁塞尼亚这个词的含义极为复杂，可以用来指代东欧的许多不同的地理和文化概念，比如泛指古罗斯土地，或指乌克兰等。此处的鲁塞尼亚指1918年之后匈牙利在喀尔巴阡山以南的部分，那里的人民也被称为卢森尼亚人（Rusyns），是东斯拉夫人的一支，有时被认为是乌克兰民族的一部分，有时则被认为是单独的民族。

③ 小佩斯是布达佩斯的第19区，1871年建立，原本是布达佩斯郊外的村庄。

瓜分东欧

当乌克兰第 2 方面军和德军南方集团军群在德布勒森激战正酣时，莫斯科发生了一些将会决定布达佩斯命运的事情。1944 年 10 月 8 日至 18 日，英国首相温斯顿·丘吉尔在苏联首都与斯大林会谈，主题是英国和苏联在未来东欧的利益。丘吉尔明确地向苏联领导人约瑟夫·斯大林表示，有必要将整个东欧划分为若干"势力范围"。据在场的人说，丘吉尔在纸上草草写下一些国家的名字以及将要分配给苏联和"其他人"（即西方盟国）的百分比时似乎有些醉意：

罗马尼亚：90%—10%

保加利亚：75%—25%

匈牙利：50%—50%

南斯拉夫：50%—50%

希腊：10%—90%

斯大林毫不犹豫地对这份历史性文件做了首肯。他对势力范围这种东西可谓经验丰富，早在 1939 年就签过类似的协定，虽然那时是和纳粹德国合作。丘吉尔在比较清醒的时候对这种傲慢的解决方式有些担忧。他对斯大林说："这个问题对几百万人的命运至关重要，我们却处理得如此唐突，会不会太随便了？我们还是把这张纸烧了吧。"但斯大林冷静地回答："不，你还是留着吧。"[5]

但斯大林这位多疑的统治者已经在考虑撕毁协定了。英国首相曾提议让英美军队穿过卢布尔雅那缺口①进军，但斯大林一再拒绝这个计划，因为他害怕西方盟军的到来会使他将该地区布尔什维克化的计划落空。当丘吉尔又一次建议让英美军队进攻巴尔干时，斯大林的反应就显得很典型了。原则上，英美军队进驻匈牙利和南斯拉夫并不会损害苏联的"安全利益"，因为他已经许诺将该地区50%的势力范围划给盟军，况且苏联红军已于10月14日占领贝尔格莱德，有可能在几周内就可以占领多瑙河与蒂萨河之间的广大区域。如果斯大林仍然试图超过他的盟友，一直推进到奥地利和巴伐利亚（苏联的"势力范围"从未涉及这些地区），那么原因就只有一个：他根本就没打算遵守诺言。

斯大林对自己的"安全利益"的诠释是相当宽泛的。1939年至1940年，苏联也为了自己所谓的"安全利益"向邻国提出了领土要求，把这与1944年的情况做个比较就很能说明问题了。斯大林在1944年的最低限度要求和当年通过莫洛托夫向希特勒提出的要求几乎一模一样：将苏联的"利益范围"拓展到匈牙利、罗马尼亚、保加利亚、希腊以及地中海和黑海之间的两道海峡。⁶1944年，苏联的清单又加上了南斯拉夫和阿尔巴尼亚，除此之外苏联的领土要求与卡尔·马克思在一个世纪以前所说的俄国的"自然疆界"极为相似，这不能不让人为之惊诧。为了这些最低限度要求，斯大林不惜在军事上冒很大风险。对他来讲，占领布达佩斯的必要性不仅在于同英美竞争，而且也是按将匈牙利布尔什维克化的"时间表"行事。"将首都［布达佩斯］从德国法西斯的奴役下解放出来，将会加速……民主政府的建立……对资产阶级政党和集团当中优柔寡断的分

---

① 卢布尔雅那缺口是阿尔卑斯山脉和狄那里克阿尔卑斯山脉之间的过渡地带，从西南向东北延伸，在的里雅斯特和卢布尔雅那之间。

子也有积极影响。"[7] 这能证明苏联的帝国主义野心。苏联和英美都对这场争夺势力范围的"竞赛"极为重视。丘吉尔计划发动的亚得里亚海攻势是西方盟军在该地区的唯一行动，而且与斯大林不同的是，丘吉尔并不希望该地区的政治形势发生巨大变化，他想要的只是划给自己的那些"百分比"而已。对当时的美国而言，在政治层面控制西欧还不是它关心的主要问题。诺曼底登陆的行动被推迟到 1944 年 6 月 6 日，而从 1944 年 10 月到次年 3 月英美军队几乎完全没有进攻性行动，这也表明，英美军方高层的战略目标并不包括与苏联竞赛。

计划与准备

　　盟国代表团离开后，斯大林带着他的"安全利益"计划询问他的总参谋部，是否有可能立即夺取布达佩斯。此前不久，他收到了列夫·扎哈罗维奇·梅赫利斯上将的报告。此人曾是斯大林的秘书，此时担任乌克兰第 4 方面军司令员的军事委员。梅赫利斯的报告一向过分乐观，之前就导致过军事灾难，比如 1942 年不幸的克里米亚作战。他报告斯大林说："面对我军战线的匈军第 1 集团军各单位士气低落，正在土崩瓦解。我军每天都能俘虏 1000 到 2000 人，有时甚至更多……小股敌军士兵在森林里流窜，有些有武器，有些没有，很多人穿着平民服装。"[8]

　　对于斯大林"是否有可能立即夺取布达佩斯"的问题，战后曾担任苏军总参谋长的谢尔盖·什捷缅科大将后来回忆道："我们没有意识到什么，便回答，从乌克兰第 2 方面军左翼已经夺取的大匈牙利平原上的稳固桥头堡发起进攻最为实际。这样我军就不必渡河，而且此处敌军兵力较弱。"[9] 红军副总参谋长

安东诺夫将军有所保留，他解释说，梅赫利斯的报告只能说明
匈军第 1 集团军的情况，不能说明全局。[10]但斯大林还是不顾安
东诺夫的反对，下达了立即进攻布达佩斯的命令。10 月 28 日
晚 10 时，斯大林与乌克兰第 2 方面军司令员罗季翁·马利诺夫
斯基进行了如下的电话交谈。

> 斯大林：布达佩斯……必须尽快拿下，确切地讲，最近几
> 　　　　天就得拿下。这是绝对必要的。你做得到吗？
> 马利诺夫斯基：五天就可以，只等近卫机械化第 4 军抵达，
> 　　　　加入第 46 集团军……
> 斯大林：最高统帅部不能等你五天。你要明白，由于政治
> 　　　　原因，布达佩斯必须尽快拿下。[11]
> 马利诺夫斯基：给我五天时间准备，只消再来五天我就能
> 　　　　攻下布达佩斯。如果现在就开始进攻，第 46 集团军兵
> 　　　　力不足，没办法迅速解决战斗，必然在通往匈牙利首
> 　　　　都的道路上陷入持久战斗。换句话说，就没办法攻下
> 　　　　布达佩斯。
> 斯大林：这么固执有什么用。你显然不明白立即进攻布达
> 　　　　佩斯在政治上的绝对必要性。
> 马利诺夫斯基：我完全明白攻下布达佩斯的政治重要性，
> 　　　　所以才请求再给我五天。
> 斯大林：我明确命令你，明天就向布达佩斯发起进攻！

随后斯大林挂了电话。[12]
　　专家们对斯大林的这个决定是否正确存在争议。进攻命令
下达时，作为增援部队的步兵第 23 军还在开往前线的路上。马

利诺夫斯基的唯一一支装甲部队近卫机械化第 2 军直到次日才同他会合，而原本应参加合围布达佩斯的乌克兰第 4 方面军尚未抵达大匈牙利平原。

德军高层认识到了苏联红军对自己的威胁，10 月 26 日就开始调兵遣将。[13] 到 11 月 1 日，第 23 和第 24 装甲师已经转移到凯奇凯梅特地区，第 13 装甲师、"统帅堂"装甲掷弹兵师以及党卫军第 8 "弗洛里安·盖尔"骑兵师的重新部署也已开始。德军南方集团军群总司令汉斯·弗里斯纳大将打算用这些部队重新夺取大匈牙利平原，沿蒂萨河建立稳固防线。

苏联红军的攻势在指定时间开始了，先是短暂的弹幕炮火准备，然后红军步兵第 37 军和近卫机械化第 2 军在凯奇凯梅特以南地区向北进攻。红军坦克很快突破了匈军 25 公里长的防线。血腥战斗持续到夜间，德军第 24 装甲师的反击失败，但红军攻势在 10 月 30 日开始减弱。此时德军和匈军，尤其是高炮部队，仅在凯奇凯梅特附近就击毁了 20 辆红军坦克。当日，红军近卫第 7 集团军开始渡过蒂萨河，但进展缓慢。10 月 31 日，红军攻克凯奇凯梅特。11 月 1 日，马利诺夫斯基命令近卫机械化第 4 军和步兵第 23 军抢在德军重整旗鼓之前，于三天之内攻下布达佩斯。[14] 红军装甲车辆及搭乘卡车和马拉大车的步兵将发动一次奇袭，渡过多瑙河，从南面包围布达佩斯。同时近卫机械化第 2 军从东面攻击。由于红军大部分部队离佩斯还有 40 到 50 公里，而且红军在布达那面没有桥头堡，红军的计划是以进入布达佩斯时不会遭到激烈抵抗为预设条件的。

德军和匈军无力在多瑙河和蒂萨河之间的区域做有效防御。到 10 月 31 日，该地区的德军和匈军仅有约 17400 人，而且疲惫不堪，仅有 97 辆坦克和突击炮；对面红军约有 52000 人、

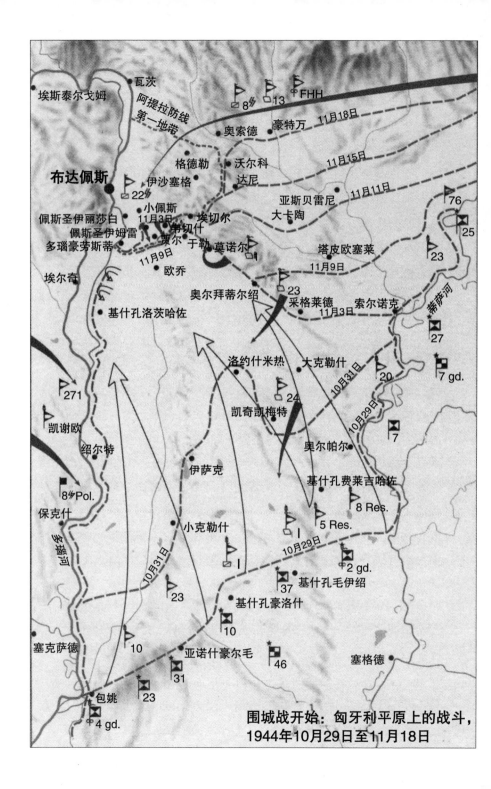

围城战开始：匈牙利平原上的战斗，
1944年10月29日至11月18日

1. 汉斯·弗里斯纳大将与其他德国军官在血之原野讨论

321 辆装甲车辆（见表 1 和表 2）。当地地形很适合大规模的坦克攻势，所以匈军在当地的防御似乎很快就会瓦解。但是匈军（更不用说德军）的兵力仍然可观，正如后来的战事所证明的那样。对匈牙利人来说，这是战争最后也是最具灾难性的阶段。起初，多瑙河上的匈军和赶来增援的德军对尚不成熟的红军攻势构成了重大障碍，而且由于红军缺少必需的资源，根本不可能这么早就取得突破。像马利诺夫斯基这样的优秀将领肯定明白他的目标是不切实际的。但斯大林已经否决了他的意见，他别无选择，只能服从命令。

"他们来了！"——红军对布达佩斯的第一次攻势

匈牙利首都对苏联红军的进攻并不是毫无防备的。在德国陆军总司令部（OKH）的命令下，弗里斯纳大将于 1944 年 9 月 21 日开始在匈牙利领土建立纵深防御体系。[15]这包括三条防线：

西南方，布达佩斯与巴拉顿湖之间的玛格丽特防线；北方，切尔哈特山、马特劳山和曾普伦山之间的卡罗拉防线；以及首都以东的阿提拉防线。

匈军总参谋部于9月11日启用佩斯桥头堡，阿提拉防线将为4个六营制的师提供防御阵地。它包括三个半圆地带：第一个地带穿过格德、韦赖谢吉哈兹、毛格洛德、埃切尔和多瑙豪劳斯蒂等村庄；第二个地带穿过多瑙凯西、莫焦罗德、伊沙塞格、佩采尔和佩斯圣伊姆雷等村庄，直到绍罗克萨尔；第三个地带沿着佩斯本身的边缘。防御工事包括土制碉堡、反坦克壕，有的地段设有带刺铁丝网和雷区。第一批红军露面之后，防御工事的修建仍在继续：11月1日，2.8万人参加了土木工事的修建工程，包括斯洛伐克工兵师士兵[16]、特别征召的平民以及强制劳动人员[17]。

早在9月，匈军最高统帅部就发出警告：匈军第3集团军兵力不足，无法抵挡敌人的第一次主攻，所以布达佩斯可能几天内就会成为前线城市。9月25日，匈军联合总参谋长沃勒什·亚诺什用电报通知德军总参谋长海因茨·古德里安："除非匈军第3集团军立即得到增援，否则很快就会瓦解。那样的话，通往布达佩斯的道路就向敌人敞开了。"[18]10月9日，沃勒什命令高炮部队和现有工兵单位的指挥官加强防守通往布达佩斯的道路。同时他命令匈军第1步兵军，连同它附属的警察、宪兵和高炮单位立即进驻阿提拉防线，并请求德军南方集团军群增援。尽管驻在布达佩斯的匈军第1步兵军只是个行政单位，没有自己的部队，匈军高层还是将首都所有匈军单位置于该军的编制之内。今天我们已经很难确定，沃勒什的真实意图究竟是保卫布达佩斯，还是为霍尔蒂正在计划的停火提供支持。不管怎么说，霍尔蒂的计划他是知道的。

10月10日，匈军总参谋部开始准备首都的城防。10月12日，匈军第6步兵军和第10步兵师奉命从喀尔巴阡山转移到布达佩斯。第1步兵军负责城内的安全，第6步兵军负责城防。当日，第1伞兵集群，匈军中最可靠和精锐的单位之一，被调往布达佩斯；第10步兵师的3个反坦克炮连也奉命急速从喀尔巴阡山赶往布达佩斯。[19]德军总参谋长海因茨·古德里安大将对匈军的这些措施提出了抗议。也许德军高层已经察觉了霍尔蒂的停火企图，所以尽管红军已兵临城下，德军的主要精力还是集中在阻止匈军在城内集结上。甚至在德布勒森激战正酣之时德军仍然决定将大量部队集中在布达佩斯，这表明他们的主要意图之一是阻止匈牙利退出战争，从而保住德军在匈牙利战区的立足点。

同时，德军增援部队也正在赶往布达佩斯的路上。这包括第503重装甲营（虎王坦克）和第24装甲师一部。10月13日，匈军总参谋部下令将匈军所有的机动部队调往布达佩斯。[20]党卫军第22"玛丽亚·特蕾西亚"志愿骑兵师驻防在布达以西。该师成员主要是被强征入伍的生活在匈牙利的施瓦本人①。

根据南方集团军群的作战日志，到10月25日，可供防守布达佩斯的兵力包括2.6万名德军与约1.5万名匈军，编制混杂，有的单位缺乏训练；还有14到16门重型高炮，可以作为

---

①　施瓦本为德国西南部一地区，今天属于巴登符腾堡州和巴伐利亚州。历史上的施瓦本有自己独特的文化认同和方言。18世纪，大量施瓦本人向奥地利统治下的中东欧移民，包括克罗地亚、匈牙利、罗马尼亚、塞尔维亚等地。他们常被称为"多瑙河施瓦本人"，往往是富裕的农民。1944年至1950年，大部分生活在这些国家的德裔被驱逐到今天的德国境内。

反坦克炮使用。10月26日，第1伞兵团第1营从布达开到，驻防阿提拉防线的多瑙豪劳斯蒂和绍罗克萨尔两地，负责切断通往凯奇凯梅特和绍尔特的道路。10月底到11月中旬抵达的增援部队还有第1、第10、第13、第16、第24、第25突击炮营，第7突击炮营的2个连（这些突击炮单位一共大概有25辆坦克、2000兵力），以及党卫军第1警察营。[21]各突击炮营被部署在较为安全的拉科什乔包、埃切尔和佩采尔等地，而党卫军警察部队作为预备队，被部署在小佩斯郊区。[22]布达佩斯城内的安全部队包括第9团第2营（萨拉希的卫队），布达佩斯近卫营，第201、第202和第203特种工兵营，王宫军官学校的学员，以及3个宪兵营。第12后备师正在接受补充和重建，也在撤往布达佩斯途中。前线就在布达佩斯以南约70公里处，前线的作战单位有第1装甲师、第23后备师、第8后备师，以及第1骠骑兵师的一些精疲力竭的单位。这些部队共计约2万人。

布达佩斯城内的部队兵力不足、训练匮乏、装备很差，算不上有效的防御力量。弗里斯纳意识到红军下一个目标就是首都，于是在1944年10月27日写信给古德里安，请求增援。随后几周内他一再重复这个要求，却没收到什么回应。[23]

11月2日，红军机械化部队进抵布达佩斯南方和东南方的多瑙豪劳斯蒂、下内迈迪、欧乔、于勒等村庄，距离市区只有16公里。科沃洛夫斯基描述了匈牙利平民听到的最初的枪炮声：

在空袭的短暂间歇我还是听得见大炮的不断轰鸣。他们是在猛击迷航的敌机吗？然后我意识到这并不是高射炮。难道战场已经离我们这么近了吗？……午餐的短暂休息之后警报停止了，但炮声显得更加咄咄逼人。这时我们已经确信，开火的不是高射炮而是地面火炮，或者是我们的东南方在发生坦克大战……我们现在处于战区了。还要持续多久？我们还能活下去吗？[24]

两名参加这场战斗的匈军伞兵回忆了红军坦克出现在城市边界大约10公里处时的情景：

> 11月2日下午，反坦克分队的方向可以听见猛烈炮火，很快绍罗克萨尔和防御阵地之间的道路就被马拉大车的纵队堵塞了，这些部队是从凯奇凯梅特撤下来的，他们乱作一团……我们清理了路障，不久遇到了从反坦克阵地撤下来的第一批士兵，他们说阵地已经被苏联坦克突破了。[25]
>
> 红军领头的5辆T-34很快抵达反坦克壕上的桥梁。一片死寂，只听得见苏联坦克的轰鸣和履带的碾压声。天已经开始黑了，但我们看得见红军步兵猫着腰穿过壕沟，跟随坦克。我们接到的命令是，坦克被摧毁之前不要向敌人步兵开火。坦克呈梯队逐次前进，互相掩护，但停在了离桥梁很近的地方。这时隐蔽在路边刺槐丛里的高射炮开始怒吼，桥头附近的防守部队开始用反坦克火箭射击。步兵也开始猛烈射击，伴随坦克的苏联步兵立刻卧倒掩蔽。突如其来的攻击让5辆坦克都瘫倒在原地。[26]

夜幕降临时，这些伞兵的两处临时防御阵地都遭到了 20 辆苏联坦克的猛攻：

> 混战持续了几个钟头。很多坦克被我们的反坦克雷或火炮击伤，被拖走了。在绍罗克萨尔，有些坦克设法突破了防线，但苏联步兵被困在我军左翼的近战距离之内，随后坦克撤退了。……多瑙豪劳斯蒂的炮战持续了几个小时，敌人的进攻同样失败了：我们保持了前线完整，且击伤了好几辆苏联坦克。[27]

11 月 3 日，苏联红军近卫机械化第 4 军突破了党卫军第 22 志愿骑兵师的防线，进至绍罗克萨尔以东 6 公里处，但就在当天，匈军伞兵在陶肖尼·埃德梅尔少校率领下重新夺回了阵地。红军近卫机械化第 2 军占领了布达佩斯东南的莫诺尔、于勒、韦切什、贾尔和佩斯圣伊姆雷等村庄，防守此地的是布达佩斯警察的作战单位。[28] 匈军警察部队的 5 辆老式意大利 "安萨尔多" 坦克中的 3 辆顷刻间被红军击毁，领头的红军坦克冲上了于勒路，这是通向市区的主干道之一。[29] 红军其他单位推进至费里海吉机场，那里离市中心仅 16 公里。党卫军第 8 骑兵师和匈军第 12 步兵师的部队夺回了韦切什和莫诺尔。韦切什的一部分再次落入红军手中，但 11 月 4 日德军又夺回了此地。

红军的坦克攻势于 11 月 5 日告终。红军的大量坦克受损，很大一部分步兵落在了后面，弹药和燃料的短缺也很严重，而且前锋受到了被德军第 1 和第 3 装甲师包围的威胁。[30] 11 月 8 日，党卫军第 22 骑兵师将红军前锋从阿提拉防线的阵地驱逐出去。装甲部队撤退后，红军步兵继续攻击和渗透缺乏训练的德军部队的防线，但在匈军伞兵的支援下，这些小突破口全都被封锁和修复了。在这轮攻势的同时，德军将约 1.3 万名步兵、100 辆坦克和突击炮与 150 门火炮调往大匈牙利平原（见表3）。

乌克兰第 2 方面军的后续进攻

什捷缅科大将的回忆录提到了苏联红军总参谋部对第 46 集团军的攻势陷入僵局的反应。[31] 没人敢推迟或质疑斯大林的计划，所以唯一的解决办法就是扩大攻击范围，试图从两面合围布达佩斯，而不是正面进攻。近卫坦克第 6 集团军和近卫坦克第 7 集团军将从东面的豪特万地区突破，在布达佩斯以北的瓦茨抵达多瑙河；同时，第 46 集团军渡过多瑙河的绍罗克萨尔支流，占领切佩尔岛，渡过多瑙河的老多瑙支流，然后在西南方从附近的埃尔德进攻布达佩斯。11 月 5 日，红军停止了在布达佩斯东南方的正面进攻，准备重组部队，进而实现合围，这意味着此时战略指挥已经完全被军事专家接管，他们在军事方面显然比斯大林懂行。

同时，11 月初，德国陆军总司令部部署了 3 个装甲军，希望切断通往布达佩斯的道路。第 3 装甲军在赫尔曼·布赖特上将指挥下负责防御首都；在更东面，第 4 装甲军在亚斯贝雷尼地区准备发动反击；而第 57 装甲军被部署在采格莱德－索尔诺克地区。红军部队，尤其是近卫第 7 集团军（构成乌克兰第 2 方面军的左翼），第 53、第 27、第 40 集团军，以及普利耶夫上将指挥的机械化骑兵集群，试图向北进军，但被德军和匈军阻挡住了。马利诺夫斯基的装甲部队再次遭到惨重损失。根据德军指挥部的报告，10 月 31 日至 11 月 12 日共有 132 辆红军坦克被击毁。

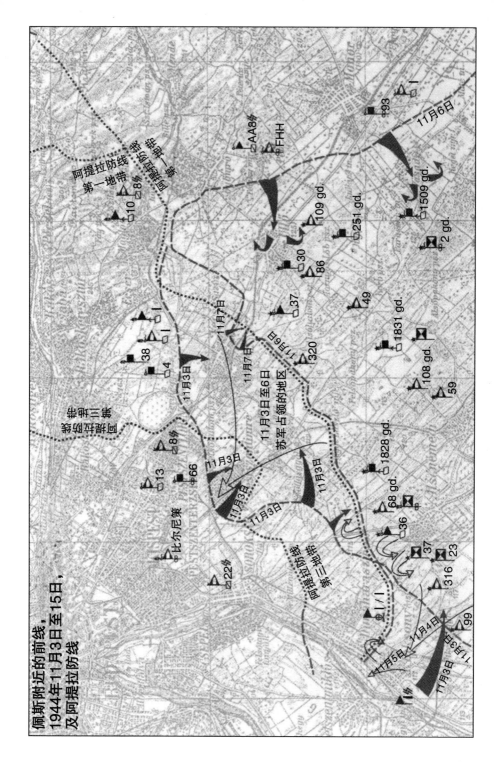

佩斯附近的前线，
1944年11月3日至15日，
及阿提拉防线

从 11 月 8 日起，马利诺夫斯基的近卫第 7 集团军和普利耶夫集群再次向伊沙塞格和豪特万方向攻击。在该地区，布达佩斯以东和东北的 50 公里战线上仅有匈军几个营、德军第 13 装甲师、党卫军第 4 和第 18 装甲掷弹兵师，以及第 46 步兵师。由于不断遭到红军攻击，两个党卫军装甲掷弹兵师士气低沉，很多强征来的士兵选择投降或者逃跑。下面的报告表明了他们的糟糕状况："党卫军第 18 装甲掷弹兵师……包括匈牙利的德裔。他们往往叛逃到敌军那边，其作战价值就像一个匈军师。……兵力大约 18000 人，18 个人才有一支步枪。"[32]

不足为奇的是，这些缺乏训练、装备低劣的党卫军士兵遭到红军攻击时陷入恐慌，很多人只能躲在地洞里眼睁睁地看着战友被红军 T–34 坦克碾死。[33]南方集团军群指挥部对他们大加指责，如弗里斯纳向古德里安的报告："党卫军第 4'警察'装甲掷弹兵师里有些军官开枪自杀，因为他们的士兵逃走了。党卫军第 18 装甲掷弹兵师则是彻彻底底的饭桶。"[34]

匈军第 12 后备师只有约 2000 步兵、20 门火炮，仍然处于重建过程中。[35]11 月初，该师被部署到佩采尔、伊沙塞格以及略微偏向南方的达尼一线，任务是切断通往布达佩斯的道路。这样仍然不够，于是，11 月 13 日，陶肖尼·埃德梅尔少校的匈军第 1 伞兵团第 1 营也被部署到该地。在 11 月 15 日 600 名援军抵达前，这些伞兵在组织良好的炮火支援下独自防守了一条5 到 6 公里长的防线，击退了红军的多次猛烈进攻。陶肖尼回忆说，有一次红军步兵逼近了他们的阵地：

我转向德军炮兵观察员："立即以 A 点为参照，开始炮击！""但这是你们自己的位置！""不用管，立即开火！"

我看了看自己的秒表。17 秒后，我们的阵地和它的前沿遭到 52 门大炮的轰击，炮火逐渐减弱，几分钟后射程缩短了。这次炮击直接命中了白刃战距离内的一群红军步兵。击退敌军后，我走出（确切地讲是爬出）阵地。伞兵们告诉我，他们知道第二次炮击是己方的大炮发出的，但他们毫无办法。炮火减弱后，有人向外窥视，看到苏联人的肢体在空中飞舞，还有人惊慌失措地试图掘壕躲避。在这次血腥的炮击中我们连奇迹般地只有七人阵亡，几人受伤。有几名士兵被土埋了起来，好在没有受伤。[36]

陶肖尼获颁一级和二级铁十字勋章。德国国防军的一份报告特别赞扬了他和他的伞兵。但战斗持续到 11 月 22 日，该单位又损失了 40% 人员。[37]

尽管红军完全渡过了蒂萨河，但他们还是未能阻止德军稳定战线。德军不断重组剩余兵力，发动了多次成功的反击，构建了一条连贯的战线。红军损失巨大，而到 11 月底德军装甲部队同样损失惨重。"现在各营只有 100 到 200 人。我军前线平均每 100 米只有 3.5 个人。情况较好的装甲单位还有八辆坦克，情况差的只有四五辆。"[38] 弗里斯纳在回忆录里这样写道。11 月中旬，部署在布达佩斯东北的德军撤到了卡罗拉防线。在那个地段，前线稳定了下来。

斯大林终于认识到，单凭乌克兰第 2 方面军没办法攻下布达佩斯。于是，11 月 14 日，他从最高统帅部预备队抽调了 200 辆坦克和 4 万人给马利诺夫斯基，同时将深陷喀尔巴阡山的乌克兰第 4 方面军也调往布达佩斯前线。[39] 这样红军的坦克数量就远远超过了德军。马利诺夫斯基用这些坦克加强了近卫坦克第

6集团军，以便协同近卫坦克第7集团军从北面包围布达佩斯，就像他最初计划的那样。但红军未能在该方向上突破德军的防御。

第46集团军横渡多瑙河、在城南的切佩尔岛登陆的行动更为成功。11月6日，一名红军炮兵观察员躲在该岛东南的一座教堂钟楼里，后被德军和匈军发现。从德布勒森紧急调来的一个匈军突击炮集群协同匈军第2骠骑兵团第1营挫败了红军步兵第23军一个营的一次类似企图。突击炮兵中尉图罗茨伊·捷尔吉回忆道：

> 红军一个步兵营被困在死多瑙河①河岸附近的浅滩，试图在白桦、柳树和水草丛中掩蔽。其中没来得及躲藏的就被我们俘虏了。他们中的大多数人可能四十多岁了，蓄着大胡子，外表驯顺。我们的士兵给他们朗姆酒喝，友好地拍拍他们的背。……我们的友好态度吸引了更多苏联人从多瑙河支流躲藏的地方跑过来。有些人带着树枝做的十字架。……有个苏联人受了伤，脸色惨白，可能是个中士。我还记得他那严峻的眼神和拒绝我们友好姿态的执拗表情。他因为疼痛紧咬着嘴唇，接受了我们对他的医治，但当我们给他朗姆酒时他摇了摇头，一言不发。这些战俘请求我们不要把他们交给德国人，但是匈牙利军队是不可以保留俘虏的。[40]

红军在11月14日、15日、16日和18日渡河的企图都被挫败

---

① 死多瑙河是多瑙河的一条支流。

了，但在 11 月 21 日红军以整师兵力登陆切佩尔岛。匈军第 4
骠骑兵团的半个突击连的指挥官根奇·蒂博尔回忆道：

> 次日拂晓，敌军再次从小多瑙河①进攻。我是预备役
> 军人，当时驻在特克尔的一所学校。团里的指挥官们在我
> 后面睡得正香。前线的人，梅萨罗什少校以及其他单位，
> 未做抵抗。大群敌军，可能是惩戒营，喝得醉醺醺的，接
> 近了村子一头的铁路线。我和我的士兵就驻在那里。敌人
> 挤成一团，所以我们一发子弹可以穿透两三个人。我们打
> 完了几个弹匣。他们分散开来，试图绕过村子，从背后攻
> 击我们。……然后我们撤出了村子，第二天我们在德国坦
> 克支援下发动了反击。敌军掘壕据守，准备充分，这一次
> 他们反抗得很激烈，打得也很聪明。他们躲在伪装得很好
> 的战壕里。我们对他们一顿痛击，但我们兵力较弱，没能
> 完全肃清特克尔。[41]

南方集团军群认识到这次来自南面的威胁的严重性，派遣
匈军第 1 伞兵团第 2 营、1 个军校学员营、"统帅堂"师战斗
群、第 1 和第 9 炮兵营以及 2 个独立营前往切佩尔岛。但这些
部队无法与红军步兵第 23 军匹敌，该军于 11 月 25 日完成了在
切佩尔岛的登陆，与步兵第 37 军会合。有些村庄多次易手，战
线最终在布达佩斯大都市圈南缘的劳基海吉和基拉耶尔多之间
稳定了下来。此时红军已经前进了很远，进入匈军强大炮兵的
射程。匈军可以在内河快艇支援下用 103 门火炮轰击红军。这

---

① 小多瑙河是多瑙河的一条支流。

些火炮被部署在北面的切佩尔郊区、东面的绍罗克萨尔，以及
西面的多瑙河西岸。但战斗仍在继续，预备役骠骑兵中尉萨拉
蒙·奥雷尔回忆道：

> 临近傍晚时，苏联的所谓惩戒营（由政治犯组成）进
> 攻了我们的阵地。等待他们的是可怕的轰击。机枪、迫击
> 炮、作为固定炮台的坦克，甚至多瑙河上的快艇，都向他
> 们倾泻火力……敌人的进攻很快失败了，他们损失惨重。
> 几百名垂死的伤员躺在我们阵地的前方。我们听得见他们
> 呼喊的"上帝啊！"，以及起初声音很响但逐渐减弱的呼救
> 声。我们的担架队员试图把他们救进来，但敌人用机枪子
> 弹回应我们的善意。这些人死路一条。我们没法帮助他们。
> 第二天，他们就全都沉默了。[42]

11 月 28 日至 29 日，匈军第 1 伞兵团第 2 营（1400 人）驰援切
佩尔岛，而此时据守该地的整个骠骑兵师的兵力也只剩下了这
么多人，可见匈军损失惨重。

红军对布达佩斯的第二次攻势：埃尔奇和豪特万

斯大林和红军总参谋部都对马利诺夫斯基的乌克兰第 2 方
面军的缓慢进展十分不满，因为该方面军是前线所有方面军中
最强大的。[43] 在更北方，乌克兰第 4 方面军的战况更糟糕，从
1944 年 8 月以来仅仅前进了 200 公里，此时在喀尔巴阡山陷入
僵局。红军最高统帅部派遣谢苗·康斯坦丁诺维奇·铁木辛哥
元帅去调查。正在塞尔维亚作战的乌克兰第 3 方面军司令员费
奥多尔·伊万诺维奇·托尔布欣元帅也参加了讨论，不过他到

此时还没有参与关于布达佩斯的计划制定。现在托尔布欣在匈牙利的角色升级了。因为乌克兰第 2 方面军迟迟不能取得进展，而且政治方面的考虑使红军决定不再继续进军巴尔干。[44] 另外，斯大林一直喜欢让他的部下互相竞争。铁木辛哥于 11 月 24 日报告称：

> 乌克兰第 2 方面军是最强大的方面军之一。它有足够的能力摧毁敌人的防御，但最近没有获得任何成功。依我所见，其原因为：

> 1. 该方面军司令部试图凭借其优势兵力在多个地区（米什科尔茨、埃格尔、豪特万）同时消灭敌军多个集团。
> 2. 这导致了兵力分散，无法集中优势兵力对付敌人。例如，最主要的作战集团（第 27、第 53 集团军，近卫第 7 集团军）共有 24 个步兵师、3 个机械化军、1 个坦克军及 2 个骑兵军，兵力分散如下：
> a）在米什科尔茨地段，第 27 集团军占据 50 公里战线，有 8 个步兵师；
> b）在埃格尔地段，第 53 集团军占据 45 公里战线，有 7 个步兵师；
> c）在豪特万地段，近卫第 7 集团军有 9 个步兵师。该地区还部署了 3 个机械化军、1 个坦克军及 2 个骑兵军。
> 所以步兵单位是成比例地分配给各集团军和作战地段的。我军仅在近卫第 7 集团军地段拥有相对兵力优势，因

为普利耶夫的军和机械化第2、第4军在该区域作战。但普利耶夫的军和这两个机械化军师老兵疲，损耗严重，而他们面对的却是敌军的强大集团……

3. 在某种程度上，部队指挥官及其参谋人员因为在罗马尼亚和特兰西瓦尼亚的成功产生了骄傲情绪，各兵种的协同配合不力。

综上所述，我认为应当对乌克兰第2方面军司令员做以下要求：

审视其先前的决定，重新部署部队，在两个区域形成对敌的决定性优势兵力。这两个区域是：

a）豪特万 - 包洛绍焦尔毛特为主攻区域；

b）米什科尔茨为次要区域。[45]

红军竭尽全力保证此次攻势的成功。在豪特万地段，红军步兵和坦克兵力达到了防守方的9倍，炮兵达到8倍，而在喀尔巴阡盆地，红军兵力仅达到德军的4倍（见表4和表5）。11月5日到12月24日，布达佩斯地区双方的兵力对比为：德军和匈军有7个师，约6万人；红军和罗马尼亚军有12个师，约11万人。

红军最高统帅部10月中旬已命令托尔布欣的乌克兰第3方面军在占领贝尔格莱德后停止在南斯拉夫的行动，改为准备参加匈牙利作战，目标是夺取外多瑙地区①的铝工业基地和油田，

---

① 外多瑙地区指的是匈牙利在多瑙河以西和以南的土地，今天约有3.8万平方公里，将近匈牙利全国领土的一半。因为更靠近奥地利，历史上外多瑙地区属于匈牙利较富裕和"西方化"的地区。

随后进军维也纳，或者如果必要的话进攻布达佩斯。正是为了这个目的，原驻扎在加利西亚的近卫第4集团军于10月18日加入了乌克兰第3方面军的序列。11月9日，托尔布欣的部队已在多瑙河上的基什科赛格建立桥头堡并不断扩展阵地。11月12日，马利诺夫斯基奉命将近卫步兵第31军交给托尔布欣指挥；11月27日，也就是铁木辛哥的报告呈交三天后，马利诺夫斯基又得到命令，将骑兵第5军转交给托尔布欣。于是，外多瑙地区南部的战线逐渐转向西方，红军可以从西南方进攻布达佩斯。

在托尔布欣建议下，红军最高统帅部命令马利诺夫斯基将近卫坦克第6集团军、近卫第7集团军、2个机械化军、1个坦克军、2个骑兵军以及2个新建的炮兵师调到布达佩斯东北的豪特万地区。红军选定了此处一段8公里的战线作为突破口，准备发动两波进攻，第一波投入6个师；第二波投入2个步兵师、2个炮兵师和近卫坦克第6集团军。该地段红军总兵力为510辆坦克、2074门火炮和迫击炮，平均每公里战线有64辆坦克、260门火炮和迫击炮，以及4000名步兵。附近的一段7公里长的战线上，第53集团军将部署4个师与700门火炮和迫击炮。现在马利诺夫斯基有理由相信，他的部队三四天内就可以抵达瓦茨和伊波伊河谷，然后从那里攻克布达佩斯，进而进军匈牙利西北部的小匈牙利平原①。

到11月底，形势已经很明显，托尔布欣的部队几周甚至几天内就可以占领外多瑙部分地区，然后从西南方进军布达佩斯。马利诺夫斯基从东面进攻。他决定让近卫机械化第2军和第46

---

① 小匈牙利平原在今天匈牙利西北部、斯洛伐克西南部和奥地利东部，面积约8000平方公里。

集团军渡过多瑙河，抢在托尔布欣前面，从西方进攻布达佩斯。他做出这个决定的唯一理由大概是，他不愿意同托尔布欣分享攻克布达佩斯的光荣。这个在战略上毫无必要、缺乏理智的决定导致了后来惨重的无谓伤亡。到那时，马利诺夫斯基打算渡过多瑙河的地点的德军和匈军防线已经崩溃，而且托尔布欣的部队一天能够前进 10 到 20 公里，肯定能够在短时间内从西南面抵达布达佩斯。

1944 年 12 月 4 日，马利诺夫斯基命令第 46 集团军在靠近布达佩斯南缘的多瑙河西岸一个叫埃尔奇的村庄渡河。守军预估到红军的进攻，已经准备了好几天，增强了兵力。进攻在没有炮火准备的情况下于夜间 11 时开始。红军前锋遭遇了猛烈的炮火阻击，75% 的船在河中央被摧毁。[46]下文是红军推荐士兵受勋的报告，证明了当时伤亡的严重程度：

> 12 月 4 日将近半夜，奥列格·尼古拉耶维奇·斯米尔诺夫中士的浮舟运送一个突击班和两门炮到多瑙河右岸。途中浮舟被炮火击中，斯米尔诺夫腿部中了两弹，四名桨手受伤。但他们还是成功地把突击班和火炮运到了对岸。返回途中浮舟再次遭到攻击，斯米尔诺夫再次负伤。此时仅剩两名战士没有负伤。斯米尔诺夫受了重伤，躺着向同志们发布命令，但浮舟抵达左岸时他已经牺牲了。[47]

好几个精锐的连队损失掉了，其他连队的幸存者在半封冻的河中间调头逃跑。[48]到 12 月 5 日晚，红军建立了四个桥头堡，但其中三个旋即被反扑的德军消灭。12 月 6 日，红军在埃尔奇的河两岸又建立了七个桥头堡，但最初的突击连队没有一个人

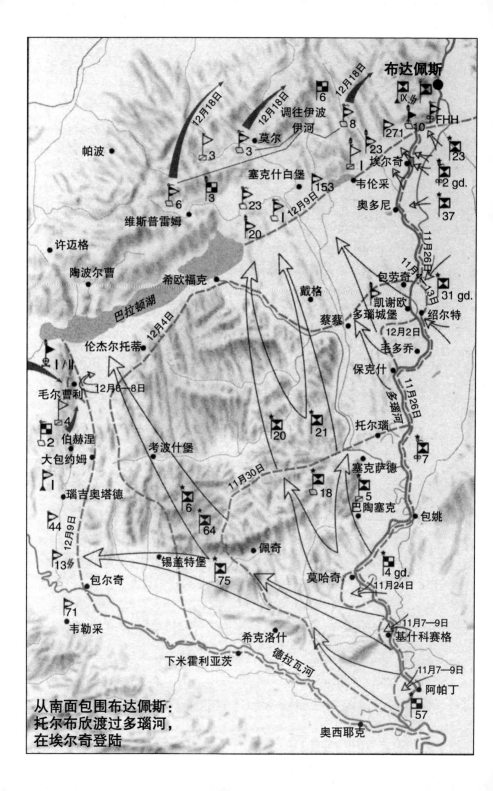

从南面包围布达佩斯:
托尔布欣渡过多瑙河,
在埃尔奇登陆

在守军的猛烈火力之下幸存。很多士兵不得不在河中央跳离被击毁的船只,带着武器在冰冷的河水中游到对岸。红军的损失甚至让他们的对手也瞠目结舌。匈牙利骠骑兵中校托姆卡·埃米尔在日记中写道:

> 早上我去北部地段时看到了奇特的景象。我们的炮兵在不断轰击辛姚农场对面的苏联红军渡河点。德军俯冲轰炸机前来支援,泰尔什詹斯基·盖佐的三门迫击炮也在向同一方向轰击。但红军还是继续渡河。他们不仅用冲锋舟渡河,还动用了一艘蒸汽驳船。拥挤的驳船被一枚德国炸弹击中,立刻就沉了。但很快他们又从堤坝后面拖出一条驳船,继续渡河。最可怕的是,仍然占据这一边堤坝的德军用机枪扫射登陆的苏联红军,没被打死的极少数人隐蔽在灌木丛生的河滩上,那里的河水或者烂泥都有几米深。我们看着这一切,我旁边一名骠骑兵说:"中校,如果他们对待自己人都是这样,那他们会怎么对待敌人?"[49]

这场战斗之后,马利诺夫斯基显然想用大量授勋来掩盖部队的无谓伤亡。115人因为参加埃尔奇渡河作战而荣获"苏联英雄"称号,差不多是所有凭借在匈牙利作战的功绩获得该称号的人数的一半。[50]到1945年获得这种最高级的苏联军事荣誉的总人数是12000人,其中很多是追授给死者的。

根据马利诺夫斯基的计划,渡过多瑙河的部队应当于次日晚抵达布达厄尔什-比奥地区,第三日晚抵达皮利什红堡和恰克堡之间的地区。这就要求部队一天前进20到30公里。步兵单位只有在不遭遇任何敌人的情况下才能达到这样的速度。事实上这是不可能的，因为马利诺夫斯基的部队渡河之后必须要突破玛格丽特防线。他设定这样夸张的目标大概是为了强调渡河的重要性。

马利诺夫斯基计划的错误之处进一步体现了出来：第46集团军直到12月8日才稳定了自己的阵地，而此时托尔布欣的乌克兰第3方面军沿多瑙河西岸进军，也抵达了埃尔奇以南地区。[51]红军6个步兵师以及近卫机械化第2军的优势兵力最终压倒了兵力枯竭的守军：匈军第1骠骑兵师、德军第271国民掷弹兵师和第8装甲师。但战线在玛格丽特防线稳定了下来，此处离红军渡河口仅有10到20公里，马利诺夫斯基不得不将陷在此处的部队转交给乌克兰第3方面军。

匈军第10突击炮营从鲍劳奇考村和毛尔通瓦沙瓦村发起攻击，把红军几乎一直打退至埃尔奇以北的多瑙河边。第1突击炮营的一个连声称自己在指定阵地无仗可打，在没有接到命令的情况下投入了战斗，消灭了一支盘踞在鲍劳奇考的红军。营长豪纳克·山多尔上尉驾驶着一辆自行火炮踏平了一门正在向他射击的红军反坦克炮。这次进攻取得了出人意料的成功：缴获或摧毁15门火炮，击毙约250名红军。[52]此后红军很久都没有在该地区发动进攻，连德军的报告都提到了这支匈军的勇敢。

马利诺夫斯基在布达佩斯以北的进攻更为成功。受到托尔布欣进攻的压力，德军高层不得不将南方集团军群的第1和第23装甲师从豪特万附近调往外多瑙地区，因此豪特万守军被敌军的优势兵力压垮了。

12月5日上午10时15分，红军攻势在持续45分钟的猛烈炮火准备后开始。红军8个师突破了奥乔和高尔高马乔之间的德军和匈军战线，两个小时之内就建立了一个12公里宽、3到

6公里深、指向瓦茨的突出部。下午1时30分，红军近卫坦克第6集团军也被部署到该地区。弗里斯纳向古德里安请求紧急支援：必须封锁伊波伊河谷，因为红军坦克可以从那里进逼小匈牙利平原，威胁布拉迪斯拉发和维也纳以及布达佩斯。但能够立即前往伊波伊河谷的部队只有第24装甲师一部和由党卫队区队长（准将）奥斯卡·迭勒汪格尔指挥的一个由刑事犯组成的党卫军旅。弗里斯纳记述道：

> 我到达迭勒汪格尔的指挥部时看到的却是一幅奇异景象。这位旅长是个不太招人喜欢的冒险家，此刻坐在桌前，肩膀上蹲着一只猴子。据说他不管走到哪儿都带着这只猴子，包括在波兰。我发现参谋人员在收拾行李，就命令他们停在原地不动。……这支部队，如我刚才提到的一样，是一群无法无天的暴徒。其中一个连由共产党人组成，他们本应该在前线"将功赎罪"，结果却很快投敌。[53]

布达佩斯东北部和瓦茨之间的战线出现了一个巨大缺口，南方集团军群因为缺少预备队而无力封闭这个缺口。为了至少保护佩斯桥头堡的北半部分，"统帅堂"装甲掷弹兵师①于12月6日从切佩尔前线转往瓦茨地区，随后八天内一些匈军单位也被调到这个地区，包括第1特种骠骑兵营、集团军保安营、第4工兵营，以及第1伞兵团第2营。[54]但此时"统帅堂"师损耗已经极其严重，它的步兵兵力甚至不到匈军第1伞兵团第2营的30%。这个伞兵营有1300人，是这次调动中最强大的单位。

---

① "统帅堂"装甲掷弹兵师于1944年11月27日改名为"统帅堂"装甲师。

12 月 9 日，红军近卫坦克第 6 集团军左翼在瓦茨抵达多瑙河。"统帅堂"师和第 13 装甲师的战斗群试图发动反击，但没有成功。德军一个匆忙部署的警察训练营被红军步兵第 30 军和 60 辆伴随坦克击溃，24 小时内该营伤亡达 70%。[55]

阿提拉防线北段守军仅有两个 KISKA① 辅助保安连[56]和第 153 工兵连，几个小时内就被红军消灭。[57]"统帅堂"师师长京特·冯·帕佩少将命令立即反击。重新夺取福特村的任务被交给匈军第 2 伞兵营，它的两翼是"统帅堂"师和匈军第 10 步兵师的单位（一共 15 辆装甲车、200 名德军和 600 名匈军）。[58]尽管苏联守军有 26 个炮兵连和大量迫击炮，匈军伞兵在两个德军营的残部和一个装甲连的支援下还是于 12 月 13 日夺回了福特村。但因为两翼没能紧跟上来，次日晚上，他们被迫再次撤退。他们撤到福特村以南的一个新阵地，伤亡高达 40%。尽管如此，他们还是发动了一次袭击，抓了一批俘虏，包括红军一个师的参谋长。帕佩向士兵们授予了 31 枚一级和二级铁十字勋章，并亲自公布了一条被德军监听到的红军无线电信息："我请求立即增援，因为在这种形势下我无法完成任务。敌人极为顽强，抵抗极为激烈。"[59]

随着战斗焦点转向城市的北部和东部，红军发动了数次长距离袭击，德军和匈军再也没有办法阻挡。图罗茨伊·捷尔吉中尉回忆了这样的一次袭击：

> 我们接管防线时天已经黑了。换岗非常小心，敌人完全没有察觉。我们在连接各个掩体的战壕里摸索前进，突

---

① KISKA 为匈牙利语 Kisegítő Karhatalom 的缩写，字面意思为"辅助警察"。

然发现自己走在一种奇怪的厚厚的东西上，这些东西的表面是不平的，好像是纺织品。天亮时我们才发现，很长一段战壕的地上堆满了德军士兵的尸体。……敌人攻势的炮火准备于早上 8 点 45 分开始，一直持续到 9 点 45 分，炮火非常密集，我们被打得动弹不得。然后，敌人的坦克轰鸣着进攻，紧接着又是炮火，我们得不到任何炮火支援，只能依赖步兵武器。我们的右翼是第 1 炮兵连的防御阵地。第 1 炮兵连右面是地方自卫队的一个排，都是些老人。他们被红军的猛攻吓坏了。他们没有白旗，就挥舞着内裤裤腿向蜂拥而来的敌人投降。……进攻的俄国佬看到这些投降信号，立即构成一个步兵楔子，在坦克支援下从这个缺口冲进来，进攻我们防线的后方。第 2 和第 3 炮兵连害怕被包围，于是开始撤退。

我们身心俱疲地撤到佩采尔，此时天已经黑透了。士兵们衣服也不脱，倒头就睡。我们几个军官被［艾尔诺·］比尔尼策将军（布达佩斯附近突击炮兵部队的长官）召集到城堡。奉命指挥该集群的科兹马·捷尔吉报告了图兹贝雷克的战斗结果。士兵已经精疲力竭，需要休整。比尔尼策宣布："我们决不能让苏联人进入布达佩斯。"……

士兵们大多已经熟睡，我们不得不把他们叫醒。临近半夜，我们在又湿又冷的黑夜中出发，去建立一条防线以对抗俄国佬。……敌人机枪在我们几百米外开始射击，一阵齐射后又沉寂了下去，我们只能从机枪声推测敌军的位置、火力和兵力。……我们累得要死，躺在地上，马上就熟睡了。……

然后我们突然被叫醒。天快亮了，我们必须掘壕掩护自己。[60]

11 月 15 日到 24 日，伊沙塞格和沃尔科附近的有些红军部队由罗马尼亚军队接替。罗军继续进攻，其凶悍程度不输红军，匈军的防御也更加顽强。12 月初，在毛格洛德和韦切什之间较为安全的东南地段，匈军第 1 装甲师及其附属的突击炮营甚至发动了一次反击，结果出人意料地成功。总参谋部的瓦采克·弗里杰什上尉因此获颁匈牙利功勋军官十字勋章。

在一次反击中，匈军封闭了伊沙塞格以东沃尔科和达尼之间的缺口，重新夺回了这两个村庄。尽管匈军重新夺取了沃尔科，但行动未能达成预定目标就停止了，因为第 13 装甲师和"统帅堂"师缺少步兵，而且只能提供很少的坦克作为支援。11 月 18 日，红军发动反击，击溃了匈军一个由预备役人员和犯人组成的营，将其残部击退至伊沙塞格以东的山地。一个临时拼凑的匈牙利连甚至缴械投降。第 8 团第 1 营最近刚刚得到一批犯人作为补充，而且两天没有获得任何食物，就被红军消灭了。第 9 步兵团残部也被红军的持续攻击打散。

12 月 5 日，红军和罗军在伊沙塞格周边地区发动了一次主攻，在多个地段穿透了匈军第 10 步兵师和第 12 后备师的防线。第 10 步兵师 2.5 公里长的防线遭到了 100 门以上火炮长达 45 分钟的炮击。在攻击中，7 个罗马尼亚步兵营和骑兵营冲击了匈军 2 个营的阵地。[61] 匈军第 8 团第 2 营一天内损失了一半兵力，第 36 团第 2 营除 5 人外全部叛变投敌。[62] 尽管匈军随后发动了几次反击夺回了这些据点，但战线不得不后撤，因为红军一些装甲单位在较远的东面获得了突破，正在接近伊沙塞格以北的小镇格德勒。

12 月 9 日，德军指挥部许诺将第 10 步兵师撤下来休整，但随后红军在瓦茨和韦赖谢吉哈兹之间取得突破，到 12 月 11

日，格德勒外围发生了战斗。由于损失过大，第 10 步兵师各团残部被缩编为营，各营兵力不足编制的一半（只有 300 到 500 人），被配属给德军各营。该师师部仅留有补给和行政职能，也就是说这个师事实上已经不复存在。[63]

第 12 后备师在德布勒森战役中几乎全军覆灭，11 月初抵达布达佩斯前线时状况就很糟糕，此时状况进一步恶化。由于红军和罗军的持续攻击，该师不得不在 12 月 12 日放弃伊沙塞格，仅在其北面的山地维持了一个立足点。[64]尽管 12 月 15 日德军发动反击夺回了伊沙塞格，第 12 后备师各营此时仅有 100 到 200 人，因而成了桥头堡防线的软柿子。[65]

战役第三阶段

红军和德军的战略计划及红军的突破

铁木辛哥 11 月 24 日的报告建议马利诺夫斯基不要分散兵力。参照铁木辛哥的报告，苏联红军总参谋部命令部队做好准备，在 12 月 12 日展开新的攻势。根据铁木辛哥的建议，两位前线司令员托尔布欣和马利诺夫斯基制订了具体计划，准备在两条战线上集中 4 个集团军发动攻击。

在南面的外多瑙地区，100 公里长的玛格丽特防线上守军仅有约 7800 人，而且精疲力竭，战斗力很差（见表 6）。乌克兰第 3 方面军的 2 个军将攻击塞克什白堡方向，坦克第 18 军向北进攻多瑙河方向，近卫机械化第 2 军将转向东面进军布达。多瑙河以北，乌克兰第 2 方面军将向埃斯泰尔戈姆进攻。对被围城市的占领将由两个方面军共同完成：乌克兰第 3 方面军左翼将在第五或第六天封闭外围包围圈，右翼负责占领布达；乌克兰第 2 方面军将在第八或第九天占领佩斯。为了简化指挥结构，此前在外多瑙地区作战的所有单位，包括马利诺夫斯基的部队，已经被全部交给托尔布欣指挥。

德军高层及时察觉到了红军的意图。东线外军处①早在 12 月 12 日就发出了红军即将发动进攻的警示。两天后，德军第 6 集团军指挥官马克西米利安·弗雷特－皮科上将发出警告称，韦伦采湖与布达佩斯之间 36 公里长的玛格丽特防线（仅有德军和匈军 2250 人）可能会被兵力较强的红军一举穿透。[66]

德军已经向外多瑙地区派出援军，旨在收复失地、沿多瑙河建立稳定防线，这样就可以用较少兵力防守。古德里安这么做最终是为了节约兵力，因为他一直把匈牙利视为次要战区。德军增援部队包括 3 个装甲营，第 4 骑兵旅，第 3、第 6 和第 8 装甲师，共计约 400 辆坦克、4 万人。另外，匈军"圣拉斯洛"师②也将部署到这一地区。原则上他们成功的可能性是很大的，因为红军机械化部队的突进形成了一个十分脆弱的突出部。尽管当时有多种选择可供考虑，德军总参谋部最终还是遵循希特勒的命令，选择了代号为"晚摘酒"的行动，它将在巴拉顿湖和韦伦采湖之间展开。向东北进攻的方案被放弃了，因为当时德军认为佩斯桥头堡的状况不稳定。但由于天气恶劣以及缺乏燃料和弹药，德军的攻势一再推迟，从 12 月 20 日一直推迟到 22 日。

---

① 东线外军处是二战期间德国陆军总司令部下属的一个军事情报机构，专门研究苏联和其他东欧国家的军事情报。东线外军处的领导者莱因哈德·格伦在战后为美国人效力，组织反共的情报机构"格伦组织"，其间招募和任用了很多前军官、党卫队与保安处成员和老纳粹分子。1956 年至 1968 年格伦担任西德联邦情报局的第一任局长。

② "圣拉斯洛"师组建于 1944 年 10 月，是匈军的一支精锐部队，在克罗地亚和奥地利一直战斗到战争结束，最后向英军投降。

　　乌克兰第 2 方面军在伊波伊河的成功使得德军攻势的前景更加渺茫。这促使古德里安把第 8 装甲师、已经到位的"圣拉斯洛"师一部，以及附属的装甲掷弹兵派遣到北方。但奇怪的是，古德里安本人的命令却把这些部队分散了：装甲掷弹兵奉命阻止伊波伊河地区的红军突破，而坦克留在塞克什白堡附近，等待时机加入战斗；第 4 骑兵旅则被留在巴拉顿湖西南角，准备应付突发情况。所以到 12 月中旬，进攻部队已经没有任何步兵，到达北方的部队则被用来支援前线的防御，而不是组织攻势。

　　古德里安的举措后来遭到了老兵和军事史学家的批评。他的决定对装甲兵和步兵都极为不利，他们脱离了先前的环境，被迫在陌生的指挥官手下、在不利的条件下作战。装甲师的主要优势在于机动性和火力的结合，但只有在得到步兵协同的情况下这些优势才能最大化，且有了步兵就能守住已经占领的土地。更何况，装甲运兵车只有在真正的攻势中才可以发挥作用。古德里安的决定却使部队得不到这些益处。他的决定只有一个符合逻辑的解释，那就是他这么做其实是上级的意思。但最高统帅部肯定知道，他的兵力不足以在玛格丽特防线保卫布达佩斯并同时阻止红军从伊波伊河向维也纳突破。在当时的情况下，他还想要赢得时间发动自己的攻势，除非奇迹发生才有可能。

　　红军将领可不会给他时间。12 月 20 日，尽管天气恶劣，红军还是利用 T－34 坦克在野外的高机动性，开始行动。在多瑙河以北，马利诺夫斯基的近卫第 7 集团军第一天就在埃斯泰尔戈姆方向取得突破，安德烈·格里戈里耶维奇·克拉夫琴科上将指挥的近卫坦克第 6 集团军占领了雷沃①，并于次日渡过

————————

①　今属斯洛伐克，又称莱维采（Levice）。

了赫龙河。

12 月 20 日上午 9 时 20 分，经过 40 分钟炮火准备，托尔布欣的乌克兰第 3 方面军向玛格丽特防线发动了进攻。在主战区，乌克兰第 3 方面军的步兵和炮兵兵力达到守军的五倍，坦克和突击炮数量是守军的三倍半。[67] 弗雷特 - 皮科的集团军对敌军的攻势并不感到意外，但它缺少步兵，准备不足。韦伦采湖与鲍劳奇考之间匈军的指挥官凯谢欧·拉斯洛少将可能也意识到了形势的无望，于 12 月 19 日丢下指挥部，随后销声匿迹。

匈军每公里前沿遭到了 99 到 160 门火炮和迫击炮的轰击。据第 2 骠骑兵团第 1 营的作战日志记载，在卡波尔纳什涅克村的突破过程中，在红军主攻路径上，苏联将军将自己的步兵赶入猛烈的炮火中，"躲在战壕里的匈牙利骠骑兵被苏联人拖了出来"，并且"根本不可能从屋子里出来察看情况，因为房屋一座接一座被击毁，屋里的人就被埋在了里面"。[68]

12 月 20 日，红军步兵仅突破了 5 到 6 公里，没能达到预定目标，因为德军坦克的协同反击阻止了他们的前进。但红军步兵的冲击还是不断侵蚀着德军阵地。德军缺少步兵，无法守住刚刚占领的阵地。12 月 21 日，托尔布欣下令投入机械化部队。12 月 22 日，近卫机械化第 2 军的 82 辆坦克和坦克第 18 军的 228 辆坦克在埃尔德和韦伦采湖之间取得突破，形成了 60 公里宽、30 公里深的突破口。[69] 同样在 22 日，近卫步兵第 20 军、近卫步兵第 31 军及近卫第 4 集团军的机械化第 7 军（有 107 辆坦克和自行火炮）攻击了塞克什白堡，发生了激烈巷战。在防御战中，德军部署了几支身穿缴获的红军制服、驾驶 T - 34 坦克（本来是为反攻准备）的突击队，但他们只能短暂地阻滞红军。[70] 红军指挥部早已做好了在无情的战斗中承受大量伤亡的心

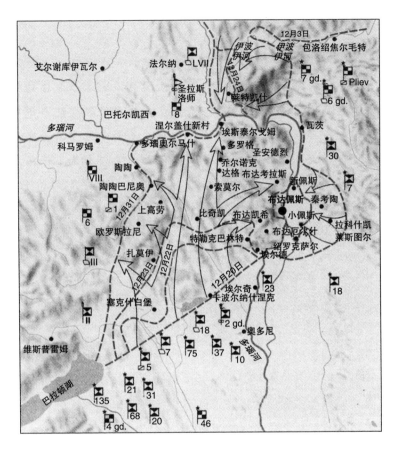

对布达佩斯的第三次攻势：红军从西面和北面包围布达佩斯

理准备，从中可以看出苏联人的心态。与英美不同的是，斯大林无须考虑国内舆论；与德国不同的是，苏联没有兵源枯竭的问题。突击炮兵中尉图罗茨伊·捷尔吉回忆道：

　　防线前方是安置得很巧妙的双层带刺铁丝网，它的前面是一堆苏联红军士兵的尸体，死人的姿态是难以想象的。他们是红军许多次无谓攻击当中一次的牺牲品。……我刚刚跨出摩托车挎斗，就看到两个突击炮兵把一个挣扎不停、浑身是伤的苏联红军士兵从死人堆里拉出来。他们可能剪开了带刺铁丝网，把这个浑身抽搐的半死的士兵拖了出来，放到战壕外围边缘。这个年轻士兵剃着光头，长着蒙古式的颧骨，躺在地上，全身只有嘴在动，双腿和下臂已经没有了，残肢上盖了一层厚厚的泥土，混着血液和腐烂的树叶。我弯下腰看他。"布达佩斯，布达佩斯……"他在死亡的剧痛中挣扎。我的脑海里萦绕着这个想法：他也许在幻想布达佩斯是一座满是丰厚战利品和漂亮女人的城市。然后，我掏出手枪，装上子弹，抵住垂死之人的太阳穴，扣动扳机。我这么做让自己都颇感意外。[71]

尽管红军的突破比计划的要慢，但弗雷特－皮科集团军严重缺乏预备队，尤其是步兵，因而无法对红军的延误加以利用：它仅仅在塞克什白堡地区拖住了红军攻势。托尔布欣认为在右翼推进极为有利，于是命令近卫机械化第 2 军避免局部战斗，尽快北移，以夺取比奇凯地区（通往布达佩斯方向的最重要的铁路枢纽），而步兵将于 12 月 22 日夜间进至布达佩斯郊区以西 10 到 15 公里处的战线。尽管德军第 8 装甲师发动了绝望的反击，比奇凯还是在 12 月 23 日陷落。到 12 月 24 日，马利诺夫斯基的苏联和罗马尼亚部队在佩斯桥头堡的进攻尚未取得显著进展。在布达那边，托尔布欣的步兵第 23 军于 23 日攻占了埃尔德，随后在城市西南角的雷区前停了下来。尽管如此，从西面进军布达佩斯的道路已经打通了。

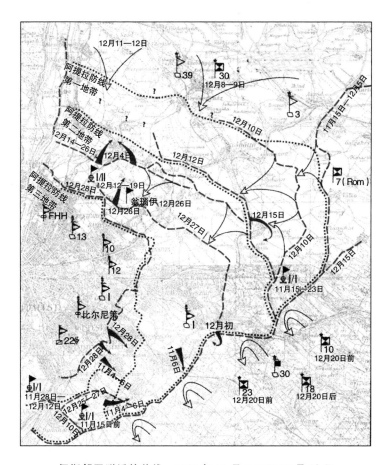

佩斯郊区附近的前线，1944 年 11 月 3 日至 12 月 28 日

德国和匈牙利领导层的困境

　　同军方不同的是，德国和匈牙利的政治领导层都没有做好布达佩斯成为前线城市的心理准备。奇怪的是，在这方面，霍尔蒂摄政王和萨拉希·费伦茨的意见倒是一致的。萨拉希是极右翼政治家、法西斯政党箭十字党的党魁，在 1944 年 10 月 15

日的亲德政变中推翻了霍尔蒂。萨拉希上台不久发表声明，说他"只有在将来有可能从布达佩斯发动攻势的条件下，才会坚持守住布达佩斯。但如果情况并非如此，我们必须疏散布达佩斯人口，进行战略撤退，转移到外多瑙山区"。[72]尽管萨拉希一般被认为是个幻想家，但作为受过专业训练的总参谋部军官，他有时还能比较现实地评估形势。例如在11月初的一次记者招待会上，他说："德国人想要通过保卫布达佩斯来争取时间。"[73]

11月2日，萨拉希在布达城堡召开王国议事会议。他先是宣誓就职国家元首，然后发表了关于匈牙利和日本关系的演讲，没有评论当前的军事形势，随后就带着随员离开了。此时城堡区①已经可以听到隆隆炮声。11月3日，萨拉希召见弗里斯纳，请他向德国最高权力机关转交一份声明。弗里斯纳报告称：

> 布达佩斯郊区已经发生战斗。萨拉希强调，目前的事态不是他的错，而是前任政府造成的。他对德国太晚干预匈牙利事务表示遗憾。事已至此，他的政府只能尽量减少损失，以避免整个国家的崩溃，真正的建设性工作已经是不可能的了。

---

① 城堡区（Várkerület）是布达佩斯的第1区，是布达的历史中心，包括城堡山。布达佩斯共分为23个区，部分区有名字：第1区（城堡区），第2区，第3区（古布达－贝卡希迈耶尔），第4区（新佩斯），第5区（内城－利奥波德城），第6区（特蕾西亚城），第7区（伊丽莎白城），第8区（约瑟夫城），第9区（弗朗茨城），第10区（采石场区），第11区（新布达），第12区（山地），第13区，第14区（祖格洛），第15区，第16区，第17区（拉科什曼泰），第18区（佩斯圣洛伦茨－佩斯圣伊姆雷），第19区（小佩斯），第20区（佩斯伊丽莎白），第21区（切佩尔），第22区（布达弗克－特特尼），第23区（绍罗克萨尔）。

一　序曲 / 043

萨拉希随后说他可以征召 30 万人，但武器必须由德国人提供。[74]

萨拉希之所以不愿防守布达佩斯，倒不是因为这样做会破坏城市，而是因为他相信，"城市暴民"会试图在守城部队背后插上一刀，而守军根本没有足够部队可供镇压市民暴动。他的怀疑不是完全没有根据的，因为箭十字党在布达佩斯已经失去了民心。德军南方集团军群的指挥官们也同意他的看法，于是在 11 月 26 日向德军最高统帅部征询意见，如果市民掀起暴动该怎么办。答复是，要么把"城市暴民"疏散，要么用武力控制他们。弗里斯纳缺少部队执行这样的任务，于是请求派遣一位在维持秩序方面经验丰富的党卫军将领到布达佩斯，并派遣"突击工兵营，就像在华沙一样"。[75]他还请求最高统帅部允许他在出现内线防御圈破裂的情况时撤往多瑙河西岸，但遭到了拒绝。弗里斯纳主要是想避免巷战，所以特别强调市民的不可靠。他本可以军事方面的理由请求允许撤退，高层也许会答应，但这样一来放弃布达佩斯的责任就完全落到他的身上了，他不敢冒这个险。

匈军指挥层同样反对开展巷战，他们相信只有在阿提拉防线才能守住布达佩斯。12 月初，守城的匈军奉命解除公用事业单位雇员（布达佩斯运输公司的雇员、电车售票员、消防队员等）的武装，因为布达佩斯即将被宣布为不设防城市。[76]

只有希特勒坚持要求守住布达佩斯。10 月 30 日，守城任务被交给赫尔曼·布赖特上将的第 3 装甲军，该军是从第 6 集团军调来的，撤到城内的匈军部队也被编入该军。[77]10 月 30 日又组建了布达佩斯军级集群，由匈军第 6 步兵军指挥部、驻在布达佩斯城内的德国警察和快速机动分队组成，指挥官是卡尔·普费弗－维尔登布鲁赫。[78]此人曾在匈牙利腹地指挥过武装党卫军的部队。他的完整头衔是党卫队副总指挥兼警察和武装党卫军上将。普费弗－维尔登布鲁赫是有经验的警官，任命他为指挥官表明德军指挥层很害怕城内发生武装颠覆。

11月4日，德军第153野战训练师（这种师面对红军没有什么战斗力，但很适合用来镇压暴动）被调往布达佩斯。11月10日，又从萨格勒布调来了党卫军第9山地军的军部，以加强德军对布达佩斯军级集群的控制。匈军城防司令奇普凯什·艾尔诺上校的权力现在被限制在军事安全与行政的范围内。匈军第6军军部被剥夺了单独执行战略行动的权力，仅负责自己部队的补给，11月21日又被纳入匈军第1步兵军（军长为欣迪·伊万大将），成为纯粹的行政单位。这些措施引起了匈军总参谋部的强烈抗议，因为匈军指挥官被从决策层中完全排除了，这与先前的约定相抵触。[79]

11月23日，希特勒下达第一条命令：不管平民伤亡或财产损失如何，严禁不经战斗便放弃任何一座房屋。[80]12月1日，希特勒的《第11号命令》宣布布达佩斯为"要塞"，并明确地任命党卫队副总指挥奥托·温克尔曼（此人已经掌管了匈牙利的所有德国警察和党卫军单位）为布达佩斯指挥官。他也就成了普费弗－维尔登布鲁赫和党卫军第9山地军的上级。布达佩斯守城部队在第6集团军序列内，但在经过预先磋商的情况下有权独立采取行动。他们的任务是准备城市广场和房屋的防御，打退敌人的袭击，让德国和匈牙利的宪兵与警察保持警惕，防止骚乱，同时建立通信系统。希特勒还许诺将派出特种单位。[81]

德军指挥层缺乏明确的权力分配，将布达佩斯的防御任务交给了三个不同的单位，却没有对各自的权责做出明确规定：

国防军（第3装甲军）、普费弗－维尔登布鲁赫（布达佩斯军级集群）代表的武装党卫军，以及温克尔曼代表的党卫队外交部门。机构如此臃肿的部分原因是，某些权力机构，比如匈牙利的箭十字党和德国安全部门，对民变的恐惧已经到了歇斯底里的程度。不过，最主要的原因也许是第三帝国官僚结构固有多头权力的特征，党卫军、冲锋队、国防军及各地区的省部书记都有各种各样的权力，互相进行着激烈的权力斗争，而希特勒领导的中央无法有效地对其加以控制。

12月4日，尽管古德里安仍然希望能够拒敌于城外，萨拉希接受了希特勒的决定。此时德军宣布，所有将被放弃地区的全部桥梁和公用设施都将被摧毁。将布达佩斯宣布为不设防城市的建议被德国外交官拒绝了，理由是德国的每个城镇同样要战斗到最后只剩一片瓦砾。[82]弗里斯纳多次请求将前线后撤，但遭到拒绝。

温克尔曼上任仅仅四天就于12月5日被迫辞职，因为他对能否守住布达佩斯表示怀疑，而且他放弃佩斯桥头堡的建议也招致希特勒的怒火。[83]希特勒任命普费弗－维尔登布鲁赫接替他。12月12日，由于外多瑙地区的形势严峻，第3装甲军军部撤出了布达佩斯，但其下属各师仍然留在那里，于是党卫军第9山地军和普费弗－维尔登布鲁赫指挥下的布达佩斯军级集群作为南方集团军群的一部分接管了指挥权。尽管此时普费弗－维尔登布鲁赫已经是布达佩斯的最高指挥官，但温克尔曼仍然继续干预。12月22日他最后一次干预布达佩斯事务，试图说服弗里斯纳放弃佩斯桥头堡。温克尔曼这么做违背了希特勒的命令。

南方集团军群对守住布达佩斯根本不抱幻想。早在12月1

日，弗里斯纳就下令疏散所有的军事和民用机关，并宣布："留下的机关必须保持完整的机动性。所有德国女性辅助人员必须立即撤离。我……要求诸位作战指挥官向我本人负责，务必确保一旦攻城战斗打响，决不会出现德国人员可耻地逃跑从而危害德意志帝国和国防军荣誉的事情。"[84]

12月6日，弗雷特-皮科上将请求允许撤退至阿提拉防线的内层防御圈，因为他害怕被红军突破。希特勒拒绝了，理由是这样会丧失必要的作战纵深。随着豪特万被红军突破，形势一再恶化，因为守军兵力不足以守住布达佩斯北部附近20公里长的战线。12月9日，红军重炮开始轰击城市东北部。德军组建了由炊事员、职员和机械工组成的"快速机动中队"，这是决定生死存亡的战斗已经开始的第一个迹象。通过这种方法，"统帅堂"师勉强拼凑了7个连，第13装甲师组织了4个连。12月12日燃起了新的希望：许诺已久的增援部队可能从佩斯桥头堡发动进攻。但希望很快破灭了，因为那时布达佩斯东部是否还在德军手中都难说了。[85]换句话说，此时德军已经认为防御布达佩斯是不切实际的事情了。

12月初，德国军事情报局估计布达佩斯很快就会陷落，于是开始组织特工人员，准备在主要交通枢纽的19处地点安装炸药，并计划炸毁大多数重要建筑。炸药的具体操作应该是由特别征召的平民进行的，他们互相不认识，只通过中间人联系。但没有记录表明这些行动取得了任何成功。[86]

从一开始，守军面对的就是占绝对兵力优势的敌军。11月5日到12月24日，德军和匈军7个师约6万人面对红军和罗军12个师约11万人。德军兵力少于匈军，但不得不承担更大的作战任务，还必须施加干预，支援装备恶劣、士气低落的匈军。

下面的例子可以表明匈军的损失到了什么程度。第12后备师在大瓦劳德被击溃后一直没有得到重组，到11月中旬，它的2100名步兵已经损失了一半。第10步兵师开始时有4000人，经过12月上半月在格德勒的战斗后每个团只剩下了一个营。这两个师都承受了红军和罗军的正面猛攻，但位置不那么暴露的德军的情况也好不了多少。三个月内，第10步兵师（防守布达佩斯的匈军中最强大的一支部队）损失了99.9%的战斗力量：10月底该师总兵力为约1.5万人，到2月初它的最后一个战斗单位只剩下了18个人。

匈军的低沉士气也很让人担心。根据德军南方集团军群的作战日志，11月19日，匈军第12后备师有100人逃跑或投敌，11月22日到12月4日，第10和第12师又有1200人逃亡。其中大多数是未经训练的补充兵或者脱离了本单位、被编入其他部队的士兵。德军的报告特别强调这些案例，给人的印象是似乎只有德军在作战，但其实防守桥头堡的步兵有超过60%是匈军。事实上，许多匈军单位，如伞兵，第6、第8、第38步兵团，第1装甲师及第10侦察营的成功反击甚至得到了德军的赞扬。

逃兵现象让第10步兵师师长欧斯拉尼·科尔内尔少将心烦意乱。11月26日，他狂怒地宣称"不会让大量投敌的事情毁了自己的军人生涯"，[87]谎称生病，拒绝指挥部队。接替他的是基什福卢迪·约瑟夫少将，12月15日该职位又由安德拉什·山多尔接替，此人是空军总参谋部的一名上校。在匈军第1步兵军，欣迪说服科瓦奇·费伦茨·X.上尉担任作战部门的临时长官，因为他的前任"在左顾右盼几天之后，逃向西方了"。[88]在第1装甲师，没人愿意接受参谋长的职位，军官们都称病推辞，直到总参谋部作战部门的上尉瓦采克·弗里杰什没能推辞掉，不得不接过了这个岗位。[89]

由于伤亡很大，部队的番号已经不能表明其实际的装备和人员数量。德军和匈军指挥层都紧急地为疲敝万分的匈军部队搜罗补充兵员，但援军在抵达之后就立刻被部署到前线，无法形成预备队。武器和训练的缺乏导致第 10 步兵师和第 12 后备师的兵员补充极为困难，尽管这两个师在补充方面享有优先权。由于缺乏训练，年纪较大的预备役人员上了战场第一天就会逃跑，所以匈军指挥部打算使用 2000 名箭十字党志愿者。这些人已经集结在首都以北的多瑙河河弯和圣安德烈岛，或许比较可靠。包括 500 名经过训练和 250 名未经训练的准军事组织成员的翁瑙伊营被命令加入第 10 步兵师，高层同时还考虑了另外两个准军事组织：普罗瑙伊突击队和莫林战斗群。

但这一切努力都只能延缓灾难的最终降临。到 1944 年 12 月，布达佩斯的德军和匈军的给养物资几乎已经耗尽。那些仍有斗志的人被卷入了第二次世界大战中最恐怖的城市攻防战之一，他们心中没有胜利的希望，只有绝望催生的勇气。

二 包围

匈牙利的怪诞战争：1944 年布达佩斯包围圈的圣诞节

> 很快埃多就回来了，带着一棵美丽的圣诞树。他买这棵树花了 10 辨戈①，和平时期也不会比这便宜了。"拿着吧，"卖树的女人说，"无所谓了，苏联人已经到布达凯希了。"我们当然都认为这是夸张，没当回事……布达佩斯广播电台在播放管风琴乐的圣诞赞歌。[1]
>
> ——佩奇·布隆考

1944 年 12 月 24 日，苏联红军已经抵达佩斯东部边缘，同时从西面进逼布达。尽管攻防战已经持续了六周，但当地居民根本没有意识到形势的严峻性，仍在快乐地准备圣诞节，直到第一批红军士兵的到来打破了这曲田园牧歌。德国和匈牙利的军事指挥官们的行为更为荒唐。尽管他们每天都能收到红军步步紧逼的消息，但直到圣诞夜他们还没有在布达部署拿得出手的防御部队，也没有做出任何实际的努力阻止红军从西面进攻。圣诞日下午，红军 T - 34 坦克群离城堡区已经只有 3 公里，只

---

① 辨戈（pengö）是 1927 年至 1946 年匈牙利的货币，1 辨戈等于 100 菲勒（fillér）。"辨戈"这个词原意为银币碰撞的清脆声音。辨戈在二战结束后经历了史上最严重的通货膨胀，后被新货币"福林"取代。

是因为过于谨慎和缺少步兵来配合坦克部队，红军才没有一口气直冲进城堡区。红军丧失了这个好机会，后来付出了沉重的代价：圣诞节后，这3公里的第1公里他们走了3天，剩下2公里则花了48天，而且事实上直到德军投降，红军才接近城堡的城墙。

在佩斯，德军总参谋部至少有一些理论上的防御计划，尽管实际措施不多；而在布达，亚诺什山和三边界山①之间只有几条战壕、几座碉堡，根本没有防御计划。

12月20日，红军在韦伦采湖附近形成突破，这促使南方集团军群指挥部向古德里安请求允许将党卫军第8骑兵师向西转移。古德里安拒绝了这个请求，理由是这会削弱东面的防御。12月21日，南方集团军群指挥部又请求调动"统帅堂"装甲师，再次遭到总参谋部的拒绝。

同时，乌克兰第3方面军的各步兵军开始通过韦伦采湖与毛尔通瓦沙瓦之间的一个缺口向北运动。该方面军占领毛尔通瓦沙瓦后继续向西北推进，沿途占领了一些小村庄，并于12月22日晚对比奇凯和比奥构成了威胁。弗里斯纳大将重申关于转移党卫军第8骑兵师的请求，并指出布达佩斯几天之内就会被合围，古德里安又一次拒绝了他，且大发雷霆："我不明白，这么强大的一个装甲集团军，整个东线都没有比它更强的部队了，为什么挡不住敌人！"[2] 他忘记了，装甲部队缺少必要的步兵支持。

12月23日，布达佩斯歌剧院上演了《阿依达》。一个观众后来回忆道："第二幕开始前，一名演员身穿军服出现在幕前。

---

① 三边界山是组成布达佩斯的三座城市（古布达、布达和佩斯）的边界，由此得名。

他向上座率仅一半的歌剧院内的观众传达了前线将士的问候，说他很高兴看到观众比几周前冷静和乐观了很多，并自信满怀地承诺，布达佩斯将永远属于匈牙利，我们的伟大首都没什么好怕的。"[3] 此时其他剧院和电影院也照常营业。[4]

12月23日上午，红军占领了塞克什白堡。几小时后他们到达比奇凯、海尔采高洛姆和比奥，切断了维也纳和布达佩斯之间最主要的铁路线。承载能力较弱的埃斯泰尔戈姆－布达佩斯铁路线目前是通往布达佩斯的唯一补给线。下午，德军在海尔采高洛姆和比奥的抵抗停止了。晚上，红军坦克第18军绕过比奇凯，从守军背后将其压倒。红军坦克部队的这次行动极为神速，他们的步兵直到25日早上才抵达该地。12月23日晚，近卫机械化第2军的部队对比奥以北的村镇帕吉构成了威胁。红军装甲前锋以每天20到40公里的速度迅猛推进，让后续部队占领他们丢下的目标。到12月24日上午，红军以这种战术从帕吉穿过布达山的森林，抵达布达凯希，而德军和匈军还在比奥以东的埃尔德、特勒克巴林特和布达厄尔什等地的包围圈内坚持反抗。

南方集团军群和普费弗－维尔登布鲁赫的应对措施既不坚决也不充分。他们决定"以'统帅堂'装甲师的装甲集群在比奥地区快速行动，阻止敌军向北和向东的进攻"。[5] 这样从佩斯前线调出的部队顶多只有12辆熊蜂式150mm自行火炮、12辆黄蜂式105mm自行火炮、10到15辆坦克和100辆装甲运兵车。尽管他们暂时夺回了特勒克班雅并在它的北面突破了红军战线，但从长远来看，他们根本不是从20公里外猛攻布达佩斯的3个快速机动的苏联军的对手。战力衰竭的匈军布达佩斯近卫营奉命从佩斯一面的切莫尔转往布达凯希以北的许沃什沃尔吉山谷，但前景也不乐观。党卫军第 9 山地军军部将党卫军第 8 骑兵师从佩斯调离的请求一再遭到古德里安的拒绝，而古德里安不过是在传达希特勒的命令而已。一些较小的匈军单位，如第 4 和第 21 炮兵营，被派往比奇凯，就好像这些部队能够打退敌人的坦克攻击似的。

希特勒在狂怒中将弗雷特－皮科和弗里斯纳解职，接替他们的分别是 G 集团军群的赫尔曼·巴尔克装甲兵上将与第 8 集团军的奥托·沃勒步兵上将。临阵换将也没什么用，因为弗雷特－皮科和弗里斯纳已经竭尽所能了。他们甚至试图对战事的进程进行预测，寄希望于希特勒派遣更多援军。但希特勒只是在为连续的失败寻找替罪羊（他本人最终是要为这些失败负责的），在撤除这些将军的职务时甚至根本没有给出理由。

12 月 24 日下午 1 时 10 分，弗里斯纳的参谋长赫尔穆特·冯·格罗尔曼中将打电话给古德里安，催促他重新考虑："首都西面从来没有过防御。党卫军警察部队的指挥官温克尔曼相信党卫军全国领袖［希姆莱］一定会批准这个决定。必须尽快做出决定，至少抽调一个师到布达那边。"[6] 45 分钟后，古德里安自行决定批准调动党卫军第 8 骑兵师。此时他还有别的大麻烦要考虑。德军在阿登的新攻势似乎即将失败，而维斯瓦河桥头堡的红军据信正在准备进攻柏林。因此，古德里安急切地希望停止西线的攻势，把部队调到东线，但不是调到喀尔巴阡盆地。他估计红军将于 1945 年 1 月 12 日从维斯瓦河桥头堡开始大举进攻，很快事实就证明他是正确的。但希特勒仍然坚信布达佩斯的防御更为关键。他咆哮道："这是自成吉思汗以来最大的虚张声势！是谁炮制了这一通鬼话？"[7] 希特勒毫不理睬古德里安的抗议，命令将东线最后的预备队党卫军第 4 装甲军（该军恰好部署在后来红军进攻的位置）转往匈牙利。随着阿登战事的失败，希特勒最后的希望就是在匈牙利取得一次胜利，他对此的执着几乎到了疯狂的地步。喀尔巴阡盆地的轴心军当中匈军在炮兵方面仍然占到35%，步兵占到30%，因此匈牙利的支持对德军来讲是至关重要的，布达佩斯的陷落将会极大地打击匈军的士气。

下午4时50分，红军坦克已经接近希皮罗纳电车站，离布达城堡只有5公里，希特勒终于批准了党卫军第8骑兵师的调动，但仍然不允许放弃佩斯桥头堡，尽管古德里安和巴尔克都认为放弃佩斯桥头堡是最好的对策。[8]希特勒还下令派遣两个步兵师到匈牙利，并许诺要解放布达佩斯。无论是对希特勒还是对斯大林来说，布达佩斯都是一个政治问题，其意义远远超过中欧范围。希特勒仍在梦想通过在匈牙利的战事保住第三帝国，而斯大林则试图尽可能远地向西欧推进。

德军和匈军指挥层很清楚红军的进展。[9]但他们没有做任何努力来阻止即将降临的灾难。欣迪无所作为是可以理解的，因为他没有实权。只有普费弗－维尔登布鲁赫本人才可以下达命令挽救局势，但我们将看到，他是个庸才。

有人说红军在布达的出现对德军和匈军指挥部来说无异于晴天霹雳，因为他们毫无思想准备。这是大错特错。[10]12月23日，欣迪和普费弗－维尔登布鲁赫知道红军离布达佩斯已经只有20到40公里；他们可能也知道，部署在布达西南的德军第271国民掷弹兵师残部已经几乎完全丧失战斗力。匈军总参谋部秘密破坏部门的米科·佐尔坦上尉明白城市即将被合围，德军各师的参谋部也明白。[11]不仅该地区的铁路职工和宪兵不断传来消息，普费弗－维尔登布鲁赫的部下那边也有消息传来。[12]

12月22日，布达佩斯还没有被包围，普费弗－维尔登布鲁赫就发出了空运补给的请求。[13]12月23日，德军反坦克炮被部署在布达永耶的两处地点，就在通往布达凯希的道路上。[14]同日，匈军第10步兵师的补给单位接到第1步兵军的命令，向帕吉以北的皮利什乔包－派尔巴尔－让贝克道路和派尔巴尔－布达耶内道路派出侦察单位。[15]大约中午时分，第10步兵师师部副官比罗·约瑟夫中尉接到军部命令，开始侦察活动。[16]晚上10时，师参谋长拜纽夫斯基·哲泽上尉亲自来到皮利什森蒂万的辎重队，对各单位发出警示。[17]

12月24日早上，巡逻队报告，红军出现在比奇凯和布达厄尔什之间让贝克盆地的几个村庄。[18]在离布达佩斯更近的鲍绍莱特郊区，第1装甲师的军需主官看见"德军反坦克炮和突击炮冲向许沃什沃尔吉山谷，德军和匈军的汽车、卡车和机械化传令兵从许沃什沃尔吉奔向干草广场"。[19]原因是，普费弗－维尔登布鲁赫和匈军指挥部已经分别下令，要求第13装甲师的补给单位和非战斗人员及匈军补给单位立即撤出城市。[20]德军最高统帅部自行下令将一支专业的海军水下爆破分队从吕贝克调往匈牙利，准备摧毁布达佩斯和埃斯泰尔戈姆的桥梁。到圣诞节，这支分队在特格特霍夫中尉率领下抵达维也纳。[21]这一切都表明柏林的陆军总司令部完全明白，布达佩斯即将被合围。

同往常一样，普费弗－维尔登布鲁赫和欣迪各自的参谋部之间没有进行任何关于阻止合围的讨论。这主要是由于双方互不信任，而且自10月末以来欣迪对事态发展的态度越来越冷漠。[22]从一开始欣迪就被剥夺了对匈军部队的控制权，他的职责仅仅是行政工作。普费弗－维尔登布鲁赫从不向他的匈牙利搭档透露任何消息，而且对其采取居高临下的姿态。这也许就是为什么这位匈牙利将军仅仅消极地静观事态恶化。[23]

　　当天早上，布达凯希的宪兵向驻在锡安圣母修道院的匈军军部报告，红军坦克已经出现在附近。[24]布达南部高炮部队的长官瑟杰尼·费伦茨中校对此一无所知，命令他的副官平特·盖佐中尉开车去布达凯希检查预设的高炮阵地。平特穿过城西居民区，一直走到西普尤哈斯内山脊：

　　　　在那里我意外地被一位中尉拦住了。我下了车，他问我要去哪儿。我说，去布达凯希检查阵地。当时大概10点半。"你去不了那儿，"他说，"你还不知道吗？你已经在前线了。"我问："怎么会？""看你身后，"他说，"你后面是德国党卫军。"……这个中尉向我要我的两枚手榴弹，因为他说他连一支手枪都没有。[25]

上午10点半过后不久，第一批红军士兵出现在西普尤哈斯内山脊的前方。到中午，那里所有的抵抗都停止了。下午1点，第一批红军坦克沿着布达凯希路缓缓前进，抵达布达凯希路与希代格库蒂路的交叉点。在电车站下面的加油站，一辆匈军油罐车正在抽油。德军士兵以油罐车为掩护，同红军坦克发生了激烈交火。红军坦克前进过快，失去了步兵的掩护。同时，泵和油罐车里的汽油流到了大路上。

　　红军步兵也开始从布达凯希前进。有些步兵试图沿着布达凯希路跟上坦克，但被抛在了后面；其他人则穿过布达凯希森林向施瓦布山进发。上午晚些时候，部署在奇莱贝尔茨的8门高射炮遭到红军步兵的攻击。由于高炮的位置不允许平射，炮兵破坏后膛装置之后便撤退了。据目击者说，下午早些时候，在齿轨铁路的塞切尼山终点站等车的平民看到红军端着冲锋枪冲过来时不禁目瞪口呆。守军指挥部虽然已经知道红军的进攻迫在眉睫，但无法一一通知位置分散的各单位，因此有些单位全军覆没。

平特中尉绕道很远，回到希代格库蒂路。希皮罗纳区药店前的一门88mm高炮刚刚击毁一辆红军坦克。在高处，三四辆红军坦克潜伏在布达凯希路上。在几个街区以外的塔罗高托路，红军炮弹突然落到一个德军急救站。当地德军打电话给"统帅堂"师师部，得到的回答却是，局势没有变化，不必惊慌。一名急救车司机报告说，他在西面几公里处遭到了红军射击，但没有人相信他的话。急救站的德军军医主官再一次打电话给师部，师部却说他们的报告是"病态的幻想"。就在这时，一发炮弹在急救站前面爆炸，所有的玻璃都被震碎，电话线也被切断了。[26]

几乎在同时，布达佩斯运输公司的一名员工从祖格里盖特区的81路电车终点站打电话给驻在锡安圣母修道院的匈军军部："你们知不知道，苏联人已经到这里了？他们已经在车站了，他们把步枪架起来，在分食物了。我该怎么办？"接电话的科瓦奇·费伦茨·X.上尉仅仅说："什么也不要做。尽量不要引起他们注意，这样他们就不会对你怎么样。别的我也没办法了。"[27]然后科瓦奇开始打电话了解情况。好几次接电话的是苏联人。"打完电话后我去向霍瓦特·山多尔［军参谋长］报告。他也很吃惊，但束手无策。他可能和林德瑙谈过，但他没有命令我把情况通知给德国人。"[28]德军的军部是以类似的方式得知红军到来的。希皮罗纳电车站的一名警察发现领头的那辆T-34坦克用大炮瞄准了他，他被吓坏了，连忙打电话给德军军部。[29]

**2. 参谋上尉科瓦奇·费伦茨·X.,
匈军第 1 步兵军作战处处长**

　　当天下午，德军军部开始把党卫军第 8 骑兵师调往布达，尽管希特勒第二天才批准他们这么做。一个由预备役人员组成的侦察分队进入了许沃什沃尔吉山谷和玫瑰山地区的射击阵地，不久之后一个高炮分队进驻了莫里茨·日格蒙德①广场。但由于市民都在忙着圣诞采购，交通拥堵，部队的调动慢了下来。[30]大约下午 6 时，施瓦布山齿轨铁路的乘客带着买来的圣诞礼物回家时看到了奇异的景象。红军一个八人的侦察班在安德烈·伊里奇·科兹洛夫中尉率领下，未发一弹便抵达了终点站，那里还有人在卖圣诞树和烤栗子。等车的平民看到红军并没有感

---

　　① 莫里茨·日格蒙德（Móricz Zsigmoud，1879 ~ 1942），匈牙利重要小说家，著有《一生做个好人》《强盗》《亲戚》等。

到异常，因为红军穿着白色的冬季罩衣。火车已经启动了，这时一名乘客突然发现这些士兵的罩衣里面穿的不是德军或匈军制服。人群陷入恐慌，有人拉动了车厢的紧急制动索，红军抢走一些乘客的手表后下了车。火车继续前行，警卫告诉新上车的乘客，现在是苏联人在控制铁路线。这消息像野火一般飞速传遍了全城。[31]

干草广场发生了大混乱。炮兵中尉采齐德洛夫斯基·贝拉回忆道：

> 人们非常紧张。在奥斯特罗姆街，一群箭十字党党员坐上汽车离开了，一名警官背着一袋面粉。这时我才意识到这儿究竟发生了什么。……塔尔瑙伊·陶西洛是一个迫击炮连的连长，他当时正在轰击许沃什沃尔吉。绿桶客栈还开着门，我吃了一顿古拉希汤。[32]

下午3点到4点，希皮罗纳电车站附近，红军和赶来占据阵地的德军之间发生了枪战。同时，施瓦布山的箭十字党民兵战斗群接到了警报。在箭十字党宣传部部长奥斯蒂安·安托尔率领下，这个战斗群似乎想要逃离市区，但在塞切尼山火车终点站附近和红军发生了交火。有几个人，包括奥斯蒂安本人，被红军打死，其他人在马尔通山路一带的花园内占据了射击阵地。[33]

第1大学突击营的成员正在家中度假，下午5点，他们在总动员部长科沃尔奇·埃米尔的命令下，以"滚雪球"的方式集结了起来：每个接到警报的大学生向另两个学生传递消息。不到一小时，全部三个连集合完毕。尽管箭十字党的青年领袖饶科·伊什特万允许大学生同箭十字党单位一起撤离城市，该

**3. 参谋上尉拜纽夫斯基·哲泽，
匈军第 10 步兵师参谋长**

营营长埃利舍·久洛中尉还是决定留下来作战。晚上 8 点，这群大学生从许沃什沃尔吉山谷乘卡车到达布达永耶郊区。列兵考莫乔伊·久洛回忆道：

> 我们向远方布达凯希路和希代格库蒂路交界的地方望去，看到一条"河"，"河"上着了火。那里有什么东西在燃烧，可以看见蓝色的火苗……"没关系，小伙子们，我们的卡车够大。时间才 8 点过 5 分，我们正朝着火的位置前进。"他［埃利舍］这么说着，上了第一辆卡车，径直向火的方向开去。我们刚刚进入混乱的人群，正要冲向火中，突然一个德国兵跳出来拦住我们："停下！"司机刹了车，我们周围一片乱糟糟。一个德国兵说伤员很多，他们

立即开始把不幸的半死的伤员搬到我们后面的拖车上，那里还放着几桶柴油。

我们站在那里。搬运伤员花了两三分钟时间。我向布达凯希路望去，看到路转弯的地方有 3 辆被烧毁的坦克。……一定是这些坦克被击中后，里面的油流到了路上，被手榴弹点燃了。我们刚才看到的着火的河就是这个了。[34]

学生们封锁了许沃什沃尔吉山谷，向希皮罗纳 - 布达永耶地区派出巡逻队。一支巡逻队抓住了两个说俄语的穿平民服装的人。[35]另一支巡逻队在布达永耶附近用手榴弹炸毁了一辆苏联坦克。当天早上在血之原野①集结起来的一个宪兵营占据了鲍耶学院、亚诺什医院和齿轨铁路附近的阵地，并开始侦察。[36]

根据德军的指示，这个 600 人的单位将防守一条向布达厄尔什延伸四五公里的战线，并参加次日的一次反击。大学生佐尔瑙伊·拉斯洛晚上 8 点去拜访他在鲍绍莱特区的亲戚，在路上看到的尽是混乱：

我试着从欧洛斯大道走。整条街上尽是军人、车辆和成群的从布达凯希逃来的施瓦本农民，他们大多步行，背着高高的包裹。在滚滚人流中我简直没法找到空隙往前走。逃跑人群的恐慌尖叫、从希皮罗纳传来的越来越响的炮声和不时出现的爆炸声混杂在一起。我试着绕道，往瓦洛什马约尔农庄走，但这里也挤满了逃向市中心的难民。

---

① "血之原野"是布达佩斯市第 1 区的一个公园，之所以叫这个名字，是因为匈牙利哲学家、政治家和革命者马丁诺维奇·伊格纳茨（Ignác Martinovics, 1755 ~ 1795）因煽动农民起义而被处死在此地。

　　我沿着一条小巷往前挤，手里拿着手枪。……我走到毛尔齐巴尼伊广场时，被探照灯照花了眼，不得不停下脚步。然后，我看到广场上尽是严阵以待的士兵。

　　好在是一名匈牙利军官询问我的身份。我告诉他，我想去鲍绍莱特过圣诞节，但是找不到路。他没有要我出示证件，但说他估计我去不了，因为苏联人已经在鲍绍莱特广场了，黑暗里我很可能会被这一方或那一方打死。[37]

这一天，红军猛烈攻击佩斯桥头堡以阻止德军重整旗鼓，同时开始对城市系统性地炮击。但布达那边的红军指挥官却决定在希皮罗纳停下。他的理由很充分，因为此时他手下只有大约20辆坦克和很少的步兵到达了布达。[38]如果没有步兵伴随而仅用坦克在狭窄的街道里打巷战，风险太大。此时红军进入城市还没有多远，已经损失了好几辆 T – 34，能否控制住已经占领的这一部分布达城区还是个问题。有些资料给出了不同的理由：红军突然遇到很多携带值钱物品的平民，就停下来抢劫他们。[39]但事实上，他们倒不是为了抢劫才停下来，而是因为他们必须停下来等待主力，于是利用等待的时间来抢劫。

　　对犹太人来说，红军的到来意味着解放。和军方不同，箭十字党的民兵没有料到红军会进入布达，很多犹太人就是因为这时发生的混乱而保住了性命。其中第一批幸存者是布达凯希路一家犹太孤儿院的孩子，这些孩子的父母已经被遣送到集中营或关入隔离区。12 月 24 日清早，箭十字党民兵闯进医院，把犹太儿童排成队，但听到急剧增强的炮声便又离开了。这些儿童看到了第一批红军坦克在上午晚些时候沿着乡村街道轰鸣前进。[40]同一天早上，箭十字党民兵来到布达的蒙卡奇·米哈伊街的犹太孤儿院，把 100 多名儿童和护理人员驱赶到拉德茨基兵营的院子里，准备在那里用机枪把他们打死。但下午早些时候红军逼近的消息传来，屠杀被取消，这些犹太人被赶往第 7 区的隔离区。[41]令人悲哀的是，其他成千上万的犹太人没有活着看到红军的胜利。下文将对他们的命运做专门讨论。

布达包围圈

外层包围圈

圣诞节期间，在布达佩斯以西，红军向北进攻多瑙河和埃斯泰尔戈姆方向，此处的德军和匈军根本不是他们的对手。托尔布欣在此处有 190 辆坦克和 1.9 万名步兵，而德军和匈军仅有 91 辆坦克和突击炮及约 3700 名步兵，且兵员质量很差（见表 7）。

12 月 24 日，红军坦克第 18 军和步兵第 31 军的部分单位向东逼近布达，未遇有组织的抵抗，而其他单位则沿着布达山的边缘稳步向北推进。下午，机械化第 32 旅从帕吉进至派尔巴尔和特克；坦克第 110 旅的一个先头营抵达廷涅；坦克第 181 旅在索莫尔附近跨越了科马罗姆－埃斯泰尔戈姆州的边界；坦克第 170 旅则向鲍伊瑙推进。傍晚，红军前锋抵达雅斯佛卢，领头的坦克击毁了从埃斯泰尔戈姆到布达佩斯的最后一列火车的车头，乘客不得不在附近村庄躲避。[42]深夜，皮利什红堡附近通往维也纳的道路上发生零星交火，从于勒姆海关开出的车队和被迫从皮利什红堡返回的车队乱成一团，这景象在红军信号弹的火光照耀下显得甚为诡异。[43]

12 月 25 日清早，西进的红军坦克楔子抵达陶陶巴尼奥、陶尔扬、索莫尔、达格和乔尔诺克。其他部队在布达佩斯和埃斯泰尔戈姆两座城市之间铁路线的中点越过铁轨。这些部队大多继续向多罗格进攻，右翼则转向东方的皮利什区的村庄和多瑙河河弯地区。[44]早上7时，红军右翼占领皮利什乔包，只遇到微弱抵抗，随后穿过森林高地，进军皮利什红堡。红军坦克在晚上抵达了皮利什森蒂万，几小时后切断了从波马兹经皮利什圣凯赖斯特到埃斯泰尔戈姆的石子路；若干侦察排在夜里渗透了皮利什红堡。在多罗格的东南边缘，坦克第170旅被一门德军高射炮和几辆匈军突击炮阻滞到晚上，损失了4辆T-34。[45]红军在白天占领了多罗格以西的几个村庄，到晚上7时半，多罗格也落入红军手中。火车站有几百节满载货物的车皮被困。

12月26日凌晨1时，红军抵达埃斯泰尔戈姆-塔博尔，并于早上开始攻击埃斯泰尔戈姆。驻在该城的匈军第23后备师的军官们决定投降，但师长下不了决心。最后，直到附近已经发生战斗时，师长才做出决定，否决了他几分钟前才批准的投降计划，因为投降会违背他作为军官的誓言和对德国战友的忠诚。[46]该师几乎已经没有什么作战部队，在最后一刻撤过了多瑙河。[47]早上7时半，德军也撤退了，并炸毁了玛丽亚·瓦莱丽大桥。几小时后，埃斯泰尔戈姆全城落入红军手中。埃斯泰尔戈姆陷落后，对布达佩斯的外层包围圈就封闭了。

12月27日早上，红军坦克第170旅继续西进，在许特特车站俘虏了几个车皮的待修德军坦克和装甲车。[48]德军的帕佩师级集群于12月24日到26日抵达该地区，艰难地封锁了维尔泰什山区的通道并占领了陶陶-陶陶巴尼奥地区。该集群包括3个装甲师的残部、3个在12月24日至25日从布达佩斯往西调动的营、一些原本被分配给党卫军第8骑兵师和第13装甲师但没

红军在布达的进攻，1944 年 12 月 22 日至 26 日

有送达的坦克，以及一些快速机动分队。该集群缺少步兵，无力发动反击，就连守住已经占领的地区也越来越困难。这种情况一直持续到 12 月 28 日援军到达并在东面通往科马罗姆的道路上阻挡住了红军。

红军指挥部料到德军会试图为布达佩斯解围，因此决定集中力量加强包围圈外层的防御，而不是继续前进。战线由此稳定下来，红军只在莫尔和巴拉顿湖之间继续进攻。

内层包围圈

12月24日，主要是从布达凯希出发的红军机械化部队已经抵达布达西部。圣诞节的前一天是星期日，远方炮声隆隆，大街上几乎空无一人。大多数居民没有意识到，仅仅在几分钟之内，他们的生活已经翻了个底朝天。有些平民看到穿着棉袄的苏联人端着配有陌生的圆形弹鼓的冲锋枪冲过花园篱笆，有些人看到苏联坦克轰鸣着开过马路，不禁目瞪口呆。很多人打电话给亲戚朋友讲述这些情景，他们的声音带着慌乱、恐惧的颤抖，有些人则感到高兴。下午晚些时候和晚间，市中心的人们传播着布达佩斯可能已经被包围的消息。自由派政治家切奇·伊姆雷在位于布达城堡区的家中写道："大炮一直响到半夜也没有停。有时我们还听得到嗒嗒的机枪声。这是最美妙的圣诞音乐。我们真的要得到解放了吗？……上帝保佑我们，结束这些匪徒的统治。但愿炮火再猛烈一些，城市明早就陷落。"[49]其他人更谨慎："我们非常害怕苏联人，所以拆掉了圣诞树。"[50]

12月25日黎明，红军从西普尤哈斯内山脊向北穿过森林，向许沃什沃尔吉山谷推进，包围了箭十字党民兵中央战斗群的一个排。这个排由普罗瑙伊·帕尔率领，此前驻扎在希代格库蒂路和大科瓦奇路交叉口的一座别墅里，负责警卫。箭十字党民兵先是在花园，然后又在别墅里一直坚持战斗到26日早上，大约50人全部丧命。[51]

在更南面，红军炮兵从比奥赶了上来，继续向特勒克巴林特进攻。在毛尔通瓦沙瓦和多瑙河之间作战的红军单位得到从切佩尔岛渡河过来的部队的增援，向北推进，占领了布达特特尼和布达弗克郊区，并开始威胁凯伦福尔德郊区。根据红军的报告，匈军第 206 高炮营违抗了撤退的命令，携带全部 16 门炮向埃尔德以北的红军投降。[52]

普费弗－维尔登布鲁赫错误地判断他面对的敌军兵力不多，高估了自己胜利的可能性，于是试图从特勒克巴林特发动反击来阻挡红军。但正从南面撤退的第 271 国民掷弹兵师残部和高兰陶伊警察营没有什么战斗力。考毛劳森林一处高炮阵地的指挥官霍瓦特·德奈什中尉正准备炸毁他属下（已经用混凝土固定起来）的火炮，这时接到命令，为计划中的反击提供炮火支援：

> 按照计划，德军步兵应当于 21 时抵达我们的阵地，提供步兵保护。我从德军驻地回来之后就把一个炮兵连的六门炮准备就绪。排长格哈德中士……报告说公路上有一群人，大概 150 到 200 人，毫无组织地在向我们的炮兵阵地进发。我命令格哈德不要开枪，因为我以为这是来提供步兵保护以准备夜里反击的德军。这群人离炮兵阵地只有 100 米时我们才在照明弹的火光下看清，他们是红军。我们随即遭到极为猛烈的步兵和迫击炮火力的攻击，我们立刻用手头的步兵武器还击。此时，德军一个排从特勒克巴林特抵达，但他们疲惫不堪，只能为一些炮兵的撤退提供掩护。红军穿透了射击阵地，俘虏了部分炮兵。[53]

当天早上，红军坦克第 18 军继续北进，同时近卫机械化第 2 军的约 80 辆装甲车进至布达的北部和西部地区，占领了村庄佩斯希代格库特和大科瓦奇。下午早些时候，红旗升到了亚诺什山瞭望塔的顶端，塔底的餐馆着了火。到晚上，布达弗克的

很大一部分以及临近的郊区阿尔伯特福尔沃的火车站已经落入
红军手中。红军步兵侵入亚诺什医院所在地区，并从小礼拜堂
向欧洛斯大道和瓦洛什马约尔农庄开火。当天及次日，只有向
布达凯希路进攻的这一路红军装甲部队没有继续前进，满足于
占领布达凯希路和希代格库蒂路。

　　党卫军第 8 骑兵师和匈军 3 个营被紧急部署到这一地区，
支援大学突击营。这些部队对布达的防御效力非常有限。利用
这些单位，再加上 7 辆突击炮和城市指挥部的一个排，韦赖什
瓦里·拉斯洛中校在被红军占领的祖格里盖特附近发动了一次
反击，成功地建立了一条单薄的防线。翁璐伊营封锁了瓦洛什
马约尔农庄，并将红军从亚诺什医院驱逐出去。第 1 突击炮分
队控制了通往许沃什沃尔吉的道路。红军前锋步兵已经在 12 月
24 日占领了施瓦布山上的女修院。塞凯尤德沃尔海伊宪兵营的
单位抵达施瓦布山时吃惊地发现红军在那里等待他们。在随后
的交火中，匈牙利宪兵损失惨重，不得不全面撤退。[54] 晚上，德
军"欧罗巴"快速机动营的先头部队抵达玫瑰山，从大学生手
中接管了宾博路和欧洛斯大道之间的防线。当地居民突然之间
发现自己已经身处前线。当地居民绍什瓦里·安德烈回忆道：

　　　　12 月 25 日早上，三四个宪兵沿着比勒克街跑来，大
　　呼："苏联人来了，快逃命吧！"一小时后，一个四十岁左
　　右、疲惫不堪、穿着机修工衣服的男人走来向我们讨要食
　　物，因为他之前被困在了马尔通山路。他告诉我们，他的
　　伙伴也藏在附近。他们可能是从铁路终点站的"图兰"坦
　　克那里逃来的。

　　　　午饭后，我们听到比勒克街传来疾驰声。我向外望去，

> 一大群德国兵停在我们房子前面。一名军官走上前来问道："苏联人在哪里？"他要了点水喝，说道："布达佩斯被包围了。"然后他们跑步向施瓦布山进发。他们跑到 71 号时，突然枪声大作。[55]

但这些目前为止没有受到伤害的布达居民显然拒绝接受现实。"一群大学生向路边沙堆开枪以测试武器，一位居民就向埃利舍·久洛［大学生营的指挥官］抱怨他们扰民。平民听说红军就在几百米之外时都大吃一惊。"[56]直到 12 月 25 日，大学生的巡逻队几乎完全依靠自己的力量守住了从亚诺什医院沿利普特迈佐区一直到普斯陶塞尔路的战线。第 21 炮兵营迫击炮连的连长塔尔瑙伊·陶西洛仅仅是靠偶然才发现红军步兵已经开始进攻的，于是命令发出一轮齐射，挫败了红军重新夺取亚诺什医院的企图。

到 12 月 25 日电车已经不运营了。有几条电车线路在清早想要运行，立刻就被炮击阻止了。唯一还在运营的公共交通工具是布达佩斯和圣安德烈之间的郊区铁路；且至少在这天上午，多瑙河部分河段定期来往的小船还在行进。尽管城市不断遭到炮击，水电、煤气和电话服务依旧正常。沿着于勒路的外围，从佩斯圣伊姆雷郊区的阿提拉防线防御圈撤退的平民正向市中心逃跑。

尽管此时设在布达城堡的德军指挥部距离前线已经不到 3 公里，但在上述一系列事件发生之后他们才把援军派往布达。较大规模的德军巡逻队每隔四五个小时在前线巡逻。红军大部分是步兵，从前线撤了下去。双方都认为对方比自己强大，所以都不敢贸然进攻。

12 月 24 日晚上，盖世太保和各师的集结、维修与补给单位撤离布达佩斯，前往埃斯泰尔戈姆。箭十字党党员和其家属以及箭十字党的青年组织，一共几千人，也撤到了那里。[57]根据动员部长科沃尔奇·埃米尔的命令，本来准备补充给第10步兵师的箭十字党民兵（1500到2000人）也被疏散了，但驻在布达的第8步兵团遵照师部的命令又把这些人拦了回来。[58]12月25日晚上，两辆借给匈军作侦察之用的德军豹式坦克抵达皮利什圣凯赖斯特，一路几乎没有遇到任何障碍，次日又抵达埃斯泰尔戈姆以西、多瑙河上的科马罗姆的匈军战线。天黑后，当地最后一列火车满载难民，在灯火管制的条件下驶往圣安德烈。[59]

12月26日早上，红军夺取皮利什红堡，几乎没有遇到抵抗，并占领了乔班考、于勒姆、波马兹和布达考拉斯等村庄。[60]大多数难民列车只开到了波马兹。通往埃斯泰尔戈姆的道路要么已经被红军切断，要么被德军和匈军车辆堵塞，只有很少人躲过红军坦克逃走了。

最后一批逃跑的箭十字党党员逃到了多博戈科村。在一家游客旅馆躲避之后，他们分散开来：有些人奇迹般地在12月28日抵达德军在科马罗姆的战线，其他人渗透回首都，丢弃了他们的制服。[61]一个从圣安德烈岛撤退的匈牙利营试图突围到埃斯泰尔戈姆，但在圣安德烈地方政府的请求下决定投降。大约中午12时30分，第一批哥萨克侦察队出现在圣安德烈本堂神父宅邸。[62]12月27日，红军装甲部队抵达多瑙河。对布达佩斯的合围完成了。

一支德军部队及其附属的4个匈牙利工兵营在12月25日至26日开始撤离圣安德烈岛。红军近卫步兵第25师在瓦茨渡过了多瑙河支流，25日对该岛进行了初步侦察。次日一支更大规模的红军来到这里。在一次小规模战斗中，近卫军中士库扎拜·扎日科夫率领的一个单位俘虏了防守多瑙河河岸的德军一个连的大部，为此荣获"苏联英雄"称号。在托特福卢，"本堂神父和公证人迎接了红军，红军没有伤害任何人，只是命令所有磨坊为他们磨面，并派遣匈牙利民兵戴上白袖章巡逻"。[63] 陶希附近的桥梁已经被德军布了雷，但当地居民博罗什·伊莎贝拉剪断引信，挽救了桥梁。[64] 被困在多瑙河河弯的德军和匈军被缴械，这个过程一直持续到 12 月 30 日。根据苏联资料，12 月 24 日到 30 日，红军共俘敌 5390 人。[65] 最后，圣安德烈岛一端的基绍罗西于 1945 年 1 月 3 日被占领。

围城者与被围者

德军和匈军

布达佩斯守军究竟有多少兵力，直到今天仍然众说纷纭。当时的红军新闻公报提到了约 7 万名俘虏。[66] 马利诺夫斯基报告说有 18.8 万守军、13.8 万俘虏。南方集团军群在 12 月 31 日记录，有约 5 万匈军和 4.5 万德军被围。[67] 匈军第 1 军军部多次试图计算它的各单位人数，但在围城的混乱中没有得到很多结果。就连该军参谋长霍瓦特·山多尔对此也感到困惑："在七周的围城战中，我没能获得任何关于作战序列之内或之外单位的作战兵力、武器或弹药情况的准确信息。"该军的军需官、参谋上尉内梅特·德热在多次努力之后只能确定，总兵力在 4 万左右。[68] 统计数字存在这么大差距并不仅仅是由于文献资料丢失。有人认为，匈军第 1 军原本是个纯粹的行政单位，自身没有任何部队，所以布达佩斯的守军仅仅是由于红军进攻才被围进来的。这种说法的理由也不充分。不过，第 1 军的序列中确实只有布达佩斯近卫营这一个作战单位。因为兵力严重不足，该军甚至还征召了一批逃到首都的特兰西瓦尼亚大学女学生作为侦察人员。

被包围在布达佩斯的很多匈军部队一直试图逃避战斗。上级检查他们的兵力和武器数量时，他们隐瞒实情。从匈军第 1 步兵军军部领取给养时他们夸大人数，和德军联络时又故意减少人数。1945 年 1 月 14 日，匈军第 10 步兵师和第 12 后备师上报给军部的作战兵力总人数是 300 人，[69] 尽管仅第 10 步兵师就至少有 3500 人被围。[70] 一般来讲，总兵力指的是所有穿军服的人，而作战兵力只包括所有可以部署到前线的步兵单位，不包括炮兵、辎重人员、通信兵、工兵和参谋人员。作战兵力一般是总兵力的 50% 到 60%。这样看来，第 1 军军部似乎没有意识到，它的作战兵力连总兵力的 10% 都不到。

一般来讲，作战单位的损失肯定比其他单位大。如果得不到持续补充，就只能从师里的后勤单位抽调人员。德军经常从后勤单位搜罗人员补充给作战单位，但匈军很少这么做。第 10 步兵师勉强拼凑了 200 到 300 人的作战单位，其他那么多人并没有参加战斗。这也不奇怪，因为此时匈军指挥层认为继续抵抗已经毫无意义了。

1944 年圣诞节，防守布达佩斯的匈军总兵力是 55100 人，比齐装满员情况下的 2 个师（60000 人）少一点；作战兵力是 15050 人，相当于齐装满员情况下的 1 个师（15000 人）。15050 名匈军战斗人员相当于布达佩斯全部守军的 30%，但匈军炮兵装备占全部守军装备的比例大得多，60% 的火炮属于匈军。然而，并非所有火炮都参加了作战：例如第 2 炮兵营第 4 连在 12 月 30 日之后未发一弹，尽管它还拥有 4 门炮、足够的炮弹和一些炮兵观察员。[71] 另外，匈军人员和装备的损失速度比德军快。

布达佩斯包围圈内匈军的总兵力有大约 50% 未受过步兵训练，16% 是在围城战期间才招募的，战斗力可想而知。匈军的全部总兵力 38100 人（见表 8）当中，作战兵力仅占约 40%，即 15000 人，而这 15000 人中有 30% 是围城期间招募的。没参加任何战斗的单位包括 KISKA 辅助安全部队、很多警察及军事院校学员，共计约 17000 人。这些人如果装备了重武器并接受相应训练的话，是完全可以部署作战的。即便如此，这些人中的大多数还是可能会一逮着机会就逃避作战。战争进入第二年后，广大匈牙利士兵就已经不明白他们为什么要打仗了。1944年 10 月 15 日霍尔蒂的停火企图失败之后，匈军的战斗力进一步下降。除了某些单位之外，大多数匈军要么投降，要么只有在德军支援或强迫下才坚持作战。

在最初的非战斗人员的组织中，国民卫队是 KISKA 的前身，于 1944 年 9 月 25 日建立，成员主要是不适合前线服役的男性，要么是志愿者，要么是征召来的，负责安保和警戒。他们领取军方发放的食物和薪酬，穿制服或平民服装加上袖章，使用从平民手中征用的武器，接受准军事组织的领导，或其所在区域工厂、企业领导人的管理。12 月 3 日，萨拉希政府解散了国民卫队，因为它里面混入了逃兵、被迫害者、反政府的抵抗分子及其他持不同政见者。政府新建了 KISKA 来取代国民卫队。KISKA 成为匈牙利正规军的一部分，包括 7000 名非战斗人员。一般来讲，城市每个区都有一个 KISKA 营，但大学和其他机构有自己的单位。然而，后来 KISKA 也被证明很不可靠，因此于 1945 年 1 月 6 日被解散。

同样，警察战斗群也是由非战斗人员组成的。尽管在城市被合围时警察战斗群的总兵力有 7000 人，纸面上的作战兵力有

1630 人，但因为训练和装备严重不足，他们的战斗力可以忽略不计。他们的第一次单独行动在几个小时内就以重大损失告终：伤亡达到一半。[72]

有一个例外是突击炮兵。尽管这支队伍的装备主要是轻武器，但由于他们斗志高昂，战斗力还不错。1945 年 1 月，仍然有志愿者加入突击炮兵，因为它提供的给养较好，而且它的成员能够得到更人性化的待遇以及身份证明以防遭到警察盘查。[73]突击炮兵主要由年轻的准军事组织成员、军校学员、中学生和掉队士兵组成。1944 年 11 月，豪纳克·山多尔上尉招募了一个连的与其他部队失去联系的装甲掷弹兵。12 月初，第 3 突击炮营第 1 连的连长拉茨·蒂博尔中尉带领他的单位从佩斯逃出，参加了第 10 突击炮营在鲍劳奇考的进攻，因为拉茨觉得自己的突击炮没有得到充分利用。[74]

另一方面，正规军的各师却包含了很多毫无斗志的匈牙利士兵。一个典型例子是第 1 装甲师，该师在 12 月初的总兵力为14000 人，[75]却向德军报告说只有 2038 名步兵。[76]到 12 月底，该师已有 80 人当了逃兵，上级却没有追查。[77]第 10 步兵师第 6 步兵团（第 1 营和第 2 营）的参谋人员和差不多 600 名预备役人员从 12 月 24 日到围城战结束根本就没有参加过战斗，[78]而第 10侦察营则一直是"黑户口"，德国人一直都不知道这个营的存在。[79]大多数单位在人员和武器统计上有两本账。[80]早在 11 月，第 12 后备师就有 3 名上校和 5 名中校被撤职或受到军法审判，到 12 月底各营已经只剩 30 到 40 人。[81]

奇怪的是，德匈双方的指挥官都没有试图改变这种情况，对送上来的报告照单全收，尽管他们肯定知道这些报告是胡编乱造的。师部副官比罗·约瑟夫中尉在回忆录中写道："德国人对我们三个营的象征性行动表示满意。第 18 团第 1 营营长未经允许擅自撤退，箭十字党的人向德国人告发了他，不料德国人还为他辩护。"[82] 很多高级指挥官仅仅在执行日常的行政职责，他们主要关注的是减小损失，或者讲得更直白些：他们只想在战争中活下去。

德国人总是寻找一切机会把失败怪罪到匈牙利人身上。他们的报告显示，防守布达佩斯的全部职责完全落在了德国人的肩上。德国人反复提到匈军的逃兵现象，却忘记了德军也有逃兵，虽然数量不多。相反，好几个匈军军官在回忆录中声称，逃兵现象至少有一部分是因为德国人的傲慢、匈牙利人的从属地位，以及匈军根本没有任何指挥权。到 12 月底，匈军很多单位已经被分割成连或更小的单位，置于德军指挥之下，不过也有很多单位的残部（主要是军官），甚至平民，自愿加入了德军部队。[83]

苏联方面关于匈牙利逃兵的报告也刻意给人制造了错误印象。由于政治原因，战俘往往被描述成自愿投诚。苏联方面关于敌军作战兵力的报告同样不可靠。根据苏联档案，佩斯守军死亡 35840 人，损失 291 辆坦克和突击炮、1419 门火炮和 222 辆装甲卡车。[84] 事实上，守军在整个包围圈内都没有这么多装备，而且如果再把红军仅在佩斯就俘敌 25000 人的情况考虑在内，这些数字就更站不住脚了。

圣诞节期间布达佩斯城内的德军和匈军的火炮（总共将近 500 门）和坦克/突击炮（约 220 辆）装备情况相对较好。总的来讲，德军的训练、装备和士气比匈军好。尽管如此，德军也是困难重重，最大的问题是缺少步兵。德军约 42000 人的总兵力主要是骑兵、炮兵和装甲单位（见表 9）。"统帅堂"装甲师的 4 个装甲掷弹兵营中有 1 个不在布达佩斯，另外 3 个营的作战兵力加起来仅 500 人多一点。第 13 装甲师也有 1 个装甲掷弹兵营不在包围圈内。

德军单位的战斗力可谓良莠不齐。来自帝国本土、拥有悠久传统的部队战斗力最强。第 13 装甲师就是这样，该师有超过 20 人获颁骑士十字勋章，3 人获颁橡叶骑士十字勋章。其他战斗力较强的单位有党卫军第 8 骑兵师和"统帅堂"装甲师。"统帅堂"装甲师最初由冲锋队人员组成，不过到 1944 年该师已经几乎被全歼了三次（第一次是在斯大林格勒），补充了大量新兵。其他大约 1 万人由于训练和装备不足，战斗力很差。战斗力最差的单位是党卫军第 22 骑兵师，该师由德裔组成，大多数人根本不会说德语，最容易成为逃兵。

党卫军部队几乎包括了欧洲所有民族的人，除了德意志人之外还有被强征入伍的法国阿尔萨斯人、匈牙利人、塞尔维亚人、斯洛伐克人、罗马尼亚人，以及来自芬兰、佛兰芒、瑞典和西班牙的志愿者。党卫军各师的辎重单位中有俄罗斯人、乌克兰人、鞑靼人和其他民族的辅助人员。有一个炮兵分队由波兰人组成，好几个人被埋葬时还穿着波兰军服，但戴着德国徽章。[85]党卫军第 22 骑兵师到 11 月初已经斗志全无，而在匈牙利招募的党卫军第 1、第 6、第 8 警察团也极不可靠。在绍尔特桥头堡的党卫军第 8 警察团后方，德军设置了机枪火力点，奉命向任何看起来像逃兵的人开枪。在围城的最后几天，这些部队中有的单位甚至发生了哗变。[86]士气低落的主要原因是，这些党卫军士兵大部分是在匈牙利招募的，对德国毫无感情。1944 年春，匈牙利政府允许党卫军在匈牙利的德裔公民中征兵，尽管这些人大多希望在匈牙利军队中服役。少数把纳粹德国当作祖国的匈牙利德裔早在 1941 年到 1942 年就志愿加入了党卫军。到 1944 年，党卫军不得不在匈牙利的德裔村庄仔细搜罗，寻找可以征召的对象。

东线战场的意识形态战给很多德国士兵带来了灾难性后果，他们一直坚持战斗到最后，不仅仅是因为他们的责任感和荣誉感，也是因为他们害怕遭到苏联人的残酷报复。德国和苏联都把对方的军人描述成虐待狂和罪犯，因此认定必须消灭对方。1943 年之后，纳粹试图减弱这种宣传的力度，但苏联的宣传仍把纳粹政治制度和德国人民混为一谈。这就是为什么即使那些士气不高的德军单位仍然战斗到底，而不是投降。很多党卫军士兵和俄罗斯或乌克兰辅助人员宁可自杀，也不愿被俘。很多人把最后一个冲锋枪弹匣收起来，专门用来自杀。[87]

部队的补给也成了严重问题。布达佩斯仅仅在纸面上是个要塞，根本就没有可供几个月消耗的粮食储备。很多现有的库存，包括食品和军需品，储存在布达外围地区，于 1944 年 12 月 24 日至 26 日落入敌手。圣诞节后，匈军第 1 步兵军的军需官内梅特·德热又进行蓄意破坏，把匈军的库存搬迁到很快就会落入红军手中的地方。包围圈封闭时，守军拥有 450 吨弹药、120 立方米燃油，以及 30 万个单位的口粮，仅够维持约五天。[88]

德军和匈军指挥部根本没有办法考虑为平民提供口粮。被围部队的弹药和食物最低需求量是每天 80 吨。由于机场运输能力有限，20 吨补给将由降落伞投入，其他的由 Ju – 52 运输机和滑翔机运入。紧急降落地点和伞降地点是：赛马场、北切佩尔机场、今天的人民体育馆所在地、佩斯的基什拉科什训练场，以及布达的陶班公园和血之原野。首都较大的机场已经被红军占领：布达厄尔什于 12 月 25 日被占领，费里海吉于 27 日失陷，马加什福尔德于 30 日落入敌手。

1944 年 12 月 29 日，第一批补给飞机抵达。它们是由德国空军第4航空队的布达佩斯补给集群驾驶的，该集群在当天成立，指挥官是格哈德·康拉德中将。该集群拥有大约200架各型飞机，平均每天执行61次任务，其中49次能够成功。在1945年1月初赛马场失陷以前，有时甚至能够达到每天93架次。滑翔机的损失最严重。该集群共有73架DFS-230滑翔机，其中32架没到达布达佩斯就损失掉了，其他滑翔机不是在迫降过程中解体，就是降落到了错误地点。滑翔机的驾驶员是国家社会主义飞行军团（NSFK）①的成员，年龄不过十六到十八岁，大多数人是出于年轻人的鲁莽和勇气才自愿执行这项可怕的任务的。[89]

德国空军平均每天仅能向布达佩斯包围圈输送47吨补给。尽管运入的补给中有86%是弹药，但德军重炮兵还是在围城的第一周就失去了战斗力。由于没有饲料，守军的马匹（将近2.5万匹）被宰杀当作食物。1月，德国人在布达城堡南端还小心地藏了十几头猪，当作指挥官及其随从的食物。匈军第12后备师一名连级军士长回忆道："我这一生中干的最危险也最成功的事情是，有天夜里，我和几个弟兄从德国人那里偷了一头猪，好让饥肠辘辘的弟兄们吃得好一点。"[90]到1月底，中央所有的库存都枯竭了，剩下的食物只有胡萝卜（原本用作动物饲料）和马肉。但这些东西也不充裕，到围城的最后几周大多数士兵在挨饿。

德国空军运入包围圈的补给总量为1975吨，其中417吨是匈牙利飞行员运入的。携带弹药箱的降落伞是红色的，带食物的是白色的。在围城的最后一周，德国空军在夜色掩护下空投了几千个补给箱，但只有极少数到了守军手中。有些补给箱被

---

① 1937年建立的纳粹党下属的准军事组织，培训滑翔机和飞机驾驶技术。

气流吹到了红军控制的地带，而且只有等到天亮才能去寻找补给箱，到那时平民早已把食物偷走了，但这些平民如果被德军抓住，就会被处死。守军即便找到了完好无损的补给箱，也不能立即分发给部队，因为燃料极其缺乏，运输困难，而且炮击不断。有时补给箱里的东西令人震惊：例如铁十字勋章，或用来标记未爆炸炮弹的黄色小旗。上级空投了三次骑士十字勋章给普费弗－维尔登布鲁赫，他才得到这项荣誉。

苏联红军和罗军

苏联红军和罗军部队的质量同样良莠不齐。有些部队的素质的确是一流的，但有些部队的士气和斗志比最糟糕的匈军单位也好不了多少。只有攻击主线的部队才能从最高统帅部那里得到增援，其他单位根本不能指望。坦克、骑兵和近卫机械化部队能够得到训练有素、士气高昂的补充兵，其他部队得到的补充兵则包括不加区分地胡乱征召来的小孩和老人。刚刚被解放的苏联领土上的男人立刻被强征入伍。根据德方情报，面对南方集团军群的红军 15 个加强师的 40% 到 70% 的兵员来自刚刚被红军收复的地区。[91]从罗马尼亚的德国战俘营里解放出来的红军战俘几乎得不到休整，立刻又被部署到前线。所以 1944 年 11 月至 12 月匈军第 1 装甲师俘获的 960 名战俘中，只有 160 人是第一次被俘，400 人是二进宫，而剩下 400 人已经是第三次被俘。[92]红军指挥部把大量红军部队和坦克用于加强罗马尼亚第 7 步兵军，因为苏联人对罗马尼亚人的装备和斗志没信心。大多数鞑靼人、爱沙尼亚人、拉脱维亚人、立陶宛人和高加索人同样对作战没有热情，摩尔多瓦人和乌克兰人的士气尤其低落。在攻击行动前，有些单位会把所谓的"懦夫"拖出来枪毙示众。即使犯的是最轻微的错误都会受到十年苦役的惩罚，或者在惩戒连待上三个月，而在那里生存的希望特别渺茫。红军指挥官在发动攻击前为了提高士气，往往会给部队大量发放烈酒，并布置武装封锁线以阻止士兵后退。进攻失败之后，他们有时会命令用重武器向逃跑的己方步兵开火。

为了逃避这种严酷的待遇，许多红军和罗军士兵开小差或者投敌，不过另一边的匈军也会这么做，而且人数更多。[93]苏联和罗马尼亚投诚者向德国审讯官给出的投诚理由往往是"想要活下去"。[94]比罗·约瑟夫中尉回忆道："在我们的一次成功反击中，70个苏联人投到了我们这边。他们说，他们如果不坚守阵地而是后退的话就会被打死。这就是为什么他们更害怕后退而不是前进。"[95]

从1944年11月初到1945年1月底，红军和罗军作战部队不断得到重组，从而在佩斯和布达继续进攻（见表10）。1945年1月1日，2个乌克兰方面军共有17.7万苏联士兵可供攻城之用。在佩斯一面有6.7万步兵，布达一面有7万步兵。两条战线的炮兵、空军和水兵共有4万人。理论上，红军的师比德军和匈军的师小得多。德军在1944年新建的师每师有12500人，匈军每师有2万人，红军每师只有9389人。但这些数字很有欺骗性，因为红军的绝大多数补给单位是直接附属于集团军或方面军的，而不是师的一部分。另外，匈军一个师的人数这么多是因为匈军缺少重武器，不得不增加步兵数量来尽量弥补火力的不足。红军一个步兵师的补给单位只有150人，医疗单位只有109人；而德军一个师的补给和医疗单位分别有1113人和628人。一个德国师的作战兵力是7706人，而一个苏联师的作战兵力是7509人。[96]

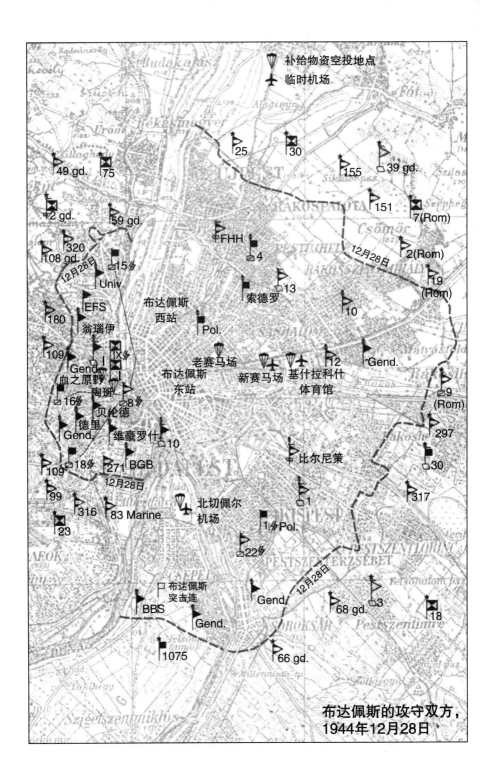

布达佩斯的攻守双方，
1944年12月28日

到 1944 年 11 月底，马利诺夫斯基的各师已经严重缺编。尽管各师平均得到了 800 人的补充，但仍然只有约 4500 人。在布达佩斯攻势开始时，红军各师就只有这么多人。这意味着红军在三周内损失了 20% 兵力。从 1944 年 12 月 24 日到 1945 年 2 月 11 日，红军和罗军的总兵力从 17.7 万人下降到 7.5 万人，作战兵力从 10 万人下降到 3.6 万人；同一时期，德军和匈军的总兵力从 7.9 万人下降到 3.2 万人，作战兵力从 3.5 万人下降到 1.1 万人（见表 11）。

值得注意的是，红军往往能够修复损坏的装备，德军却做不到。红军有 210 个轻型或重型炮兵连、10 个自行火炮连、718 门中型或重型迫击炮和 48 门"喀秋莎"火箭炮，不仅对守军形成了压倒性的数量优势，而且始终保持着战斗力；而德军和匈军只有 45 个轻型炮兵连和 15 个重炮连，且在围城最初几天就损失了 30% 的火炮。另外，红军弹药充足，伤员也能得到较好的医治。红军的大部分补给可以从占领的地区获得。除了面粉、糖、烟草和作战物资外，所有物资都是在本地征用的。[97] 有时红军在征用物资时会付钱，但这只有象征性意义，因为军方印的纸币是没有担保的，1946 年匈牙利经历了历史上最严重的通货膨胀之一，部分原因也就在此。

综上所述，红军对德军和匈军形成了压倒性的兵力优势，但数量优势并没有起到决定性作用。在任何城市攻防战中，防守方都拥有巨大的主场优势，可以快速重组部队，在局部形成兵力优势。红军兵力差不多只是德军和匈军的两倍，但这足够了，因为德军和匈军不仅严重缺少弹药，无法使用重武器，还经常逃避战斗。在正常情况下，攻方需要三倍于守方的兵力才能获胜。第二次世界大战中，在布达佩斯攻防战的早期阶段，或者柏林、布雷斯劳、波森的围城战中，攻方兵力都达到了守方的十倍。

德军和匈军指挥部

12 月 25 日，红军炮兵开始轰击驻在鹰山锡安圣母修道院的匈军军部。欣迪和他的参谋部转移到了布达城堡区的山多尔宫，军部的大多数部门则驻在城市的不同地方。德军的军部驻在韦尔伯齐街，离欣迪不远。1 月初，两个军部都转移到城堡山下方隧道的防空洞里。[98] 这个两层的防空洞有自己的通风系统和发电机，在整个围城期间一直正常运作。德军指挥部占据了底层，匈军在上层。即使在这里，普费弗-维尔登布鲁赫也维持了他那一套官僚作风，设置了接待室、秘书和固定的办公时间。[99]

如前文所述，两个指挥部之间很少合作。德军指挥部发布命令时丝毫不考虑匈军的意见；德军部队对市民为所欲为，随便征用物资，没有充分理由就炸毁建筑物。在两个指挥部都被迫迁往隧道之前，德军只有两名上尉负责同匈军联络。普费弗-维尔登布鲁赫和他的参谋长乌斯道·林德瑙中校都认为没有必要与匈军指挥部当面接触。两个指挥部在向外界发布报告时也不会征询对方意见，反而互相横加指责。

德军指挥层的内部也不融洽。普费弗-维尔登布鲁赫从未离开过防空洞，对他的军官们很不信任，不断检查他们。第 13 装甲师师长格哈德·施米德胡贝少将授权一位军官携带该师作战日志和其他文件于 12 月 30 日飞出包围圈（之所以选择此人，是因为他的身份特殊）。普费弗-维尔登布鲁赫因此指责施米德胡贝"鲁莽地削弱了本师的作战兵力"。[100] 普费弗-维尔登布鲁赫不断地抱怨第 13 装甲师的总兵力与作战兵力之间的差距，该师不得不做了一次统计，在报告中列出了它下属所有单位的情况，但普费弗－维尔登布鲁赫又拒绝接受这次调查的结果。在突围之后的一次调查中，党卫军第 8 骑兵师首席参谋米茨拉夫少校记录了自己的印象：

> 普费弗－维尔登布鲁赫……不是个好领导。不管怎么说，总司令待在隧道里六个星期不出来，这可够新鲜的。他的军官也是这样。他们只是在获颁骑士十字勋章后才礼节性地视察一下部队。大家对参谋长林德瑙少校［后来升为中校］的批评尤为激烈。据说他缺少必要的严肃性。他们总是那么镇静和自信，完全不了解真实情况。[101]

各部队指挥官的背景和性格各不相同。普费弗－维尔登布鲁赫生于 1888 年，是一个医生的儿子。第一次世界大战期间，他以中尉军衔服役，后来加入了新建立的保安警察。1928 年至 1930 年，他在智利担任宪兵教官。1939 年到 1940 年，他担任党卫军"警察"师师长，后来担任帝国保安总局（领导人是党卫队全国领袖海因里希·希姆莱）下属的殖民警察部门的长官。当时帝国保安总局正在考虑建立一支非洲殖民地警察部队。1943 年 8 月 27 日到 1944 年 6 月 11 日，普费弗－维尔登布鲁赫担任党卫军第 6 "拉脱维亚"军的军长，一直在相对平静的北方集团军群前线。1944 年 9 月，他来到布达佩斯，帮助阻止霍尔蒂与盟国单独媾和，并主持组建新的武装党卫军部队。若不是红军两周后兵临城下的话，霍尔蒂的失败和随后发生的亲德政变也不会让普费弗－维尔登布鲁赫成为一位重要人物。

**4. 卡尔·普费弗－维尔登布鲁赫，
党卫军第 9 山地军军长**

　　普费弗－维尔登布鲁赫不是纳粹党员，也从没有行过"希特勒万岁"的礼节。他是经验丰富的警官，德军高层任命他为布达佩斯军级集群的指挥官，是希望他能够阻止骚乱和叛逃。他是个迂腐的官僚，坚持严格遵守所有规章制度。例如，1940年，他判处一名士兵 10 天监禁，因为这名士兵从一所空房子里拿走了一磅咖啡。他的部下对他的评价都很差。赫尔穆特·沃尔夫中校愤恨地回忆道："我们的全部有益建议换来的都是他那充满污言秽语的傲慢回答。普费弗－维尔登布鲁赫总是在报告里撒谎。例如，布达佩斯东站的失陷比他报告的要晚两天。他的所有报告都夸大其词，就连他的副官也直摇头，宣称自己绝不敢上报这些东西。"[102]巴尔克上将说，普费弗－维尔登布鲁赫是"文官"，或者顶多算得上是"政治"将军，他和他的参谋长两个人都"无力控制局面",但"没法被替换",因为包围圈内实在没有合适人选。[103]尽管巴尔克对所有的党卫军将领都有偏见,但他的批评不是毫无根据的。1955年,普费弗－维尔登布鲁赫被苏联释放,是最后一批被释放的德国战俘之一。1971年,他在西德遇车祸丧生。

普费弗－维尔登布鲁赫的参谋长乌斯道·林德瑙时年三十岁,是德军最年轻的参谋军官之一,资质极佳。他于1944年12月19日从维也纳来到布达佩斯。尽管他不属于党卫军,但他被提升为党卫军第9山地军的参谋长在当时并不奇怪。党卫军没有自己的参谋学院,它的高级军官往往来自国防军。

**5. 乌斯道·林德瑙中校（图中穿的是上尉制服）,
党卫军第9山地军参谋长**

党卫军第8骑兵师的师长是党卫队旅队长（少将）约阿希姆·鲁莫尔。他于1910年出生在汉堡一个农民家庭。1930年,他加入纳粹党，不久之后加入党卫军。从二战爆发以来，他在很多不同部队中吸取了相当丰富的经验。在突围中他受了伤，后来自杀。

党卫军第 22 骑兵师的师长是党卫队旅队长（少将）奥古斯特·齐恩德，他于 1903 年在符腾堡出生。他在 1918 年十五岁时参军，作为中士一直服役到 1933 年。带着荣誉退役之后，他加入纳粹党，1935 年成为党卫队一级突击队中队长（上尉）。二战期间，他担任营长和团长的职务，一直到 1944 年 11 月。他在突围失败后也自杀身死。

第 13 装甲师师长格哈德·施米德胡贝少将于 1894 年在普鲁士出生。1914 年，他成为预备军官。他于 1920 年离开军队，但于 1934 年再次加入陆军。他在法国和苏联前线担任过营长和团长，多次受勋。在布达佩斯围城期间，他因为曾在格德勒偷过一条波斯地毯而良心不安，于是给了拜纽夫斯基上尉 100 辨戈用来周济一个穷人。[104] 他参加了第一波突围，在干草广场丧生。

第 13 装甲师第 66 装甲掷弹兵团的团长威廉·舍宁少校（后来升为中校）于 1908 年出生在东普鲁士的贡宾嫩。围城期间他还负责指挥该师的另一个团，所以他临时代行了师长的职责。而施米德胡贝负责指挥佩斯一面的所有战斗群，包括舍宁的单位。舍宁多次负伤，从布达突围后成功逃到德军战线。他对围城的经历念念不忘，直到 1987 年他在波鸿去世。

"统帅堂"装甲师师长京特·冯·帕佩少将于 1907 年出生在杜塞尔多夫。二战期间，作为正规军军官，他先后指挥过多个连、营和团。由于表现优异，他获颁橡叶骑士十字勋章。1944 年 12 月 23 日，帕佩被调走，奉命去组建"统帅堂"装甲军，"统帅堂"师的指挥权被交给该师装甲掷弹兵团的团长赫

**6. 格哈德·施米德胡贝少将，
第 13 装甲师师长**

尔穆特·沃尔夫中校。沃尔夫在突围中逃脱，后来成为西德联邦国防军的将军，1989 年在德国去世。

第 271 国民掷弹兵师代理师长赫伯特·屈恩迪格从最低的军衔一直升到中校，成为参谋军官，同样获颁橡叶骑士十字勋章。这个师只有一部分被包围在布达佩斯，后来在原师长马丁·比贝尔少将指挥下在包围圈外重建。

匈军和德军的指挥结构有一些显著不同。最突出的一点是，匈军军官在四十岁时顶多能升到中校军衔，例如比尔尼策·艾尔诺成为将军时已经五十岁了。而德军有的中校仅三十岁，有的将军仅四十岁。这就是为什么德军军官比匈军军官更富有激情与活力。

**7. 威廉·舍宁中校，第 13 装甲师
第 66 装甲掷弹兵团团长**

欣迪·伊万大将于 1890 年出生在布达佩斯。1909 年，他成为士官学员。一战期间他晋升为中尉，获颁三级铁冕勋章。这对他这个级别的军官来说是极高的荣誉。战后他成为反谍报军官。1924 年匈军对所有军官进行的年度评估当中，他得到的评价是：

> 坚定、成熟、坦率。他性格活泼乐观，智力超群，颇具军事才华，头脑敏捷灵活，极为尽职尽责和勤奋。……在战斗中他是勇敢、冷静、谨慎的指挥官，他凭借个人勇气成了所有下属的表率。……作为上级，他非常严格，有节操且公正。他非常关心下属，对他们产生了非常积极的

8. 党卫军三级小队副（下士）
阿道夫·约翰，十九岁时

9. 阿道夫·约翰，五十五年后

影响。作为下级，他服从上级，严守纪律。[105]

尽管记录优良，但他还是未能在军中获得更高的职位，也许是因为他在参谋军官考核中成绩不是很高。1928 年，他辞去反谍报部门的工作，随后四年在卢多维卡军事学院担任德语教师。1932 年，他获得法学学位，被任命为匈军最高统帅部的顾问，负责纪律和荣誉方面的问题，后来成为该部门的主管。1936 年，他被认为是"绝佳"的参谋军官，1940 年又被评价为"思想成熟，理解能力优秀，富有责任心和主动性，能够做出客观公正的判断"。[106]1942 年他晋升为少将，掌管匈军第 1 步兵军。

10. 20 世纪 30 年代军官与毕业生的宴会。第二排身穿中校制服的谢顶男子就是欣迪·伊万，他后来成为大将和匈军第 1 步兵军军长

在 1944 年 10 月 15 日霍尔蒂的停火企图中，欣迪扮演了重要角色。当时他的上级奥格泰莱基·贝拉中将下令，在匈牙利正式脱离轴心集团的命令下达之前驱逐正要占领鹰山和布达城

堡的德军士兵。欣迪自作主张，逮捕了奥格泰莱基·贝拉。很
可能是奥格泰莱基的参谋长霍瓦特·山多尔中校说服了欣迪这
么做，因为霍瓦特是箭十字党的同情者。当奥格泰莱基发布命
令时霍瓦特提出了抗议。奥格泰莱基坚持自己的命令，于是霍
瓦特离开了房间。半个小时后，欣迪和另外两名军官突然来到
奥格泰莱基的房间。据奥格泰莱基回忆，欣迪是他们的发言人：
"'我邀请中将阁下和第 1 步兵军加入箭十字党。''不行，不
行，不行。'我说。欣迪说，'中将，请把指挥权交给我'。同
时采齐上尉跳到我的办公桌后面，拔掉了电话线。他或者另一
个人还把我的手枪皮套从钩子上拿走了。"[107]

不久之后，欣迪向军部的 60 名军官讲话：

> 这里有人阴谋反对我们的德国战友。奥格泰莱基本可以
> 阻止那些叛徒，却没有这么做。相反，他还加入了叛徒那边。
> 不幸的是，摄政王受到了犹太奸细和失败主义者的蒙蔽，并且
> 不想与这些犯罪团伙划清界限。广播上的宣言是叛国行为。摄
> 政王很可能根本不知道这个宣言。否则他本人就会读这个宣
> 言，而不是让一个普通新闻播音员来读。为了阻止叛变，我不
> 得不接管指挥部。我期待本军的军官支持我。[108]

次日，欣迪正式成为该军军长，15 天后又被提拔为中将。

欣迪的行为让他的好几个熟人大为震惊。大家一般觉得他
是个谦逊、文静的完美绅士，没人明白他为什么和箭十字党站
到一起。有人问他为什么接受指挥权，他回答道：

> 我在国防部的办公桌前度过了很长时间，处理枯燥而

愚蠢的所谓荣誉问题。我一直想上战场，但我的申请总是遭到拒绝。我的愿望却一直没有变：指挥一支部队，升到尽可能高的军衔。10 月 15 日给了我这个机会。我成了中将，还负责防守布达佩斯。我以军人的身份接受这个任命，而不考虑政治或政府制度。我的梦想实现了，现在要为此付出生命的代价。[109]

也许欣迪对自己都不能坦白他这么做的真正动机。像他这样一个军人，从来都不是热衷于攀爬官阶的人，现在突然间为了个人野心背叛摄政王和上级，这似乎不大可能。更可能的原因是，他被德国人蒙蔽了双眼，而且从根本上仇恨苏联制度。在这一点上他并不孤单：很多既不支持箭十字党也不支持德国人的军官做出了和他一样的选择。卫队长弗尔代什·久洛一直对霍尔蒂政府忠心耿耿，在接到命令去反对德国人时，内心极为矛盾，后来自杀了。第 2 "阿尔帕德大公" 骠骑兵团的士官全都来自匈牙利平原的农民家庭，对政治不感兴趣。他们听到摄政王停火的宣言后派了代表去见军官们，请求允许他们在匈牙利投降的情况下加入武装党卫军。[110]

欣迪不是箭十字党的狂热分子，而是他那个时代典型的职业军官。他的思想受到了 1919 年匈牙利公社①和长达二十五年的反共教育的影响："对我来讲，共产主义就意味着抢劫、谋杀，尤其是宗教信仰的丧失和道德的堕落。"[111] 1946 年 10 月 15

---

① 指 1919 年共产党建立的 "匈牙利苏维埃共和国"，它是历史上第二个社会主义政权（第一个是苏俄），一共延续了 133 天，控制匈牙利国土的大约 23%，领导人为库恩·贝拉，他与列宁直接联络，掀起 "红色恐怖"。匈牙利苏维埃共和国的红军与捷克斯洛伐克、罗马尼亚等国发生武装冲突，后被罗马尼亚打败，由此匈牙利苏维埃共和国灭亡。

日他接受人民法庭质询时这样说道。他被判处死刑，后来被处决。即使在对德国人幻想破灭、越来越意识到一切牺牲都毫无意义时，他也没有放弃反共信念。他的正式报告清楚地表明，他对斗争的毫无意义看得越来越清楚。到1945年1月中旬，他已经把布达佩斯的毁灭看作既成事实；到2月初，他已经把希特勒在无线电上不断许诺的解围视为"童话"。在战争的最后阶段，他对红军的看法甚至比对德军要积极。但由于对布尔什维克主义极为恐惧，他仍不能独立自主地做出对德国盟友不利的事情。他被捕之后对自己的命运不抱幻想。他对一位朋友说：

> 我把真实情况都告诉了秘密警察。我差一点给他们口述了我的自白书。他们很吃惊。我什么都不否认，也没有歪曲事实。他们只对一个短暂时期感兴趣：1944年10月15日到1945年2月底。四个月。我的审判官很清楚，在1944年10月15日之前我是一清二白的。你知道，我总是反对极端。即便在10月15日之后我也没有参加任何暴行，而是尽可能地阻止暴行。[112] 我以军人的身份接受了布达佩斯防御的指挥权。就这么多。我的案子不需要目击证人，无论是支持我还是反对我的证人。我要说的只有真相。我会被判处死刑的。[113]

因为箭十字党政府授予欣迪"处理首都地区及布达佩斯王宫的匈牙利事务的全权"，所以屠杀犹太人的命令是以他的名义发出的。但他挽救了一些犹太人，亲自命令律师沃尔高·拉斯洛去买必需的证件。当时在内务部工作的凯赖斯泰什·山多尔免费为他搞来了这些证件（凯赖斯泰什在五十年之后成为匈牙利基督教民主人民党的名誉主席）。作为回报，欣迪签署了对沃尔高·拉斯洛和他的一个同事的豁免令，尽管欣迪肯定知道这两个人是逃兵。[114]不过，这还不足以开脱欣迪对大屠杀的责任。

欣迪的一生标志了匈牙利右派军官的失败。尽管他个人反对极端主义和种族屠杀，但他还是负担了这种罪行的责任。作为指挥官，他没办法阻止箭十字党民兵对犹太人的屠杀，但还是把自己的名义借给他们，而没有辞职。

负责在首都维持作战纪律的参谋长是考兰蒂·伊姆雷中将，他是匈牙利拳击联合会主席，围城时已经六十九岁。他在一战中担任过突击连连长和营长，是匈军获颁勋章最多的军官之一。听说城市被合围时，他立即请求欣迪把他安排到一个作战单位去，宣称自己健康状况极佳。他是经常巡视前线的少数军官之一。"他是一位几乎不可摧毁的战士。他的汽车每天都会被炮火打中，但是如果车子前面中弹，他就偏偏坐在后面；如果后面中弹，他的位置偏偏在前面司机旁边。他的脸上和手上满是伤痕。他没有汽车时就骑自行车，没有自行车时就步行。"[115]1945年1月17日，他受了重伤，将指挥权交给了瑟凯·翁多尔少将。瑟凯后来在布达佩斯南站附近的战斗中也负了伤。考兰蒂在突围中被俘，因为患了痢疾而身体虚弱，在一次强制行军中死去。瑟凯则于1945年4月在索尔诺克死亡。

突击炮兵指挥官比尔尼策·艾尔诺中将于1889年出生于阜姆①。1942年至1943年冬天，他在顿河前线担任一个炮兵军的

---

① 阜姆是这座城市的意大利语名，它如今属于克罗地亚，被称为里耶卡（Rijeka），是克罗地亚的第三大城市和主要海港。阜姆是深水良港，且战略位置重要，在历史上为意大利、克罗地亚、匈牙利等各势力争夺的目标，阜姆的统治者和人口组成也因此在历史上多次改变。二战后，意大利被迫把阜姆割让给南斯拉夫。

**11. 考兰蒂·伊姆雷中将（图中穿的是少将制服），
负责维持作战纪律的单位的指挥官**

军长。1944 年 9 月，他奉命组建和指挥突击炮兵，这是匈军最年轻的兵种。[116]他是匈军指挥部唯一成功从布达佩斯突围的成员，但在派尔巴尔附近被俘。1948 年，从战俘营获释一个月后，他又被逮捕，在作秀审判中被判处三年徒刑，随后改判八年。由于他的刑罚包括没收所有财产，他出狱后一贫如洗，在一家医院当了门房。20 世纪 60 年代，逃到西方的军官领袖之一扎科·安德拉什少将试图说服比尔尼策为西方情报机构工作。当时比尔尼策已经七十高龄，身心俱疲，拒绝了这个要求，并向政府报告。匈牙利政府利用这件事情大作政治宣传。作为报酬，比尔尼策得到了一套公寓和一笔不多的退休金。他于 1976 年在布达佩斯去世。

12. 比尔尼策·艾尔诺中将（图中穿的是少校制服），突击炮兵指挥官

安德拉什·山多尔上校在 1918 年一战结束后长期扛着步兵中尉衔，后来加入了因为受到《特里亚农条约》限制而秘密组建的匈牙利空军。他在意大利受训，以观察员身份参加了西班牙内战。1942 年 11 月，他成为匈牙利空军参谋长，但后来在德国人的压力下改任战争学院院长。1944 年 11 月该学院关闭后，他接管了第 10 步兵师的步兵单位的指挥权，11 月 26 日又接替欧斯拉尼·科尔内尔少将，担任该师师长。1945 年 1 月 15 日，安德拉什叛逃到红军那边。当年晚些时候，他被任命为新的匈牙利军队的总参谋长。后来因为他批评了军事政策部的审讯方式，遭到共产党报纸的攻击，于是辞去总参谋长职务。1946 年 12 月 19 日，他被逮捕，在作秀审判中被判死刑，后来又改判终身监禁。在 1956 年革命中，他被瓦茨监狱释放。革命被镇压后，他逃到了加拿大。1978 年他来到奥地利的艾森施塔特，于 1985 年以八十七岁高龄在那里去世。

13. 安德拉什·山多尔上校，匈军第 10 步兵师师长

布达佩斯保安营的指挥官韦赖什瓦里·拉斯洛中校是最残暴的军官之一。他从 1944 年 3 月起在前线服役，10 月 17 日奉命指挥保安营。他的单位经常处决被强制服役的劳工或士兵，以威慑各种不当行为。他甚至以怯战的罪名判了属下一名少尉死刑，随后又赦免了这个人，对其横加凌辱，直到这名少尉不堪忍受而自杀。韦赖什瓦里经常辱骂和殴打士兵，甚至不准他们休息五分钟去抽支烟。有一次，他在拉伊曼约什铁路路基上走来走去，手执马鞭，在一阵弹雨中向士兵发号施令。[117]他的营被歼灭后，他成为负责防御城堡区的单位的指挥官。他非常令人憎恶。一名宪兵军官回忆道："韦赖什瓦里是城堡的魔王，一天到地下室两次来检查我们，他来的时候哨兵就会喊，'注意！韦赖什瓦里来了！'他总是吹嘘自己指挥过的三个营都死光了。他的外貌令人作呕，肥胖，傲慢，总是带着讥讽的表情……总是吹毛求疵。我们都非常讨厌他，有人决定下次他再来就把他干掉。"[118]但他没有被自己人干掉。据目击者说，韦赖什瓦里于1945年2月15至17日在突围时被红军打死在皮利什乔包西南的地方。[119]1944年1月末，上级授予他匈牙利功勋十字勋章，以表彰他的"英勇表现"。

红军将领

围攻布达佩斯的苏联将领的情况很少为人所知，部分原因是俄罗斯的档案很少公开，但主要原因是苏联时期出版的回忆录往往缺少对将领生平的介绍。只有对两个乌克兰方面军的元帅，我们有比较详细的资料。

罗季翁·雅科夫列维奇·马利诺夫斯基元帅于1898年出生在敖德萨。他从一开始就参加了第一次世界大战，1916年作为俄国远征军的一员来到法国。1919年他回国后立刻加入了红军。1920年，他作为士官到指挥官培训学院学习，1930年从伏龙芝总参谋部学院毕业。1936年，他成为一个军的参谋长，被派往西班牙担任军事顾问，在那里一直待到1939年。他很快晋升为少将，1941年3月成为步兵第48军军长。该军主要负责防备罗马尼亚的威胁。他所在的近卫第9集团军是当时红军最强大的一个集团军。[120]他后来担任近卫坦克第6集团军司令员，短期内连续担任了其他七个职务，随后在斯大林格勒担任近卫第2集团军司令员。1942年他晋升为上将，1944年5月晋升为元帅，担任乌克兰第2方面军司令员。他解放了敖德萨，并在雅

14. 罗季翁·马利诺夫斯基元帅，乌克兰第 2 方面军司令员，正在向他的军官作指示。他的右后方是"布达佩斯集群"指挥官伊万·阿方因少将

西－基什尼奥夫的一系列作战中几乎全歼弗里斯纳的南乌克兰集团军群。德国投降后，马利诺夫斯基作为外贝加尔方面军司令员，发动了对日本关东军的主攻。1955 年以前他一直担任远东部队的指挥官，苏共二十大之后成为国防部第一副部长。作为尼基塔·赫鲁晓夫的支持者，他后来成为国防部部长。1964年赫鲁晓夫下台也没影响到他，他在国防部部长的岗位上一直工作到 1967 年去世。他两次荣获"苏联英雄"称号。

费奥多尔·伊万诺维奇·托尔布欣于 1894 年出生在雅罗斯拉夫尔地区的安德罗尼基。第一次世界大战期间，他起初是个少尉，后来晋升为参谋上尉。据说他非常体察士兵疾苦。1917
年革命后他担任组织工作。1919 年，他先后担任北方、东方和
加里宁方面军的参谋军官。由于作战英勇，他获颁红旗勋章。
他随后以优异成绩从伏龙芝总参谋部学院毕业，在总参谋部担
任过多个职务。1941 年，他担任外高加索方面军和高加索方面
军的参谋长，1942 年担任克里米亚方面军参谋长。红军从克里
米亚撤退后，他被任命为第 57 集团军司令员。他率部从一开始
就参加了斯大林格勒会战，在击退德军援军的行动中发挥了决
定性作用。此后他先后担任了多个方面军的司令员，并于 1944
年 5 月担任乌克兰第 3 方面军司令员。

**15. 费奥多尔·托尔布欣元帅，乌克兰第 3 方面军司令员，被他的军官
簇拥着**

托尔布欣头脑沉着冷静，擅长处理人际关系，被认为是一
位优秀的军事领袖。1945 年 1 月，由于德军的第三次解围攻

势，托尔布欣的部队在外多瑙南部地区陷入危境，斯大林允许他撤退，但他还是选择坚守，证明了自己的勇气。他的这个决定意味着他把自己的生命当赌注，因为斯大林对失败是绝不宽容的。1945 年 3 月 16 日起，他和马利诺夫斯基一起围攻维也纳。战后他担任驻在匈牙利的红军南方集群①司令员。从 1947年到 1949 年他去世，他一直担任外高加索军区司令员。[121]

16. "我在战斗，你必须为了胜利而工作。"
当时东线鼓吹团结的招贴画

---

① 南方集群是苏联武装力量在罗马尼亚和匈牙利的驻军的总称，共组建两次，存在于 1945 年至 1947 年以及 1955 年至 1991 年。南方集群负责监视匈牙利、保加利亚的国内政治局势，同时对罗马尼亚和南斯拉夫起到监视和威慑作用。

守军的特殊部队

布达佩斯成为前线城市之后，有几个人开始组织作战序列之外的特殊志愿部队。第一支这样的部队是普罗瑙伊·帕尔中校组织的，他当时已经七十高龄。普罗瑙伊在1919年就组织过志愿军反抗共产党人，1921年还反抗过奥地利人。在1921年的行动中损失自己的部队之后，他多次努力想要组建新的队伍，但都失败了。他没有机会在战斗中证明自己，随后几十年间被卷入了一系列丑闻、可疑的荣誉问题以及法庭审判。他甚至在大街上和诉讼对手斗殴。

德国占领匈牙利之后，普罗瑙伊再次试图建立一支部队，但没有成功。1944年10月15日箭十字党发动政变之后，他向新任的总动员部长科沃尔奇·埃米尔申请军械，并亲自站在奥波尼广场招募追随者。即使这样，他还是差点失败。邦多尔·维尔莫什中尉回忆道："纪律松懈得可怕。老头子周围都是些上了年纪的人，对现代战术一无所知，还喜欢瞎掺和。"[122]

在总参谋部负责组织突击队的米科·佐尔坦上尉拒绝向普罗瑙伊提供武器，并且普罗瑙伊也没有办法开展适当的招募和训练，他招募到的人最后都离他而去。他属下的连长翁瑙伊·拉斯洛几周后和他吵翻了脸，决定自己组织一个分队，而起初加入普罗瑙伊队伍的大学生后来都转到了大学突击营。普罗瑙伊指责翁瑙伊偷走了他的士兵，并辱骂学生领袖埃利舍·久洛，他的军官们不得不动粗才控制住这个老头子。普罗瑙伊戴着宽边布尔帽，系着镶钉的皮带，束着巨大的手枪套，手执马鞭，[123]向多个指挥部请求帮助，但没人愿意支持他，欣迪也不例外：

他告诉我，他已经从政府获得批准，建立一支特别分队，现在向我要武器。我告诉普罗瑙伊，我根本不知道政府批准的事，而且就算政府真的批准了，政府肯定知道我根本没有多余的武器和被服。在我的询问下，普罗瑙伊说他能征召 1500 人。我一直很反感用这种方式征召部队，考虑到普罗瑙伊的年纪，只能婉言谢绝。我问军部的军需官是否知道普罗瑙伊分队的事情，因为他们肯定需要给养。军需官说普罗瑙伊的人领了 1500 人的给养。……不久之后，我发现他只有 100 到 120 人，而且根本没有武器。[124]

围城期间普罗瑙伊变得无精打采，很少拜访军部。他的分队于 1945 年 1 月 7 日被正式合并到武装国民卫队。[125]人们最后一次看到他是在突围时。据说他在库特维尔日山谷去世。

和普罗瑙伊相比，翁瑙伊·拉斯洛更成功。他也吃过官司，1932 年 7 月 22 日因为策划一起右翼政变而被军事法庭判处降职并监禁六个月。在此之前，他在大街上辱骂自由民主派政治家瓦若尼·维尔莫什，并差一点用拳头打对方的脸，引起了一番骚动。20 世纪 20 年代，他忙于组织各种准军事组织以规避《特里亚农条约》。1938 年他参与在上匈牙利组建"破衣卫队"，并在下喀尔巴阡山地区成功开展游击战。1943 年在尼斯托尔·佐尔坦鼓动下，翁瑙伊开始考虑组建一个突击营。尼斯托尔是个工兵中校，曾在德军的一支突击工兵部队担任观察员，参加过沃罗涅日攻城战。尼斯托尔曾向匈军总参谋长松鲍特海伊·费伦茨大将建议在匈军组建类似的部队，理由是在缺少自然屏障的地域，大多数战斗是争夺建筑物的防御战。松鲍特海伊没有答复他，于是尼斯托尔把这个想法灌输给了翁瑙伊。

翁瑙伊是箭十字党政变后最早投向萨拉希的人之一。1944

17. 翁瑙伊·拉斯洛，翁瑙伊营的营长

年12月，他得到科沃尔奇·埃米尔的批准建立一个独立突击营，成员是公共事业单位的箭十字党党员、东线老兵协会成员、年轻的准军事组织成员、军事院校的学员以及十五到十八岁的男孩。在城市战，尤其是在隧道涵洞内的战斗中，本地邮局、消防队、水利工人及其他事业单位的志愿者非常有用。翁瑙伊创立了"叔叔制度"，让三十五到四十五岁的成年人训练十八岁以下的男孩。两对"叔叔和孩子"构成最小的战术单位，三对是一个班，九对是一个排。12月1日，训练在乌伊拉克砖厂开始。翁瑙伊从党卫军第22骑兵师搞来了教官和武器。训练非常艰苦，好几个学员受了伤：有人在爬过带刺铁丝网障碍物时臀部中弹，有人在倾盆大雨中攀爬房屋时摔了下来。[126]

翁瑙伊用自己的办法解决食物补给的问题。首先，他抢走了森特基拉利街商店储存的从犹太人那里没收的烈酒、鹅肝和其他补给品，这当即招致了当地箭十字党机关的抗议。这些补给还不够，于是他对蒂马尔街面包房的工作人员实施了"保护性监禁"，强迫他们不分昼夜地为他的营工作。同样的命运降临到维也纳路糕饼店和匈军第23补给站，为此他和城防司令奇普凯什上校发生了激烈争吵。他还"保护性监管"了猎人街的卡尼茨印刷厂，强迫该厂为他们印制突击营的身份证明和伪造文件。他是个反犹狂，但仍然让一位"罗特大叔"及其妻子为文件准备印花，并管理厨房；作为回报，这对犹太夫妇得到了和其他人一样的食物配额，而且从来没有人伤害他们。但有确凿证据表明，翁瑙伊的部下在玛格丽特大道抓了46名犹太人，并在托尔迪高中的地下室和多瑙河堤坝上将他们处死。[127]

由于得到了犹太人的食物，该营享有待遇比正规军还好的声誉。12月22日，该营被正式命名为匈牙利王家翁瑙伊快速机动营，此时拥兵638人。很长时间以来，翁瑙伊一直学希特勒和萨拉希的样子，穿着一件没有任何军衔徽章的上衣。有人对此提出了抱怨，但翁瑙伊为了抗议他于1932年被判处的刑罚，表示除非军方恢复他的军职，他绝不穿军服。圣诞节后，萨拉希正式提升他为少校。

翁瑙伊营是唯一拥有自己的安全部门的民兵组织，有10个人专门负责处决被抓住的逃兵和穿平民服装的红军士兵。该部门的长官久洛伊－莫尔纳·费伦茨上尉负责监听红军无线电，塞凯赖什上尉在两名鲁塞尼亚士兵帮助下使用扩音器搞宣传，科瓦奇·安德烈中尉负责招募新人。

12月24日，该营主力被部署在亚诺什医院附近，负责封锁从许沃什沃尔吉山谷到布达的道路。但到12月25日，布达前线的稳定显得至关重要时，该营四个连中的三个却得到命令，参加匈军第 10 步兵师在佩斯以东切莫尔附近的反击。[128]12 月 26 日，反击成功，匈军夺回了之前的阵地，但随后红军坦克突破了匈军第 12 后备师的防线，新夺回的阵地不得不被放弃。翁瑙伊营损失很大，没有通知任何人就撤回了布达。对于随后发生的情况，各种资料之间有很多矛盾。我们唯一能确定的是，匈军军官指责翁瑙伊（此时他受了轻伤）临阵脱逃，而翁瑙伊则责怪他们反击失败，还损失了他的一个连。

随后，翁瑙伊营被部署在布达防御圈也许是最危险的地段，在激烈战斗中损失惨重。为了补充兵力，翁瑙伊在地下室（很多平民躲藏在那里）大肆搜罗可以作战的人员，找到什么人就塞给其一支步枪，不管此人会不会开枪就将其推上前线。为了防止有人当逃兵，他用无线电向红军宣布，翁瑙伊营不接受任何俘虏，[129]于是红军对翁瑙伊营的被俘人员也毫不手软，不管这些人是不是被强迫作战的。12 月底，天主教慈幼会寄宿学校的学生也被征入了该营。这些学生从未经过任何训练，还穿着平民服装，大多数人几天内就丢了性命，尤其是在 1945 年 1 月底的塞尔·卡尔曼①广场的战斗中死了很多人。突围时翁瑙伊营只剩 100 到 120 人，其中很多人受了伤。翁瑙伊本人在库特维尔日山谷被杀。[130]翁瑙伊营的很多幸存者因为参与暴行，后来受到了人民法庭的审判。

学生多伊奇·捷尔吉是个特例。他战后在纽约开了有名的四季餐厅。他从强制劳动队逃出后加入了箭十字党民兵，后来加入翁瑙伊营。佩斯陷落前不久他试图逃跑，被抓住，在"体检"中被发现是犹太人。他声称自己是特兰西瓦尼亚安息派教

---

① 塞尔·卡尔曼（Széll Kálmán, 1843~1915），于 1899 年至 1903 年担任匈牙利首相。他还创办了匈牙利抵押信贷银行。

徒（虽然也行割礼，但一般不被认为是犹太人），却还是和其他犹太人一起被带往多瑙河处决，然而他幸运地再一次逃脱。[131]

18. 高兰陶伊·埃尔温，翁瑙伊营的传令兵，1943 年 7 月，当时是克塞格军校的学员

　　箭十字党民兵战斗群的人员很混杂。他们包括好几个快速机动分队，有些人装备了铁拳反坦克榴弹发射器（有点像巴祖卡火箭筒），但这些人只在主防线后方担任安全巡逻工作。大多数党员更喜欢对手无寸铁的人施暴。6 个战斗群的 2500 人中只有不到700 人接触过红军，而且还是在被红军攻击时。但也有少数人不仅接受箭十字党的意识形态，还甘愿为它卖命。克劳利茨·贝拉就是这样一个人，他的副官绍洛伊·伊什特万少尉回忆说：

克劳利茨是位于切佩尔的德国飞机制造厂的法律顾问。他在军事方面是个无名小卒，从未在匈牙利军队服役过。他在西班牙内战期间曾在一个德国的快速机动分队服役。萨拉希上台后，克劳利茨报名参军，立刻被升为中尉。他负责宣传工作，乘汽车巡视战场，用扩音器向士兵讲话。有一次，他从前线回来时注意到苏联人已经接近了拉伊曼约什铁路路基。他决心保卫自己的房子，于是来到卢多维卡军事学院，选了 25 个在那里闲晃的士兵，加入了路基保卫战。[132]

大学突击营是在极为不同的情况下组建起来的。根据 1944 年 10 月 15 日颁布的法令，所有男性都有义务报名参加武装国民卫队。有些单位，包括 KISKA，就是按照这条法令建立起来的。但也有些单位是为了规避它才建立的。大学突击营就是如此。10 月 5 日，曾在布达佩斯科技大学就读的预备役中尉埃利舍·久洛从国防部获得批准，组建一个营。到 10 月底，这支队伍已经有 500 人，被授予"匈牙利王家陆军第 1 大学突击营"的番号，于是成了正规军的一部分，而不是某个派系的武装。[133] 很多加入该营的大学生来自"列文特"青年准军事组织或者国民卫队。该营有 12 个人拥有列兵以上军衔，有 2 名预备役中尉和 2 名预备役少尉。政府曾许诺把大学生撤往德国，但诺言一直没有兑现，于是很多大学生主动加入进来，很快开始组建第 2 大学突击营。[134] 埃利舍记述道：

我和其他一些人很愿意相信英美军队会奇迹般地赶来。直面现实太可怕了。……我不喜欢箭十字党，但更不能接受祖国被斯大林领导的共产党占领。……1941 年，我是第一批攻入苏联境内的士兵之一。作为侦察军官，我目睹了撤退的红军留下的场景。我看到的关于斯大林主义的一切都让我充满了恐惧。欧尔绍什·费伦茨教授是卡廷国际委员会的成员，他是我父亲的同事，我最初是从他那里得知波兰军官团的遭遇的。……我希望能把我们的单位维系起来，直到战争结束。如果我们能去德国受训，那么我想一个高效的单位一定能一路打到英美战线。[135]

该营的大多数组织者是坚决的反共分子，但他们不是右翼极端分子。例如埃利舍便在 1942 年一次德国之行中目睹了犹太人的遭遇，对德国人的暴行十分厌恶。该营保护了一些犹太人和一名被盖世太保通缉的社会民主党青年领袖。

12 月 5 日，机械工程系三年级学生，同时也是工兵上尉的鲍拉什·拉约什·希派基接管了第 1 大学突击营的指挥，而奇基·拉约什少校担任第 2 大学突击营的营长。第一批 200 名新兵五天之内就装备完毕。每人领到一件羊皮夹克、一双工兵靴和一件带工兵徽章的大衣。尽管武器不足，大学生找到了其他办法来获取相当不错的装备。他们甚至从布达射击场搞来了带瞄准镜的步枪。他们很熟悉科学技术，在这种步枪的使用上不需要很多训练。

希派基有前线作战的经验，坚持认为他的单位完成训练之前不可以上前线。这让他和科瓦奇及其他箭十字党领导人发生了激烈争吵，因为他们要求立即把大学生部署到前线。希派基抵制他们的要求，同时还禁止学生单独行动，因为他明白，这只会带来毫无意义的屠杀。[136]和他不同的是，大多数学生对战争究竟是什么样的毫无概念。大多数人以前没当过兵，对战争充满了浪漫主义的幻想，期待着他们的第一次战火洗礼。

12 月 24 日，科瓦奇和箭十字党青年领袖饶科·伊什特万向大学生营通知了红军突破的情况，邀请学生和箭十字党的青年组织一起撤离首都。学生营的指挥官面临艰难的选择。根据计划，该营应当在圣诞节后到艾尔谢库伊瓦尔①的训练营接受训练，但很多人主张留在首都。埃利舍作了定夺，决定留下，他写道：

> 同箭十字党青年组织、党组织，也许还有盖世太保之流一起离开布达佩斯，会永久性玷污本营的每一位成员。我绝不希望这种情况发生。……我想第 1 营应当尽可能久地不参战，且距离战场越远越好。也许我们还有机会逃出包围圈，完成我们最初的计划。如果避免不了的话，战斗到死也比被俘或者可耻地被屠杀要好。
>
> 我相信我们多坚持一天，匈牙利和欧洲的事业就多一分希望。[137]

埃利舍和他的同伴一定明白，他们多抵抗一天，布达佩斯的市民（尤其是犹太人）的苦难就多一天，城市遭受的破坏也会更严重。无论是从人性还是道德方面考虑，他们都相信自己是在两害相权取其轻，因而也下定决心要为之牺牲自己的生命。他们害怕共产主义，所以才做了这个选择。后世也许会觉得，他们的决定并不正确。

---

① 今属斯洛伐克，称新扎姆基（Nové Zámky）。

最后，城内的特别单位还包括莫林战斗群，以莫林·伊姆雷命名，此人是炮兵上尉，后来成了神父。该集群包括大约120名军校学员以及一些与自己单位失联的士兵。该集群装备了一些铁拳、两门75mm反坦克炮，以及相当多的轻武器。莫林战斗群附属于第10步兵师，任务是摧毁任何渗入市区的红军坦克。该集群很少有逃兵：就连十四岁到十八岁的少年也战斗到了最后一发子弹，很多人阵亡。但1月15日莫林被俘后，这支部队就解体了。有些人加入了布达佩斯保安营，好几个人在拉伊曼约什铁路路基上的战斗中阵亡。

三　围城：1944 年 12 月 26 日至 1945 年 2 月 11 日

佩斯的战斗，从 1944 年 12 月 24 日开始

阿提拉防线第一和第二防御地带被突破

布达佩斯在 1944 年圣诞节被完全包围，全面围城开始了。在布达那边，托尔布欣元帅于 12 月 20 日开始对玛格丽特防线发起攻击，但很快就因为缺少步兵而停住了脚步。在佩斯那边，马利诺夫斯基元帅的乌克兰第 2 方面军原计划与托尔布欣同时发起攻击并在 12 月 23 日占领整个佩斯。但事实是，直到次年 1 月德军把部分部队从佩斯调往布达，马利诺夫斯基的部队都无法取得大的进展。到 12 月 24 日，马利诺夫斯基的 3 个步兵军仅仅突破了城市东南方埃切尔和韦切什之间匈军第 1 装甲师的防线，[1]并向东北方切莫尔和福特之间的匈军第 10 师发动了猛烈攻击。该地区部分是建筑群，部分是空地，构成了最重要的攻击路线之一。那里有很多农田和牧场，一直延伸到佩斯新城①郊区，在坦克攻击面前尤为脆弱。苏联红军次年 1 月的进军就证明了这一点。

12 月 25 日，红军对佩斯桥头堡的全线发起进攻。在莫焦罗德以南，离切莫尔不远的地方，德军撤退，红军在 500 米正

---

① 佩斯新城（Pestújhely）是布达佩斯北部的一个郊区，属于第 15 区。注意，佩斯新城和下文提到的新佩斯（Újpest，第 4 区）不是一个地方。

面上推进。晚上，内梅特·山多尔上尉带领 8 个人和 2 辆德军突击炮收复了失地，但匈军第 18 团第 1 营有 2 个连被俘。[2]

尽管守军在某些地段取得了一些胜利，红军和罗军还是盘踞阿提拉防线第一和第二防御地带的几乎所有地点，尤其是桥头堡的中部和东北部。但第三防御地带（沿着郊区的边缘）、第一防御地带韦切什和佩采尔之间的部分，以及第二防御地带绍罗克萨尔和毛格洛德之间的部分，仍在德军和匈军手中。

12 月 24 日，党卫军第 8 骑兵师被调往布达，佩斯第一和第二防御地带（主要是各个村庄的空地）因此被严重削弱，每 100 米前线只有 1 个步兵。守军撤往战线更短、更易防守的第二和第三防御地带。在红军不断攻击下，德军和匈军开始撤退，损失很大。撤退的各部队之间出现了很大的缺口，党卫军第 22 骑兵师和第 13 装甲师在凯莱派西路和于勒路之间的结合部不断分裂。这两条道路是从东面和东南面通往城市的主干道。红军的持续攻击也使德军和匈军无法撤走预备队，于是保持两个师的联系成了严重问题。[3]

12 月 26 日，在东北战线的福特与佩采尔之间，红军和罗军在匈军第 4 骠骑兵团、第 10 步兵师与第 12 后备师的防线上打出了一些缺口，深度达到 300 到 600 米。T－34 坦克冲过防备薄弱的战壕，从守军背后向其开火。在同一战线的中部，切莫尔附近，第 8 团第 3 营用轻武器消灭了进攻的 12 辆红军坦克中的 3 辆，但还是被敌军包围歼灭。10 到 15 辆红军坦克攻击了切莫尔以北第 4 骠骑兵团的防线。匈军骠骑兵用铁拳击毁了 2 辆坦克，但其他坦克突破了战线。第 4 骠骑兵团的团部驻在附近的一家葡萄酒厂，遭到一辆红军坦克攻击，这时卡默勒·艾尔诺中尉跳出窗户，接过一支铁拳，将坦克击毁，团部才逃过一劫。[4] 切莫尔以北的一座设防的山头也被攻陷。红军损失惨重，但在报告里忽略了这些损失：

> 我军多次进攻山头，都失败了，此时大卫·谢尔盖耶维奇·麦克维尔拉泽中士请求允许再带一个排试一试。得到批准后，他们借浓雾掩护，接近到离敌人山头阵地20到30米的地方，呼叫炮火支援。……他们占领了山头并坚守了五个钟头，其间击退敌人两次进攻，直到他们自己的单位到达。[5]

麦克维尔拉泽因此被授予"苏联英雄"称号。

当晚，翁瑙伊快速机动营发动了一次反击，开始时很成功，夺回了第8团第3营在切莫尔的阵地。但红军和罗军穿透了鹰丘附近第12后备师的防线，翁瑙伊营面临被合围的威胁，一个连被歼灭，翁瑙伊本人受伤，随后该营撤退。[6] 德军派去支援他们的部队只有3辆搭载火炮的装甲卡车，根本不是红军坦克的对手。

在南部战线，匈军第1装甲师部分单位被调去防守劳基海吉村与基拉耶尔多郊区之间的地区，包括切佩尔岛上的临时机场。这是合围完成之后第一座投入使用的机场。

12月27日，红军和罗军突破了第三防御地带的第12后备师阵地，占领了拉科什凯莱斯图尔和乌伊马约尔这两个城东郊区。同日，红军步兵第18军占领韦切什，形成了一个深远的突出部，一直延伸到佩斯圣洛伦茨和拉科什乔包这两个城南郊区。在多瑙河西岸的城南郊区布达弗克，红军一支突击队试图渡过多瑙河向东前往切佩尔岛，但在近距离战斗中被匈军高炮单位击退。

南方集团军群和布达佩斯驻军的指挥官都同意，要想守住整个布达佩斯桥头堡是不可能的。他们也都同意，撤退到较短战线上可以稳定局势，因为那样需要的兵力较少。最实际的解决方案是干脆完全放弃佩斯桥头堡，加强防守布达，并准备突围。南方集团军群参谋长格罗尔曼中将主张快速撤退，而布达佩斯驻军的直接上司巴尔克上将主张逐次缓慢撤退。

尽管希特勒 12 月 24 日的命令禁止从佩斯桥头堡撤军，党卫军第 9 山地军还是开始准备突围。希特勒要求同时坚守布达与佩斯两地待援，这一命令根本无法执行，该军已经别无选择。12 月 26 日，布达佩斯与南方集团军群指挥部之间的地下电话线仍然工作正常。大约中午，布达佩斯广播台宣布守军即将突围。[7] 这可能是普费弗－维尔登布鲁赫下的命令，但他在回忆录中说，他是在 12 月 27 日决定违抗希特勒的命令的。12 月 28 日，希特勒又下达命令，明确禁止突围。[8]

希特勒不仅在 12 月 24 日，还先后在 11 月 23 日、12 月 1 日以及 12 月 14 日（该日三次）下令禁止突围。我们不禁要问，既然如此，党卫军第 9 山地军的指挥官为什么还要准备突围。他们也许是希望希特勒本人能够看清局势已急剧恶化，在最后一刻同意突围。12 月 24 日，党卫军第 8 骑兵师收到希特勒允许撤退的命令，此时该师早已开始运动。德军各个指挥部面临的困境是不得不反复修改先前的命令，原因是希特勒习惯于事必躬亲，处处插手，保留了对各级部队甚至营级单位的直接指挥权，而军方没有多少实际的决策权。希特勒从遥远的柏林下达的指示传到前线时往往已经过时，于是一些较有主见的将军认为自己可以先斩后奏，因为他们想要的命令迟早会来。但党卫军第 9 山地军军部迷信解围的诺言，而且在关键时刻缺乏自信，不敢违抗希特勒。

匈军指挥部在此事上没有实权。匈军第 1 步兵军的报告表明，欣迪和他的参谋部早在 12 月 26 日就主张突围，但普费弗-维尔登布鲁赫答复说，他在"当前"不能接受这种建议。[9] 这位德国将军一贯认为，根本没有必要向匈牙利同僚解释他所做决定的理由。

红军和罗军在布达佩斯东缘的猛攻一直持续到 12 月 28 日。佩采尔和费里海吉之间的匈军第 1 和第 13 突击炮营无力封闭党卫军第 8 骑兵师撤退后留下的缺口，被红军歼灭了。而第 16 和第 24 突击炮营不仅成功地守住了阵地，甚至还将占领拉科什凯莱斯图尔和乌伊马约尔的敌军驱逐了出去。

同时，在佩斯东北角，红军沿西洛什溪扩展了他们的战线，几乎全歼对面匈军的两个营。在附近的拉科什圣米哈伊，德军五次反击都因遭到红军顽强抵抗而失败了。红军的尼古拉·霍丹科少尉一个人就击毁了三辆装甲车：这是他荣获"苏联英雄"称号的部分原因。[10] 匈军第 1 步兵军的保安营也被击溃：300 到 400 名补充兵叛变投敌，营长患病，到 12 月 30 日该营只剩 7 名军官和 40 名列兵。罗军第 2 和第 19 步兵师占领了佩采尔和小陶尔乔，进至秦考陶郊区的东缘，那里随后发生了极为激烈的战斗。秦考陶在遭受三次攻击后终于在 12 月 29 日至 30 日的夜间陷落，但罗军第 2 步兵师损失过大，不得不立即撤离前线。[11] 12 月 28 日，佩斯东面和东南面的毛格洛德和贾尔落入红军手中，贾尔西北方的佩斯圣伊姆雷外围发生了巷战。附近多瑙河上的铁路桥被守军炸毁，因为红军已经抵达了该桥的布达一端。

在这一系列事件之后，红军用扩音器宣布第二天将派出停战谈判代表。红军还空投传单，敦促德军和匈军投降。

插曲：停战谈判代表

马利诺夫斯基希望尽快拿下布达佩斯，然后进军布拉迪斯拉发和维也纳。他和托尔布欣都经历过斯大林格勒战役，都明白围城战耗时太久、代价太大。不过此前红军还从没有围攻过一座拥有 100 万人口的欧洲大都市。事实上，由于形势非常复杂，后来动用了 15 个苏联师和 3 个罗马尼亚师才攻下布达佩斯。

12 月 29 日，经斯大林同意，红军指挥部开始向守军劝降。投降的条件非常慷慨：匈牙利人会立即得到释放，德国人会在战争结束后被立即送回国；所有人都可以保留制服和勋章，军官甚至可以保留随身武器；所有人都会得到食物，伤病员会立即得到医治。最后通牒是由两名红军上尉送达的，施泰因梅茨·米克洛什前往佩斯，伊利亚·阿法纳西耶维奇·奥斯塔片科前往布达，但两人都死了，劝降的使命失败了。

红军指挥部指责德国人杀害了谈判代表。随后半个世纪里，很多历史学家都把这个事件作为"纳粹法西斯暴行"的明证。[12] 在匈牙利，直到 1989 年匈共下台，每一所学校的学生都不断被提醒铭记这两个人的"遇害"，在所谓的犯罪现场还竖立了雄伟的纪念碑来纪念死者。匈牙利官方的宣传是虚假的，但不管怎么说，这两名代表的确死了，因此他们的故事仍然是战争之荒谬的明证，还能体现幸存者回忆的错误之处，以及官方宣传对真相的歪曲。

施泰因梅茨是匈牙利裔苏联人，曾作为马利诺夫斯基的翻译参加西班牙内战，后来成为情报军官。他还没有抵达德军战线就死了。匈军第 12 后备师反坦克分队的指挥官利特拉蒂－罗茨·久洛中尉记述道：

> 早上，我手下一名炮长报告说，看到一辆带白旗的苏联红军吉普车开了过来。……我们战线面对红军的方向 150 到 200 米处，于勒路的鹅卵石路面上铺设的反坦克雷像棋盘一样，肉眼就看得见。……布雷的目的是让红军坦克进攻时在雷场前停下来哪怕是一小会儿，这样就能给我们提供固定的射击目标。我看到吉普车里坐着两个人，司机旁边的人手里挥舞着白旗。让我们极为震惊的是，他们在雷场前仅仅减了速，想要慢慢开过雷场。……一片死寂，双方都没有开一枪。一切都发生在一瞬间。突然轰的一声爆炸，灰白的烟飘了起来，车子的前部跳了起来，白旗以很大的弧度飞过空中，这情景着实诡异。硝烟散尽后，我们看到汽车残骸停在雷场中间。两个苏联人坐在车里，互相倚着，一动不动。地雷是在车子左侧爆炸的，可能是左前轮触了雷。[13]

如果我们试着复原现场，就会发现利特拉蒂－罗茨的回忆很成问题。从他所说的位置根本不可能看到他描述的情景，因为他的视线被路上的一个隆起挡住了，而且在他和对面第一条红军战线之间有 5 米的高度差。另外，这条路以大约 5 度角略微偏向北方，不是笔直的（参见戈斯托尼出版的地图），因此他的视线受到了限制。考虑到这些矛盾之处，他要么是记错了自己的阵地位置，要么是对红军代表之死给出了错误描述，或者两种情况兼而有之。[14]

我们先假设利特拉蒂－罗茨记错了他的阵地位置。如果按照他说的，路面上的地雷用肉眼都看得到，而且他可以看清吉普车里有两个人，那么他的位置的确是在 150 到 200 米之外，不会更远。但是路面上有一个 2.5 米高的隆起会挡住吉普车，直到吉普车来到雷场前 20 到 30 米的地方，这时离爆炸不到 10 秒。10 秒时间根本就不够他观察到吉普车开来、看清车内的人，并且看着车子在雷区缓慢前进。

虽然利特拉蒂－罗茨的位置不能确定，红军代表死亡的地点却可以确定。雷场位于于勒路和根伯什·久洛①路的十字路口。这个地点是附近的制高点，道路从这里向东和西下坡。地雷不可能布在偏东的地方，因为那样红军就可以轻松地清除地雷，而德军和匈军根本看不到他们。况且，红军坦克在雷场前减速停下时会被斜坡挡住，守军的反坦克武器无法射击。地雷如果布得太偏西就没有意义了，因为西面最近的一个十字路口也太远。

我们现在再假定利特拉蒂－罗茨对红军代表死亡场景的描述是错误的。考虑到具体地形，红军代表出现和死亡的时间间隔一定非常短，而且当时有小雪、雾气，气温只有 25 华氏度②，能见度一定很低。一个神经高度紧张的反坦克炮指挥官

---

①　根伯什·久洛（Gyula Gömbös，1886～1936），匈牙利军人和政治家，1932 年至 1936 年任匈牙利总理。一战结束后，他坚决主张匈牙利脱离奥地利独立，并且严厉批评哈布斯堡家族。他成为霍尔蒂·米克洛什的盟友，建立准军事组织来反对库恩·贝拉的共产党政权。他越来越右倾，参与清洗共产党，挫败哈布斯堡家族的末代皇帝卡尔在匈牙利复辟的企图。他保护犹太人，抵制反犹主义，但后来不情愿地与希特勒结盟。

②　相当于零下 3.9 摄氏度。

看到敌人车辆，很可能立即开火。尸检发现施泰因梅茨体内有两发轻武器子弹，肯定不是利特拉蒂－罗茨的人发射的。反坦克炮一般部署在第一条战线之后，在这里是沿着根伯什·久洛路的雷场部署的。也可能第一条战线的士兵看到红军代表的车子，然后将反坦克炮的发射误以为是攻击的信号，于是开始用轻武器射击，打中了施泰因梅茨，而他此时可能已经死了。但也可能反坦克炮根本没有开炮，因为弹药短缺，用反坦克炮来打吉普车太奢侈了。

真相可能永远都无法查明了。最合理的解释是，利特拉蒂－罗茨的描述在两方面都不准确，尽管吉普车可能确实触了雷。

另一组谈判代表由奥斯塔片科上尉率领，起初较为成功。尽管他们也遭到射击，但没有人受伤，子弹只是打到了他们前方。他们又试了一次，抵达德军阵地，对方没有开枪。红军第318师情报科长沙赫沃罗斯托夫少校从电话中得知了施泰因梅茨及其同伴的死亡，但他没有让奥斯塔片科等人停下。

尼古拉·叶奥克蒂索维奇·奥尔洛夫中尉从这次行动中活了下来，他详细描述了当时的情况。德国人将红军代表蒙上眼睛，开车送往盖勒特山上的党卫军第8骑兵师师部。一番礼貌的寒暄之后，奥斯塔片科把最后通牒送交在场的最高级军官，后者立即报告了普费弗－维尔登布鲁赫。随后将近一小时里，奥斯塔片科和德军参谋军官们闲谈。普费弗－维尔登布鲁赫拒绝投降后，红军代表就准备返回。"奥斯塔片科把（装最后通牒的）信封放回地图夹，德军中校请我们两人各自喝了一杯苏打水。"奥尔洛夫回忆道，"我们很高兴地接过来，喝了下去。德国人又把我们的眼睛蒙上，抓着我们的胳膊，把我们带出房子。他们把我们推上一辆汽车，又出发了。"[15]红军代表很快接近了德军前沿，受到了党卫军第 8 骑兵师约瑟夫·巴德尔下士的迎接。巴德尔回忆道：

> 我的指挥官命令我把红军代表送回无人地带，之前我就是在那里遇到他们的。我们是步行的。我们接近我军第一线时红军炮击越来越猛烈，尽管几个小时之前红军代表来的时候红军完全停止了炮击。现在他们又开始轰击我军战线了。我向红军上尉（他的德语说得非常好）建议，停下来等炮击停止再走。我还说，我不明白他们的人为什么炮击这么猛，他们明明知道他们的代表还没回去。上尉说，他接到了严格命令，必须尽快返回。我命令队伍停下，摘掉他们的蒙眼布，告诉他们，我可不想玩自杀，我不会再往前走了。我让他们自己穿过无人地带。我必须强调，我们这边绝对没人开枪。敌人炮击停止了，只听得见敌军炮弹的爆炸声。苏联代表一行人开始穿过一个小广场。他们走了大约 50 米远时，突然一发炮弹落到旁边。我立即卧倒。我抬起头时看到只有两个苏联士兵在继续走。第三个人躺在路上，一动不动。[16]

奥尔洛夫的回忆与巴德尔差不多：

> 他们把我们带到前沿，摘下我们的蒙眼布，我们开始往回走。我们回去时走得比来时快得多。我们大概走到一半时，奥斯塔片科上尉转向我说："我们应该算是顺利回来了。我们又走运了一次。"他话音刚落，发生了三次巨大的

爆炸。我们周围碎片和子弹乱飞。奥斯塔片科上尉转向德国人那边，倒在了地上。[17]

在这次猛烈炮击中，德军一名炮兵观察员和几名士兵同样受了伤。[18]从种种迹象来看，炮击的来源是一个不知情的红军炮兵连，但也可能是部署在附近的一个匈军高炮阵地。[19]根据苏方的尸检，奥斯塔片科背上有两片碎片和四发子弹。如果这是真的，那么匈军的嫌疑就大大增加了，因为子弹不大可能是红军发射的。

不管怎么说，奥斯塔片科、施泰因梅茨和他的司机都不是被德国人蓄意杀害的。可能性最大的情况是，他们的死亡是由于偶然和草率。纳粹杀害了几百万人，但他们在战争中从没有杀害过谈判使者。

据目击者说，红军的第三个代表，步兵第30军的一名军官，骑马带着白旗来到德军阵地，被带去见第13装甲师师长施米德胡贝少将。据说这个苏联军官似乎有些微醉，他代表他所在的军提议停火三天，好让德国人准备投降。施米德胡贝打电话给普费弗-维尔登布鲁赫，建议"假装接受停火，这样就可以至少赢得三天时间来解决部队重组后部署前线的问题。要塞总司令粗暴地回答，这样的建议完全不能考虑。这个苏联军官被扣押了"。[20]对于他后来的命运，我们一无所知。

1944年12月31日，莫斯科电台广播了谈判代表遇害的详细报道。于是德国国防军最高统帅部做了调查，[21]结果却在已经流传开了的虚假情节上增添了新内容。基于普费弗-维尔登布鲁赫的解释，巴尔克集团军向柏林发送了以下电报：

他们派出的代表不是两名苏联军官而是四名德军战俘。布达佩斯指挥部原本命令将这些人枪决，但后来集团军指挥部把他们转交给了维也纳的秘密战地警察。根据最新报告，这四名德军战俘将立即通过维也纳的党卫军和警察总部被送交元首总部接受讯问。1944 年 12 月 31 日，苏联的广播对所谓的红军谈判代表被害事件大加渲染，根据这里的相关文档，我们发现：

苏联方面声称的向布达佩斯派出谈判代表之事纯属子虚乌有。

众所周知，苏联一贯颠倒黑白，大肆宣传，虚伪地为他们毁灭欧洲文化与环境的狂热辩护。[22]

所以，普费弗－维尔登布鲁赫否认了苏联官方代表的存在，尽管他肯定知道奥斯塔片科的到来，也许还知道其他代表的情况。他向上级撒谎以开脱自己，因为他很清楚，谈判代表是受国际公法保护的。他谎称苏联人用德国战俘当代表（这样苏联人就是违反国际法的一方了），体现出了全面战争的心态：守军绝对不可以投降。由于他的虚假报告，德军最高统帅部通电东线所有指挥官，称对所谓谈判代表被害的抗议只不过是苏联战争宣传的伎俩。[23]1945 年 1 月 17 日，最高统帅部禁止所有"要塞"和集团军群接待苏联代表，声称苏联用德军战俘当作代表，就已经放弃了自己的国际义务。[24]

其他方面资料没有谈到所谓的四名德军战俘，普费弗－维尔登布鲁赫在别的地方也没有说到他们。我们可以确定地说，德国并没有为了宣传而蓄意炮制谎言，因为一位美国历史学家研究了相关文档，没有发现任何宣传性的报告。[25]苏联方面对此也是一言不发，要么因为他们的确做出了使用战俘当代表的违法行为，要么因为这些战俘根本不存在。红军经常释放战俘来打击敌军的士气，但在布达佩斯，他们放出的主要是匈牙利人。奇怪的是，1 月 21 日，普费弗－维尔登布鲁赫命令匈军第 1 步兵军参谋长把所有涉及苏联代表的文件都交到他的指挥部。他发布这道命令的原因无人知晓。欣迪在人民法庭的证词也解释不了这一点。[26]

也许各方都撒了谎，但撒谎的侧重点不同。利特拉蒂－罗茨可能是想要掩盖自己，或者自己所在单位对施泰因梅茨之死应负的责任。红军司令部可能知道奥斯塔片科死亡时他们自己的部队在开炮，而坚持查清四名德军战俘的事情对苏联也没什么好处。普费弗－维尔登布鲁赫撒谎，可能是为了用他自己的官僚方式提供宣传材料。另外，红军对谈判活动的准备也很不充分。他们原本可以通过无线电请普费弗－维尔登布鲁赫接见代表，却没有这么做。雷区的存在，以及施泰因梅茨莽撞地试图通过雷区，都不是守军的错。

值得注意的是，布达佩斯德军指挥部后来被指控犯有的战争罪行并不包括谋杀红军代表这一项，整个战争期间也没有类似的案例被记载下来。普费弗－维尔登布鲁赫在莫斯科受审时没有被问到这件事情；匈牙利人民法庭判处欣迪死刑，也没有涉及这项罪名。实际上，普费弗－维尔登布鲁赫接到了守住布达佩斯的无条件命令，因此他必须拒绝最后通牒。

但苏联司法部门还是利用了这件事情，正如他们利用其他事情大做文章，导致很多无辜的德国军官被处决。在布达佩斯这个案子中，替罪羊是"统帅堂"师第 1 炮兵营营长埃里希·克莱因上尉。1948 年，作为战俘，他被指控谋杀奥斯塔片科。

尽管遭到毒刑拷打，但他还是拒绝认罪，被判处死刑，后来改判二十五年徒刑，于 1953 年获释。[27] 1993 年俄罗斯军事法庭为他平反昭雪，承认对他的指控完全是无中生有。

19. 埃里希·克莱因上尉，"统帅堂"师第 1 炮兵营营长

佩斯攻防战，第一阶段：1944 年 12 月 30 日至 1945 年 1 月 5 日

最后通牒被拒绝后的第二天，红军立即开始了攻势。地面上有将近 1000 门火炮轰击德军，空中还有轰炸机不断投弹。连

续三天，每天的炮击都长达 7 到 12 小时，炮击间歇则是持续的空袭。将近 100 万人躲在过度拥挤的防空洞里，很多防空洞被炸弹直接命中，里面的人就全部丧命。平民只有在必要时才敢上街，紧贴着墙小心翼翼地挪动到水塔去取水，或者去面包店买面包。箭十字党政府命令面包店仍然正常营业。

在市中心，大街上满是碎玻璃、断裂的电车电缆、倒塌的路灯柱，以及其他乱七八糟的东西。瓦砾堆上还有一些死尸，衣服破烂，满是泥土，带着血迹，脖子和胸口往往暴露在外，口袋被翻得里朝外，因为往往有人翻动死者的口袋寻找身份证件、个人文件及财物。死尸的眼睛张开着，双手蜡黄，耳朵和鼻子出了血。他们躺在血泊中，姿态扭曲可怕，爆炸的冲击波把他们抛向四处，很多死尸缺胳膊少腿。大量房屋着火。炮弹爆炸的地方，蓝色和黄色的火药硝烟悬停在空中。由于没有人清扫，垃圾很快堆积如山。

红军得到了大批重武器和战斗机与轰炸机的支援。步兵得到了 1 个完整的航空军、2 个炮兵师以及很多其他单位的支援，合计 15 个炮兵或迫击炮旅和团。[28]每个炮兵师下辖 3 个炮兵旅，分别装备 76mm 炮、122mm 榴弹炮、152mm 重榴弹炮，每旅 36 门炮；此外，每个炮兵师还有 1 个重迫击炮营。步兵得到了很可能属于坦克第 23 军第 39 旅（以及其他一些坦克和强击火炮单位）的坦克支援。[29]在整个布达佩斯地区，红军有 200 辆坦克损毁，这意味着攻击部队至少有 1 个坦克旅。[30]

然而德军和匈军甚至没有足够的重武器弹药，所以他们的炮兵每天只能发射数量有限的炮弹。到 12 月底，重迫击炮的弹药已经完全耗尽。

12 月 30 日早上，沿着拉科什宫、拉科什圣米哈伊、马加什福尔德、佩斯圣洛伦茨、佩斯圣伊姆雷和绍罗克萨尔郊区的边缘形成了一个半圆形突出部，佩斯战线就在这个突出部的东面。当天，红军在东部和南部地段取得了很大进展，匈军第 12 后备师在那里的防线多次被突破；第 10 步兵师只有 3 个作战营，形势危急。匈军第 8 团第 3 营在切莫尔被包围，不得不突围出来，在巷战中损失惨重。红军步兵于坦克支援下继续圣诞节就开始的在福特和切莫尔之间的进攻，穿过马加什福尔德以西的西洛什溪边上的田野，进军佩斯新城。匈军第 18 团第 1 营在拉科什圣米哈伊的独立式住宅区附近占据了新阵地，但到晚上在当地教堂附近几乎被全歼。不过红军也损失惨重。在德军和匈军的反击中，一群推进至教堂的红军被包围，他们不得不呼叫炮兵轰击自己所在位置，不断调整炮击目标，最后终于突围。尼古拉·列昂季耶维奇·尼古拉丘克上尉因为领导此次行动而荣获"苏联英雄"称号。[31] 德军第 13 装甲师也发动了反击。第一次反击失败了。师参谋长埃克施巴雷中校指挥了第二次反击，夺取了拉科什圣米哈伊西部，但在损失了 5 辆坦克和 9 辆装甲卡车之后反击失败了。[32]

12 月 31 日，德军和匈军发动反击，夺回了马加什福尔德西部及其机场，坚守了一天，但临近的秦考陶落入红军手中。在更南面，党卫军第 22 骑兵师撤出佩斯圣伊姆雷；在于勒路外围，红军向市中心前进了几百米；在更北面的拉科什凯莱斯图尔附近，匈军第 24 突击炮营在鲍科·鲍尔瑙巴什少校率领下击退敌军的一次进攻，杀伤大量敌人。一名红军少校在被俘前自杀。[33]

1945 年 1 月 1 日，拉科什宫和佩斯圣洛伦茨之间的匈军第 10 步兵师和第 12 后备师的阵地成为向佩斯新城进攻的红军的主要目标。红军在多处突破了环形铁路，有些坦克抵达了拉科什溪。近卫军中士阿达夫金的突击队在鹰丘以北占领了佩斯行政区域内的第一座房屋。[34]同一天，此前一直作为第二梯队的红军步兵第297师在南面较远的地方发动攻击，穿过了新公墓。匈军第38团第3营营长佩奇·捷尔吉上尉回忆道：

> 黎明时，战线环绕新公墓的东缘，面向费里海吉。炮兵连在停尸房占据了阵地。我接收到30名额外的箭十字党新兵。
>
> 上午8点，我们遭到火炮和迫击炮轰击，其火力之猛烈是我在匈牙利土地上从未见过的。公墓的地面都在震颤。士兵们跳出阵地，在科兹马街的战壕里躲避。我们也从停尸房跑到那里躲避起来。苏联红军步兵开始进攻。我们从战壕里向逼近的敌人开火。我就像个排长似的指挥身边的士兵射击。凯迪·古斯塔夫少校和约·费伦茨少校也是如此。我们猛烈而精确的射击很有效，阻挡了敌人的进攻。
>
> 下午早些时候，一辆红军坦克开到，撞开了制砖厂的石头院墙。砖窑另一面隐藏着一辆德国虎式坦克。[35]一名士官爬到墙前，摸清了红军坦克的位置，向德军坦克指示敌人的位置。红军坦克被德军坦克一炮摧毁。傍晚，我们躲进圆形砖窑，附近房子里的工人也躲在那里。
>
> 敌人出人意料地在大约午夜开始进攻。我们在砖窑周围的走廊上占据了射击阵地。苏联人把匈牙利战俘驱赶在前面，战俘大喊着："我们是匈牙利人。"我们回喊，叫他们在听到我们喊"卧倒"时立刻扑倒。在我们的冲锋枪的齐射火力下，苏联人撤退了。有些战俘得以逃跑。然后我

们用手榴弹反击，肃清了砖厂区域。……第二天，我和剩下的 15 名部下撤退了。[36]

1 月 2 日至 3 日，红军向佩斯新城的进攻又取得进展。尽管红军第一波 6 辆坦克中有 5 辆被匈军第 10 步兵师的士兵摧毁，红军还是在多处突破了拉科什溪。红军和罗军步兵渗透了第一道防线，从守军背后向其开火，匈军第 6 团第 3 营在血腥的巷战之后不得不撤退。

到 1 月 3 日，由于战况激烈，匈军第 12 后备师各营已经只剩 10 到 25 人，并且当天有 307 名匈军被罗军俘虏。[37]尽管德军和匈军不断试图将红军赶过拉科什溪，红军还是继续扩张他们的突出部。为了保住阵地，他们重新调来了疲惫不堪的罗军第 2 师，该师是两天前被撤下的。[38]红军步兵第 30 军军长格里戈里·S. 拉日科少将把临时编入他部队的近卫步兵第 36 师投入战斗，越过了拉科什溪和环形铁路。在更南面，他的部队稳步向佩斯新城推进。步兵第 18 军进逼到距离赛马场上的临时机场只有 500 米的地方，因此守军可以使用的机场就只剩下了切佩尔岛的临时机场。德军第 13 装甲师向奥索拉科什方向发动的反击失败了。德军坦克已经推进到铁路路基处，但被红军摧毁，红军迫击炮的猛烈轰击又使得德军步兵无法前进。

此时发生了围城期间最大胆的一次行动。党卫军的一群俄罗斯志愿者驾驶一艘 40 吨的机动驳船运载弹药从杰尔出发，发动了一次行程 140 公里的救援行动。他们穿过了多瑙河上的雷区，但在雷安尼弗卢村附近搁浅，此时离布达佩斯只有 17 公里。仅仅由于红军在多瑙河河弯沿岸村庄布防的空隙，这次行动才没有以灾难告终。这些俄罗斯党卫军在一个匈军冲锋舟排的帮助下，可能是借助浅滩上的树丛的掩护，把部分物资运进了城。党卫军进一步的运输计划失败了，一艘拖船后来被派去营救搁浅的驳船。[39]

红军各军的军长采取了各种措施来准备巷战。他们的经验，尤其是在斯大林格勒的经验告诉他们，最好的办法就是把敌人分割开来，各个击破。于是，红军每个师都建立了一个特种突击群，包括 15 到 50 名步兵和一些工兵，装备冲锋枪、一两挺轻机枪、一门反坦克炮、一具火焰喷射器以及一两门直射火炮。[40]

主攻方向上的步兵师一般以 400 到 800 米宽的正面攻击，而且受到平行街道的限制，攻方的兵力必须达到守方的三倍。由于形势瞬息万变，通信难以保持，指挥部必须设在攻击部队后面很近的地方。因为突然前进的各单位经常互相之间失去接触，每个团都组织了一支快速预备队，包括一个冲锋枪连、一个侦察分队、一组工兵，以便在危急时刻随时封闭缺口。由于建筑物的阻隔以及硝烟和尘土弥漫，战场上的能见度往往只有100 米左右，所以炮兵观察员必须被配置在前沿。[41]

前线形势瞬息万变，双方的报告对其的描述都很不准确。在海洋般的建筑群中，主战线不断变化，只能粗略地加以定位。另外，前卫部队和巡逻队往往会抓住时机占据主战线前方的位置。因此任何指示前线的地图都只是粗略的参考而已。

很长时间内，由于攻击的各军缺乏协调，作战组织很不得力。红军步兵第 30 军和罗军第 7 步兵军听从红军近卫第 7 集团军的调度，而特种步兵第 18 军直接听从马利诺夫斯基的指挥。1945 年 1 月，在红军总参谋部的建议下，马利诺夫斯基把攻城部队编为布达佩斯集群，由特种步兵第 18 军军部指挥。该军军

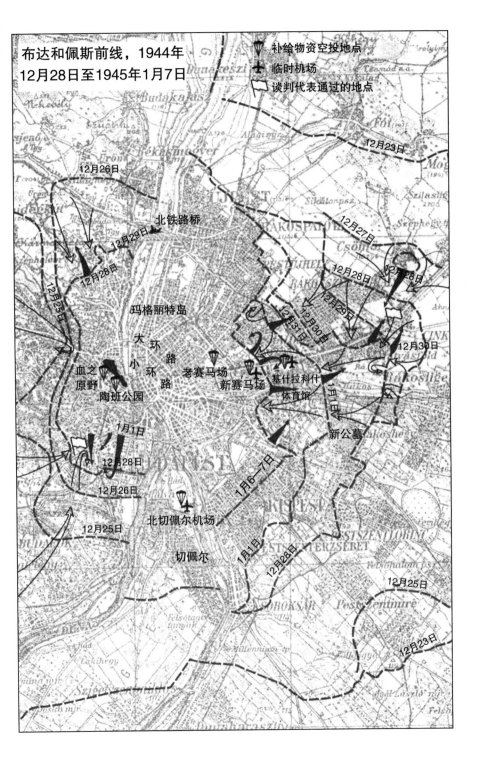

布达和佩斯前线，1944年
12月28日至1945年1月7日

补给物资空投地点
临时机场
谈判代表通过的地点

12月23日

12月26日

北铁路桥

12月29日

12月28日

12月23日

12月27日

12月28日

12月28日

玛格丽特岛

12月29日

12月30日

12月31日

12月30日

大 环 路

血之
原野

小 环 路

老赛马场

新赛马场

基什拉科什
体育馆

陶班公园

1月1日

新公墓

1月1日

1月1日

12月28日

12月26日

1月6～7日

1月1日

12月25日

北切佩尔机场

12月28日

切佩尔

12月25日

12月23日

长伊万·米哈伊洛维奇·阿方因中将奉命指挥整个集群。

德军指挥部对局势能够施加的影响很小。1月初，电话系统仍可使用，侦察单位的匈牙利成员还可以打电话给苏占区的居民来获得宝贵的情报。[42]但到1月中旬，所有的电话线路都被切断了，只能通过传令兵和前沿的战士联系。在庞大而不利于观察的建筑群中，所有关于红军进攻的情报在传递时都受到了延误。因此指挥权逐渐转移到战斗群一层，他们尽管资源有限，但往往还是能够夺回最重要的建筑物和主要街道。

为了防止有人开小差，匈军士兵被分割成小群，配属到德军单位。德军指挥部用障碍物和封锁线来加强防线。关键的路口、街道和广场都设置了电网、雷场、反坦克陷阱和街垒。在作战单位后方，为防止红军渗透，又布置了第二条防线，由警察、宪兵和其他战斗力较差的单位（如第2大学突击营）负责。

守军在佩斯范围内建立了六条大体上互相平行的半圆形防线，从多瑙河一端开始到另一端结束。第一条防线环绕城南郊区的边缘，到拉科什车站，然后折向西北，沿着拉科什溪。第二条防线包括卡尔曼大道、匈牙利大道和罗伯特·卡罗伊大道。第三条防线在约瑟夫城车站附近从第二条防线分叉出来，延伸到多饶·捷尔吉街和德拉沃街。第四条防线沿着哈勒街、欧尔齐路、阜姆路、罗滕比勒街、西涅伊·迈尔谢街、铁路线上的斐迪南大桥以及乔纳迪街。第五条防线沿着大环路①（包括费伦茨大道、约瑟夫大道、伊丽莎白大道、泰雷兹大道和圣伊什

---

① 布达佩斯市中心最繁华的街道之一，建于1896年。呈半圆形，连接多瑙河上的两座桥，即玛格丽特大桥和裴多菲大桥；从北向南由五条大道组成，全长约4.5公里。大环路范围内的一条全长约1.5公里的半圆形街道被称为小环路。

特万大道）。第六条防线沿着小环路（包括卡罗伊大道、博物馆大道和瓦姆哈兹大道）。这些防线都只有临时凑合的工事，但有的地段有雷场或电网。

1 月初，党卫军第 9 山地军军部命令屈恩迪格中校的第 271 国民掷弹兵师残部从布达调往佩斯。第 13 装甲师师长施米德胡贝少将奉命指挥在佩斯的所有部队。此时匈军各步兵团的总兵力已经只有 150 到 200 人，每团平均有 5 挺轻机枪、1 挺重机枪、四五门迫击炮，而且数量不断下降。1 月 7 日，第 13 装甲师的作战兵力为 887 人，匈军第 10 步兵师和第 12 后备师的作战兵力合计只有 507 人；1 月 14 日，屈恩迪格战斗群的作战兵力是 225 人，"统帅堂"师连同配属给它的匈军单位只有 865 人。[43] 我们估计党卫军第 22 骑兵师的作战兵力在 800 人左右，其他前线单位有 400 人，这样佩斯全军的总作战兵力有 3684 人，仅勉强相当于一个齐装满员的苏联师。

普费弗 - 维尔登布鲁赫不信任施米德胡贝，因此把党卫队区队长（准将）赫尔穆特·德尔纳作为"政治军官"派到施米德胡贝的师部。德尔纳同样负有军事任务，奉命领导一个由第 13 装甲师残部组成的战斗群。但这不能说明权力分配的真实情况：尽管理论上德尔纳是施米德胡贝的下属，但在大约 1 月 10 日他却能够命令此时已将师部转移、离开前线的施米德胡贝回到佩斯。[44]

佩斯攻防战，第二阶段：1945 年 1 月 5 日至 18 日

市中心的战斗

佩斯桥头堡的口袋不断收紧。随着东北地段的战斗日益激烈，佩斯桥头堡也失去了它的半圆形状。到 1 月 5 日，红军坦克已经通过佩斯新城，制造了一个深远的突出部，一直到内城

的第 14 区。在这个突出部以北，德军和匈军仍然坚守着新佩斯、佩斯新城和拉科什宫的西角。在突出部以南，赛马场、厄尔什维泽尔广场附近地区、采石场区①以及小佩斯和佩斯伊丽莎白的大部仍在德军和匈军手中。在更南面的多瑙河上，绍罗克萨尔随时都可能被包围。在绍罗克萨尔以西，主防线穿过了基拉耶尔多森林和切佩尔岛上的劳基海吉。以下是党卫军第 9 山地军的一份报告：

> 布达佩斯战役的焦点已经转移到东面的桥头堡。战斗强度不减，敌军火炮和迫击炮火力十分猛烈。双方损失都很大。除了些许土地损失外，我军在整个东部前线和东北前线还是克服了弹药短缺的困难，在敌人的猛烈攻击下守住了阵地。……补给紧缺，炮弹仅能维持一天。有些种类的弹药已经耗尽。[45]

第 14 区的巷战持续了一整天，马纽基·伊什特万中尉的突击炮兵集群的 120 人在多次失败的反击中损失了 70%。[46]

1 月 6 日清早，党卫军第 22 骑兵师放弃了绍罗克萨尔。在佩斯伊丽莎白和小佩斯的密集建筑群中，红军不得不进行逐屋争夺，进攻放慢下来。但在采石场区外围的边缘，守军防线几乎瓦解，因为通往匈军第 10 步兵师在第 14 区的防区的道路上只有几百名守军。党卫军第 22 骑兵师还没来得及干预，采石场区东部就失陷了。当日，红军还占领了采石场区北部和拉科什福尔沃，于是得以从南北两面炮击赛马场上的临时机场，德军

---

① 采石场区是布达佩斯的第 10 区，历史上曾是开采石灰石的地方。

不得不放弃该机场。

同日，守军被迫放弃采石场区中部和第 14 区东部。红军开始从第 14 区和佩斯新城进攻拉科什兰德佐车站。直到晚上，德军第 93 掷弹兵团才阻挡住他们。在第 14 区的北部边缘，匈军第 6 团第 3 营损失惨重，但还是守住了阵地。附近的一家木材厂失了火，熊熊火焰照亮了匈军阵地。在佩斯伊丽莎白，红军突破了匈军第 12 后备师的防线，占领了霍夫赫尔 - 施朗茨工厂，这是布达佩斯最后一家坚持生产坦克配件和承担坦克修理工作的工厂。

从 1 月 6 日起，切佩尔岛北部的临时机场就处在红军火炮射程之内，从 7 日起德军不得不放弃该机场。德军猛烈反击，希望夺回赛马场上的机场。第 66 装甲掷弹兵团团长舍宁少校认为这样的进攻是毫无意义的，因为他认为根本无法占领赛马场左右两边的建筑物。为此他和施米德胡贝发生了激烈争吵，后者坚持要求执行这道命令。发动反击所需的步兵只能通过从前线撤出第 66 掷弹兵团第 2 营来提供，并且要寄希望于红军不会发现该营的运动。一座体育馆的木栅栏后集结了豪纳克·山多尔上尉的 10 辆突击炮和一个大约 200 人的德匈战斗群。豪纳克通过栅栏的缝隙观察道：

> 我们一进入阵地就得知，俄国佬来了，而且还是一边唱歌一边来的。真的，他们穿过空轨道走了过来，唱着歌，手拉着手。他们似乎喝醉了，要在这种状态下进攻！我命令开炮。我们踢倒栅栏，向敌群投掷碎片手榴弹，用冲锋枪扫射。他们跑向看台，突击炮射倒一排又一排的座位，杀得血流成河。德国人报告说，打死了 800 人。[47]

德军和匈军的伤亡也很大，舍宁回忆道："反击不到半个小时，我们就遭到苏联红军飓风般的炮击，反击失败了。第 13 侦察分队几乎没有取得任何进展，66 团 2 营加上勇猛的匈牙利突击炮打到了赛马场另一端，但是守不住。到晚上，我们建立了一条不完整的防线，横穿赛马场、看台和马厩。"[48] 由于缺少步兵，继续前进已经不可能，也没办法夺回赛马场。

1 月 7 日，红军和罗军在第 14 区继续前进。在采石场区，党卫军第 22 骑兵师和比尔尼策中将的匈军突击炮部队发动了九次失败的反击，最后不得不在当天晚上放弃该地区。下采石场车站和匈牙利国家铁路居民区附近的战斗在继续，铁路街和与它平行的铁路路基上也在发生交火。党卫军第 22 骑兵师大部被歼灭。在小佩斯和佩斯伊丽莎白，红军几个近卫步兵师继续向前迅猛推进。党卫军第 9 山地军报告称：

> 小佩斯发生了残酷的巷战。我军在布达佩斯南站以南发动反击，打退了红军的两次进攻。损失很大，虽然从参谋部和后勤部门抽调了人员，前线兵员还是逐日锐减。补给情况严峻，尤其缺少弹药的空投补给。……12 月 24 日到 1 月 6 日的总伤亡是 5621 人。[49]

1 月 8 日，红军进展不大，主要是在党卫军第 22 骑兵师的战线上终于占领了小佩斯。在约瑟夫城车站，德军步兵在匈军第 1 突击炮分队的 3 辆突击炮支援下夺回了匈牙利国家铁路居民区。[50] 在这里，第 66 掷弹兵团的一名下士单枪匹马地守住了一座重要建筑物。他在楼里跑上跑下，不停射击，给敌人造成了假象，以为每个窗口后面都有德军士兵把守。他后来获颁骑士十字勋章。红军突破了铁路路基，进入居民区南面的人民公园。在佩斯新城以西的拉科什兰德佐车站，红军取得了更大的突破。罗马尼亚第 7 步兵军的部队攻击了埃格赖希路的邮局调车场，晚上通过白刃战占领了邮局大楼。

从红军进攻第 14 区这一点看，马利诺夫斯基显然想把佩斯桥头堡一分为二。守军从北到南的防线虽然还有 15 公里，但从东面推进的红军前锋已经打到了距离多瑙河 4 公里的地方。德军多次反击，试图消灭第 14 区突出部，说明德军指挥部很清楚敌人的企图，但反击都没有成功。

1 月 9 日，拥有绝对优势兵力的红军步兵第 30 军通过切莫尔路的小巷发动猛攻，试图夺取拉科什兰德佐车站。他们在早上被阻挡住，但根据匈军的一份报告，红军在下午施加了越来越大的压力，可见"敌人企图切断在拉科什宫和新佩斯的我军部队，从而分割佩斯桥头堡。因此他们不断向拉科什兰德佐车站施压，投入更多部队、坦克、喷火坦克和火焰喷射器，逼近车站。敌军的一些侦察队还在下午渗透了城市公园"。[51] 为避免被围，施米德胡贝少将下令立即撤出新佩斯。他试图把战线撤回到环形铁路的北线，并在这一过程中暂时夺回毛格多尔瑙瓦洛什车站。但到晚上，红军坦克还是在铁路调车场的货车当中盘踞了下来。

同时，红军占领了第 14 区的每一栋房屋，前线推进到墨西哥路的铁路路基。在那附近，罗马尼亚第 7 步兵军占领了赛马场，在匈牙利大道与凯莱派西路的交叉点穿过了匈牙利大道。德军步兵在匈军突击炮支援下夺回了人民公园的西北部。在佩斯南部，前线稳定在豪塔尔路一线。同时，德军和匈军开始从切佩尔岛撤军。由于红军在布达和佩斯两地的推进，该岛已经无法防守。损失惨重的德军第 93 掷弹兵团的残部被合并到了第 66 团。

党卫军第 9 山地军不断向南方集团军群指挥部发送绝望的电报："除非立即空运补给，机枪、迫击炮和野战炮的弹药仅能维持到 1 月 9 日，其他弹药能维持到 12 日，马匹饲料和燃料维持到 10 日，粮食到 11 日。布达佩斯现有 3880 名伤员，其中 1400 人必须用担架搬运。形势严峻，望早做决断。"[52]

1 月 10 日夜间，"统帅堂"师从新佩斯撤出，但无力守住北面的铁路路基。红军向南追击"统帅堂"师，突破了安约福尔德车站附近的防线，在莱海尔街附近抵达拉科什溪。他们还占领了拉科什兰德佐车站。红军和罗军在匈牙利大道与墨西哥路的交叉点穿过匈牙利大道，进入城市公园。布达佩斯警察突击营第 2 连和大约 300 名宪兵将敌军从公园逐出，并占据了公园东北边缘的位置。[53]他们参加了第 13 装甲师的反击，前进至美利坚路和科隆街，此时他们的一辆小型"安萨尔多"坦克（在 1935 年至 1936 年的阿比尼西亚战争期间就已落伍）被击毁，一半车组人员阵亡。[54]红军以一个师的兵力发动反击，把精疲力竭的匈牙利警察和宪兵击退，穿过公园一直把他们驱赶到竞技场路。匈牙利警察和宪兵在此处得到库比尼·蒂博尔的布达佩斯突击连的营救，该连立即发动一次反击，在两辆德国坦克支援下重新夺回了公园的大约一半。人民公园也发生了激烈争夺战。在布达南部，红军几个近卫步兵师沿绍罗克萨尔路向弗朗茨城车站进攻。同时德军完全撤出了切佩尔岛。

1 月 11 日，佩斯内城区的涵洞管道内发生了战斗。红军侦察队爬过狭窄的通道，借着夜色掩护在战线后方的废墟中爬到地面。在安约福尔德，红军近卫步兵第 25 师突破了拉科什溪上的防线。在西南面的废弃街道，德军从各家工厂撤出，撤往罗伯特·卡罗伊大道。红军追击较慢，因此两军之间出现了宽阔的无人地带。

城市公园和英国公园的遭遇战持续了好几天。在主题乐园，匈军第 7 突击炮分队损失了所有的突击炮。[55] 约瑟夫城车站落入红军手中。红军工兵在凯莱派西公墓围墙上炸出一个缺口，于一番白刃战之后占领了公墓。德军第 13 装甲师撤往阜姆路。匈军兹里尼突击炮①部队为了弥补步兵匮乏的缺陷，吸纳了一批警察单位，夺回了欧尔齐广场的西部。[56] 匈军第 10 步兵师在特勒克尔地区发动了一次成功反击，夺回了前一天丢掉的阵地。[57] 奉命营救搁浅在雷安尼弗卢附近多瑙河上的机动驳船的拖船在途中被击毁，船员游到维谢格拉德附近的河岸，溜过红军在皮利什山的战线，加入了救援布达佩斯的部队。[58]

1 月 12 日，在安约福尔德前线，"统帅堂"师撤退到了涨潮街、弗兰科潘街、亚斯街、绍博尔奇街和竞技场路一线。红军已经占领了城市公园大部和罗滕比勒街。匈军第 10 步兵师坚守在匈牙利大道和斯特凡妮娅路的交叉口，但处境危险，因为红军已经打到了它后方的城市公园和凯莱派西公墓的阜姆街一端。德军第 13 装甲师和莫林战斗群发动了一次反击，但在夺回公墓的一半后就失败了。屈恩迪格战斗群和匈军第 1 装甲师的反击更为成功，他们从于勒路攻至欧尔齐广场和人民公园西南角，夺回了蒂斯特维赛洛泰莱普庄园的大部。[59]

---

① 兹里尼突击炮是二战期间匈牙利生产的一种突击炮，类似德国的三号和四号突击炮，用的是 40M "图兰"坦克的底盘，配备短管 105mm 榴弹炮，作为步兵支援武器使用。得名自匈牙利和克罗地亚历史上抗击奥斯曼帝国的名将兹里尼·米克洛什（Miklós Zrínyi，1508~1566）。

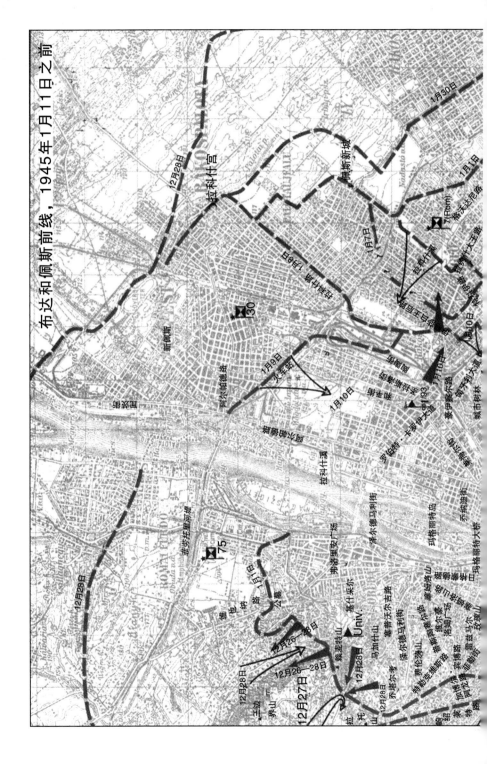

布达和佩斯前线，1945年1月11日之前

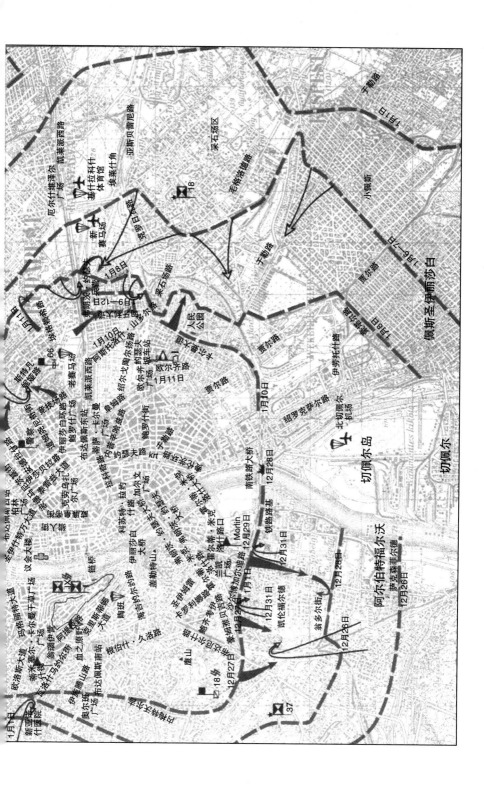

大约中午时，德军的喷火装甲车火攻了泰莱基广场上的货摊，匈军士兵占据了那里的两处街垒。红军向街垒开火，街垒旁边有栋楼房着火，匈军不得不放弃了这个阵地。随后的反击也失败了，东南面出现了一个大缺口。[60] 尽管前线在三天前就已移到西面，罗马尼亚第 7 步兵军直到此时才夺取凯莱派西路和匈牙利大道之间的弗朗茨·约瑟夫兵营。那里发生了残酷的逐屋争夺，罗军有个连损失了所有的军官和士官。[61]

守军三次派出摩托艇，去装运搁浅在雷安尼弗卢的驳船上的物资。尽管他们运回了一些弹药，但有些物资已经丢失。有些大胆的平民用手推车搭建浮舟，偷走了一些物资，包括印有"维也纳奶酪厂"字样的碎干酪。

1 月 13 日，党卫军第 9 山地军向集团军群指挥部报告："布达佩斯战役已达到高潮。东面的桥头堡持续遭到敌人强大炮兵、战斗机和坦克的攻击。白天，敌人的持续空袭集中在多瑙河桥梁上，我军在空袭下根本无法机动。有些桥梁已经严重受损。估计 1 月 15 日后不久东部桥头堡就会丢失。"[62]

在第 13 区，"统帅堂"师阻止了红军沿涨潮街、莱海尔街和绍博尔奇街的推进。在第 6 和第 7 区，红军指挥官阿方因中将向布达佩斯西站和伊丽莎白大道发动主攻。到晚上，战线已经推进到鲍伊佐街、罗滕比勒街和道姆尧尼奇街一线，城市公园除了南缘之外全部落入红军手中。

在桥头堡南部，红军把德军和匈军击退至欧尔齐广场，并夺回了卢多维卡学院。在更北面，他们把守军防线打得向市中心深深地凹陷进去，并占领了霍瓦特·米哈伊广场。莫林战斗群未能发动反击，因为他们的反坦克炮的撞针被蓄意搞破坏的人拆掉了。[63] 匈军第 10 步兵师为避免被围，从匈牙利大道撤到

20. 泰莱基·帕尔街，1945 年 1 月 5 日。匈军炮兵的大车和马匹

了布达佩斯东站。豪纳克·山多尔的突击炮单位不断发动反
击，减慢了红军和罗军的前进速度，但弗朗茨城车站失陷了。
红军将平民赶出地下室，让他们走在士兵前面，向守军劝
降。[64]波德马尼茨基街和拉科奇路之间有些建筑物易手达五次
之多。[65]

1 月 14 日凌晨 4 时 30 分，克洛蒂尔德街拐角一座用作野战
医院的楼房被炮弹直接命中。储存在夹层的弹药发生爆炸，大
约 300 名伤病员和医务人员被活埋在废墟里。[66]激烈的战斗继续
进行，德军和匈军指挥部报告说："敌人整天轰炸不止。成中队
的敌机投下炸弹，战斗机扫射大街。我军损失极大，发生多起
严重火灾。"[67] "所有炮弹均已耗尽，步兵武器的弹药即将耗尽，
只能通过控制射击来节约弹药。燃料已经用完，给养极为缺乏，

伤员的情况极其糟糕。"[68]

在安约福尔德，"统帅堂"师受到合围的威胁，匆忙从罗伯特·卡罗伊大道撤往乔纳迪街和斐迪南大桥。在第 6 和第 8 区，红军和罗军抵达了沃勒什毛尔蒂街、罗饶街、伊莎贝拉街、罗滕比勒街和拜特伦·加博尔①街，占领了布达佩斯东站。匈军第 10 步兵师的残部开始撤往布达。在南部战线，匈军第 1 机械化步兵团的大部被包围在弗朗茨城车站的废墟后面。此时红军已经对市中心构成了直接威胁，于是比尔尼策中将奉命率领他的突击炮分队的残部、两个工兵营和一些冲锋舟班，去封锁大环路。大环路已经布了雷，从它分支出去的街道上都筑了街垒。[69]

1 月 15 日，红军夺取了布达佩斯西站。在南面，他们进至加尔文广场的东缘。有些单位从下水道进入了国家博物馆，但遭到匈军第 10 突击连七八门炮的轰击，又撤了出来。党卫军第 22 骑兵师的残部沿洛尼奥伊街和马加什街坚持抵抗。在拉科奇路和其他地方，红军强迫平民走在士兵前面，向守军劝降。[70]

在陶沃斯迈佐街，红军猛攻莫林战斗群的指挥所。开始匈牙利人误以为对方是德国人，[71]后来在里格街和约瑟夫街交叉口的街垒通过白刃战才阻住敌人。红军已经打到了大环路，莫林战斗群的残部已经被围了，但他们凭借两箱手榴弹和一辆兹里尼突击炮成功突围。[72]根据党卫军第 9 山地军的报告，"佩斯市中心遭到炮击和轰炸，大火熊熊，残酷的战斗持续着。敌人不

---

① 拜特伦·加博尔（Befhlen Gábor, 1580~1629）是信奉加尔文宗的特兰西瓦尼亚大公，在奥斯曼帝国支持下与哈布斯堡家族对抗。拜特伦一度被选举为匈牙利国王，但始终没有真正控制全国。

21. 红军重炮在轰击布达佩斯市中心

断攻击，一直穿透到加尔文广场"。[73]

　　晚上，匈军第 10 步兵师师长安德拉什·山多尔上校和师参谋长博通德·贝拉少校在总信贷银行的地下室召开军官会议，宣布德国人的这场战争已经打输了。他们联系了红军，然后到安德拉什的房间休息。作战参谋副官比罗·约瑟夫回忆起他与安德拉什的最后对话："'箱子里还有什么东西吗？''有些酒、食物、香烟和雪茄。''都分给大家吧。不要到我家找我。上帝保佑你们。什么也不要跟别人说。'他和我握握手，离开了信贷银行地下室。他这么信任地把自己的秘密托付给我，我很吃惊。"[74]

　　参谋拜纽夫斯基·哲泽上尉不愿变节，于是向军部报告了师长和参谋长的"失踪"，但没有人采取任何措施。两位军官

22. 红军工兵和扫雷犬在布达佩斯市中心

之所以没有试图带部队一起走，部分原因是德军和匈军士兵混在一起，集体变节很难成功。不管怎么说，此时他们和属下士兵之间的隔阂已经非常深，他们没办法发号施令了。安德拉什本人回忆道：

> 我离开银行地下室，走到广场上的维加多音乐厅前，看到的是一幅疯狂且恐怖的景象。多瑙河沿岸的旅馆都着了火。……这火焰的背景就是陷入黑暗的布达，极为可怕。……我第一次接受讯问是在一个隐蔽部，问话的是个红军上校。我的双手被捆在背后，讯问时一直有人试图把我的手表从手腕上解下。我通过翻译问上校，能否把手表作为"纪念品"送给这个人。上校对着卫兵大吼，于是我保住

了自己的手表。我在等待自己的命运判决时，一名警卫把手伸进我的大衣口袋。我攥住他的手，却发现他把几块饼干塞到了我的口袋里。[75]

当夜，德军和匈军为避免被围，从拉科奇路撤到了大环路。德军炸毁了霍尔蒂·米克洛什大桥。第 2 大学突击营被击溃了，其残部加入了匈军第 12 后备师。在约瑟夫大道，莫林战斗群的幸存者再加上一些突击炮兵，阻挡了红军的一次攻击。[76]

1 月 16 日，战斗继续在大环路、拉科奇路、加尔文广场、国家博物馆和瓦姆哈兹大道进行。德军第 13 装甲师的报告写道："敌人在伊丽莎白大道的袭击被遏制住，战斗非常激烈。柏林广场东面和多瑙河上（北面）突破口的战斗极为激烈。"[77] 第 13 装甲师一个战斗群在加尔文广场被围，德军多次试图营救，都失败了。

夜间，弗朗茨·约瑟夫大桥倒塌了。德国人说它是被苏联炸弹炸毁的，[78]匈牙利人说它是被炮火炸毁的。[79]两种说法可能都是正确的：德军和匈军的很多部队仍在佩斯，红军很有理由摧毁桥梁以孤立佩斯守军，德军也正因此有理由保护桥梁。红军突破到鲍罗什街和伊丽莎白大道后面的市中心区域，威胁要把桥头堡南部一分为二。为了阻止这种情况发生，守军多次发动反击，试图夺回原先的阵地，但只在伊丽莎白大道取得了成功。大市场周围也发生了激烈的争夺战。此时集团军群指挥部指示党卫军第 9 山地军，他们在多瑙河东岸的主要目标是防止被分割。这个命令几乎就意味着允许撤退。此前一天，军部已经开始撤退了。

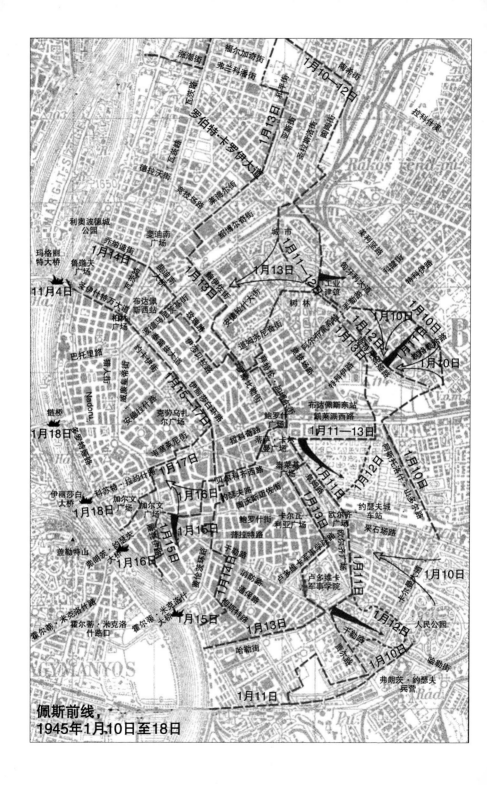

佩斯前线，
1945年1月10日至18日

23. 大环路上的商店在燃烧，1945 年 1 月

佩斯的陷落很快就会到来，于是马利诺夫斯基命令罗马尼亚第 7 步兵军转往匈牙利北部战线。该军自 10 月以来已经死伤和失踪 2.3 万人，超过其总兵力的 60%。马利诺夫斯基这么做的真实原因是他不愿和罗马尼亚人分享胜利，但他声称，这是罗马尼亚总参谋部的决定。罗军指挥官尼古拉·索瓦将军不情愿地服从了命令，但还是在 2 月 7 日因为"抗命不尊"而被解职。共产党在罗马尼亚上台后，索瓦被判处十年西伯利亚苦役。[80]

1 月 17 日，佩斯的最后战斗开始了。晚上 7 时 25 分，普费弗-维尔登布鲁赫收到了允许撤退的命令。[81]此刻，德军和匈军的唯一目标就是通过伊丽莎白大桥和链桥①前往布达，这两座

①　即塞切尼链桥，跨越多瑙河连接布达与佩斯，由英国人设计建造，1849 年竣工，得名自重要的资助者塞切尼·伊什特万（István Széchenyi）伯爵。

24. 尼古拉·索瓦中将（最左），罗马尼亚第 7 步兵军军长，和他的士兵在布达佩斯市中心

大桥是仅剩的尚可通行的桥梁，虽然也被轰炸得伤痕累累。然而，很多匈军士兵执意留下，有些单位故意把汽油从车辆抽出，以阻挠撤退。[82]匈军军部派遣参谋上尉科瓦奇·费伦茨·X. 和宪兵上尉凯赖凯什·拉斯洛到燃烧的市中心，监督撤军命令的执行。科瓦奇回忆道："夜间，我一直走到圣伊什特万大道，检查各个地下室，看有没有匈军躲藏在那里。他们都在等待苏联人的到来，而不愿撤往布达。在一个地下室里，一名空军军官傲慢地冷笑着说，对他来讲，战争已经结束了。我们实在拿他没办法。"[83]同时，几千人聚集在两座大桥前，想要在炮火中逃往布达。其中有沃伊道·奥洛约什中校，他是匈军第 1 装甲师的军需官：

人们用德语和匈牙利语粗野地咒骂。一片恐慌。在一条狭窄的街道上，我们被迫走过一座着火的宫殿，这使得人们更恐慌了。我们再也不知道自己究竟在什么地方。队伍裹挟着我们向前，想脱离队伍根本没有意义，而且一旦脱离就再也进不了队伍了。燃烧的房屋里扑出滚滚热浪，窗框和其他木制部件下雨一般地落到车辆上。车辆之间有好几支步兵部队在行军。开摩托车的德军战地宪兵试图维持秩序，但没什么用。我们每走 10 到 20 米就会发生交通堵塞。炮弹和地雷不时爆炸。除了可怕的爆炸声，还听得见冲锋枪扫射声。谁知道被冲锋枪打的是什么人？又是为什么？有很多人被子弹或碎片击中。伤员呻吟着，痛苦地尖叫。最后，我们奇迹般地抵达了链桥的佩斯一端桥头前的广场。在那里我们看到了一场名副其实的焰火表演。当时是半夜，却仿佛白昼。……桥上有很多大洞，可以看见河水。一辆德国军车陷在了这样一个洞里，车尾朝向天空，车头深深地陷在洞里，车里的人可能已经死了。还有一辆卡车被炮弹直接命中，燃烧起来，我们差点没绕过去。到处是死尸，有些死尸被践踏了很多次。[84]

拜纽夫斯基在给妻子的一封（始终没有发出的）信中写道："我们就像老鼠夹子上的老鼠一样被困在那里，任凭敌人的战斗机发落。桥头挤得水泄不通，车擦着车，热闹得像马戏。一大片公寓楼烧得像火炬一样，街上满是残骸、死人和倒塌的墙。我们简直无处行走。"[85] 在弯曲的狭窄小巷中，为了保障撤退发生了激烈近战，但守军缺少弹药，面对逼近的红军火炮毫无办法。红军继续炮击和轰炸桥梁。撤退持续了一整夜，很多

25. 布达佩斯的一条狭窄街道，德军一辆弹药车爆炸

人丧命。一名德军士兵回忆道：

> 步兵部队放弃了佩斯，从多瑙河上仅剩的两座桥梁撤
> 退。他们奔跑逃命，完全没有理会敌人的猛烈轰炸。上级
> 命令立即撤过桥梁，引起了恐慌。康拉德·黑奇勒将军的
> 警察营在抵达桥头之前就在地狱般的烈火中损失惨重，几
> 小时内就只剩 200 到 300 人。"统帅堂"师、第 13 装甲师
> 和空军的单位被敌人的猛烈炮火打得七零八落。大桥一直
> 处在敌人的猛烈火力之下，但人们不管这么多，蜂拥而上。

汽车和卡车乱成一团，盖着油布的农民大车、受惊的马、难民、号哭的女人、带着哭闹孩子的母亲，还有很多很多伤员，都逃向布达。[86]

早上 7 时大桥被炸毁时，桥上还有正在撤退的人。另一名德军士兵回忆道：

> 我们在猛烈炮火中拼命逃跑。上级的命令是在大桥被炸毁之前尽快撤往布达，这让佩斯的平民很是恐慌，很多人和我们一起逃往布达。混乱中，大桥被炸毁时桥上还有很多人（士兵和平民）。但死人最多的一次倒不是因为炸桥，而是炸桥前敌人的重炮轰击。[87]

有人试图阻止德军炸桥。匈牙利反政府抵抗组织的成员、预备役中尉吉多福尔维·拉约什和一小群人爬上伊丽莎白大桥桥墩，试图拆掉引信，挽救大桥，大概就在此时，大桥爆炸了。他从此踪迹全无。

在布达那边的人们看来，佩斯此时是世界末日的景象。大学突击营的一位成员写道："我看到玛格丽特大桥的佩斯一端是一片火海。圣伊什特万大道被布达佩斯西站倒塌的钢铁结构堵住了，钢铁烧得通红。看上去那边好像所有人都死了，只有熊熊大火在城市废墟中肆虐。我不敢想象，我生活在那边的亲人会怎么样。"[88]大桥被炸毁之后，红军又花了两天肃清佩斯那边残余的德军和匈军，尤其是在布达佩斯西站附近。[89]

布达攻防战：1944 年 12 月 24 日至 1945 年 1 月 19 日

12 月 24 日至 26 日，布达前线在福考西莱特公墓和欧洛斯大道之间逐渐延伸。12 月 25 日至 26 日，红军步兵几乎未发一弹就占领了库特维尔日山谷和公墓以北齿轨铁路的上半部分。只有在奥尔班山和伊施腾山附近的福考西莱特公墓，以及希皮罗纳区，德军和匈军才利用征用的建筑建立了一条防线。12 月 25 日，第一支红军出现在鲍绍莱特区。12 月 25 日和 26 日，匆忙部署到许沃什沃尔吉路下半部分和希皮罗纳的守军撤往亚诺什医院。12 月 25 日，红军一支步兵在医院最西面的楼房中坚守下来。

12 月 20 日玛格丽特防线被突破后，德军残部已撤往布达，第 271 国民掷弹兵师残部的大部坚守在凯伦福尔德郊区，其他人在三边界山。党卫军第 8 骑兵师已经从佩斯赶到，构成了西面防线的脊梁，防线从多瑙河北段穿过玫瑰山到南面的铁路桥。该师吸纳了德军拼凑而成的单位"欧罗巴"快速机动营、匈军大学突击营一部、翁瑙伊营和一些小规模的宪兵群体。

12 月 26 日，红军步兵从波马兹出发，占领了布达考拉斯村和贝卡希迈耶尔村，没有遇到什么抵抗；27 日，红军抵达齐劳山，未经战斗就拿下了罗马浴场，德军此前已经从浴场撤出。但到了 28 日，从于勒姆车站出发的红军在维也纳路被阻住，其他部队在阿昆库姆穿过古布达铁路路基后，在菲劳托里加特区遭遇了越来越顽强的抵抗。战线从此处延伸至古布达的老公墓和赖麦特山。

多瑙河和费赫尔瓦里路之间的阵地由布达佩斯近卫营防守。费赫尔瓦里路和凯伦福尔德之间的防线由屈恩迪格战斗群（德军第 271 国民掷弹兵师残部）防守，后来由匈军高兰陶伊宪兵营和市中心的箭十字党民兵接替。[90]布达南部受到的压力最大，红军在那里很快突进到了内城区。多瑙河附近防线的前方没有

任何兵力可观的守军，所以红军的进攻相当轻松，到 12 月 26
日，红军已经占领了凯伦福尔德车站。[91]德军 9 辆坦克沿铁路线
发动反击，铁路上有大量德国和匈牙利的满载弹药的车皮，排
成了一长排。德军坦克被红军步兵第 316 师击退，撞上了车皮，
引起了巨大爆炸，炸毁了附近的房屋，可能有 100 人丧生。在
不断遭到轰炸的城市很难精确统计死亡数字，尤其如果尸体是
在无人地带或地下室。[92]但在 27 日，布达佩斯近卫营、莫林战斗
群和第 1 突击炮师的一个连夺回了车站。

12 月 24 日至 28 日，大学突击营以四五个小时为一班开展
巡逻，封锁了拉托山和鲍耶学院（在许沃什沃尔吉山谷）之间
的特勒克维斯郊区街道。各连用大学无线电俱乐部的设备保持
联系。这个地区暴露在施瓦布山上的红军的视线之下，因此在
大街上走动是非常危险的，但红军显然没发现对面是一支未经
训练的弱小部队，所以为了避免战斗，红军在 28 日前一直躲着
大学生巡逻队。因此，从 26 日到 28 日，大学生在凯奇凯山和
三边界山附近进行了一些成功反击，但其中 38 人在初次战火洗
礼中丧生。[93]

12 月 28 日，红军最终占领亚诺什医院，进至多瑙河以西
不到 2 公里的地方，离德军和匈军在城堡隧道的指挥部也只有
不到 2 公里。红军一个整师以 200 到 300 米正面向瓦洛什马约
尔农庄进发。这个农庄是布达最关键的点，因为如果红军从那
里猛烈进攻，就可能把包围圈一分为二，并直接冲入城堡区。
因此德军指挥部对这个点特别重视，把防守农庄的任务交给了
翁瑙伊营。

瓦洛什马约尔农庄的防线被分成三层，第一层在铁路路基
上，第二和第三层在农庄里面，分别沿着蒂米什街和索梅什

街。第一层防线包括 4 挺德制 MG - 42 机枪，部署在路基上，另有战壕、雷场，前方有带刺铁丝网，一辆卡车堵塞了平交路口。路基下方有更多机枪，它们由撕下来的百叶窗掩蔽，指向农庄。为防止红军冲过路基躲到农庄房屋里，守军在屋里布了雷。后面远一些的地方还有一些较小的防御点。瓦洛什马约尔街的学校由一个连防守，装备了铁拳。特罗姆比塔什路上部署了一门匈军的高炮作为反坦克武器，由一个可拆卸的罩子隐蔽起来，罩子是用歌剧院的波斯地毯做的。欧洛斯大道和萝卜街的几所房子被当作机枪火力点和弹药储存地。所有据点都有警戒哨，可以通过埋设在市政下水道里的电话线互相联系并与指挥部联络。重武器组在附近的地下室等待，得到电话通知才出来占据阵地，因为他们遭到敌人持续炮击，不能在室外待得过久。机枪每射击几轮就要转移，以免遭到极为精确的红军反坦克炮的打击。前沿阵地上每个士兵都领到了一条狗，用来抱着取暖。

翁瑙伊营的作战兵力大概有 450 人。起初士兵们待在瓦洛什马约尔农庄内的教堂和农庄南面乔包街的指挥部。他们的重武器包括 2 门 40mm 速射炮、6 门 81mm 迫击炮、2 门重型反坦克炮，并且得到东面塞尔·卡尔曼广场一个匈军炮兵营的 3 门炮的支援，教堂前面还有 2 门"萨拉希"火箭炮。在翁瑙伊营服役的市政工人熟悉当地条件，能利用现有的电缆管道同农庄北面的"欧罗巴"快速机动营保持不间断的联络。

12 月 28 日，大学突击营的创始人和代理指挥官埃利舍·久洛奉命前往拉托山西麓，接替一个德军单位。据他回忆，他带了 20 名志愿者，希望能够像以前那样击退红军，而不必让未受过训练的学生冒险：

　　我们步行了几小时，在午饭时间接近了指定地点，走进一座房屋。居民都在地下室里。他们招待我们吃了一顿美味的扁豆汤。……

　　我们要接替的德军单位的指挥官是一个年轻的武装党卫军军官。他穿着一件长上衣，没扣纽扣，脖子上挂着骑士十字勋章，带着冲锋枪。他带我熟悉了一下地形，然后我们走进陡峭山坡上一座带大花园的现代化二层小楼。……德国军官把地图铺到一架黑色大钢琴上，向我解释形势。我们用德语聊了一会儿。他说他过去是中学教师。他说话很客气，很讨人喜欢。[94]

外面的楼房间躺着一具德国士兵的尸体，头部中弹，说明对面的高处有红军狙击手。另一名匈牙利学生回忆道：

　　我们自己的狙击手带着狙击枪爬到一座房子的阁楼里，其他人则占据了一些临时据点，正面大概有 150 到 200 米。很快我们的左翼遭到炮击，二十几个苏联人向我们冲来，但我们的机枪响了起来，效果极佳。没有几个人逃得回去。他们想把我们的机枪打哑，但我们早已把机枪转移了。安静了一小会儿，只能听见几声枪响。苏联人撤退了。[95]

几分钟后，埃利舍负了伤。一发高爆子弹打中了他的肩膀，另一发打到了他脊椎附近。他被送往医院之后，由鲍拉什·拉约什·希派基上尉接管指挥，此人从 1944 年 12 月 5 日以来就是名义上的指挥官。

　　即便到了这时，很多学生仍然没有意识到他们处境的危急。

机械工程学生和空军预备役中尉绍莫迪·奥拉夫率领第 2 连试图向三边界山和凯奇凯山的方向突围。学生们以紧密队形接近了赖麦特山西麓的劳克·艾尔代伊饭店，这时山岭上的红军炮兵从侧面向他们开火。几十名学生阵亡或逃散，绍莫迪本人受伤。只有少数学生逃到饭店，最终于 1 月初在那里被包围。

12 月 27 日夺回凯伦福尔德车站的那支匈军在 29 日前进了 1.5 公里，占领了布达南部的工业区，但他们随后不得不撤回原地，因为原定掩护他们西北翼的德军单位没能跟上来。红军在拉伊曼约什铁路路基、鹰山和福考西莱特公墓的进攻停滞了。

12 月 31 日，红军穿过铁路路基，但布达佩斯快速机动营又把路基夺了回来。在这个过程中该营损失很大，接替他们的是维豪罗什·久洛少校战斗群的两个连、克劳利茨·贝拉中尉的箭十字党民兵战斗群（约 40 人），以及德里·伊什特万少校的反坦克分队。这些单位后来又得到从佩斯来的"统帅堂"师装甲掷弹兵和其他一些德军单位的支援。守军的 8 个机枪火力点部署在路基里，得到带刺铁丝网的保护，很长时间似乎都是坚不可摧的。红海军第 83 旅的几个突击营多次发动进攻，但他们的步兵必须穿过 50 到 200 米完全暴露的平地，全部被机枪扫倒了，而坦克又爬不上路基。红军有几个连只剩 7 人。一名红军士兵回忆道：

> 这个地区的战斗拖了很久。我们没法前进。对我们来讲，"路基"这个词每天都变得更加可怕。雪地被枪炮火药打得乌黑且乱七八糟的。我们把伤员从废墟般的街道拖回来，若有人问："从哪儿来的？"我们在炮火中给出的回答肯定是："从路基。"这个词对我们所有人都显得恐怖。

旅里早就把电报员、马车夫、医务兵和厨子都送上前线了。[96]

2 月 11 日，匈军的维豪罗什少校举白旗投降，红军终于拿下可怕的"路基"。[97]

1 月 1 日，红军步兵第 180 师尝试对瓦洛什马约尔农庄发动进攻。猛烈的炮火准备之后，6 到 8 辆红军坦克及大批步兵从库特维尔日路推进，打垮了翁瑙伊营的机枪火力点。但匈牙利民兵击毁 2 辆 T-34，夺回了铁路路基，把坦克残骸推进了土木工事，在下面挖散兵坑，并部署机枪。这样的据点几乎坚不可摧。战斗强度有所减弱，但红军狙击手占据了亚诺什医院，所以前线的守军只能在夜间换防。匈军坚守这段路基一直到 1 月 19 日。

1 月 3 日，托尔布欣把近卫机械化第 2 军、近卫步兵第 86 师和近卫步兵第 49 师从包围圈撤出，去对付德军的解围部队。他还命令第 46 集团军停止进攻，转入防御，防止守军突围，不过该集团军的有些连和营仍在继续攻击布达。

鹰山和玫瑰山周边发生了残酷的争夺战。仅仅 1 月 3 日一天，防线最西北的马加什山就易手七次。这座山的南麓极为陡峭，对守军来说至关重要，因为守军打算突围并和解围部队会合，如果没有这座山，突围必然会造成重大伤亡。1 月 3 日至 7 日，红军在这里的所有进攻都被击退了。

鹰山是城市南部的制高点，如果丢失就会使得布达完全暴露，因为红军可以在山顶部署炮兵观察员，轻松地消灭守军在东南面要塞和城堡山之间的炮兵部队，以及城堡山西面血之原野的临时机场。因此德军在此进行了纵深防御。贝伦德战斗群的 300 到 600 名匈牙利士兵得到一个宪兵单位的加强，占据了山脚附近的街道。他们的指挥所设在锡安圣母修道院和地震学研究所的避弹建筑中。该战斗群用一台功率强大的无线电同军部保持联络，后来还和解围部队取得了联系。[98] 在鹰山的南面和西面、卡罗伊国王兵营和福考西莱特公墓前方，党卫军第 8 骑兵师的各连防守着前线，他们的高炮连部署在后面，还有一个匈军高炮连在公墓后面。[99] 此外，防线得到了匈军突击炮和追猎者坦克歼击车的支援。1 月 12 日，红军一个营在山头西南面深深嵌入防线，但次日战线又被恢复。1 月 15 日，根据德军的报告，红军"在早上得到各口径重武器的支援，成功夺取山头，但我军勇猛地发动反击，夺回山头，缴获敌人团部红旗一面"。[100]

防线的一个弱点是鹰山东南和西南的防御薄弱的区域，红军重点对鹰山及其东南面拉伊曼约什铁路路基之间最脆弱的地段发动了猛攻。1 月 13 日，红军在西面进攻了福考西莱特公墓，于墓碑之间前进了 100 到 200 米，但匈牙利警察和箭十字党民兵阻挡住了他们，守住了公墓的东北角。1 月 20 日，一群武装党卫军发动了一次反击，几乎夺回公墓的全部区域。[101] 约80 名德军连同一些匈军宪兵和翁瑙伊营成员在墓穴建立了据点，维持了约 1 公里正面的防线，阻挡住了红军多个步兵师的攻击。他们能够守住，主要是因为他们有大量重型步兵武器，尤其是射速很快的 MG - 42 机枪，往往 5 到 7 个人的步兵班就有一挺 MG - 42。

在福考西莱特公墓北缘附近，红军到 1 月第三周的末尾只前进了不到 100 米，因为守军为弥补兵力不足的缺陷采用了非常规的"棋盘"战术。[102] 这种战术很适合当地的战场条件。当

时布达的山坡上房屋稀疏。守军占据了若干别墅（一般间隔 50
米），构成了一条兵力稀薄的前线，但是后面有装备很好的突击
队。如果一栋别墅遭到红军猛击，守军会撤退，允许敌人构建
一个深而窄的突出部。然后守军突然从其他别墅杀出，从两翼
向敌人开火，切断进攻者的补给，俘虏大量敌人。传统的战术
家认为这种方法是异端邪说，但它在布达佩斯被证明很有用。
当地士兵的训练和装备很差，但是对地形非常熟悉，而且士气
很高，这种战术运用得就很成功，例如大学生、大学突击营的
志愿者、翁瑙伊营、突击炮兵和一些德军单位就是这样。[103]

　　大学突击营的装备最差。它的每个连只有 8 支伯格曼冲锋
枪、50 支毛瑟步枪、5 挺轻机枪、2 支手枪和 1 门 50mm 迫击
炮，却要防守 200 到 300 米的正面。7 到 10 天的弹药定额只有
20 个冲锋枪弹匣、每支步枪 100 发子弹、每挺轻机枪 10 个弹
匣、10 发炮弹和 775 枚手榴弹。没有一个连拥有别的重武器或
步兵武器，战斗激烈的情况下弹药只够维持一两天。[104]而大多数
红军士兵每人有一支冲锋枪，还可以得到大量重武器支持，并
且不必担心弹药。红军的弹药箱上写着："不要节约。"

　　尽管如此，红军还是进展缓慢，损失惨重，到 1 月中旬步兵
已经所剩无几。和匈牙利人不同的是，德国人的武器弹药供应良
好。而且随着前线收缩、伤亡增加，剩余守军的密度更大，还可
以用死者的武器武装自己。另外，红军往往随便占据房屋，而不
是有意识地形成紧密的战线，所以容易被守军各个击破。迷宫般
的地形尤其适合游击战，特别是由于平民的存在。扮作平民的士
兵进行游击特别有效。[105]因此，尽管红军战线向东已经推进到奥
尔科塔什街，勇敢的匈军战斗群还是能够在西面的拉特·捷尔吉
街和瓦洛什马约尔农庄远端的学校附近发动袭击。另外，他们还

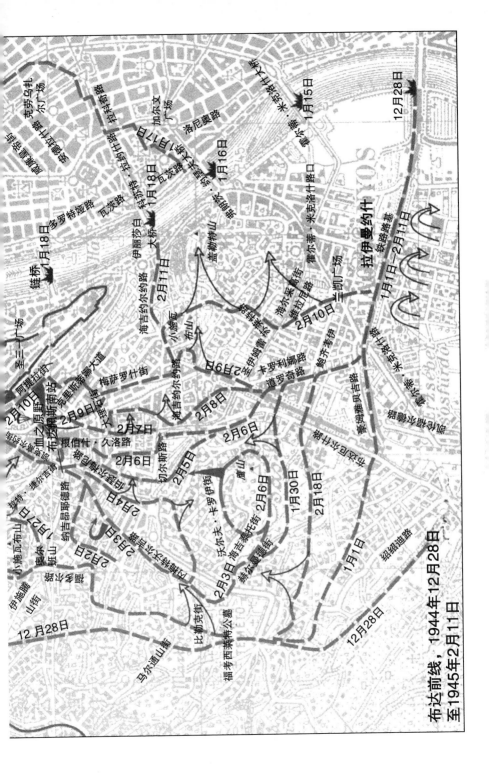

布达前线，1944年12月28日
至1945年2月11日

能够有效地利用市政设施：例如，翁瑙伊营通过厄尔德格－阿罗克涵洞接近了红军一个弹药堆放地，将其炸毁。[106]

1月3日，由于德军解围部队在外围发起进攻，并且红军随后进行了重组，布达受到的压力减轻了不少，战斗相对平息了两周。1月10日，守军开始准备突围：他们计划在维也纳路穿过红军防线，然后在圣安德烈与解围部队会合。但几天后突围计划被迫放弃，因为党卫队副总指挥（上将）奥托·吉勒的党卫军第4装甲军未能抵达圣安德烈，而是在波马兹被红军阻挡住。

1月16日，红军突破了鹰山和奥尔班山南部。当日，德军发动反击，夺回了鹰山上的初始阵地，但试图夺回奥尔班山的反击被红军的猛烈火力阻住。德军第13装甲师的报告写道："敌军战斗机活动了一整天，不断轰炸和扫射前线与市区，尤其是城堡区。我军战斗机只能对其进行偶尔的骚扰。整个街区着火，尤其是公用建筑。白天无法在市区机动。"[107]

1月17日至19日，在鹰山以西，红军多次进攻福考西莱特公墓，都被击退。在铁路终点站上方，猛烈的弹幕射击之后，5辆T－34坦克和1个步兵营突破了第一道防线，迫使翁瑙伊营第1连撤到瓦洛什马约尔农庄西缘。他们摧毁了3辆T－34坦克。比尔尼策战斗群试图从伯瑟尔梅尼路的宪兵兵营向马尔通山路反击，但没有成功。红军进攻环形铁路南段的路基，也没有成功。

德军和匈军从佩斯转移到布达，暂时缓解了布达的紧张形势。德军和匈军估计红军不会从冰封的多瑙河上大规模进攻，因此布达沿河的区域只有匈军第1装甲师的一些哨兵。为保障交通，德军和匈军用灯芯草席子和芦苇百叶窗遮盖了街道的多个地点。[108]

玛格丽特岛上的战斗

1 月初，红军试图从北面占领玛格丽特岛，但守军用机枪击沉了红军的很多橡皮艇。[109] 1 月 19 日，红军步兵在该岛北角登陆，盘踞到尚未竣工的阿尔帕德桥的混凝土结构之间。普费弗－维尔登布鲁赫派遣了德军一个营，由党卫队二级突击队大队长（少校）卡尔·韦勒指挥，再加上匈军第 2 大学突击营的约 100 人，以及匈军第 12 后备师反坦克连的 36 人和 4 门 75mm 炮，试图将红军肃清。红军虽然守住了阵地，但在不利的地形条件下无力继续进攻。1 月 20 日夜间，"该岛靠近佩斯一侧的俱乐部里的德军哨兵睡着了，红军一个步兵排越过冰封的多瑙河来到岛上，占领了一家俱乐部以及一些中世纪遗迹"。[110] 到 1 月 21 日早上，红军已经在该岛西岸的发电站附近建立了两个桥头堡。[111] 德军的反击由于该地树木和灌木丛生以及积雪太厚而失败，2 辆突击炮被困。1 月 22 日早晨之前，红军已有一整个营携带迫击炮和反坦克枪登陆到岛上。

1 月 23 日早上，在猛烈的炮火准备之后，红军在包劳蒂努什浴场处将该岛一分为二。北半部分的德军被围，但在天黑后突围而出。利特拉蒂－罗茨中尉乘坐一辆从德军营部借来的装甲侦察车执行了一项独立任务：

我手下有四名士兵志愿参加。我们登上装甲车，坐在四个装着榴弹的弹药箱上（一共 12 发），车子后面还拖了一门炮。中午 12 点，我们在横贯全岛的路上全速前进，穿过苏联红军战线，他们全都目瞪口呆。我们沿着水塔后面的路弯抵达中世纪礼拜堂。我的四名士兵下了车，用炮向红军迫击炮组猛轰。敌人部署在以前的露天舞台上。我用冲锋枪掩护，哈恩中士把装甲车掉过头。我们打完了 12 发炮弹，整个过程不过两三分钟。苏联人终于意识到究竟怎么回事时，我们已经把炮套上车，原路返回了。同时我们不停地向两边扔手榴弹，路两边的红军反坦克炮都没法向我们开火。一切都很顺利，我们在下午 3 点又将这把戏重复了一遍。这次我们六个人没有带炮，而是带着冲锋枪和手榴弹开到瑙吉萨洛旅馆前的广场，从敞开的车顶不停射击。我们狠揍了这里的苏联人一顿，然后立即调头返回，没有人受伤。[112]

在玛格丽特岛东半部分的俱乐部，精疲力竭的德军士兵无法击退红军的持续进攻。红军火炮和迫击炮的协调攻击使得德军无法机动，守军占据的地区每小时遭到多达 6000 发炮弹轰击，其中包括一些 150mm 榴弹。这些榴弹是在切佩尔生产的，落入了红军手中。红军强迫佩斯的平民穿过冰封的多瑙河为他们搬运弹药，这一切都发生在德军和匈军士兵的眼皮底下。

坚守包劳蒂努什浴场的大学生一直到 1 月 25 日才撤退。1 月 28 日，战斗打到了赌场和马球场的边缘，最后一家俱乐部于当天下午被占领。因为桥头堡非常狭窄，红军经常被己方的炮火击中。考虑到当前的无望形势，德军指挥部下令撤出该岛。利特拉蒂－罗茨是第一批撤出的官兵之一："因为当晚是满月，我们用白布遮住履带车和火炮，晚上 8 时开始撤退。我们只能以步行速度前进。因为桥面被炸坏，4 辆车和 3 门炮花了三个多小时才走到布达岸边，但没有任何损失。"[113]德军试图炸毁仍然完好的桥桩，但由于技术原因失败了。一个排的工兵在一名中尉率领下又试了一次，但当他们接近桥拱时桥梁突然爆炸了。全排只有一名乌克兰志愿者幸存，他在冰冷的河水中游回布达岸边。[114]

布达攻防战：1945 年 1 月 20 日至 2 月 11 日

佩斯陷落之后，布达的战斗平息了一周。整体而言，战线始于北面的弗洛里安广场，经过马加什山、瓦洛什马约尔农庄、奥尔班山、福考西莱特公墓和鹰山，一直延伸到南面的拉伊曼约什铁路路基。

从 1 月 20 日开始，德军解围作战的影响很快体现了出来，但只有在南部战线红军才几乎完全停止了炮击，守军得以在某些地段重组战线。1 月 21 日，德军解围部队的前锋离布达只有 35 公里时，党卫军第 9 山地军把德尔纳战斗群（即第 13 装甲师残部，守军唯一的预备队）从佩斯调往战线西南段。根据军部的计划，集结在布达南部的部队准备完毕后将立即夺回布达厄尔什机场，以便建立空中桥梁，运进补给，运出伤员。匈军第 1 突击炮师的 3 辆突击炮打头阵，然后是排雷工兵和德尔纳战斗群。[115]守军的全部预备队包括 800 名步兵、20 到 25 辆坦克、约 30 辆装甲运兵车和约 12 门炮。[116]红军指挥部估计到德军会发动解围，早已把近卫机械化第 1 军部署到布达西南，由近卫第 4 集团军指挥。

在布达北部，从 1944 年 12 月 20 日起，主战线从阿尔帕德桥的古布达一端开始，延伸到基什采尔区、马加什山和乔塔尔考区，一直到宾博路北端。在那里，俯瞰鲍绍莱特的西北山坡的形势很久没有发生变化。

1 月 21 日，翁瑙伊营在拉茨·蒂博尔的 2 辆兹里尼突击炮支援下夺回了瓦洛什马约尔农庄。但该营为这次胜利付出了沉重代价，有 68 人死亡或失踪，多人受伤。十四岁的传令兵高兰陶伊·埃尔温颈部中弹。欧罗巴快速机动营得到了大学生的加强，但损失也很大：尽管该营击毁了红军 1 辆喷火坦克，并夺回了宾博路和欧洛斯大道之间的一些建筑物（包括用作盖世太保指挥部的别墅），但有 54 名德军和 13 名匈军阵亡。[117]

在亚诺什医院以南，铁路路基和福考西莱特公墓之间，对峙的双方在独立式住宅群、伊施腾山花园、奥尔班山和马尔通山的战线稳定下来。抵抗主要发生在福考西莱特公墓、鹰山、卡罗伊国王兵营、博奇考伊路和拉伊曼约什铁路路基，一直到城南铁路桥的残骸。小施瓦布山光秃秃的山顶成了宽 400 米的无人地带。在鹰山和福考西莱特公墓之间，德军战线位于赫尔曼德街。

1 月 22 日，红军开始拆除布达前线西北段和中段的路障，这意味着他们已经不认为守军会突围而出、与解围部队会合了。同时，红军得到了一些从佩斯调来的部队的加强，[118]于是重新开始沿着整个桥头堡发动攻击。红军最高统帅部对第 46 集团军的进展很不满意，该集团军在 20 天里仅仅占领了布达 722 个街区中的 114 个。[119]

古布达和费伦茨山的前线又活跃起来。玫瑰山遭到持续炮击，红军从拉托山出发，在乔塔尔考街前进了 100 米。德军的一挺机枪阻住了红军对一座多层房屋的攻击，阿列克谢·伊萨耶夫中士用自己的身躯挡住了德军机枪，当场死亡。[120]但在别墅群更为开阔的地段，进攻停滞了，双方都借助雾气发动了一些局部的攻击和反击。党卫军第 9 山地军的一份报告写道："在极为残酷的遭遇战中，我军挫败或切断了敌人的袭击。有些战斗还在继续。我军和敌军损失都很大。"[121]在激烈的战斗中，红军

**26. 伊万·马纳格罗夫中将（图中穿的是少将制服），红军
第 53 集团军司令员，后成为"布达佩斯集群"司令员**

布达佩斯集群的指挥官阿方因中将身中 18 片榴霰弹弹片，由第
53 集团军司令员伊万·M. 马纳格罗夫中将接替。

　　此时多瑙河几乎完全冻结。夜间，两名德军士兵在躲藏了
五天后通过链桥附近的冰面逃到布达。匈军第 1 装甲师有些人
效仿他们，不过是逃往相反的方向。这些逃兵主要是特兰西瓦
尼亚的罗马尼亚裔和吉卜赛人，他们原先在该师的面包连，被
作为补充兵抽调来防守布达河岸。[122]

　　1 月 22 日晚上大约 8 时，玛格丽特大道和迈希沃特广场拐
角的七层摄政王大楼发生爆炸。德军在这里的庭院里储存了大
量弹药。被认为可以抵御爆炸冲击的防空洞里有 300 人被埋在
瓦砾下面，数月之后尸体才被挖出来。

27. 玛格丽特大道

1 月 23 日，战局没有什么变化，党卫军第 9 山地军报告称："今天敌军以连营规模，在极为猛烈的火炮、迫击炮、反坦克炮火力以及大批战斗机支援下，发动了 20 次疯狂进攻，试图突破西北和北面的战线。除了两处突出部还在争夺外，战线仍在我军手中。"[123] 但是守军的实力在急剧下降，他们的损失是无法得到补充的。

1 月 24 日，前一天的所有突破口都被德军封闭，但据党卫军第 9 山地军报告说，维尔豪洛姆广场和小施瓦布山，以及鹰山和多瑙河之间发生了对于"每一寸土地"的残酷争夺，如果没有增援，该军将"无法守住前线"。[124] 就连在离布达市中心更近的干草广场，匈军第 12 后备师也观察到红军在准备进攻。

1 月 25 日夜间，红军向翁璐伊营在瓦洛什马约尔农庄的阵地发动攻击。红军穿过铁路路基，占领了农庄西部，但大学突击营和匈军第 6 团第 3 营在乔包街、比罗街和索梅什街阻住了敌军。小施瓦布山附近的守军同样受到极大压力。

在南部战线，红军占领了拉伊曼约什铁路路基附近道罗奇路制服厂的大部。匈军第 1 突击炮分队和德军步兵损失惨重，整天都在试图夺回大楼、救出被困在楼房上层的士兵。[125] 同时，装备火焰喷射器的红军强行闯入赫尔曼德街南侧的房屋，开始从西面包围鹰山。[126]

1 月 26 日，红军于几天前从拉托山开始的攻击沿着特勒克维斯路取得了相当大的进展。德军和匈军士兵都精疲力竭，防线突然崩溃，仅仅由于红军同样损失惨重，才没有立刻发生彻底的灾难。黎明时分，红军进至维尔豪洛姆区，此时大学突击营的兵力已损失 70%。晚上，战斗一直打到雷兹马尔区。

在祝福街的大学突击营营部，一个汽油桶发生爆炸，导致鲍拉什·拉约什·希派基上尉身负重伤。他的岗位先后由米库利奇·蒂博尔上尉和纳吉·容博尔宪兵上尉接替。到这时，大多数学生已经无法作战了：还活着的人都躺在各个野战医院里，状况糟糕，而且由于地面封冻，埋葬死者也很困难。有些伤员被放在指挥所的走廊上。列兵德奈什·瓦什回忆道：

> 我在祝福街的瓦砾堆中踉踉跄跄地跑向指挥官的房间，去做晚间的汇报。被清扫了一部分的走廊只有半米那么宽可以走路。两边地上躺满了受伤的平民或士兵。有人抓住我的上衣。是个十八或二十岁的姑娘，头发金黄，面容俊俏。她小声乞求我："拿你的手枪打死我！"我更仔细地看看她，才发现她的两条腿都没有了。[127]

红军突击队夺回了瓦洛什马约尔农庄的绝大部分。匈军第1步兵军军部命令绍鲍多什集群去营救学生，但由于形势迅速恶化，这两个单位只能肩并肩地继续苦战。绍鲍多什集群包括匈军第10步兵师的约300名补给人员，[128] 成立这个集群主要是为了显示该师师部还存在，并且掩盖该师到1月底有1500到2000人从未参战的事实。[129] 红军步兵从特勒克维斯和维尔豪洛姆地区进军，抵达农庄东北面菲勒街和洪科奇·耶诺街的交叉点。

在布达北部，红军继续向塞姆洛山、塞普沃尔吉路和维尔豪洛姆广场进攻。当夜，红军步兵和20辆坦克还攻击了施瓦布山的南面。

在血之原野，德意志青年团布达佩斯分部的成员遭到临近街道的红军部队的轻武器射击。这些青年团员都是十三到十六岁的少年，此前负责用手电筒指引滑翔机着陆。至此，德国空军向守军的系统性物资空运停止了，尽管有些滑翔机还是成功地降落在了血之原野的南部和中部，这些地方尚在红军武器射程之外。

在道罗奇路，德军在匈军第1和第10突击炮营的支援下，终于将制服厂内的红军逐出。豪纳克·山多尔上尉回忆道：

> 我们集中了两支自动火焰喷射器和四五辆突击炮，赶到那里。我看到红军政委挥舞着冲锋枪把他们的士兵往前赶。俄国佬在栅栏拐角附近跳出来。我们的火焰喷射器向他们喷了三次火，然后我向敌群投出一枚碎片手榴弹。硝烟散尽后，我看到他们还是不断从洞里跳出来，显然有政委在后面催赶。[130]

被困的德匈士兵都被救了出来，但是制服厂很快又被红军夺回。

同时，红军步兵从伊丽莎白大桥布达一端以南穿过多瑙河进攻，被守军击退。[131]

晚上，普费弗－维尔登布鲁赫得知第三次解围作战失败后，召开作战会议。施米德胡贝少将和其他一些军官提议突围，普费弗－维尔登布鲁赫拒绝了这个建议，说必须等待元首的命令。一位在场的军官描述了大家当时的反应："散会后军官们离开房间，好几个人公开批评希特勒的愚蠢固执，甚至一些党卫军军官也开始质疑他的领导能力。其中一人大踏步走出房间，故意大声讲话，好让所有人都听到，'我现在知道了，我们之所以来布达佩斯，就是为了被屠杀'。"[132] 1 月 27 日，党卫队副总指挥（上将）吉勒的最后一次解围作战失败之后，希特勒亲自通电布达佩斯守军，命令必须固守待援。[133]南方集团军群认为突围毫无希望，已经把布达佩斯守军从作战序列中注销了。[134]

红军粉碎了奥尔班山的防线，通过小施瓦布山西北坡之下的地下通道发动奇袭，占领了这座山头。他们由此消灭了前进路上的最后一个障碍，从小施瓦布山建立了一个突出部，离血之原野草地的东缘只有 150 米。德军的一份报告写道：

> 当地形势极为严峻。党卫军第 9 山地军凭借其现有兵力无法阻止敌人穿过草地强行向多瑙河推进。为防止守军瓦解，必须于 1 月 28 日至 29 日的夜间将北面部队撤退到一条较短的战线。在逐屋争夺的巷战中很少有机会部署装甲兵。驾驶员和装甲掷弹兵现在徒步作战。我军伤亡极多。伤员数量超过了战斗人员数量。如果滑翔机着陆的最后场地血之原野丢失，补给状况将极为可怕。伤员状况极为糟糕。[135]

28. 从链桥看布达，1945 年 2 月

红军从小施瓦布山继续推进，然后迫使瓦洛什马约尔街和瓦洛什马约尔农庄的守军撤到布达佩斯南站和凯克高尔约街地区。

在布达北部，德军"统帅堂"师和第 13 装甲师连同配属给它们的匈军战斗群撤到了乌伊拉克教堂。红军从西面进攻，没有受到强大抵抗，进至毛尔齐巴尼伊广场西缘。

1 月 28 日，德军继续在日格蒙德广场和玫瑰山山脚开展后卫作战。此前一直提供掩护的绍鲍多什战斗群和匈军第 10 步兵师若干单位开始撤往玛格丽特大道。红军从小施瓦布山推进到凯克高尔约街。夜间 11 时，匈军第 12 后备师师部领导的反击未能击退敌人。

1 月 29 日，匈军第 10 步兵师连同绍鲍多什集群和比尔尼策集群，从凯克高尔约街和伊施腾山路发动钳形攻势，试图夺回小施瓦布山和瓦洛什马约尔农庄。绍鲍多什集群得到加强，接收了两天前才得到武装的 200 名高中生、翁瑠伊集群的 50 名公共汽车和电车售票员，以及普罗瑠伊集群的 30 到 40 名成员，最后这些人被抓前一直在躲藏。此次行动得到了第 13 装甲师突击炮的支援，但只打到小施瓦布路就失败了，因为未经训练的匈牙利人损失太大，而且弹药不足。[136]一个拼凑起来的宪兵营在同一方向发动进攻，开始获得一些成功，但随后也失败了。[137]

形势很清楚，红军试图分割桥头堡，并包围坚守在马加什山上的德军和匈军。党卫军第 9 山地军军部绝望地发报："为防止桥头堡遭到分割，我军将于 1 月 29 日至 30 日的夜间转移到城堡山西北和北面附近的新战线。这是最后的阵地。……补给状况极为恶劣。党卫军第 4 装甲军若不尽快到达，一切就太晚了。我们已经山穷水尽。"[138]匈军第 10 步兵师孤注一掷，把炮兵测量队、辎重队、通信兵和工兵拼凑起来，集合了 200 多人，以保护一些隐藏的单位。这些隐藏单位若是在纸面上已经不存在，在现实中仍然是存在的。深夜，匈军第 1 步兵军军部在德军的允许下，下达了撤往玛格丽特大道的命令。

1 月 30 日破晓，德军和匈军从玛格丽特岛南部撤出。普费弗－维尔登布鲁赫任命第 13 装甲师师长施米德胡贝少将为布达南部指挥官，并把所有剩余单位都调往盖勒特山山脚。此时施米德胡贝已经在考虑单独突围，尽管他知道逃出的机会是极小的。次日晚上，军部命令他立即移往北部，他的计划就泡汤了。[139]

1 月 30 日晚些时候，红军进至塞尔·卡尔曼广场。瓦洛什马约尔农庄的防御瓦解了，只有一些顽固分子仍然坚守着附近的一些房屋。第一辆红军 T－34 坦克从萝卜街开来，横扫路上一道损毁的反坦克障碍，进至干草广场拐角。广场上匈军第 12 后备师的炮兵用弹药箱支撑他们的榴弹炮进行平射，一炮摧毁了这辆 T-34。但又开来一辆红军坦克，把这些匈军连人带炮一起消灭了。在萝卜街，守军在近战中又击伤两辆红军坦克，但无济于事。红军从干草广场的北侧向邮局宫开火，这是守军在城堡山前的最后一处重要基地。[140]

在内梅特沃尔吉路，有些匈军警察和宪兵投降。匈军第 10 步兵师残部转往福街，不过它的大部分辎重和大约 900 人的行政人员，连同该师的给养，仍留在玫瑰山，最后全部被俘。战线在玛格丽特大道稳定下来，比尔尼策集群连同撤退的残兵败将和匈军技术人员一起封锁了大道。普费弗-维尔登布鲁赫发报称：

> 争夺城堡山的战斗已经开始。……根本无法在城堡山的瓦砾堆中构建主战线。必须在前线部署兵力更强的部队……城堡和部队整天遭到极为猛烈的空袭。部队补给状况极为恶劣，我已做了详细报告。30 万匈牙利平民被困在极小区域，情况极为可怕。没有一座房屋完好无损。敌人给我军造成的损失极大。有人饿死，另外我军受到疫病威胁。[141]

红军在博尔什街抵达血之原野的西缘，冲过开阔地，攻占贝拉国王路的学校和布达佩斯快速机动营的一个基地，该营原本准备担当城堡区防御的预备队。一些德军和匈军坚守着血之原野北面的一些建筑，所以红军在继续向城堡区进攻时遭到两面夹击。红军的步兵武器未能阻止四架补给滑翔机于天黑后在草地北部剧院聚光灯的指引下着陆。

1 月 31 日，更北面的战斗减弱了，玛格丽特大道上的战线稳定下来，一直到围城结束都没有变。红军在阿特里乌姆电影院袭击了 10 到 12 名学生志愿者，并且在向黑暗的大厅里投掷手榴弹之后把学生驱逐了出去。德军把链桥布达一端桥头的拐角街区加固成要塞，在附近公寓里安置了沙袋和机枪。匈军贝伦德集群和第 201 高炮营第 1 连击退了渗透到鹰山北坡的红军。[142]低飞的红军重型轰炸机和战斗轰炸机无情地攻击了城堡区，建筑物一座一座倒塌。士兵和平民被命令从屋子里出来，在通往城堡山的道路上修建街垒。匈军高炮指挥官发报道：

> 城堡和克里斯蒂娜大道已成废墟。没有防御性战斗机。高炮营参加了步兵作战。敌人的攻势是压倒性的。部队精疲力竭。食物短缺。炮兵装备：22 门炮、29 门速射炮。[143]

2 月 1 日，主防线从玛格丽特大桥的布达一端桥头沿着玛格丽特大道延伸到塞尔·卡尔曼广场，从那里穿过一小段克里斯蒂娜大道，经过血之原野草地北角，抵达凯克高尔约街交叉点，红军在那里直接威胁到布达佩斯南站。南站和塞尔·卡尔曼广场之间的形势很混乱：邮局宫和克里斯蒂娜大道的南部街区在德军手中，但血之原野北角的两座楼房被红军占据。凯克高尔约街和鹰山之间的局势更为混乱。此处的主战线向西弯曲，德军据守福考西莱特公墓、奥尔班山东麓的街道（尤其是马尔通山路）以及伊施腾山路。同时，红军进至福考西莱特公墓主入口对面的沃尔夫·卡罗伊街。从鹰山到博奇考伊路、卡罗利娜路和豪姆雅贝吉路，战线较为连贯。

同日，红军进攻的焦点转移到布达西南部。布达厄尔什路发生了激烈战斗，红军步兵在坦克支援下突破了德军阵地，开始从南面威胁鹰山。在别处，红军两支侦察队穿过多瑙河上的冰面进攻，被击退了。欣迪向匈牙利国防部报告："补给状况难以忍受。接下来的五天每人每天的食物定额为 5 克猪油、一片面包，以及马肉。……部队染虱情况不断增加，尤其是挤在狭小洞穴内的伤员。已有六例斑疹伤寒。"[144]

一个临时拼凑的混合单位从奥尔班山向小施瓦布山发动攻击，试图把红军的注意力从血之原野草地移开，但不到一小时，攻击就在血海中结束。只有伊施腾山路和基拉伊哈戈广场之间的防线能够稳定下来。

2月2日，德军在马尔通山路和伊施腾山路南部的逐屋争夺战中损失惨重，后撤了大约 1 公里，并且在破裂的战线上采取了一些牵制行动才减缓了红军的前进速度。匈军夺回了血之原野草地和贝拉国王路拐角处的小学。在克里斯蒂娜大道中段的德国学校发生了惨烈战斗。根据匈军第 1 步兵军的报告，"红军在小施瓦布山和福考西莱特公墓之间打入一个小突出部，到晚上这一情况还没有得到解决。敌人攻击鹰山，突破了德军阵地，但匈军发动反击，恢复了旧战线"。[145]工兵中尉班科·拉斯洛率领一个斗志坚定的排溜过战线，穿过塞尔·卡尔曼广场，消灭了瓦洛什马约尔街一所学校里的一个红军营部。[146]

2月3日，罗马教廷特使安杰洛·罗塔代表各国驻布达佩斯的外交人员，在普费弗-维尔登布鲁赫的碉堡拜访了这位德国将军，请求他敦促德军最高统帅部结束平民的苦难，避免平民遭到毁灭。普费弗-维尔登布鲁赫意识到一切在几天之内就会结束，于是将教廷特使的请求转达给最高统帅部，询问是否仍有解围计划，并请求允许突围。[147]答复是，元首的命令没有变，布达佩斯必须坚守到底。[148]

鹰山的争夺战在激烈进行，海吉泰托街发生了逐屋争夺的巷战。红军从奥尔班山攻至内梅特沃尔吉路。

晚上，欣迪在他的碉堡召开会议，只有几个可以联系到的高级指挥官参加。所有人都意识到，他们很可能在几个小时之内就会彻底失败。参谋上尉内梅特·德热和瓦切克·弗里杰什强调军事形势的无望和平民的苦难，试图说服同袍单方面投降。欣迪无助地解释说，他什么也做不了：没有德国人的合作，他的命令甚至不能下达到部队，而普费弗－维尔登布鲁赫一定不会理睬匈牙利人单方面宣布的投降。[149]

2 月 4 日，红军从奥尔班山攻至内梅特沃尔吉路，继续向布达佩斯南站推进。这标志着红军开始从北面包围鹰山。普费弗－维尔登布鲁赫通过无线电向上级报告，他已经无力守住阵地，防线随时可能瓦解。他特意避免使用“突围”这个词，而是请求允许“便宜行事”，但仍被拒绝。

2 月 5 日，最后一批滑翔机在血之原野草地降落。2 架安全着陆，3 架在草地南部解体，第 6 架落到一家餐馆的废墟上，第 7 架则在阿提拉路 31 号的阁楼上坠毁。矛盾的是，这一天恰恰是空运最成功的一天：送达了 97 吨弹药、10 吨燃料、28 吨食品、4 个机油桶，以及零部件箱。[150]

红军反坦克炮在基拉伊哈戈广场击毁了德军的 2 辆坦克和 2 门反坦克炮，占领了广场南面、北面和西面的房屋。晚上，党卫军第 16 骑兵团放弃了内梅特沃尔吉路拐角和福考西莱特公墓的阵地，红军抵达东面大约 1 公里外的根伯什·久洛路和沃尔夫·卡罗伊街的交叉点。红军已经合围了鹰山，现在开始肃清被困在福考西莱特公墓的德军，并冲击小盖勒特山和布达佩斯南站。在卡罗利娜路发动反击的匈牙利志愿者损失惨重。红军占领了伯瑟尔梅尼路的宪兵兵营，并在布达厄尔什路建立了一个小突出部。红军已经突破到血之原野北角附近的克里斯蒂娜大道，所以守军再也守不住邮局宫了。他们从防空洞的紧急出口撤退，蒙受了更多伤亡。[151]

29. 血之原野上损毁的德军滑翔机

普费弗－维尔登布鲁赫再次请求突围，说如果不突围，守军几天内就会被全歼，再也无法起到牵制红军的作用。即使现在，他也只敢试着对上级进行温和的"敲诈"。他宣称，除非于次日获准突围，守军将全军覆灭。希特勒再次拒绝了他。对希特勒来讲，布达佩斯守军多坚守几天显然比突围更为有利。因为突围就算成功了，也只能救出几千名丢盔弃甲而且急需住院治疗的残兵败将而已。[152]自1月初德军最高统帅部注销了布达佩斯守军的番号，他们关注的就仅仅是如何从注定要毁灭的守军身上榨取最大好处。事实上，希特勒已经决定把他最后一支能打的部队，党卫军第 6 装甲集团军从阿登调往匈牙利，以夺回主动权。匈牙利首都怎么样，他就不管了。因此守军的坚持只是能帮助希特勒赢得一些时间而已。更可怕的是，此时红军坦克离柏林已经只有 60 公里了。

2 月 6 日，布达佩斯南站附近和海吉约尔约路附近发生了极为惨烈的战斗，红军大量使用火焰喷射器。内梅特沃尔吉的箭十字党战斗群约 20 人被俘，在内梅特沃尔吉公墓附近被处决。[153]党卫军第 8 骑兵师从东南和西北面发动的反击被红军的强大兵力阻住。从小施瓦布山进攻的红军占领了基拉伊哈戈街的军医院，从西面和南面进攻的红军则将德军逐出了内梅特沃尔吉公墓。党卫军第 9 山地军绝望地发报："我军损失过重，敌人的装备具有压倒性优势。我军无法在地形复杂的城市中阻住敌军，即使防御很小的街道都需要整营兵力。除了一个正在展开的炮兵防御阵地外，我军所有阵地都被攻陷了。"[154]在鹰山，贝伦德战斗群弹尽粮绝，放弃了战斗。战斗极为激烈，有个分队原有 38 人，投降时只有 7 个人还活着。[155]同日，红军炮兵开始轰击盖勒特山与城堡山之间防线上的守军炮兵阵地。

2 月 7 日，红军步兵和坦克突破了布达佩斯南站的北部和西部。在更南面，他们抵达根伯什·久洛路，在激烈战斗中有些房屋多次易手。大理石街的一个 32 人的志愿者分队到晚上已有 30 人伤亡。在维拉尼路和博奇考伊路，守军成功击退红军的大多数进攻。一个有着连级兵力的德军战斗群从鹰山一路杀回德军防线。一群红军和为苏联作战的匈牙利志愿者试图从邮局宫向凯克高尔约街进攻，被德军的凶猛火力挫败了。[156]福考西莱特公墓的最后一个德军机枪火力点也被消灭了。[157]

当夜，德军试图夺回布达佩斯南站，但只夺回了车站的西半部分。一群德军成功守住了克里斯蒂娜大道和瓦洛什马约尔街交叉口的一座建筑，并用他们最后的一辆可动坦克挫败了红军从邮局宫向城堡区进攻的企图。在北面的战线，惨烈战斗持续了一整天，红军坦克在火焰喷射器支援下取得突破，但未能穿透玛格丽特大道上的防线。

2月8日，红军从内梅特沃尔吉公墓打到与南部铁路线平行的奥沃尔街。红军从鹰山发起的攻击则推进到小盖勒特山。一支匈军夺回了邮局宫的大部。夜间，匈军第102乘骑化学武器营一个很小的排在马约尔·诺伯特少尉率领下，救出了被困在克里斯蒂娜大道和瓦洛什马约尔街交叉口一座楼房上层的一支德军分队。匈军快速冲过血之原野草地，冲进楼房，把所有还能跑的德军都带回了阿提拉路。当天，德国空军最后一次用降落伞空投了4吨补给。

党卫军第9山地军将战线拉回到血之原野的东缘，撤出了布达佩斯南站大部分区域。此时城堡地下室内的临时野战医院挤满了伤员，状况极为糟糕。尽管不断有伤员死亡，地下室还是挤得水泄不通。这一次是南方集团军群指挥官向希特勒请求突围。再次遭拒绝后，党卫军第9山地军开始把剩余兵力全部集中在城堡区。[158]

匈军第10步兵师最后一任指挥官莱霍茨基·拉约什上校在该师作战日志写下了最后一条，是典型的官样文章：

我向军长和第13装甲师师长（施米德胡贝少将）作了如下的口头报告：

以军人荣誉的名义，我请求与德军军部达成一致，采取措施以终止战斗，因为此时粮弹两缺，部队给养极不充分（仅有马肉，缺少面包），战斗力急剧下降，随时都可能发生叛变投敌、逃兵或抢劫等恶性事件。甚至可能发生哗变。……平民的苦难甚至远远大于守军，从此刻起，历史责任将由匈军军长欣迪大将承担。我同时请求征询本军其他指挥官的意见。

我认为，除了发布命令一致停止敌对活动外，别无他法可以逃避即将降临的全面的灾难性崩溃。[159]

然后他离开了其他军官，躲进了碉堡。

30. 守军指挥部所在的隧道。1945 年 2 月，一名德军传令兵骑在摩托车上

2 月 9 日，德军在小盖勒特山的阵地遭到持续炮击。刚刚部署到前线的红军近卫步兵第 25 师，以及好几个连的变节的匈牙利志愿者在坦克支援下从鹰山向城堡前进。在小盖勒特山上的德军炮兵阵地发生了白刃战。仅此一天，守军的火炮就损失了50%。

一小群红军从克里斯蒂娜大道出击，夺回了阿提拉路的学校，在城堡山防线上打开了一个缺口。另一群红军携带火焰喷射器，占据了阿提拉路上的一所房屋，但被大学生用反坦克炮消灭。[160]20名匈牙利变节者试图从学校进入附近建筑物，他们的指挥官回忆道：

> 我们的下一个目标是夺取二楼。我们走到楼梯拐弯处时，他们投下很多手榴弹。我们发出一阵齐射，但全被爆炸的冲击波从楼梯掀翻下去。很多人受伤，但我们说不清是谁受伤，又是怎么受伤的，因为德国人开始反击了。……墙壁倒塌，天花板塌陷，到处都是伤员在呻吟，还有死人。要是可以的话我们会找地方掩蔽，但实在无处可躲。我们在开枪，他们也在开枪。很快，我不知道具体是多久，我们就没有一个人没受伤的了。……有人头破血流，所有人都浑身是血。人人都负了伤，实在没办法，我就下令撤退。轻伤的人背着重伤的人。我们爬下楼梯或者跳到深深的院子里，拖拉着伤员，撤到出发点。同时，德国人从四面八方向我们开火。我们只有三个人走到学校，其他人都死了。[161]

到晚上，小盖勒特山失守了。布达佩斯南站完全落到红军手中。红军和匈牙利志愿者在奥沃尔街进行了逐屋争夺，但他们突破到太阳山的企图失败了，40到50名匈牙利志愿者丧生。现在的前线沿着圣诞节街、哲泽街、梅萨罗什街上部、海吉约尔约路、啄木鸟街和奥尔索山街延伸。拉伊曼约什铁路路基和维拉尼路之间一片混乱。守军有些单位被困，有些沿着卡罗利娜路和博奇考伊路奋战，红军则向兰凯广场推进。

2月10日，红军装甲部队前锋从小盖勒特山进至德布伦泰广场，开始威胁布达城堡、拉伊曼约什区和城堡区之间的联络。红军一个由被降职处罚的军官组成的营行进至伊丽莎白大桥附近的多瑙河，但被舍宁战斗群的反击消灭。在凯伦海吉路上，地势较高的路段的战斗尤为激烈。很多为苏联作战的匈牙利志愿者试图冲击布达城堡，被德军消灭了。红军携带火焰喷射器穿过血之原野，占领了洛戈迪街南部的一座建筑，但是大学突击营的五名成员在激烈枪战中夺回了这座建筑。[162]列兵诺尔·彼得所在的战斗群袭击了阿提拉路的学校："我们天亮前开始行动，在一面没有窗户的墙上炸出一个洞，发动奇袭，十分钟内就夺回了房子，没有任何伤亡。"[163]

夜间，红军和两个连的匈牙利志愿者攻击了防线的拉伊曼约什地段。志愿者之一列兵塞凯赖什·亚诺什回忆道："我们不时有人受伤。我带着红色的降落伞丝织物，一旦有匈牙利士兵加入我们，我们就割下一块红丝绸缠在他帽子上作为标记。地上有浅浅的一层雪，空气中弥漫着汽油和火药味。坦克残骸旁躺着烧焦的死人。苏联士兵在炮击我们前方的地区。"[164]舒扬斯基·耶诺当年是一个十五岁的军校学员，他回忆道："夜里和第二天早上发生了大战，尤其在兰凯广场附近。到处是烧毁的坦克、卡车和尸体。我们连全部被打散了。……距离我们不远的霍尔蒂·米克洛什路上，一辆正在撤退的德军卡车被直接命中，着起火来。车里车外都是德军的尸体，有的完全烧焦了，有的烧焦了一部分。"[165]

2月11日清早，红军前卫部队接近了位于霍尔蒂·米克洛什路多瑙河一端的盖勒特旅馆。匈军第10步兵师师部驻在霍尔蒂·米克洛什路16号，此时收集了所有武器。大批匈军士兵爬出地下室，蹒跚着走向布达弗克，等待被俘。

当天上午晚些时候，拉伊曼约什铁路路基沿线的守军在维豪罗什·久洛少校命令下举起白旗。盖勒特山南面还有零星抵抗，大部分德军撤往城堡区。第11区到中午几乎已经完全停火，不过有一辆红军吉普车大大咧咧地开进圣伊姆雷广场，被人用铁拳击毁。这个使用铁拳的士兵显然是要一个人战斗到底。

在盖勒特旅馆，匈军高炮兵指挥官科兹马·约瑟夫上校向第102高炮分队的参谋人员解释说，他认为继续抵抗或者突围已经毫无意义。[166]中午，该分队解除了当地大多数德军士兵的武装，在楼上升起白旗。到晚上，仍然拒绝投降的德军士兵都被科兹马的部下以及红军打死在地下通道里。晚上7时，红军占领了西科劳卡波尔纳礼拜堂内的临时医院。[167]整个布达都停止了抵抗。

四 解围作战

国际历史学家一般认为突出部战役是"希特勒的最后攻势"。这是错误的。1945年1月1日至3月15日，德军在匈牙利发动了不少于五次攻势，包括摧毁苏联红军的赫龙河桥头堡的行动、"春醒"行动，以及对布达佩斯的三次解围尝试。德军在这些攻势中投入的物资和夺得的土地至少和阿登攻势是一个数量级的。对希特勒来讲，到1944年底匈牙利已经成为主战区，德军在此处部署的兵力比其他任何地方都要多。他的目的是稳定战局。

和人们一般的想法相反，三次旨在为布达佩斯解围并重新夺回玛格丽特防线东部的攻势，并不是为了营救被围守军，而是为了继续向匈牙利调动部队，以进行希特勒的最后决战。[1] 到1945年2月，所有的预备队，包括东线所有装甲师的将近一半，都被部署到匈牙利，希特勒疯狂地希望在此获得成功。

此时，匈牙利西部的油田已经是德军最后的燃油来源，再加上保卫维也纳的需要，匈牙利战区的重要性就大大上升了。从1944年秋季到1945年4月（此时红军坦克离柏林已经只有60公里），元首大本营的每一次形势汇报都是从匈牙利战场开始的。2月，元首的副官之一格哈德·博尔特在准备地图时犯了个错误。他回忆道：

海因茨·古德里安大将开始评论匈牙利战区的情况。

他的第一句话刚讲了一半，希特勒就恶狠狠地看了我一眼。他盯着我，表情深不可测，然后倚回椅子，显得很不耐烦。我匆忙结结巴巴地讲了什么，恨不得地上开个大洞把我吞进去。原来总参谋部的地图摆在希特勒面前，恰恰是以倒序放置的，最上面是库尔兰，最下面是匈牙利。[2]

希特勒从一开始就坚持守住布达佩斯，禁止任何突围的企图。1944 年 12 月 24 日，在布达佩斯包围圈被最终封闭之前，他命令党卫军第 4 装甲军及第 96 和第 711 步兵师（一共大约 200 辆坦克、6 万人）赶往匈牙利，并任命武装党卫军上将奥托·吉勒为这支部队的指挥官，此人在切尔卡瑟的突围战①中表现优异，获得过很多嘉奖。希姆莱发电报给吉勒，告诉他，希特勒之所以选择他，是因为他拥有丰富的被围困的经验，而且他的军在东线已被证明是最精锐的一个军。[3]

解围作战要付出的代价很快就很清楚了。党卫军第 4 装甲军被调往外多瑙地区，导致华沙地区失去了预备队，1 月 12 日红军的攻势横扫了德军在维斯瓦河上的防线。格奥尔基·康斯坦丁诺维奇·朱可夫元帅和伊万·斯捷潘诺维奇·科涅夫元帅的坦克一直猛冲到奥德河，仅仅因为红军最高统帅部没有让他们继续前进，他们才停了下来。

---

① 即苏联所谓的"科尔孙 - 舍甫琴科夫斯基战役"，时间为 1944 年 1 月 24 日至 2 月 16 日。德军 6 个不满员的师，将近 6 万人，被包围在第聂伯河附近的科尔孙 - 切尔卡瑟地区。被围部队包括党卫军第 5 "维京"装甲师、比利时志愿者组成的党卫军"瓦隆"旅和爱沙尼亚人组成的党卫军"纳尔瓦"旅以及数千名俄国辅助人员。曼施泰因元帅指挥了包围圈之外的解围作战，同时德国空军努力为包围圈内的德军提供补给。最后包围圈内的德军强行突围，损失惨重，丢失了大部分重装备，但有约 3 万人成功突围。当时奥托·吉勒是党卫军第 5 "维京"装甲师的师长。

德军南方集团军群和古德里安对于如何使用集结起来的部队存在分歧，但他们都同意，应当放弃布达佩斯，并尽快批准守军突围。他们几乎每天都向希特勒提这个建议，但无济于事。

解围路线有两条，很难选择。如果从南面的塞克什白堡发动攻势（代号"保拉"行动），由于距离较远，需要多消耗大约 900 立方米燃料，而且部队会晚五天到达。如果从北面进攻（代号"康拉德"行动），路途较近而且能够达成出其不意的效果，但地形复杂，风险很大。尽管古德里安支持"保拉"行动，但他的代表瓦尔特·温克中将被南方集团军群的指挥官说服，最高统帅部最终选择了路途较近的"康拉德"行动。

重组完毕的解围部队于 12 月 28 日进入匈牙利。德军高层寄希望于红军还没有来得及构建强大防御，所以部队还没到齐就下令进攻。此时党卫军第 5 "维京"装甲师仅有 32% 的兵力抵达，党卫军第 3 "骷髅"装甲师仅有 66%，第 96 步兵师仅有 43%，而第 711 步兵师完全没有到达。重组直到 1 月 8 日才完成。古德里安于 1 月 7 日抵达陶陶，监督此次作战。萨拉希政府的国防部部长拜赖格菲·卡罗伊提出让匈军也参加此次作战。但他的部队，包括第 1 骠骑兵师、第 2 装甲师和第 23 后备师，师老兵疲，不堪作战。巴尔克上将没有时间与匈军总监科瓦奇·久洛中将讨论进入布达佩斯的入城式细节，这让后者很是失望。

"康拉德一号"行动

1 月 1 日晚上，党卫军第 4 装甲军只有一半兵力抵达科马罗姆，在陶陶地区发动奇袭，第 96 步兵师从北面乘冲锋舟渡过多瑙河，在红军后方建立了两个桥头堡。党卫军匈牙利奈伊①战斗群（后改编为旅）⁴ 的 2 个营首次参战，作为反坦克掷弹兵配属给了党卫军"维京"和"骷髅"装甲师。德军夺取了盖赖切山，但于 1 月 6 日被红军阻挡在比奇凯和让贝克附近。

德军攻势受到两个不利的地形条件阻挠：首先，在盖赖切山和皮利什山，红军很容易用反坦克炮封锁道路。其次，德军一旦突围就会沿多瑙河形成又长又窄的通道，很容易被红军切断。红军可以阻滞德军坦克的前进，并能保证己方的预备队有足够空间进行机动。

12 月 26 日至 31 日，托尔布欣和马利诺夫斯基把此前发挥了关键作用的部队转为预备队，而在前线保留了 1 个坦克军、4 个机械化军和 3 个骑兵军，包括 500 到 600 辆坦克，以阻挡德军的解围部队。⁵ 另外还从其他地区调来了一些部队：例如，步兵第 19 师花了一天半时间从巴拉顿湖南岸行军 190 公里，抵达多瑙河上的奥多尼。托尔布欣之所以保留了这么多预备队直到关键时刻才投入，是因为他高估了德军的兵力。因此，他的部队损失很大。但德军完全没有预备队，而托尔布欣保留了行动的自由。1945 年元旦，喀尔巴阡盆地红军各部队共有约 2310 辆坦克和突击炮，而德军南方集团军群仅有 1050 辆，且一半以上正在修理（见表 12）。

1 月 2 日，红军坦克第 18 军投入了战斗。1 月 3 日，又有

---

① 匈牙利法学博士奈伊·卡罗伊（Károly Ney，1906~1989），党卫队一级突击队大队长（中校）和党卫军"奈伊"团（后改编为旅）的指挥官。他曾以自己属于武装党卫军为由拒绝接受箭十字党领导人萨拉希·费伦茨的命令。萨拉希剥夺了他的匈牙利陆军成员身份和匈牙利国籍。

三支快速部队参战。[6]比奇凯地区是德军攻势的主要目标，1月3日"维京"师在此遭遇了红军1个重坦克团、4个自行火炮团、3个步兵师、1个机械化旅和6个工兵营，这相当于德军两到三倍的兵力。[7]德军进攻正面其他地方的情况也类似。到1月4日，红军近卫机械化第1军也从奥多尼赶来。红军由此有5个机械化军、坦克军或骑兵军挡在了德军解围部队主攻方向的前方，阻止他们向布达佩斯前进。德军只有北面的部队取得了一些进展，在1月6日占领了埃斯泰尔戈姆，8日占领了皮利什圣雷莱克。1月1日至7日，德军和匈军有3500人伤亡或失踪，相当于党卫军第4装甲军总兵力的10%，另有39辆坦克或突击炮被毁。

同时，为防止布达佩斯守军突围，托尔布欣也做了准备。他建立了一系列对内对外的防线，部署了反坦克炮，分别对付解围部队和守军，1月3日，他又下令停止攻击布达，以抽出更多部队应付德军援军。[8]1月6日，红军7个师，大致相当于首都内德军和匈军的全部兵力，在让贝克和廷涅之间做好了防御准备。城内德军和匈军如果突围，首先要突破环绕城市的内层包围圈，然后行军很远，再去面对红军更可怕的外层包围圈。因此，除了向北面突围以外，任何方向的有组织突围都没什么希望成功，而向北突围要想成功就必须寄希望于援军能够突破皮利什山。解围部队最终恰恰在这里被阻住。

古德里安没有认清真正的形势，打算让守军配合援军的攻势：守军不仅要守住首都，还要配合援军的行动，向西北发动进攻。[9]南方集团军群指挥部更务实一些，建议守军在1月9日放弃东部桥头堡，向西北突围，一旦失败就分散成小战斗群各自突围。这个计划同样被希特勒否决。

解围作战："康拉德一号"和"康拉德二号"（**1945 年 1 月 1 日至 12 日**）

"康拉德二号"行动

德军在北部攻势的失败迫使他们重新捡起南部方案。南方集团军群指挥部决定以生力军（布赖特集群）在塞克什白堡和莫尔之间形成突破，其目标不仅仅是夺回玛格丽特防线，还有协同党卫军第 4 装甲军包围维尔泰什山西麓的红军。1 月 6 日，南方集团军群考虑取消攻势或缩小其规模，但随着第 20 装甲军的到来，德军自信能够守住前线，最终决定发起进攻。此时，德军有 116 辆坦克和突击炮、116 门火炮，大约 5700 名步兵，面对红军的 70 辆坦克和突击炮、260 门火炮和 10500 名步兵（见表 13）。

托尔布欣察觉到德军的调动，加强了德军主攻方向上的近卫步兵第 20 军。德军的进攻于 1 月 7 日发动。此前一天，马利诺夫斯基的乌克兰第 2 和第 3 方面军在多瑙河以北沿着赫龙河也发动了攻势，于是敌对双方在河流两岸以相反方向进军。到 1 月 8 日，马利诺夫斯基的部队已经进至距离科马罗姆 3 公里处，这预示着即将发生大规模的合围作战。

"康拉德二号"行动的南翼部队布赖特集群遭遇强烈抵抗，1 月 9 日就已经精疲力竭。同日，德军第 7 装甲军发动攻击以阻止红军的突破，但在三天的战斗中，该军 80 辆坦克损失了 57 辆。[10] 德军在南北两面都损失很大，无力进一步取得进展，但他们的突出部仍没有被封闭。

在比奇凯的失败之后，南方集团军群和吉勒仍然希望避免大规模调动，计划让党卫军第 4 装甲军在埃斯泰尔戈姆附近突破红军防线，然后在皮利什山援救布达佩斯，这就是"康拉德二号"行动的北翼。首都传来的消息越来越可怕，使得外围行动显得更加紧迫。

德军的新攻势于 1 月 9 日从埃斯泰尔戈姆发动，德军准备了 200 吨物资，计划在胜利之后立即运给布达佩斯守军。作为补充措施，巴尔克上将还命令菲利普少校率领一个加强营突破红军在多瑙河附近的障碍并占领圣安德烈，作为突围部队的避难所。但"维京"师的所有人，包括吉勒和菲利普，都认为这个计划行不通。该师有位参谋军官说，红军是"不会敞开岸边的道路让我们郊游的"。[11]另外，巴尔克还希望守军突围后从圣安德烈撤往埃斯泰尔戈姆，但这一路都在多瑙河彼岸红军的炮火射程之内。对德国人来说"幸运"的是，这个问题没有出现，因为尽管第711步兵师在西南面攻克了多博戈科，援军的进攻很快就被阻住了，所以根本不必考虑后续的困难。

攻势由于希特勒的禁令拖延了一天。1月10日，"维京"师的装甲集群，包括"西欧"装甲掷弹兵团，被部署到前线以填补缺口。前面提到的那位参谋军官写道："敌人兵力很弱，完全被我军的奇袭压倒。具有阿尔卑斯山脉前麓特征的山地地形很棘手。午夜起初有胜利，俘虏大多是围困布达佩斯的红军的辎重人员。遭遇反坦克炮和迫击炮火力。我军没有伤亡。'西欧'团进展良好。"[12]

到1月11日，"西欧"团已经占领距离布达佩斯21公里的皮利什圣凯赖斯特。党卫队二级突击队中队长（中尉）弗朗茨·哈克乘坐装甲运兵车第一个进入村庄，他在前几天的战斗中两次负伤，因为在战斗中表现英勇而获颁骑士十字勋章。很多德军车辆和伤员此前在这个村庄被红军扣押了两周，现在都被解放了出来。南方集团军群再一次请求允许突围，希望夺取波马兹机场以救出伤员，并为从首都突围而出的守军前锋提供补给。

到1月12日晚上，"维京"师先头部队已经抵达通往波马兹的道路上的乔班考岔路，离布达佩斯只有17公里。此时他们却接到了撤退的命令，尽管不会有红军坦克从山谷中包抄他们，而且吉勒没有理由害怕他的部队会在皮利什山被多罗格的强大红军切断。如果德军攻势的目的仅仅是救出守军而不是夺回城市，他们就更没有理由撤退。在圣安德烈和皮利什红堡之间的红军骑兵第 5 军离城市只有 15 公里，几乎肯定会阻挡德军的继续进攻，但由于解围德军和守军的距离已经这么近，再加上当地的地形条件恶劣，不利于红军的抵抗，协调一致的突围还是有可能成功的。

其实红军倒是希望守军突围。到此时围城已经拖了这么久，马利诺夫斯基很紧张。他希望德军尽快离开首都，所以他才在布达包围圈留了一个一公里的缺口，好让守军逃跑。[13]他的主要目标是布达佩斯城。为了避免因为久攻不下而招致斯大林的可怕怒火，他已经打算放守军一马。具有讽刺意味的是，恰恰是普费弗－维尔登布鲁赫和希特勒的命令阻止了德军成功突围。

希特勒和古德里安从一开始就没对"康拉德二号"行动抱什么期望，而是看重从塞克什白堡地区发动的进攻。1 月 10 日，他们通电南方集团军群，除非几个小时内形势发生急剧变化，否则就要调走吉勒的部队。1 月 11 日，温克中将在南方集团军群的请求下花了两个小时试图说服希特勒允许突围，但"结果只是党卫队副总指挥普费弗－维尔登布鲁赫获颁骑士十字勋章"。[14]总参谋部怀疑一再拖延的行动结束时城内已没有活人或是什么东西值得救援，但希特勒坚持原先的计划，下令让吉勒的部队立即转移，尽管吉勒的新攻势还没有达到高潮。

吉勒和陆军总司令部之间进行了一场长达 24 小时的拉锯战。希特勒给吉勒的命令是在 1 月 11 日晚上 8 时 20 分下达的。三小时后，吉勒报告说攻势取得了进展。吉勒的上级把他的报告原封不动送交希特勒。希特勒重复了他的命令。吉勒向希姆莱求助，但无济于事。他的部队自占领皮利什圣凯赖斯特以来没有取得显著进展，吉勒因此丢掉了自己的最后一张王牌，不得不在 1 月 12 日晚 8 时下令撤退。到 1 月 14 日晚上，红军重新占领了多博戈科地区和皮利什圣凯赖斯特。

这次攻势的终止在很多当事人的回忆录和历史研究中引起了激烈争论。当年参战的人一致认为，希特勒的命令使得他们失去了成功的机会。但有些军事史学家称，德军如果继续进攻，就会被红军切断。争论的产生是因为各方对希特勒的目标的解读不同。吉勒和他的军官们坚信，这次解围作战的目的是营救守军。他们认为，他们的攻势会为守军打开一条逃跑的走廊，尽管这条走廊维持不了多久。希特勒和他的将军们对形势了解不足，希望能用他们有限的兵力恢复圣诞节前的战线。对他们来讲，放弃布达佩斯是不可能考虑的。

到 1944 年至 1945 年，第三帝国高级领导层中敢于直面希特勒、促使他面对现实的人已经越来越少了，于是越来越多的荒谬命令不断发出。1945 年 1 月到 3 月的匈牙利战事中，德军不断部署新建的装甲兵单位，而战略目标始终未变，这显示出不同战术任务之间完全缺乏协调。这些部队如果集中起来同时部署、发动攻势，倒还有真正的胜利希望。

时间对红军有利，他们的坦克于 1 月 8 日进至小匈牙利平原，威胁了布拉迪斯拉发和维也纳。南方集团军群当然希望停止解围作战而把部队调到多瑙河以北，但这就必须允许布达佩斯守军突围，而不是在无谓的战斗中坐以待毙。希特勒却把赌注压在红军沿多瑙河北岸的进攻会在科马罗姆被阻住上。起初他似乎是正确的，匆忙部署的德军第 20 装甲师一举把红军近卫坦克第 6 集团军击退了将近 50 公里，但 1 月 12 日红军对波兰前线发动总攻、在红军和柏林之间却没有什么像样的德军部队能够抵挡时，希特勒仍然顽固地无视总参谋部的建议：要想避免帝国本土发生灾难，就必须立即放弃对布达佩斯的解围尝试，立即重组部队。

"康拉德三号"行动

1月17日，党卫军第4装甲军秘密转移到巴拉顿湖与塞克什白堡之间，次日投入了攻势。此役中德军第一次使用了带红外线夜视装置的坦克。1月18日，德军约300辆坦克和突击炮面对红军的250辆；1月27日，德军约250辆坦克和突击炮面对红军的500辆。[15]

根据苏联史学家的说法，"近卫第4集团军参谋部的侦察部门未能掌握情况"，[16]换句话说，德军达成了奇袭效果。吉勒的坦克挫败了红军机械化第7军的反击，把步兵第133军和坦克第18军同后方战线分割开来。仅仅由于德军缺少步兵，被围的红军才突围而出。1月19日，德军坦克在多瑙潘泰莱抵达多瑙河，撕裂了红军的外多瑙战线。在多瑙河渡口的一片混乱中，尽管一直遭到德国空军轰炸，红军还是在几天之内就把4万多名士兵和大量装备运到东岸。[17]

1月22日，红军在激烈巷战之后丢失了塞克什白堡。首先进城的是奈伊战斗群，该战斗群此时已达到师级规模，但人员伤亡和失踪已达四分之一。1月24日，"骷髅"师夺取鲍劳奇考南部，此地离布达佩斯只有30公里。托尔布欣的部队沿瓦利河建立了稳固防线，德军坦克爬行冰封的河岸非常困难，但到1月26日德军已攻至距离首都包围圈25公里的地方。[18]

战争后期，斯大林已经不愿冒大的风险，因为他知道，他的部队很快就会面对英美军队。战争初期他要求部队坚守的顽固命令导致几百万人被俘或者死亡，此刻他却考虑撤出外多瑙

解围作战："康拉德三号"（1945 年 1 月 18 日至 27 日）

南部地区，允许托尔布欣便宜行事，尽管这意味着不得不放弃
两支大军的大量装备和补给。

　　1 月 21 日，紧张万分的红军指挥部命令炸毁多瑙潘泰莱和
多瑙城堡附近的浮桥，并停止向仍在作战的部队发放补给。[19]此
时托尔布欣做出了更勇敢的选择：他决定守住桥头堡，因为他
相信，放弃已经占领的区域而寄希望于能够再次顺利渡过多瑙
河是毫无意义的。他集结了此前集中在布达南部以阻止守军突

围的步兵第 104 军和坦克第 23 军,[20]以及此前被派往外多瑙地区增援的步兵第 30 军,在 1 月 27 日发动了反击。

　　德军前锋已攻至多瑙河,随时都可能被从北面韦伦采湖和南面希蒙托尔尼奥调来的红军切断。托尔布欣意识到这个有利条件,从两面发动攻击。德军尽管第一天就击毁了 122 辆红军坦克,但还是不得不放弃很多新占领的土地,塞克什白堡是个例外。仅仅在韦赖布村附近就有 70 辆坦克和 35 辆突击炮的残骸,见证了当时战况的激烈。最终,无情反攻的红军攻入塞克什白堡北部,到 2 月初德军不得不放弃所有新占领的土地。

　　1 月 28 日,希特勒决定把他最后的预备队第 6 装甲集团军(刚刚经历阿登攻势,正在整补)投入匈牙利,再进行一次解围作战,代号"春醒"行动。但当此次行动于 2 月 13 日开始时,就没什么好救援的了,因为整个布达已经落入红军手中。

五　突围

前例

> 我每天晚上都会做噩梦，因为我还活着。[1]
>
> ——赫尔穆特·沃尔夫中校，逃脱的德国军官

布达佩斯守军的突围不仅是这场战役，也是整个二战中最恐怖的事件之一。诺曼底战役中，美军登陆奥马哈海滩的第一波部队损失高达75%，这很多人都知道。但布达守军试图从布达中部的废墟逃跑时遭到的屠杀甚至更为血腥。3公里长的战线上不到6个小时就有数千人死亡。28000人中只有不到3%逃出，45%死亡，剩下的人很多受了重伤、悉数被俘。二战期间在其他地方也发生过军队绝望地战斗，最后遭到血腥屠杀的事件，但这一次是在布达佩斯的市中心，一切都发生在平民的眼皮底下。如今，布达佩斯一些年老的居民仍然清晰地记得当年的恐怖景象，而有些幸存的士兵仍被噩梦困扰。

布达佩斯的德军指挥部多次制订了突围和放弃城市的计划。若是在1月初或者后来在解围行动的同时突围的话，还是有可能成功的，但希特勒坚持不准突围。1月18日佩斯陷落后，布达"要塞"顶多可以牵制一部分红军，但元首仍然坚持要求死守到底。普费弗-维尔登布鲁赫一直到最后一刻都服从了命令。

31. 赫尔穆特·弗里德里希上尉（右）与本书作者

他拒绝了红军多次的谈判要求，抵抗了七周，一直到 2 月 11 日。他最终决定突围时，布达剩余的区域（城堡区和太阳山）显然很快就会陷落。他给南方集团军群的电文是很有代表性的。他不敢使用"突围"这个词，而只用了"行动自由"。

但普费弗－维尔登布鲁赫绝不是没有别的选择。很多德国、匈牙利和罗马尼亚的指挥官，例如党卫队总指挥兼武装党卫军大将保罗·豪塞尔、叙吉·佐尔坦少将①和扬·安东内斯库元帅，都选择了违抗命令，他们并没有受到惩罚。从 1944 年 12

---

① 叙吉·佐尔坦（1896～1967），为匈牙利军人，最终军衔为陆军少将。二战期间获得骑士十字勋章的匈牙利人仅有八人，他是其中之一。二战初期他指挥一个精锐的伞兵营，后来该营被改编为"圣拉斯洛"师。战争末期该师向英军投降后，英国人提出可以帮助叙吉逃往西方，因为他如果回国会遭到共产党政权的审判。但他谢绝了，返回祖国。

月末到 1945 年 1 月中旬，普费弗-维尔登布鲁赫有很多机会可以成功突围，但他不愿意为了下属的利益而承担个人责任。他最终选择突围时，一切都已经太晚了。

某种思想认为，军人的职责就是战斗到最后一颗子弹，而不是保全自己的性命。一个著名的例子是滑铁卢战役中的法兰西帝国近卫军，他们面对无望的形势仍然拒绝投降，战斗到底。这种态度在二战期间的德军当中越来越常见。另一种选择是集体投降：在布达佩斯，这就需要德军指挥部反抗自己国家的政治体制，或者认识到，形势已经毫无希望，继续抵抗没有任何意义，他们只会被屠杀殆尽。尽管后一种理由的投降在军事上是说得过去的，普费弗-维尔登布鲁赫却没有这么做，就像他没有早点突围一样。于是，他带领他的士兵走向了死亡。

士兵们自己也没有反对意见。在整个战争期间，所有被围的德军部队在还有希望突围时都没有向红军投降。[2] 其原因除了憎恶投降的耻辱外，还有对苏联人和西伯利亚的恐惧。德国士兵战斗到最后一颗子弹，不仅仅是出于责任感和忠心，还因为东线战争的意识形态。他们害怕在投降或被俘之后遭到报复。一位目击者回忆了城堡内的最后时刻：

> 2 月 10 日，山上被大雾笼罩，地上落了浅浅的一层雪。我冷得直发抖。德国人看上去好像在演习。他们在写正式记录；城堡的房间里，传令兵不断传来命令，所有人都醒着。成群的德国军官穿着笔挺的军服，在向一些步兵单位下达命令。他们在指挥校准机枪，指出敌军战线和下令开火。士兵们趴在雪地里射击，军官们站在他们旁边。敌人的子弹嗖嗖飞来，他们毫不在意。一切好像是场梦。

一个军官倒下时,另一个就顶上来,显然没有意识到末日即将降临。他们基本上就是在自杀,因为他们知道别无他路可走。[3]

直到这时,普费弗－维尔登布鲁赫才决定采取行动。他还记着希特勒禁止突围的命令,所以直到最后一刻(2 月 11 日晚 5 时 50 分)才通电南方集团军群:

    1. 我军补给已经用尽,子弹打到了最后一发。布达佩斯守军只有两个选择,要么投降,要么不经一战就被屠杀。因此,我将率领最后可以作战的德国士兵、匈牙利士兵和箭十字党民兵发动攻击,以获取新的作战和补给基地。

    2. 我将于 2 月 11 日黄昏突围。我请求在索莫尔和马里奥豪洛姆之间得到接应。如无法在该处得到接应,我将推进至皮利什山。请在该地区的皮利什圣雷莱克西北地段接应我。

    3. 信号:两次绿色信号弹表示我军。

    4. 兵力:德军 23900 人,包括 9600 名伤员;匈军 20000 人,包括 2000 名伤员;平民 80000 至 100000 人。[4]

发出这些报告后,报务员开始按照命令捣毁设备。突围已经箭在弦上,不得不发了。

守军在盖勒特山和城堡山之间的重炮兵此时已经损失殆尽,或者参加了近战。守军原有的 120 辆装甲车辆和 450 多门火炮此时只剩下 12 辆豹式坦克、9 辆追猎者歼击车、10 到 15 辆型号不明的坦克、6 辆突击炮、50 到 60 门口径不等的火炮,以及一些可动的装甲车，数量不明。这些车辆和装备大多在突围前不久被炸毁，因为它们被部署在太阳山上，不可能转移到预定的突围点而不引起敌人注意。[5] 城堡区北部的一些坦克和装甲运兵车（大概只有 8 到 10 辆）没有被炸毁，可以在突围中使用。

战略计划与思想

2 月 11 日早上，普费弗 - 维尔登布鲁赫召开作战会议，经过长时间争执后终于决定丢弃所有重武器，分成若干小群，通过树林突围。使用坦克会造成麻烦，因为路况极差，很难把坦克开到突围点，而且（至少在白天）这么大动静会让红军察觉他们的意图。最严重的问题是，守军在塞尔·卡尔曼广场和干草广场附近的几乎每一条街上都挖了很深的反坦克壕，即使步兵也不易穿过。于是他们决定让突围的前锋部队携带梯子。

突围将在当晚 8 时开始。第一波部队包括第 13 装甲师（在左翼）和党卫军第 8 "弗洛里安·盖尔" 骑兵师（在右翼），分散成 30 人左右的小群，每群有一个熟悉地形的匈牙利人。第一波部队的交通工具包括 8 到 12 辆坦克或装甲车、10 辆水陆两用大众汽车，战地宪兵乘 3 辆摩托车负责指挥。第二波包括"统帅堂"装甲师、党卫军第 22 骑兵师和匈军单位。第三波包括可以行走的伤员和辎重队。估计还有数万平民加入他们。

开始时，突围部队将从塞尔·卡尔曼广场和干草广场进攻，消灭玛格丽特大道 1 公里正面上的红军阵地。下一步是抵达干草广场西北约 2.5 公里处希代格库蒂路和布达凯希路的交叉点。然后在北面 2 公里处的赖麦特山集结，通过小山和森林向西运动。关键点是森林西面边缘和德军面向东方的战线（离突围点的距离分别是 15 到 18 公里和约 25 公里）之间的一片平整的农田，它周围是草地和葡萄园。按计划，部队将再次在森林集结，然后攻击廷涅及其南面的地区，目标是从背后突破红军战线，与外面的德军部队会合。这将在次日下午，即突围开始18小时之后达成。考虑到路途遥远，而且突围部队仅有轻武器，弹药也有限，这实在是个不可能完成的任务。他们希望南方集团军群会发动进攻来策应，但集团军群指挥部没有及时得到消息。

计划是高度机密的。德军方面，师级指挥官下午2点才得到命令，团级指挥官4点获知，而普通士兵6点才得知。德军同样在6点才通知匈军指挥官和部队，因为他们害怕匈牙利人会背叛他们，唯一的例外是欣迪，他是4点获知的。

但是突围的说法已经流传了好几周，到2月11日早上或者前一天晚上，很多人知道了行动的大概开始时间。[6]2月6日到10日，很多军官和士兵，尤其是匈牙利人，突然获颁勋章，这个不寻常的现象也能说明似乎有什么事情要发生。中尉和少校们得到了匈牙利功勋骑士十字勋章，少尉们获颁军事功勋勋章，中校和上校们获颁军官十字勋章，列兵们也得到了勇气勋章。很多重要军官得到了特别提升：欣迪晋升大将，比尔尼策晋升中将。

关于突围如何进行，流传着极为荒诞不经的传言。很多士兵认为只需走很短距离就能到达德军战线。其他人相信，他们在行军15到20公里期间只会遭遇红军的后勤单位，而解围部队已经在皮利什圣凯赖斯特等候了。还有人添油加醋说，突围点的守军都是罗马尼亚人，战斗一打响他们就会逃跑。一位箭十字党军官宣称："援军已经在布达凯希了。突围只是儿戏而已。会由虎式坦克领头，然后是党卫军机械化部队，然后是箭十字党单位、德国国防军和匈牙利部队。我们会在外多瑙地区休息，然后领到新的奇迹武器。我担保，三周之内，匈牙利土地上就不会有一个苏联人了。"[7] 就连很多高级军官也充满幻想。施米德胡贝少将阵亡前几个小时对他的朋友说："他们困不住我们。后天我们就可以坐在一起喝酒了。"[8] 很多平民也抱有类似的幻想，准备带着行李和家具突围。

但任何头脑清醒的人都明白，突围是不可能完全成功的。普费弗－维尔登布鲁赫和德尔纳带领 500 名党卫军警察，选择通过从厄尔德格－阿罗克溪谷到多瑙河的地下涵洞，以避免穿过红军防线（最危险的障碍），这也许不是什么巧合。匈军的军部奉命紧紧跟在他们后面。

对于突围的直接作战准备，我们知之甚少。晚上 8 时在干草广场的进攻由骑兵上尉哈勒、赫伯特·屈恩迪格上校和韦赖什瓦里·拉斯洛上校的战斗群负责。晚上 6 时，扮作平民的士兵（可能包括匈军第 1 步兵军一个专门穿便衣的特别单位）溜过玛格丽特大道的战线和其他地方，奉命躲在各种建筑里，然后从背后攻击敌人。[9] 不久前占领布达佩斯南站的红军就是这么干的。[10] 还有人说，行动是由穿着红军军服的德军突击队开始的，他们装作押送德军俘虏的红军卫兵，然后将驻守塞尔·卡尔曼广场的真正红军缴了械。[11] 尽管普费弗－维尔登布鲁赫和其他幸存的军官坚持说战线是由屈恩迪格战斗群打开的，但好几次采访、多种不同回忆录和苏联战后的研究都表明，突围是由这种乔装打扮的单位开始的。[12]

红军一定已经怀疑到德军即将突围，因为在整个战争期间德军一贯试图这么做。红军设立了三条防御带：第一条在塞尔·卡尔曼广场，第二条在亚诺什医院附近，第三条在亚诺什山的山坡上。红军计划在德军突围开始时从第一条防御带撤退，然后把他们困在宾博路、特勒克维斯路、亚诺什山的东南坡、维拉尼约什区和小施瓦布山形成的口袋中。[13]近卫步兵第 180 师在塞尔·卡尔曼广场和欧洛斯大道摆开阵势，宾博路和亚诺什医院还有 T–34 坦克据守。2 月 9 日至 10 日，甚至在普费弗–维尔登布鲁赫决定突围之前，红军就疏散了塞尔·卡尔曼广场周围、萝卜街和菲勒街的居民，并命令更远处街道的居民封闭所有出口和窗户。[14]红军一支坦克部队驻扎在多罗格地区，负责封锁廷涅和派尔巴尔之间的道路。

有一种说法认为德军的计划走漏了风声。[15]这种说法没有根据，况且就算有人泄密，也泄露不了多少细节。事实上，2 月 10 日，红军那边的匈牙利志愿者奉命在布达凯希以东的树林边缘和瓦洛什马约尔农庄占据防御阵地时，普费弗–维尔登布鲁赫还没有召开作战会议。[16]其实只需一点常识就可以猜到守军突围的方向。德军只能选择最短路线，从树林穿过，回避开阔地上的红军优势装甲兵力。

有一个流传很广，但在不同版本中细节略微不同的故事试图证明突围的最小细节都被泄露了："晚上 7 点半，苏联红军开始猛烈炮击城堡区和周边地区。同时很多人逃离了城堡区。"[17]这并非真实情况。受到询问的 20 多名幸存者都不记得曾有这么一场协调一致、瞬间发生的炮击。唯一的例外是在晚上 7 点半到 8 点，城堡区北面出口的维也纳门①处遭到突然的猛烈炮击，聚集在那里的一些箭十字党分子丧生，包括他们的领袖韦赖什瓦里。[18]在其他地方，红军开始时只用了轻武器和迫击炮，炮击是逐渐加强的，并于晚上 10 点到 11 点达到高潮。[19]

———————————

①　维也纳门是连接布达城堡与维也纳大道的城门。

　　总而言之，红军可以就突围地点做出较准确的判断，但很可能不知道具体时间。自从围城开始以来，守军已经发动了不下20次反击，每一次都可能是突围的前奏，这使得红军更加无法判断突围的真正时间。

突围时守军的状况

　　2月11日下午，盖勒特山上的城堡被红军和一个由匈牙利变节者组成的单位占领，其间他们遭受了惨重损失。盖勒特山的丢失导致凯伦福尔德区的匈军和盖勒特旅馆附近的匈军之间断了联系。前一天夜间，普费弗－维尔登布鲁赫命令盖勒特旅馆附近的匈军返回城堡区，但他们没有接到这个命令。[20] 德军已经撤出了这一地区，但根据有些人的回忆，部分德军士兵留了下来，因为他们认为和匈牙利人一起被俘可能会安全一些。

　　在突围之前的几个小时里，战线大致沿着海吉约尔约路朝向太阳山和盖勒特山之间的山脊延伸。但德军的主防线，或者说德军主防线的残余部分，从德布伦泰广场的多瑙河一边，沿着阿提拉街的一部分、海吉约尔约路、梅萨罗什街延伸到血之原野草地东南角的米科街。所以，尽管陶班区未开发的山坡是无人地带，太阳山仍在德军手中。有些德军死守在北面克里斯蒂娜大道上的多处建筑内，而红军把他们抛在后方，占领了血之原野草地，远至布达佩斯南站对面。

　　根据当年作战人员的回忆，塞尔·卡尔曼广场上邮局宫的底层已被红军占领，但上层还在德军和匈军手中。为了把红军逐出，2月10日，匈军第12后备师战斗群和翁瑙伊营残部通过防空洞发动了一次奇袭。尽管他们成功打了进去，但是没能逐出所有红军，于是对邮局宫发动火攻。这样还是不能夺回邮局宫，后来在突围时他们又放了一把火，导致宫殿被完全烧毁。在光明街和克拉劳伊街，两群守军死守在那里，甚至和宫殿保持着电话联络。[21]

战线其余部分从干草广场沿着玛格丽特大道延伸，一直到玛格丽特大桥的布达一端桥头。在此地段，守军突围之前只进行了小规模活动，况且大道的状况也不允许大规模机动。

"绝望的第一幕"

2月11日晚上8时，突围开始。在包蒂雅尼街、马特劳伊街、瓦弗克街和奥斯特罗姆街，黑暗中集结了一大群人。很多预定参加第一波攻击的士兵迟到了，被本应第二波出动的1万多人堵在后面，导致初始的大多数进攻因为兵力不足而损失惨重。[22]其中一位作战人员，赫尔穆特·弗里德里希上尉回忆说这是"绝望的第一幕"：

水城广场的狭窄小巷突然遭到迫击炮轰击。……炮击越来越猛。人们焦虑万分，有人大喊大叫。信号弹照亮了屋顶。信号弹熄灭之后，小巷的微光就变成了伸手不见五指的黑暗。步行的士兵像潮水般从四面八方涌向北面。又遭到迫击炮轰击。所有人都在房屋门口掩蔽。呼喊声渐增，战友们互相失散。小巷的拥堵越来越严重。黑暗中所有人都摸索着前进……前面某个地方、水城的狭窄小巷与玛格丽特大道连接的地方应当就是前线。在大道的一个主要路口，每扇窗户后面可能都有苏联人在准备射击，那里就是突围点，就是绝望的行动开始的地方。这地方叫干草广场……指挥官痛苦地看着突围行动陷入疯狂的、几乎是野兽般的绝望，人们完全只受保全性命的本能的驱动。但指挥官束手无策。两边一排排房屋的黑暗轮廓之间有一个狭窄缺口，炫目的信号弹像和平时期大都市的霓虹灯和商店橱窗一样耀眼。很容易猜到，这神奇的魔法其实是炮弹、曳光弹和大量的信号弹。这就是前线，干草广场。……我们全都得通过这个瓶颈。人们到处疯狂地挤来挤去，想要尽快开始突围。他们拼命向前挤，又是推又是踢，像野兽一样。[23]

另一位幸存者，武装党卫军的汉斯·拜尔回忆道：

然后我们匆匆地穿过开阔地。左面、右面和中间都是爆炸声和倒塌声。手榴弹、机枪、冲锋枪、步枪，到处都在开火。没时间思考。求生欲压倒了恐惧或是勇气。我前面是一辆着火的坦克。前面肯定有门炮在向这一大群人开火。一次又一次直接命中。被打中的人就被丢在后面。就像疯狂跳海的旅鼠一样，这些曾经纪律严明的人失掉了所有理性，冲过这条路，直奔死亡而去。[24]

塞尔·卡尔曼广场和干草广场被红军的照明弹点亮了，周围楼房里射出冰雹般的机枪子弹，打倒了第一批人。列兵诺尔·彼得回忆道：

在干草广场，我们遭到可怕的迫击炮和火炮轰击，伤亡猛增。……然后，我们突击营的残部开始进攻。我们在干草广场的冰面滑过，在建筑物之间隐蔽下来，消灭了特勒克巴斯蒂亚餐馆的红军迫击炮组。在瞬间的混乱中还有其他一些单位冲了过去，突围部队朝向亚诺什医院前进。[25]

沃伊道·奥洛约什中校描述了大致同一地点的情况："我在那里看到的东西已经超出了最疯狂的想象。到处是曳光弹、照明弹和探照灯光，广场亮如白昼。曳光弹拉出水平的光束。一发又一发炮弹爆炸。死尸堆积如山，我可一点都没有夸张。"[26]

屈恩迪格战斗群的攻击由于作战兵力不足失败了，随后以很短的间隔发动的三次攻击都被红军火力阻住。但第一波的大部分人向西面的邮局宫和瓦洛什马约尔农庄进发，逃过去了。其中就有翁瑙伊营的残部，他们此前在干草广场旁的奥斯特罗姆街集结，领到了床单做的白色伪装服，小袋装的巧克力、白兰地和肥熏肉，以及钢盔和手榴弹。他们还有一些冲锋枪，包括苏制冲锋枪，所以弹药根本不用愁。其中三人俄语说得非常好，一个是比萨拉比亚①的德裔、一个是鲁塞尼亚人，还有一个当过十年战俘的匈牙利人。

他们携带梯子，将其水平放置在反坦克壕上当作小桥，在黑暗中用俄语向俄国卫兵讲话，骗过那些人，然后匍匐爬过梯子。他们向后面报告说，第二波可以跟上。这时一下子出现了人间地狱：重炮轰击，机枪、冲锋枪和其他轻

---

① 比萨拉比亚（Bessarabia）是东欧的一个历史地区，大致相当于德涅斯特河、普鲁特河和黑海形成的三角地带，今天大部分在摩尔多瓦境内，西北部在乌克兰境内。1812 年，俄国从奥斯曼帝国手中获得比萨拉比亚地区。1918 年十月革命之后，比萨拉比亚归属罗马尼亚。1940 年，苏联吞并比萨拉比亚。1941 年，罗马尼亚在德国帮助下夺回比萨拉比亚。1944 年，苏联再次占领比萨拉比亚。

武器都在猛烈开火。但第二波还是有很多人通过，抵达邮局大楼。[27]

32. 塞尔·卡尔曼广场（今天的莫斯科广场）上突围的死难者

一小群德军装甲车（可能包括 3 辆匈军车辆）在瓦弗克街取得突破。其中有些车辆携带了弹药和包扎用品，走了两三公里之后被抛弃，但大多数车辆在红军战线附近被击毁。另一群，大概有三四辆坦克和一些装甲车，试图突破瓦洛什马约尔街的红军阵地。第一辆卡车刚刚爬过街口的街垒就被直接命中。车内乘员当场死亡，车辆残骸堵住了前进的通道。恩斯特·凯勒下士的坦克一开始就无法开动，因为它的燃油被蓄意破坏的人掺入了糖。[28]亚诺什医院附近的红军重武器给德军和匈军造成了灾难性的损失，使得他们在这一地区根本无法前进，直到一辆

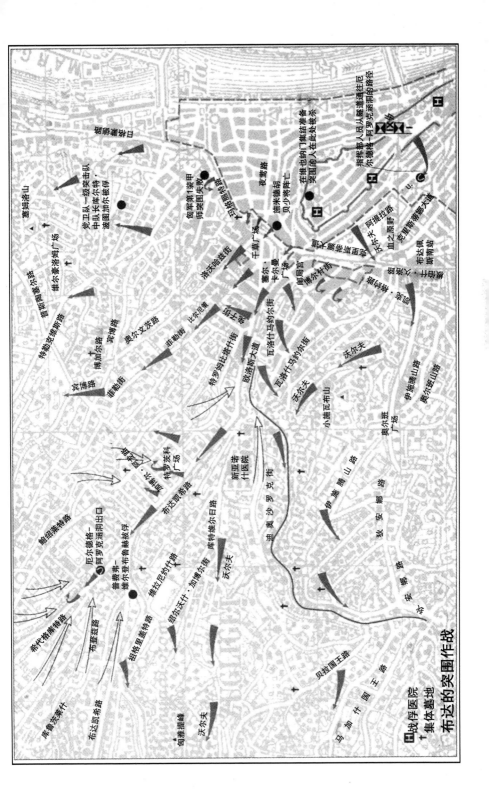

布达的突围作战

未受损的德军坦克摧毁了红军的这些重武器。

在亚诺什医院附近的瓦洛什马约尔农庄以及布达永耶，德军和匈军用铁拳击毁了一些直到晚上 9 点才开始行动的苏联坦克。但他们每人只能携带六七公斤的装备，要么是一些手榴弹，要么是一支步枪或冲锋枪再加上顶多七个弹匣，也有人带了一支铁拳。很少有人有机枪，因为机枪太重，还需要两个人抬弹药箱。因此，很多人才走了一公里弹药就打光了。

匈军第 1 装甲师的参谋长瓦采克·弗里杰什上尉详细描述了一个场景。该师师部和一个突击工兵分队，大概 30 个人，携带冲锋枪，试图突破迈希沃特广场，但被红军的强大火力阻住。他们返回包蒂雅尼街，穿过干草广场，进入萝卜街，看到那里有两辆坦克着了火。他们害怕坦克内的弹药爆炸，于是在街角的肉店掩蔽下来。师长韦尔泰希·亚诺什上将面朝下跌倒在地，跌掉了他的最后一颗牙。"这日子真不走运。"他叹息道。三十年前第一次世界大战期间的这一天，他在一次紧急迫降后被俘，在战俘营待了三年才逃出。这一次，他被俘后 24 小时内就被枪决了。晚上 10 点到 11 点，这群人抵达欧洛斯大道的路口。一大群人从塞尔·卡尔曼广场赶来，包括推着婴儿车的母亲、老年人和其他平民。

突然鲍绍莱特路上开来 3 辆红军坦克，在约 400 米开外用榴弹和曳光弹向密集的人群开火。……我旁边有 8 到 10 个人被榴弹打死。要是想躲开，就会踩到人，被踩的人则痛苦地大叫。人群躲在房屋里。最后有人用铁拳击毁了坦克，人们蜂拥而出，就像肉酱从香肠机挤出来一样。他们高呼万岁。但很快又开来一辆坦克，屠杀再次开始。还活着的人大多逃进菲勒街，从那里继续向西北逃跑。[29]

第一波大概几千人突破了红军近卫步兵第180师的阵地，沿着欧洛斯大道前进了2.5公里，一直走到布达永耶。但他们损失太大，晚上10点到11点抵达干草广场前线的第二波人不敢跟随他们。第13装甲师的预备役中尉恩斯特·施魏策尔描述了干草广场和洛沃哈兹街的情况：

> 我们向西走了300到400米，看到一大群士兵在一片开阔广场前类似谷仓一样的房子后面寻找掩蔽。这就是前线。我们沿着房子边缘走，看到广场两面都被苏联红军的机枪和反坦克炮封锁了。广场上尽是死人和伤员。我们脚下有十几个死人，他们是在从房子冲出时被打死的。……现在我们被后面的人挤进了火线。我一刻也没犹豫，抓住旁边作战参谋[30]的手，喊道："冲！"我们穿过广场逃命。子弹在我们身边呼啸而过，但我们很幸运。我们一瞬间就冲过了大约300米的死亡地带。我们在一条狭窄小巷里，两边都是四五层高的楼房。步枪响了起来，楼房上层有人开枪，士兵们向上喊叫。谁知道哪儿是战友，哪儿是敌人？[31]

此时很多逃亡者已经绝望地放弃了。一位医务兵回忆了塞尔·卡尔曼广场的情况："街上每个门口都是死人和伤员。到处都是呻吟声、咒骂声和乞求声。'老兄，打死我吧，老兄，打死我吧。'有的甚至更急切，'你们就没有心吗？''这是我的手枪，在我身上。求你打死我吧，因为我不能自杀。我的两个胳膊都没了。'"[32]

第 13 装甲师师长格哈德·施米德胡贝少将在穿过干草广场之后就被打死在萝卜街。他的尸体，和他的很多战友一样，被扔到奥斯特罗姆街的反坦克壕里。[33]在附近，党卫军第 22 骑兵师师长奥古斯特·齐恩德少将的右腿被手榴弹炸断，于是自杀。在祖格里盖特地区，党卫军第 8 骑兵师师长约阿希姆·鲁莫尔少将和他的三名军官同样自杀身亡。从布达出来的每条路上到处都有伤员请求战友结束他们的痛苦。比尔尼策的部队于晚上大约 11 时抵达干草广场，他手下的一名士兵回忆道：

> 在黑暗中，远处是战斗的嘈杂，一直和我在一起的人只剩比尔大叔［比尔尼策］和他的副官。大概是半夜。干草广场中央有一辆带有清晰的德军标志的中型坦克在燃烧。火光照亮了整个广场，我们看得见战斗的迹象。朝向欧洛斯大道的第一波突围是从这里开始的。到处都是死尸和车辆残骸。我们走到了通往欧洛斯大道的街口，受伤的德国兵躺在底楼窗子里面，呻吟着，向我们要香烟以缓解他们的痛苦。他们告诉我，突围已经失败，他们看到很多人被打死。此时相对安静了下来。可以听见燃烧的车辆的爆裂声和听天由命的伤员的只言片语。[34]

在迈希沃特广场附近，红军在一家咖啡馆用一支反坦克枪射击玛格丽特大道和城堡区之间的地段，暂时阻止了突围。但到夜里 11 点，德军在黑暗中已经前进很远，于是红军放弃了他们的反坦克枪，同被他们强迫搬运弹药的平民一起躲进了附近的房屋。战线因此出现了一个缺口，德军和匈军士兵以及平民利用这个缺口逃向玫瑰山、菲勒街和更远的树林，一直到黎明。[35]

红军在布达永耶、维拉尼约什路和特勒克维斯路也遭到攻击。一些德军（主要是党卫军第22骑兵师的人员）向西推进，占领了小施瓦布山上的伊施腾山路、诺尔毛福路、马加什国王路和施瓦布山地区的贝拉国王路。但他们在布达永耶西北的许沃什沃尔吉路无法前进。施魏策尔报告说：

> 我们躲到一个庭院的入口处。几分钟后，一群师部参谋军官也集中到这里。因为寒冷，他们大多数人进到地下室，纠缠一位小个子老太太借助烛光在地图上指出他们的位置。……我因为伤口剧痛，在院子里走来走去，直到汉斯·利曼中尉到达。他有一大包绷带，于是给我包扎了伤口。……一名党卫军军官跟跟跄跄地走进院子，宣称："我受伤了，我要来个了断。"我问他是从哪儿来的。他回答说，他试过左面的小巷，但那里也被封锁了。他手下30个人走了那么远，但更多人已经死伤。随后他开枪自杀了。[36]

午夜，塞尔·卡尔曼广场和干草广场相对安静了一点。比尔尼策的部下回忆道：

> 几小时后，我和比尔大叔一起回到干草广场，新的一群人凭借本能向欧洛斯大道出发了。……我们加入了其中几群。行动不是一致的，大大小小的人群绕回了市区。在黑夜的沉寂中，所有人都执拗地走向某个地方，显然没有任何组织。我清楚地记得，我们，包括比尔大叔和他的副官，是怎么走到宾博路然后随着人群上山的。突然我们听到履带声。我们一片死寂，立刻卧倒在房屋和篱笆后面的

33. 突围之后布达的街道

地上，避免被发现。当时一片漆黑。[37]

比尔尼策本人补充道："履带声越来越响，直到坦克轰鸣着从我们身边开过。……我们的经验是，在黑暗中坦克是瞎子。这经验再一次得到了证实。"[38]

少数军官对情况还有一定掌握。"统帅堂"装甲师的赫尔穆特·沃尔夫中校意识到，朝向欧洛斯大道是没有出路的。他命令一个营尝试穿过血之原野草地和凯克高尔约街，这个地点是敌人完全没料到的，所以他们成功了。这群德军未遇抵抗就穿过了红军阵地。黎明时，他们已经在大施瓦布山的山顶了，可以俯瞰通往布达凯希的道路。在白天又有约 2000 人加入了沃尔夫的队伍，总数达到了将近 3200 人。[39]

德军和匈军不顾重大伤亡，疯狂地向红军火力猛冲，这让红军也开始慌神了。被 NKGB（苏联国家安全人民委员部）部队俘虏的利希滕贝格·尤迪特在 2 月 11 日晚从利普特迈佐区被押送到亚诺什医院。她回忆道：

> 在库特维尔日路……我们在一座特别美丽的别墅的石墙下等了很久。马匹受到汽车喇叭声惊吓，又是嘶鸣又是腾跃。苏联士兵叫喊着，试图把困在雪地里、车轮空转的汽车拖出来。在拥挤的人群中，卡车像笨拙的大象一样隆隆前进。很多外国人、牲口和车辆在上山的窄路上挤成一团。所有人都焦虑万分、担惊受怕且极为恼火。……分流和重组消耗了很长时间，我们抵达了贝拉国王路和……铁路高架桥下的通道。
>
> 不时有无名的士兵开枪，发出鬼魂般的火光，但我不在乎。我已经习惯了，把它们当作这场景的一部分，就像无边无际的被动等待着的混杂人群一样。然后我听到而不是看到枪火，附近很近的地方有人大喊着，我清楚地听到了几句德语，"这边，这边，到这边来"。……清脆的步枪声变成了猛烈的机枪声，此前一直押送我们在雪地上缓缓前进的俄国佬全都扑倒在战壕里或者车辆后面或之间。半分钟后，他们大多数人转过脸逃走了。我意识到他们比我熟悉情况，于是决定跟他们一起逃跑。……我撞上一个红军中士，他攥住我的胳膊，喊道："过来，姑娘！"他和我一起逃跑，每跑到一座别墅我们就停下休息片刻。在有个地方我们碰到一个人，可能是个军官，因为我能听懂中士在向他解释，我这么一个平民女人在战场上做什么。……我喊道："打德国人！"那人听懂了我希望他还击德军。他

回答说，我是俘虏，而"不是指挥官"。我非常恼火。我真想自己组织防御。但那个中士拉着我，说："吓坏了。"

吓坏了。多谢。我自己也看得出你们吓坏了。旁边有个戴皮帽子的人在哀号：他中了弹。德国人在我们后面一步一步前进。队伍咒骂着抛锚车辆造成的堵塞，开始尽快撤退。我和那个中士分开了，但很快有个厨子抓住了我的手，我们一直跑着，直到我的靴底陷在了深深的雪堆里。我跌倒在地。我后面的汽车的右前轮撞到了我的左膝盖。听到我的尖叫，车里的军官打开车门。他和厨子讨论了一会儿，他命令厨子把我拉到路边最近的一棵树下。厨子把我倚在树上，喊了一声"走吧"，然后消失在混乱中……

我们到达布达凯希路时……看到一幅令人难以置信的景象。红军的三路纵队推推搡搡，按着喇叭，逃往布达凯希。这是速度极快、所有人都只顾自己的逃亡，只有一支被打垮的军队才会这样魂飞魄散。[40]

2月12日早上，布达附近的山谷降下大雾。好几群人，每群2000到3000人，包括平民，利用大雾的掩护逃往施瓦布山、赖麦特山和三边界山。总共有约1.6万人从市区逃入山中。

厄尔德格－阿罗克涵洞之旅

根据计划，德军和匈军指挥部、党卫队区队长（准将）德尔纳的500名突击队员、高炮单位、滑翔机飞行员以及其他一些单位将从厄尔德格－阿罗克溪谷和多瑙河之间的涵洞逃走。他们将从城堡山下面的隧道出发（此处距离红军战线2公里），然后在红军战线后方2公里处重新回到地面，在地下一共要行进 4 公里。

匈军指挥官欣迪·伊万直到下午 3 点之后才得到这个消息。在战后的审判期间他记述道：

> 2 月 11 日，我听说食物已经耗尽，于是决定和普费弗－维尔登布鲁赫商谈。按照双方的副官达成的协议，我下午 3 点左右来到他的办公室。我还没开口，他就说他也正想见我，因为他有两个命令要给我。命令是守军将于当晚 7 点突围。我告诉他，他居然事先不和我商量，我对此感到很奇怪，并问他是怎么做出这个决定的。他说我们的部队附属于他的部队，而他的部队已经得到了命令；而且，他前一天晚上和他的师级指挥官们讨论过，食物已经耗尽，他别无选择。我又说，就算不和我事先商量，也应当提前通知我才对，现在我只有三个小时准备了，无法保证所有人都及时得到消息。[41]

匈军第 1 步兵军作战处处长科瓦奇·费伦茨·X. 上尉回忆说，欣迪随后"把军官们叫到我的办公室……告诉我们，他不会强迫任何人参加突围。他说我们会在晚上 11 点开始。他会和德国人一起走，如果没人反对也没人有意见的话，他会带他的妻子一起走。（没人有意见。）"[42]

按照计划，比尔尼策中将本来也要从涵洞突围，而他的部下将在地面上穿过塞尔·卡尔曼广场突围。他听到欣迪的命令后，决定和士兵们一起走。

匈军第 1 步兵军的军官学员保利齐·约瑟夫对当时很多人万分自信的乐观情绪回忆道：

　　　　在鲍耶学院附近的下水道［事实上涵洞是用来通水的，
　　不是下水道］出口处，军部、匈军和德军参谋部、办公室
　　人员将得到战斗群的迎接，他们会帮助我们继续逃出要塞，
　　因为要塞已经守不下去了。如果成功的话，我们这些布达
　　城堡的英勇守卫者，从小兵到将军，会全部得到晋升，受
　　勋，然后在德国哪个海滩度上三个星期的假。[43]

即使到了这时，很多人还是不能面对事实，但欣迪预料到了末
日的降临，十分沮丧。军部的军官博尔巴什·卡罗伊记述道：
"我最后一次看到他［欣迪］是在晚上 8 点差一刻，部队集结
时。箭十字党的人裹着红毯子爬上一辆匈军装甲卡车，显得很
滑稽。欣迪默默地看着他们。我问他，他对这怎么看。他没有
回答，而是向每个人道别。"[44]德军和匈军指挥部人员于当夜 11
点左右离开指挥所。[45]德尔纳的部分突击队员走在他们前面。科
瓦奇特别指出："匈军指挥部人员紧紧跟在普费弗－维尔登布鲁
赫后面。在他们的前面，突击队员携带着铁拳、迫击炮、机枪
和其他重武器。"[46]一名士兵回忆道：

　　　　我领到一块熏猪排、两公斤糖、两片面包、一些大米、
　　腊肠、人造黄油和一瓶白兰地。但这些东西我只能带一小
　　部分，因为我还得带其他东西。……下水道的入口离克里
　　斯蒂娜大道上的隧道出口大约有 200 到 300 米，我想是在
　　97 号。我们在炮火和信号弹之间走过这一小段距离。……
　　最后我们终于来到房子的地下室，那里有一个倾斜的桶形
　　开口，直径 1 米，有好几米长。我们通过这个开口进入下
　　水道……那是一条管状通道，直径约 3 米，底下有大约 40

厘米深的沟。……幸运的是，我们还有一些蜡烛，要不然这个地下世界就一片漆黑了。我相信，阿尔卑斯的登山者行进得都比我们快。……我们不时走到管道检修孔下面，那里有螺旋状的楼梯，被铁板封锁着，在那里可以听见地面上绝望战斗的嘈杂声。[47]

其他很多群体没得到允许就进入了涵洞。参谋部军医官维尔纳·许布纳对指挥部人员离去后的混乱回忆道："在停放着军部通信车辆的大隧道里，人们开始意识到，他们被困了。一个喝醉的军医官担任负责人，决定同一些士兵一起穿过地下涵洞逃跑，这涵洞据说是从多瑙河通往布达凯希的。他们疯狂地叫喊，开始寻找涵洞。后来我再也没看见过他们。"[48]这么多人挤进涵洞，导致水位开始上升，前进越来越困难。一个当年在场的德国人回忆道："很多人渐渐背不动他们的包裹了，背包丢得到处都是。"[49]一个匈牙利人回忆道：

> 水流带来各种各样的东西，堵住了我们的路，有作战装备、钢盔、酒瓶、手榴弹、铁拳。还有一具女尸。我不知道她是怎么到这里来的，但她很可能属于所谓的上流社会，四十岁左右，白皙，很丰满，穿着驹皮外套、丝袜、浅色高跟鞋，死死地抓着手提包。[50]

很多人没走出涵洞就中途离开了。党卫军第9山地军参谋长乌斯道·林德瑙中校在欧洛斯大道附近爬上地面，很快就负伤被俘。军部作战日志的记录员沃尔夫冈·拜茨勒中尉也中途上到地面，走到劳班茨路，在一个地下室烧毁了作战日志，然后投降。[51]

涵洞在许沃什沃尔吉路的地下分叉，有些德国人试图沿着其中一条支路走。普费弗－维尔登布鲁赫也选择了这条路线，也许是在他发现德尔纳的士兵抵达鲍耶学院附近的出口就无法继续前进之后。科瓦奇·费伦茨·X. 回忆道：

> 苏联人用火炮和迫击炮发动反击，逐渐把德尔纳战斗群推回了厄尔德格－阿罗克。炮火越来越猛，地下涵洞里的人都听得见，包括我们。然后普费弗－维尔登布鲁赫下令："所有党卫军军官到前面，和党卫队副总指挥一起！马上行动！把命令传下去！"于是各级党卫军军官都奔向前方的普费弗－维尔登布鲁赫。[52]

普费弗－维尔登布鲁赫既没有等匈牙利人，也没等他自己的军官，后者反正是跟不上来的，因为涵洞支路里水位已经很高，根本无法前进。只有他和他的参谋人员到达了几百米外的地面。其中 10 到 15 人躲在布达凯希路的一座别墅里，次日早上被红军发现。红军步兵第 297 师的政委写道：

> 在争夺这座建筑物的战斗中，我们派了一个会说德语的匈牙利平民去向敌人劝降。为了强调这是最后通牒，我们部署了一门 45mm 炮对准房子，由 M. U. 扎戈里扬中尉指挥。屋内的敌人答复说，他们会在以下条件下投降：
>
> 1. 保证他们的生命安全；
> 2. 受降的红军军官的军衔不低于少校。
>
> 本师防化分队的指挥官斯克里普金少校用手指蘸着墨

水在一张纸上写下，他是红军少校，准备接受他们投降。[53]

德尔纳负伤后可能是以类似方式被俘的。[54]

34. 普费弗－维尔登布鲁赫和林德瑙被红军俘虏

因为红军没有对整条涵洞保持监视，有些德军和匈军成功地逃到了鲍耶学院附近的出口而没有被发现。10 名士兵在一名军医中尉率领下，躲到当地居民博尔迪扎尔·伊万家中，精疲力竭，倒头就睡。其他人在布达永耶爬上地面：

> 我们看不见敌人。可能到处都是敌人，但他们没有产生疑心。"军官先上！"却没人动弹。少数意志坚定的军官早就上前了，但其他人已经丧了胆，拖着沉重的脚步走在后面。……我们一个一个爬上铁梯，扭动着钻过狭窄的检修孔，在这条郊区街道的雪堆后面掩蔽下来。我们肯定是

在布达外围了。东方正在破晓。[55]

逃亡者看到有光亮接近，大为慌乱，因为无法判断这光亮究竟是战友的手电筒还是红军的火焰喷射器：

> 离开这个陷阱的唯一出路就是通过路面的格栅（通常是用来使积水流入涵洞的）爬到街上。推开格栅倒不难，但爬上去就不容易了。第一个人爬了出去，第二个也成功了，但此时苏联人似乎注意到了我们的逃命洞窟。下一个人刚探出头就被红军狙击手击毙，掉了下来。逃命出口被发现了，我们该怎么办？我们继续在隧道里走。红军不可能用火力控制住所有的格栅吧。我们必须再试一次。我们唯一的想法就是：逃出去！我的战友一厘米一厘米小心翼翼地探出头。没看到苏联人，也听不见枪声。他爬出洞口，平躺在地面上。他被发现了吗？我爬上去的时候，敌人会不会瞄准我的脑袋？我脑袋嗡嗡作响，一厘米一厘米地爬了上去。外面还很安静。我猛跳一下，脱身而出，然后我们跑向附近的希皮罗纳电车站。[56]

这样的逃亡者很快就被在大街上巡逻的红军坦克发现了，逃亡者被赶入附近的建筑物。2月12日早上，红军开始对他们展开围捕：

> 大概中午时分，一个俄国使者来了，挥舞着白旗。我们在前门迎接他，带他去见我们的"指挥官"。他告诉我们，反坦克炮和迫击炮刚刚抵达，已经准备好对我们开火。

如果我们投降，就不会对我们怎样。我们要是不在半小时内举起白旗，我们的房子就会在几分钟内被轰成平地。死亡或者被俘。我们心情沉重地选择了后者。[57]

很多德军自杀，例如躲在迪奥沙罗克街 2 号的花园里的 26 名党卫军士兵。有些人一开始就恐慌不已，红军还没接近，他们就自杀了。

匈军很少有人自杀。军部 60 人中有约 40 人返回了涵洞入口所在的建筑物的地下室。第 4 骠骑兵团的主要幸存者，两名中校和一名少校，沿着铁路进行了一次无武装的侦察，在附近一座别墅投降。这种结局很有代表性。

从厄尔德格－阿罗克突围的行动以悲惨的失败告终。据我们所知，走这条路线的人没有一个抵达友军战线，甚至连希代格库特郊区都没人走到。参加此次突围的一个匈牙利人写道：

气氛紧张，一片混乱，叫嚷，打斗，绝望的恐惧。……此时德军军长和他的军官早已不在涵洞了。天知道他们在哪。只剩下几百名绝望的德军，还有我们。爬上那螺旋楼梯就等于死亡。附近的人说，爬上去的人都在口子附近被打死了。……检修孔 10 米左右以外有一条支路走廊、一根水管。水管直径有半米，也是桶形，管内的水一直往外流，水位有大约 20 厘米。……德国兵试图从这管道逃走，这是不可能办到的。水管一次只能进一个人，他们就跪下爬行，一个跟着一个。进去的人越多，水位越高。进去 100 人之后，管道几乎一半都是水，里面爬行的人排出的水像瀑布一样。……当几乎所有德国人都爬进狭窄的管道之后，他们突然开始往回爬，恐怖地大叫，个个浑身湿透。他们看到远处有光亮，认为红军肯定带着火焰喷射器过来了。……受伤的人能跑的都跑了。有个人大腿受了伤，用手撑着，拖着自己前进，好像在游泳一样。还有一个人用屁股滑过来。每个人都拼命逃跑。[58]

下午，欣迪和他的随从意识到，涵洞的厄尔德格 - 阿罗克出口和布达凯希支路的德军都被打了回来。科瓦奇采取主动：

> 我们后面是一群德国兵，带着各种各样的武器，我们估计红军会从地下通道的尽头发动进攻。我们会被两面夹击。我向欣迪大将和霍瓦特·山多尔参谋上校建议，我们脱离普费弗 - 维尔登布鲁赫的队伍，往回转，找个地方上到地面。……我们在齐腰深的水里前进，推开堵路的各种被丢弃的东西。欣迪·伊万的妻子穿着长裙，跟在后面，我们为她清出一条路。[59]

另一个在场的匈牙利人回忆道：

> 我们终于来到涵洞像瀑布一样喷水的地方。但这一次我们沿着水流的方向前进。我们不得不下到低处的涵洞里，里面全是水，大概一米到一米半深，淹到了高个子的腰部、小个子的腋窝。水的流速很慢，说明管道某处被阻塞了。我们想起来了，管道某处有个闸门，敌人可能把它关上了，想要淹死我们。必须采取措施，因为可怕的战争打到了尽头，我们宁愿被打死也不愿被淹死。

　　两位参谋上尉［科瓦奇·费伦茨·X. 和凯赖凯什·拉斯洛］主动请缨，去打开或者砸坏闸门。一刻钟或者半小时后，天知道我们在等待中煎熬了多久，我们终于听到闸门被砸毁的声音。……两位上尉回来了，抬着欣迪的妻子。可怜的老太太的英勇让很多男人汗颜：她没有发出一句怨言。[60]

　　塞尔·卡尔曼广场上有个出口被一座小楼遮蔽着，这群人在大约下午 5 点停在了这里。科瓦奇爬上螺旋楼梯，听到了苏联人的说话声，于是他们继续下到管道向前走。因为他们既不能从涵洞的多瑙河出口也不能从德布伦泰广场（此处管道的上层塌陷了）出来，他们最后决定返回最初出发的地方。[61]

　　一个半小时之后，我们看到了"通往天堂的梯子"。……科瓦奇上尉又主动第一个爬出涵洞。……我们安全到达了。地下室的门是开着的，我们听到上面有马蹄声和苏联人的说话声。他们显然也注意到了我们，因为其中两人走下楼梯来。他们没想到会抓住这么多高级军官［欣迪、赛德利·久洛少将、一名参谋上校、一名中校以及三名上尉］，甚至忘记了使用武器。[62]

逃亡者的进一步行动

　　地面上突围而出的人们很快分成几大群，大多数人在不同地方抵达了布达附近的森林，朝向三边界山进发。突击炮兵中尉高拉德·罗伯特介绍了其中一个群体的形成过程：

比尔大叔［比尔尼策］和我……本能地向山地进发。有些地方的积雪有20厘米厚，把我们的脚印清晰地留了下来。我在雪地艰难前行，比尔大叔跟在我后面，走得很慢。篱笆不是被拆掉就是被碾平了。我们走到一条上山的泥土路。一块粗糙的木板上写着"特勒克维斯路"。此时我们走入了一片林地。我们向上爬，在树林里休息了一下。然后我们吃惊地发现，天渐渐亮了。山谷里的战斗声越来越响，到处是雾。我们的后面，沿着我们的脚印，有无边无际的人群在接近我们。……我们周围挤满了平民、士兵、小孩、妇女。满脸胡须的党卫军突击队员挎着冲锋枪。所有人都用匈牙利语和德语问比尔大叔，我们该往哪儿走。不知不觉地，比尔大叔不由自主地成了喃喃低语的人群的中心。雾越来越大，比尔大叔派遣携带机枪的人到山脊那边去担当前卫。……带机枪的德国党卫军士兵在前面。他们大概7个人。一夜没睡的他们现在步履沉重地踏过雪地，穿过灌木丛，精神状态不佳，满脸胡子拉碴，显得十分冷淡。比尔大叔和我跟在他们后面，我们的后面是那一大群混杂的人群。一个年轻的德军少校，负了伤，打着石膏，坐在一匹毛发蓬松的小马上，一个医务兵牵着马。妇女们带着孩子，号哭着，拖着包裹艰难前进。[63]

军校学员科科沃伊·久洛从施瓦布山走到三边界山，他所在的队伍可能是规模最大的一群逃亡者。他也见到了利希滕贝格·尤迪特先前目睹的恐慌场面：

大概2点，我们走到贝拉国王路。我们看到很多被抛

弃的汽车、马匹和满载弹药的卡车。一队各种各样的卡车
旁边有很多平民，已经被打死了。……天亮起来的时候，
我们来到一些房屋，很多德国兵和 8 个大学生在那里休息，
他们是温特集群的幸存者。我们至少有 600 人。

我和上尉一起寻找高级军官，找到一名德军少校。我
们简短地商量了一会之后，整群人向科苏特①纪念碑进发，
领头的是那个德军少校和纳吉·容博尔上尉。我们从纪念
碑左面通过，经过一座两边很陡峭的山谷。苏联人在上方
的别墅向我们射击。我们也开枪还击。此时德军已有一些
伤亡，但我们匈牙利人都安然无恙。……

布达凯希有苏联人，我们就继续向北穿过树林。大约
3 点，长长的队伍后面传来话说，有苏联红军跟在我们后
面。……我们加快速度，在一座被树林覆盖的山顶遭到四
面火力攻击。在山上我们碰到了炮兵上校莱纳德·拉约什、
一名步兵上尉和箭十字党党员沃伊瑙·阿龙。

纳吉上尉和一些组织较好的德军群体的指挥官协商了
一下。随后，我们匈牙利人和德国人一起艰难地穿过深深
的雪地，攻击了一群苏联红军。枪战之后他们逃走了，丢
下一门迫击炮。这次突破之后，山上的所有人都跟着我们。
参加进攻的人都没有受伤，但我们在树林里战斗时红军用
重迫击炮、步兵武器和伊尔-2飞机的机枪向山顶上的人
群开火。很多人被打死打伤。受伤的人包括一名德军少将、

---

① 科苏特·拉约什（Lajos Kossuth，1802~1894），匈牙利革命者、律师、记
者和政治家，匈牙利民族英雄。他是匈牙利 1848 年革命的领导人，担任革
命中独立的匈牙利共和国的国家元首。革命失败后，他被迫流亡海外。他
在英美发表的演讲影响极大。

莱纳德上校和那个步兵上尉……

天黑之后我们休息了六个小时，还有食物的人就吃了点东西。然后我们继续前进，直到深夜。我们把伤员留在一个村庄（可能是帕吉村）附近，留了一些人照料他们。

大概半夜，我们停在一块空旷地上的原木之间。没有毯子，我们就挤在一起，但是风越刮越大，还下起了雨夹雪，我们冷得直哆嗦。大概两小时之后，我们的衣服被雨夹雪浸透，开始结冰，我们只好继续前进。[64]

有些人从三边界山继续向北，走向乔班考和皮利什山。大多数人转向西方，穿过大科瓦奇上面的树林。恩斯特·施魏策尔回忆道：

好几群士兵在一条森林小径上向西北进发。现在我们认出他们是布达佩斯来的德军。很多匈牙利平民跟着他们。……我们的队伍里有平民用头顶着他们的所有财产。一名伤兵，一只脚的脚腕以下全都被炸掉了，没有包扎，坐在一匹没有鞍子的马上。……现在有苏联红军侦察机在我们头上盘旋。2点30分，第一批轰炸机发现了我们。我们有伤亡。一片空地上，一个红军前哨发现了我们。每隔一段时间，我们的队伍里就有人被步枪打死，直到一名上尉说服十名士兵向红军前哨开火，掩护了我们的侧翼。大约4点，我们走到了佩斯希代格库特－绍伊马尔路。这里有红军的坦克停着，我们不能穿过大路。路东面的山看上去好像一座巨大的军营。现在红军开始炮击我们。又有伤亡。[65]

一群人，主要是党卫军，遭受惨重伤亡之后抵达了廷涅和派尔巴尔附近森林的西缘。另一群人在"统帅堂"师的赫尔穆特·沃尔夫中校率领下接近了布达耶内和派尔巴尔。还有一群人在大科瓦奇遭到红军伏击。[66]比尔尼策和他的追随者转向南方，在派尔巴尔附近被俘。比罗·约瑟夫中尉看到"德国人沿着三边界山山坡上的游客小道向绍伊马尔逃跑，跑了两个小时。他们用担架抬着伤员。只有他们的后卫还在开火，从一棵树跑到另一棵"。[67]他们试图沿着通往维也纳的道路前进，但是很快就打光了弹药，同时在每片空地都遭到红军交叉火力的骚扰和袭击。[68]

一大群人，包括党卫军"玛丽亚·特蕾西亚"骑兵师的很多士兵以及利特拉蒂－罗茨中尉带领的匈军队伍，选择沿着铁路转向西南。有些人爬上了施瓦布山，但遭到红军伏击。所有德军都被杀死，但红军饶恕了匈牙利人。其他人来到小施瓦布山，被红军阻住。后来在这一地区发现了多个大规模墓群，铁路沿线有四个，奥尔班山和小施瓦布山之间有两个。

逃亡者在西进的过程中经常遭遇红军的辎重队。通往布达凯希的路上就发生了一场这样的遭遇战：

> 队伍前头有人开始开枪。一名中尉和几名机枪手跑到前面察看，其他人则后退。没人愿意受伤，因为受了伤就只能被丢下。有些勇敢的家伙带着弹药箱上前，消失在浓雾中。我们听得见我们的MG－42机枪的声音，还有红军机枪的还击，但很快就安静下来。遭遇战以沉闷的手榴弹爆炸声告终。现在我们可以继续前进了。地上躺着一些红军尸体，还有将近一打德军伤员。[69]

234 / 布达佩斯之围：第二次世界大战中的一百天

❶ 舍宁和沃尔法带领的群体的路线
❷ 为逃亡者空投补给箱的地点
❸ 党卫队一级突击队大队长弗吕格尔精神崩溃
❹ 比尔尼策上将被俘
❺ 在维也纳公路突围的企图
❻ 施魏策尔的群体的路线
❼ 通往维也纳的公路上的红军机械化单位
灰色阴影部分为林地

布达与德军主战线之间的突围路线

饥饿的人们非常癫狂，已经没有什么纪律可言：

> 我们拖着脚步往前走，看到前面的人俘虏了一些红军
> 的大车，车上装着面包。一小群人在争夺面包。逃亡者用
> 手枪互相射击，真是可怕。我们无助地站在一边。其中最
> 野蛮的人很快就装满面包消失了。被打死打伤的人就躺在

地上，旁边是安静的马匹和大车。[70]

此时愿意或者有能力继续战斗的人越来越少："我们已经没有什么斗志了。经常有士兵丢弃武器弹药。部分原因是这些东西很重，更主要的原因是军官下令'有机枪和步枪的人上前！'时，没人愿意上前。"[71]也有些人很幸运：

> 夜间静静地穿过森林。不准吸烟。突然听到大声说话声，前面有手枪声。然后是惊喜的"别开枪，是战友！"在森林中间，队伍前面的人走到一条路上，苏联红军的马车押着一些德军战俘。……苏联人逃走了，我们的战友自由了。他们的讲述给了我们不祥的预感。……他们连手帕和勺子都被苏联人抢走，自从昨夜就没吃过东西。重伤员在第一时间就被苏联人打死了。[72]

但很多人放弃了："我们前面的德军突然停下了，我们也停了下来。我们不知是怎么回事，于是我和一个中尉走上前去。军衔最高的德国人，党卫队一级突击队大队长（中校）汉斯·弗吕格尔躺在雪地上，大喊大叫，说他已经受够了，什么都没有意义了，他一步也不往前走了，诸如此类。他的部下就站在那里不动。"[73]

施魏策尔那一群人在皮利什红堡北面扎下营来，突然遭到红军攻击：

> 休息了一小会，我抽了支烟。……然后突然听见下面苏联人喊"乌拉！"他们向我们开火。我们像受惊的野兽

一样跳起来，爬上朝向北方的陡峭的山坡。我们很快就跑不动了。敌人很仔细地瞄准，打死了我们一些人。我前面的一个士官跑着跑着突然头部中弹，像棵树似的倒了下去。我受不了了。我抓住一丛灌木，防止滑下去，想着是不是干脆放弃算了。……但我又站起来前进，最后我们爬上了537米高的凯维利山，自始至终处在敌人的持续火力之下。……我们从山的另一边滑下来，被雪埋到胳膊肘那么深。我们明白，敌人只需跟着脚印就能抓住我们。我们在山脚下一丛灌木里掩蔽下来。我们还剩13人。今天的口粮是一块巧克力、一块糖和一小块面包。[74]

两三天后，大多数逃亡者开始出现幻觉。有些人在雪地里幻想自己看见了房屋、厨房和食物；有些人想象自己在布达佩斯南站。很多人已经濒临疯狂。[75]但最糟糕的还在后头。要抵达达马尼、让贝克和索莫尔附近的德军战线，他们还必须离开森林，穿过开阔的让贝克盆地，而红军的大批坦克在那里等着拦截他们。

抵达

参加突围的约28000名官兵只有约700人抵达西面的德军战线。第一批人，包括1名匈军军官、3名德军军官和23名士兵，于2月13日夜间穿过了位于索莫尔天主教公墓的德军战线。他们的成功主要归功于他们的领队绍博·拉斯洛·西洛希中尉，他对当地地形非常熟悉。[76]

党卫队一级突击队中队长（上尉）约阿希姆·布斯菲尔德和他的一名部下手拉着手逃跑，躲过了洛沃哈兹街的弹雨，溜过了一些房屋，此处的红军士兵没听到突围，正在玩乐。次日清晨，他俩在赖麦特山赶上一大群人，主要是德军。他们没有精力反抗红军的持续攻击，也没有力气寻找空投的补给，于是向北进发。他们在一座林木稀疏的山顶过了夜，没遇到什么障碍。2月13日早上，他们大约100人抵达了前线，此处红军在一条小溪上方的高处建了阵地。布斯菲尔德回忆道："在通往德军阵地的隆起的草地上，我们可以清楚地看见一些小灰点，那是德军士兵在前进。德军没有为我们提供火力掩护，而红军狙击手把我们一个一个打倒在地。"[77]他们中只有10到20人抵达最终目的地。

最大的一群有300到400人，在赫尔穆特·沃尔夫和威廉·舍宁率领下于2月13日抵达大科瓦奇以北的森林的西缘。天黑后，他们在布达耶内突破了红军防御圈，经过一系列枪战，抵达了德军第3骑兵旅的阵地。[78]为了便于逃脱，他们分割成15到24人的小群。奥托·库切尔中士就在这样的一个小群中：

> 空中突然升起两发绿色信号弹。那一定是我们的部队和战线了。德军战线上每隔500到1000米就有两发绿色信号弹升起。我们接近了红军战壕，有哨兵问话。我们立即用轻武器向苏联人开火，还有手榴弹的人就把它们全投进了红军战壕。我们飞快地跳过战壕，随后苏联人开始射击。一枚手榴弹正好落在我和舍宁中间。舍宁的右脚受了重伤，我的左大腿中了一大块弹片。我一瘸一拐，又爬了一段，两名士兵扶着我走到了我军战线。[79]

舍宁回忆道：

> 突然间我感觉我的两腿好像被扯断了似的。师部的医官希格尔躺在我旁边，想要帮助我。他俯在我面前时也挂了彩。突围一开始，他的跟腱就被打得露在了外面，现在整个臀部都被炸开了。我的弹匣是空的，于是命令一名中尉打死我，免得被俘。中尉自己也手臂负了伤，喊道；"长官，再走 2000 米就到了。咱们非走到不可。"我在雪地里爬过一座山坡，医官在我旁边。……在敌人的猛烈火力之下，我的战斗群的两名负伤的掷弹兵拉着我们的胳膊，我带着脚上好几处伤，硬撑着走完了这 2000 米，来到了德军战线。[80]

匈军少尉科科沃伊·久洛和他的同伴突破了红军多处阵地，抵达了昂亚乔普斯塔，一路不断遭到敌人滑雪部队和战斗机的攻击：

> 我们走了五六百米，天渐渐亮了起来，这时我们遭到了步枪火力攻击。我准备还击，但是我的冲锋枪突然卡壳了。战斗期间没时间检查冲锋枪，于是我把枪背到背上，一边走着，一边把刺刀别到腰带带扣上，随时准备拔出来。
> 我们接近苏联红军阵地时，他们向我们投掷手榴弹。一枚手榴弹打中了我的脑袋，我倒了下去。手榴弹落到我前面的雪地上，我躺在那里等它爆炸。爆炸扬起的雪灌到我眼睛和嘴里，把我的帽子也冲走了。我捡起帽子，追上其他人，他们刚刚抵达苏联红军掩蔽部。离我八到

十步的地方，一个苏联人从树后面走出来，用步枪指着我。我清楚地听到了撞针的声音，但是没打响。他举起步枪想砸倒我，但是太晚了，我已经猛冲上去，把刺刀捅进他的侧腹。他弯下腰，倒向一边。我追上其他人，他们已经越过掩蔽部，来到了森林边缘。我们分散开来，冲向树木，希望我们的人在那里。在猛烈火力之下，我又是爬又是跳，走了大概五百米，接近了那些树木，躲进后面的壕沟里。……

我们又开始跑，沃伊瑙·阿龙第一个跳出河床，但他走了不到十步就被打死了。他是颈部中的弹。大约10点，已经逃脱的人一个接一个地走了进来，36名德军和9名匈军，其中只有3人，亚斯·约瑟夫、希德韦吉·贝拉和我毫发未伤；有6人是用担架抬过来的。[81]

到2月16日，共有624人抵达德军战线。[82]随后又有80到100人抵达，其中就有施魏策尔和他的三名士兵。他们穿过皮利什山向埃斯泰尔戈姆跋涉，2月15日抵达拉约什泉的源头。施魏策尔回忆道：

我们精疲力竭，饿得要死，看到房屋非常高兴。但得先看看里面有没有苏联人。我们两人一组，小心翼翼地前进。……屋里没人，房间都已经被洗劫一空，只有厨房除外，厨具乱七八糟地堆着，左边角上有个沙发，但没有食物。我们都只想睡觉……一个上了年纪的下士在屋里找吃的。他回来时拿着一团乱糟糟的东西，居然是德军的军用面包，那就意味着它已经被放了至少七周时间。……我们切掉腐烂的部分，只剩下一些带霉的面包屑，大家平分了。……

战友叫醒我时，太阳已经很高了。我跳了起来。我们必须立刻离开。这里很危险。突然听到屋里有脚步声。我们站在那里一动不动，盯着门。有人小心翼翼地探进头来。是个匈牙利平民。他比我们还害怕。你在这儿干什么？他后面有两个年轻人，其中一个会说德语。他们求我们立刻离开。苏联红军每天都会来找干草或者别的什么东西，要是发现了我们，这几个匈牙利平民也会因为没有向红军报告而被打死。红军早已把他们洗劫一空，连鞋带都抢走了。我们准备离开，去讨些吃的。……下午3点半，我们士气非常低落，决定返回那屋子，哪怕苏联人来也不管了。我们又出现时那三个匈牙利人吓得脸色苍白。为了保证他们的安全，他们索要我们的武器弹药。那样的话，如果苏联人过来，他们就至少可以说，他们已经把我们抓住并解除了武装。我们给了他们，条件是第二天黎明之前返还。我们把找到的土豆剥了皮，煮了起来。……我躺下，很快熟睡了。土豆煮好后，战友们试图叫醒我，但是没怎么成功。我迷迷糊糊地吃了两勺土豆，又睡着了。第二天早上6点，我们起了床。匈牙利人给了我们一些茶和面包。我现在感觉有力气了。[83]

这四个人继续前进，经过多博戈科的旅游客栈，这里是皮利什山的制高点。客栈已经被苏联人占领，于是他们不得不沿着陡峭的北坡走，虽然只有4公里，但是积雪很厚，他们走了一整天。2月20日清早，他们终于抵达埃斯泰尔戈姆附近：

我的脚疼得厉害，不得不把靴子脱下来。有人帮我脱掉靴子，但是我们准备继续前进时我怎么也穿不上靴子了，根本站不起来。我让战友们继续走，不要管我，我会在白天坚持走到最近的小屋，冒个险，看能不能碰到友军。战友们决定留下和我在一起。……天亮时，我们从一座山顶看到几百米外有个小镇，从地图上看应该是埃斯泰尔戈姆。十天前这座小镇是在德军手里的。我四肢着地，爬向最近的房屋。我们有个人跑到前面，又回来报告。他高兴地说，第一栋房子是德军的营房。我们成功了。[84]

　　有些德军士兵突围花的时间要长些。有些人因为害怕被抓住，躲在了森林里，一直躲到春季甚至夏季。还有人偷偷回到首都，几周甚至几个月后才穿着平民衣服逃出。党卫队三级突击队中队长（少尉）弗里茨·福格尔被大学突击营的人藏了起来，一直到1945年4月。他从躲藏的地方逃出来，装作聋哑人，后来走到他的家乡维也纳。还有人看到有个人胡子刮得干干净净，穿着时髦的雨衣，用德语问去布达凯希的路。

城堡区和军医院的事件

　　大约5000名士兵，主要是匈牙利人，留在了城堡区，要么是因为他们没有收到突围的命令，要么是他们认为突围毫无意义。还有几千名重伤员也被留下，待在隧道内的军医院、国家银行的地下室和其他地方。主医官和他的部下都逃跑了，把伤病员丢在了那里。突围失败之后只有医官许布纳回到王宫的地下室，照料大约2000名被丢弃在那里的伤员：

城堡里完全是一片疯狂。连续几周的围城让每个人都到了疯狂的边缘。饥饿、悲伤和对未来的担忧让很多人做出了出格的事情。……巨大的地下医院里，各个角落都有人用手枪自杀，因为没人想在这种状态下被苏联人俘虏。我快速集合了一些头脑清醒且只负了轻伤的军官、一名参谋部会计长和八名士官，把他们部署到关键地方。我们用无线电通知伤员，我们会照料他们。……匈牙利人只是收集着剩余的武器，到处传播恐怖故事。只有两名匈牙利医生立即主动帮助我们，他们一直到最后都是我们的忠实战友和伙伴。……

城市的地下室和战壕里的士兵几周都没有挨过饿。士兵们疯狂地洗劫了各家商店。为了发泄遭到欺骗和抛弃的怒火，他们开始恣意破坏城市。一个年轻的士官发现了普费弗－维尔登布鲁赫将军那已经空荡荡的碉堡，把将军丢下的一件制服穿在了自己身上。有个疯子把他当作将军，开枪把他打死了，我们根本来不及阻止。……

将近早上 8 点，我开始为一名受了重伤的中尉做截肢手术，他之前逃回了城堡。手术室在最深的地下墓穴。……突然有个俄国人冲了进来，用冲锋枪对准我们。我开始很激动，后来却无比地冷静，继续做手术，根本不理睬他。手术结束后，我们喝了一大杯水。"伊万"也喝了水，然后我们投降了。……同时，各级别的俄国兵在城堡的空房间里玩乐起来，痛饮伏特加。……到晚上，根本没人管我们，于是我们回去工作。……

突然病房陷入黑暗。我们去找发电机时，发现一辆吉普车正在把它拖走，消失在远处。发电机显然干扰了俄国人的无线电讯号，我想他们肯定会给我们一台新的带干扰抑制器的发电机。但他们始终没有把新发电机送来。发电机没了，供水也没了。厕所堵塞了，粪便流到伤员的稻草床之间。黑暗中我们找不到蜡烛。俄国人教我们用猪油和破布做蜡烛，到处都烧着这种东西。……在各个角落，伤员各忙各的，纪律荡然无存。黑暗中，我们走路时脚下都是秽物。臭气熏天，难以忍受。根本无法护理伤员。

死人多得吓人。尸体堆积在最深的墓穴的一个房间里，那里以前是厨房。尸体堆积在一起，僵硬之后变得扭曲可怕。地上到处是药品、锡罐、被划破的图画、珍贵的瓷器、衣物，诸如此类。[85]

红军决定离开医院，在战俘中寻找医生来照料伤员。其中的孔科伊-泰盖·阿拉达尔少尉描述了他第一次接触许布纳和医院的情形：

在南面，一个黑暗的入口通向城堡地下室的德军军医院。一位德国医生，看上去消瘦且疲惫，带着两个医务兵走出来。他说，他和他的人只能搬走尸体，根本无法提供治疗。我们奉命分成三组，确定每层需要多少人手，以及我们究竟能为伤员做些什么。

我被派到第二个地下室。黑暗中只有几支蜡烛闪着光，我们走得很慢。空气浑浊，令人窒息。脓液、血液、坏疽、粪便、汗水、尿液、烟草以及火药的气味混合成一股恶臭，充溢着走廊。……走廊两边躺着很多伤员，排得很长，有些躺在木板床上，有些在铺位上，很多人直接躺在混凝土地面上……几乎一动不动，发着高烧，非常虚弱和无助。好几天来，没有任何治疗，没有换绷带，没有清洗伤口，也没有吃的。医生说，只有死人才会被搬走。呻吟、叹息、虚弱得几乎听不见的德语的哀悼、祈祷，以及只言片语的咒骂。……最底层是头部受伤、瘫痪或失明的伤员，包括一些匈牙利人。这里的人会得到几片止痛药，作为对他们即将告别人世的安慰。[86]

这里多次发生火灾，也许是吸烟导致的，但有些资料称，在一个病房里，红军士兵往伤员身上泼汽油，然后把他们烧死了。可以证明有些伤员是被活活烧死的，地点就在隧道的急救站，也就是今天的军事历史研究所下方。[87]许布纳讲述了他的病房内发生的事情：

2月18日，上层又发生火灾。火源是医院下方的一条支路，那里存放着弹药。我当时正在做一台令人难受的手术，从一个年轻匈牙利人的胃里摘除弹片，这时手术室门被撞开，两个相貌野蛮的家伙闯进来，狂怒地互相开枪。其中一个人蹲在手术台脚下，向对方开枪，另一个人就在麻醉了的伤员被打开的胸腔上方开枪。我们掩蔽起来，浑身发抖，直到手术台脚下的那个人头部中弹，倒在地上。另一个人一言不发，大摇大摆地走了出去，给我们留下一具身份不明的尸体。我们应当喝点白兰地来定定神，但没时间找，因为那时整个地方都烧起了大火。

墙纸、木制的嵌板和病员的稻草床铺很快就着了火。火焰的爆裂声混杂着弹药堆上炮弹和手榴弹的爆炸声，以及正在被活活烧死的人们的惨叫声。唯一的出路是上层墓穴的一扇两米宽的门。我们根本无法救出这么多伤员，最后只拉出一百多人，但只能让他们躺在外面雪地上，大多数人会被冻死。[88]

孔科伊－泰盖回忆了接下来的情况：

> 浓烟从出口翻腾而出，可以听到爆炸声。有些伤员自己爬到院子里。有的人万分痛苦地爬行，用膝盖和手肘支撑着身体，拖着被截断的残肢。还能帮助别人的人都尽量帮忙。他们拼命逃出这个燃烧的地狱，因为地下室的医院全都着火了。德国军医绝望地喊叫："战友们……我的战友们在里面活活烧死了，我却救不了他们。"[89]

某些资料显示，这场火灾中有 300 人丧生，也有资料表明死亡人数高达 800。但也有人幸存下来：

> 一些负重伤的德军和匈军军官住在旁边一个房间里，一扇沉重的铁门把他们的房间与墓穴隔开。铁门已经烧得翘曲，但我听到门后有人敲击。我们一起合力撞开铁门。这些军官坐在这么一个令人作呕的大炉子里面。他们脱了衣服，把尿壶里的液体泼在墙上降温。[90]

医院的少数幸存者直到 1945 年夏天才得以返回家园。

德军南方集团军群对突围的反应

德军南方集团军群指挥部在 2 月 11 日晚上 7 点 45 分收到

了普费弗-维尔登布鲁赫发出的关于即将突围的无线电讯息，但直到夜间 10 点 30 分才上报这个消息。[91] 第 6 集团军指挥官巴尔克将军立即通知陆军总司令部："我会努力在让贝克或皮利什圣雷莱克接应党卫军第 9 山地军。荣誉要求我们必须接应布达佩斯守军。我计划以骑兵军[92] 所有可以调动的力量及装甲单位全力进攻。"[93]

但是红军的近卫机械化第 2 军和骑兵第 5 军恰恰就在这两个地区集结。另外，德军的攻势就算立即得到了最高统帅部的批准，也需要至少一两天才能准备完毕。况且德军根本没有多少快速机动部队。因为毫无办法，南方集团军群指挥官奥托·沃勒上将命令把几天前甚至几周前就印好的最后告别书空投到布达佩斯上空，[94] 并给普费弗-维尔登布鲁赫的骑士十字勋章加挂橡叶。

于是，南方集团军群和第 6 集团军两个指挥部不得不眼睁睁地看着悲剧发生，却无力干预。最初的进攻计划很快被放弃了，乐观情绪也烟消云散。南方集团军群的作战日志对当时的形势记述如下，其中不乏错误：

1945 年 2 月 12 日，星期一
　　……布达佩斯守军昨夜从城市西部突围，现在没有详细报告。根据航空侦察，他们似乎分成多个战斗群，通过皮利什山向西北进发。我军一支部队在埃斯泰尔戈姆东南集结，准备发动反击。……
巴尔克集团军：
　　现与该军［党卫军第 9 山地军］缺乏无线电联络。根据侦察报告，突围的主攻方向在佩斯希代格库特-绍伊马尔－皮利什红堡－皮利什桑托－皮利什圣凯赖斯特－皮利什圣雷莱克的道路沿线。前锋似乎已经抵达皮利什圣凯赖斯特地区。因此，我军在埃斯泰尔戈姆东南集结了 2 个掷弹兵团和 1 个突击炮旅。……

根据中午以来的不完整航空侦察，布达佩斯守军似乎没有遵循原定计划，而改向西北前进，即皮利什山方向。17 时 50 分，集团军群首席参谋报告称，在佩斯希代格库特和绍伊马尔附近发现了一些集群。……在圣安德烈的南部入口、圣安德烈西面的树林，甚至在皮利什圣凯赖斯特的西部入口也发现了德军集群。……不久前，在皮利什红堡附近也发现了德军集群。……

23 时 25 分，巴尔克集团军的参谋长报告称……既然皮利什山显然已经成为突围的目的地，集团军群就把战斗群调到该地区，以便为党卫军第 9 山地军打开通道。一个前方班已经准备完毕，可以提供初步的支援与医疗。集团军群希望第一批突围部队可以在下半夜抵达。第 3 骑兵旅左翼和第 96 步兵师右翼报告，在他们的战线东面五公里处发现战斗迹象和信号弹。

1945 年 2 月 13 日，星期二

巴尔克集团军：

……党卫军第 9 山地军：在索莫尔地段（第 3 骑兵旅阵地），布达佩斯守军的 3 名德军军官、1 名匈军军官以及 23 名士官和士兵抵达我军战线。他们并不是一开始就组成了紧密战斗群，而是来自多个集群。……这 30 人从布达佩斯通过布达凯希，然后穿过派尔巴尔和廷涅之间的森林。

似乎还有多个集群停在那里。据说道路遭到严密封锁，部分地段因为被房屋废墟、车辆和死马堵塞而无法通行。……突围计划是分成三组，分别向北方、西方和南方前进，在大科瓦奇集合。据报告，各组经过了一个极其强大的防御阵地，损失很大，很快陷入了混乱。而第二道障碍主要是敌人的辎重队，突破较为容易。[95]

同日，德军夺回了马尼村，可能是为了接应突围部队，[96]但作战日志上没有提到这件事：

1945 年 2 月 14 日，星期三

巴尔克集团军：

在索莫尔两侧，布达佩斯守军的多个小规模集群抵达我军战线。根据他们的报告，突围的主攻方向是西面和西北。各突围战斗群显然没有统一的指挥。估计仍然只有小规模集群或零星官兵能够抵达。……航空侦察显示，皮利什红堡和皮利什森蒂万以南多山地区有部分德军，昨天也在此处发现了德军。同样根据航空侦察，皮利什红堡南面和西南 9 公里处的泰尔基村遭到围攻。不清楚进攻者是德军还是苏联红军，但可能有德军在泰尔基被围。我们判断另一支德军在让贝克以东 3 公里处。根据早上的报告，有些群体，共计 100 人，在索莫尔附近逃脱。

这证实了我们昨天的判断，即突围的大部分集群没有选择较长、较难走但或许较安全的穿过皮利什山的路线，而是选择了直向西方的较短路线，尽管此处敌军兵力强大。……

　　进一步的航空侦察观察到布达佩斯西部有作战迹象，有炮火和火焰。这表明我军有些部队仍然坚守在该地。21时48分，巴尔克集团军指挥部向最高统帅部报告，目前为止有约600人成功突围。集团军指挥部估计今后三天内仍会有突围人员抵达。……

1945年2月15日，星期四

　　昨天的报告表明，有一群突围人员集结在派尔巴尔。其中有人判断，敌军整个集群已调转方向，专门对付他们。因此骑兵军计划从第3骑兵旅阵地发动攻击。但敌军对我军的进攻已有准备，所以有50名突围人员和100名骑兵军士兵丧生。因此，集团军指挥官不愿向皮利什山进攻以营救据信集结在凯斯特尔茨附近的突围人员。而且，他认为协同"南风"行动①跨过多瑙河的进攻更重要，因此他不愿发生伤亡或延误而影响该攻势。[97]……

　　然而，在17时40分的晚间报告中，巴尔克集团军的首席参谋称，航空侦察在皮利什山没有观察到德军活动。……今天没有突围人员抵达。巴尔克集团军指挥官相信，本集团军的任何行动只会危及小股突围人员的安全。

1945年2月16日，星期五

　　夜间航空侦察未能获得布达佩斯守军的新情况。空军在继续搜索，但在布达佩斯与我军战线之间不太可能有大

---

①　"南风"（Südwind）行动是德军于1945年2月17日至24日在匈牙利发动的一次攻势，旨在消灭赫龙河以西的红军桥头堡，为"春醒"行动做准备。"南风"行动是德军在第二次世界大战中最后几次成功的攻势之一。

批突围人员。从前天开始，抵达我军战线的突围人员数量显著下降。今天只有 14 人抵达，目前为止共有 624 人抵达。[98]

1945 年 2 月 16 日晚 11 时，沃勒向陆军总司令部提交了总结报告。[99]此后的每日报告没有再提及布达佩斯守军。

苏联方面对突围的记述

令人惊讶的是，尽管苏联历史学家可以接触到一些苏联档案，苏联方面的研究对守军突围的细节鲜有提及。当然德军的突围并没有让苏联人吃惊：德国人一贯是这么做的，我们也看到红军指挥部采取了一些相应措施。与 1 月初的情况不同，此时托尔布欣已不愿让守军逃跑，因为防御反正就要崩溃了，几天甚至几小时之内就会瓦解。有些苏联人回忆了他们对这一阶段战斗的深刻印象。

红军步兵第 297 师的一位军官当时驻在维拉尼约什路 38B 号，即突围的主要路径上。他回忆道：

> 夜间大约 11 点，[为红军作战的] 匈牙利人带进来一个德国兵，后来发现他是从包围圈逃出来的。他与自己的队伍失散了，看到有些匈牙利人在烧洗澡水（有些人穿着军服），误以为他们是德军那边的，就走了过来。……我们试图了解他是怎么来到我们后方的，但他的回答让人无法理解，我们把他送到了师部。
>
> 一个半小时或者两个小时之后，城内各处，尤其是我们的北面，响起了激烈的步枪和机枪声，还听得见手榴弹

的爆炸声和炮声。

　　夜里大约3点，军部的侦察和通信部队拦住了一群德军，共7人，领头的是个中尉，他们在黑暗中走到了别墅后面的空地。德军中尉说，他们接到了命令，在当晚要不惜一切代价突围。……

　　第二天早上，出现了一大群敌人，有1500到2000人，队伍有整条街那么宽。他们奔跑着逃跑，向窗户开枪，投掷手榴弹。附近街（绍尔沃什·加博尔街）上，德军一辆轻型坦克开过来，几乎已经掩蔽了起来，但还是被火箭筒击中，瘫了下来。我们旁边的迫击炮分队在慌乱中找到一门120mm迫击炮，立即把炮架了起来。由于空地的存在，我们可以精确地射击。我们向密集的敌群猛轰。我们堵住通道，几乎不加瞄准地从窗户用步枪射击。敌人乱作一团，在我们周围转来转去。……

　　希特勒分子不顾重大伤亡，继续向城市出口前进，很快就撞上我们的多管火箭炮向他们抵近射击。那情景真是太可怕了。[100]

红军步兵第37军的经历也证明了遭遇战的惨烈：

　　这是个残酷的夜晚。耳边是大炮的轰鸣、炮弹的呼啸声、逃亡者恐惧的喊叫、伤者临死前喉咙里的咯咯声。枪口焰照亮了在黑夜里疯狂地跑来跑去的人群。

　　为了阻止敌人突围，每一个能够作战的红军士兵都拿起了武器。所有人，从参谋人员到技术人员，加上各级指挥官，都在路边或树后的战壕里，用冲锋枪或步枪消灭逃亡者。[101]

红军步兵第 23 军的一名参谋军官回忆说，朝向布达山西缘的道路被挡住了：

> 2 月 11 日到 12 日的夜间，希特勒分子通过步兵第 37 军阵地发动了绝望的突围。他们踩过自己官兵的尸体，盲目地向西方和西北方冲击，前往祖格里盖特和大科瓦奇。最后 1.6 万名法西斯分子突破了内层包围圈，藏匿在附近树林里。
>
> 2 月 12 日，军长将步兵第 19 师从它的阵地撤出，命令该师沿 262 高地和 544 高地以及大科瓦奇东面边缘布防，面向东南，以阻止敌人渗透出树林向西逃跑。同时，骑兵第 11 师被配属给了我们军。该师的任务是在树林里搜索和歼灭分散的敌人。……
>
> 2 月 13 日到 14 日的夜间，军部和驻在派尔巴尔的近卫步兵第 49 师师部之间的电话联络……出人意料地断了。大约一小时后，电话里突然传来瓦西里·菲利波维奇·马尔格洛夫冷静而自信的声音，说师部所在地没有法西斯分子成功逃向西方。
>
> 但后来发现，一群敌人携带冲锋枪溜出了树林，逃向派尔巴尔东北部。师长向师部发出报警，亲自指挥了对德军的战斗。这股希特勒分子大部被击毙，其余被俘。……
>
> 被孤立的敌人有 400 到 600 人，试图穿过远离道路和人家的树林逃跑，我军针对他们的战斗一直持续到 2 月 17 日。敌人不顾伤亡，一心想逃往西方。他们没有指挥，丢掉了所有的军人风度，只在夜间像成群饿得发疯的恶狼一样鬼鬼祟祟地游荡。到 2 月 17 日，我们歼灭或俘虏了试图

向我们的阵地方向逃跑的最大的几股敌人。我们的 6 个单位歼灭了 400 到 700 名希特勒分子，俘虏了 1376 人，包括很多军官和 2 名将军。[102]

突围发生不久之后，红军开始小心翼翼地进入首都。到 2 月 12 日下午，塞尔·卡尔曼广场、干草广场和城堡区的一部分落入了红军手中，尽管他们直到 13 日才沿着欧洛斯大道前进到亚诺什医院。2 月 15 日，红军指挥部判断，守军的突围作为一个战略行动已经结束，每日的报告也不再提到突围了。[103]站在苏联一面的匈牙利布达志愿团在战斗中发挥了很大作用，占领了王宫，围捕德军，并在赖麦特山和森林作战。

突围的失败可以被看作红军的胜利，因为只有一小部分突围人员成功地逃过红军阵地。但红军在前线守了一会儿又撤出阵地，也许不能算是正确的策略。突围的结果主要取决于时间安排得是否得当。如果红军能阻住突围足够长的时间，突围的一方就会发生恐慌，弹药耗尽，指挥官失去对部队的控制，整个行动就会瓦解。布达的情况就是这样。但红军如果能在城内建立几道防线，就不用费那么大劲在城市外围追击逃亡者，也就会抓住更多的俘虏，并减少自己的伤亡。

结局

布达守军的突围是整个第二次世界大战期间最徒劳的行动之一。2 月 11 日，普费弗 - 维尔登布鲁赫手下有约 44000 人。到 2 月 15 日，已有 22350 人被俘，约 17000 人死亡，这主要发生在头六个小时，在塞尔·卡尔曼广场和许沃什沃尔吉山谷之间；多达 3000 人躲在山中，到 17 日大多被捕。约 700 人抵达德军战线，还有约 700 人躲藏在了城里（见表 14）。

突围结束之后，突围的路线上完全是一幅世界末日的景象，尸横遍野，到处是被红军坦克轧碎的残尸，马路上尽是血迹和破碎的人肉。[104]塞尔·卡尔曼广场、维尔豪洛姆广场和其他地方的尸堆有好几米高。[105]其他死者被就地掩埋。很多这样的大墓直到今天也没有被发掘出来，不过城内已发现了 28 座大墓，在 29 个村庄里还有更多，总共大概有 5000 具尸体。写作本书的时候，当年战斗的痕迹仍然可见，例如在城堡区的前国防部外墙以及塞尔·卡尔曼广场和包蒂雅尼街的一些建筑上。

围城的历史和突围的惨剧只有在全面战争的背景下才理解得通。当苏联人欢迎德军投降时，普费弗－维尔登布鲁赫遵从希特勒战斗到最后一颗子弹的命令；直到解围失败，他才下令突围，而此时突围已经根本不可能成功了。他认为这种无望的逃跑比被俘要好，而他自己在面对现实时却立刻选择投降来保住自己的性命。德军指挥部也包庇了他。他们似乎忘记了希特勒早先是不准突围的，而在作战报告中说守军"遵照命令突围"，德国报纸上的颂词和讣闻也维持了同一个谎言。[106]但这改变不了事实：普费弗－维尔登布鲁赫和他的军官们被对苏联人的恐惧支配，直到最后都无力做出正确的选择。他们没有在最后一刻选择集体投降，而是把士兵盲目地驱向了毁灭。

六　围城与平民

匈牙利平民的苦难

不必担心匈牙利首都会发生巷战。[1]

——《匈牙利人报》，巷战开始六周前

　　第二次世界大战期间，有好几座首都遭到了围攻，布达佩斯围城战的惨烈程度仅次于华沙战役与斯大林格勒战役。华沙城遭受的破坏主要是由于 1944 年的波兰人起义和 1943 年的犹太人隔离区起义；而在斯大林格勒，大多数平民被疏散了。后来的柏林和维也纳围城战中，平民没有撤出，但围城时间很短。相反，匈牙利首都的平民经受了二战中最漫长也最血腥的围城战之一。当时的老老少少几代人都经历了围城，几乎每个当时住在那里的家庭都有关于围城的故事可讲。本书于 1998 年在匈牙利首次出版后，笔者几乎每周都能收到大量来信，信件不仅来自留在布达佩斯的人，还来自战后或者在 1956 年革命期间逃往西方的成千上万匈牙利人。这说明当年的事件给人们留下了多么深刻的印象。尽管今天已经很少能看到当年围城造成的破坏，但布达市中心有些房屋还保留着破损的大理石楼梯，有些房屋的木嵌板上还有弹孔，建筑工地上还经常发现步兵和炮兵弹药，这一切都见证了当年布达佩斯发生的悲剧。

1944 年秋，前线逼近了这座城市，各方却都没有做出任何关于平民命运的政治决定。匈牙利人无力疏散平民，德国人没有兴趣帮助疏散。因此，政府最初是请求 100 万居民自行离开。1944 年 11 月 7 日出现了请求平民离开首都的招贴。同时各学校开始疏散，但进展缓慢。[2] 箭十字党领导人萨拉希·费伦茨起初想要带领整套政府机关离开首都，但德国特使埃德蒙·维森迈尔在 11 月 8 日通知他，即使匈牙利领导人离开首都，德国大使馆也会留在布达佩斯，于是萨拉希改了主意。[3]

作为围城的"序曲"，11 月 4 日下午 2 时，佩斯和玛格丽特岛之间的玛格丽特大桥被炸毁了一段。尽管当时城内还听不到前线的炮火声，炸桥的爆炸声还是让平民十分震惊。科沃洛夫斯基·米克洛什在日记中写道：

> 我们到达喜剧院前面时，听到一声巨大的爆炸。我跑回多瑙河堤岸，那里已经聚了一大群人。这景象真是可怕。在佩斯一边，大桥的两个桥拱倒塌了。电车、汽车和几百人落水。两辆被震坏的 6 路电车露出水面，我们可以听见受伤的人在呻吟。尸体从栏杆上挂下来，旋涡中有死人和伤员。大小船只和警察的船只在尽力救人。爆炸时桥上大约有 800 人。[4]

具体有多少人死伤，我们不太清楚。当时的调查说有 600 人左右。同一份调查报告说，爆炸的原因是德军在桥上开展爆破训练，在安装起爆炸药，这时一艘经过的船发出火星，点燃

35. 汉斯·弗里斯纳大将察看玛格丽特大桥的残骸，1944 年 11 月 4 日

了引信。死者包括 40 名在安装炸药的德军工兵。[5]

　　当局不断发布命令，要求疏散佩斯郊区。11 月 10 日，命令传来，要求疏散最敏感的地区：小佩斯、佩斯圣伊丽莎白、佩斯圣洛伦茨和绍罗克萨尔。但只有很少的居民按照命令搬到市中心。十天后这道命令被取消，因为找不到地方来安置撤出的人。12 月 4 日，当局下令疏散切佩尔，但当地居民的抗议使得疏散没能成功。12 月 27 日合围完成时，已有大约 10 万人逃离首都，但大多数人还是选择留下。政府的疏散专员毛焦罗希·山多尔写道："11 月 26 日的疏散主要是遭到了匈牙利国家铁路部门的阻挠，规定用来疏散平民的 353 节客车只有 35 节抵达。……火车司炉工和技工都没有到车站。……市内的绝大多数居民不愿撤离，而宁愿选择被布尔什维克占领的恐怖。"[6] 即便在围城期间，布达佩斯的俄国侨民仍在正常生活。[7] 其中包括一些历史人物：米哈伊尔·库图佐夫－托尔斯泰伯爵、鲍里斯·V. 舒尔金将军（他是最后一任沙皇副官），以及普希金伯爵（他是普劳沃什劳夫教区的神父）。库图佐夫－托尔斯泰作为瑞典大使馆的代表，一直负责掌管一家医生大多是波兰人的医院，收治了一些负重伤的红军战俘。该医院在围城期间没有遭到骚扰。温斯顿·丘吉尔的一个侄女当时也在布达佩斯，她最喜爱的一条狗丢失了一段时间，让她非常难过。[8]

11 月 7 日，当局开始征召平民修筑防御工事。在小佩斯集结了 1.5 万人，但由于遭到空袭和炮击以及缺乏组织，大家还没开始干活就跑散了。[9]此后就没有真正征召过平民去修筑工事。11 月 19 日，当局颁布法令要求平民参加劳动，但只有几百人前来报到。

箭十字党委派的布达佩斯市长莫豪伊·久洛是 11 月 14 日上任的。次日，他下令所有从 1912 年到 1923 年出生的男性参加修建土木工事，但只有 500 人左右报到。后来发现原因是，11 月初被征召的那批人"往集结点走了几公里后被通知，命令取消了"。[10]11 月 20 日在切佩尔只征召到 200 人。很多警察和宪兵要么已经转入作战单位，要么决定破坏这种毫无意义的命令，而没有他们的配合就不可能强迫平民干活。从 12 月初开始，箭十字党分子出现在所有公私单位，要求每个雇员都义务劳动一天。[11]但群众仍然很消极。

到 1944 年冬天，无论是匈军的报告还是红军空投的宣传单都把布达佩斯称为"第二个斯大林格勒"。12 月 23 日，匈军第 1 步兵军决定颁发一种特别的徽章，就像德军的克里特、非洲军、克里米亚和其他作战纪念章一样。这可不是什么巧合。[12]德国人也设计了一种布达佩斯作战纪念章，其原型在突围期间被发现：图案是帝国雄鹰在燃烧的国王城堡之上，漫天都是飞机和携带补给箱的降落伞。[13]箭十字党还计划设立一种勋章，称之为布达佩斯英雄十字勋章，但到1945年2月已经没有多少活着的人有资格领取这种勋章了。[14]而且由于官僚系统运转缓慢，就连本就数量不多的逃出布达佩斯的匈军士兵最后也没得到这项荣誉。

1944年11月，粮食供应开始紧张。有些东西只有隔一段时间才能得到，鲜肉已经很稀罕了。由于行政工作的缺陷，现有的库存物资也没得到充分利用。特特尼伊的大型养猪场于12月10日被突然放弃，很多牲口逃到了附近的考毛劳森林。有个受到惊吓的目击者回忆道：

> 人们在用折刀割这些可怜畜生的喉管，还没完全杀死就把它们拖走。那些还活着的猪饿得直舔其他猪的血，人们用石头猛砸它们的头。有个士兵也参加了这可怕的猎杀。人们请他用枪打死这些猪，他杀这些猪得了50到100辨戈的钱。这就像在那些夏季餐馆，人们可以挑选院子里还在活蹦乱跳的家禽，不久之后它们就成了人们的盘中餐。[15]

12月23日，萨拉希向南方集团军群求助。他是这样描述平民的困境的："科瓦奇部长告诉我，首都自身的库存事实上已经濒临枯竭，根本不能保证供应。饿死的人数令人震惊，尤其是儿童。另外，还可能因饥饿而发生暴乱。"[16]12月24日，箭十字党国务秘书劳伊克·安德烈报告说，粮食仅能维持12天。箭十字党上台以来，定量供应的配额已经下降了好几次。到12月中旬，每人每天领到150克面包；圣诞节那天，每人领到120

克肉。国际红十字会愿意提供价值 5 亿辨戈的粮食援助，但萨拉希拒绝了，因为红十字会的条件是，要将部分粮食供应给犹太人隔离区。[17]

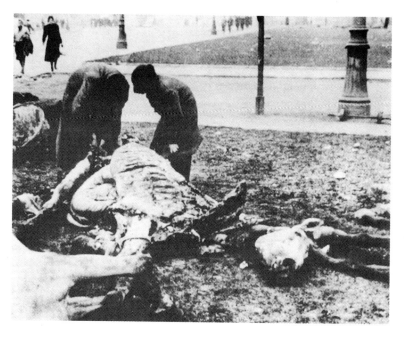

36. 围城期间的食物：平民在从死马身上割肉

那一年的圣诞节，布达佩斯很多家庭装饰圣诞树用的是英美飞机投下用来干扰雷达的铝片；另外，因为缺少枞树作为圣诞树，人们就用了无花果树代替。本应午夜举行的弥撒改到了下午。人们没办法互相拜访，就互相打电话问候：

> 当晚的吽人听闻的消息是从电话里传来的。我们打电话给和我们一起在鲍绍莱特度过 10 月 15 日的那家人。……他们说，他们的别墅门前来了一些陌生人。我们从这

暗示中明白，这些陌生人只能是苏联人。……半小时后，三四个人打电话给我们，问我们听说了没有。当然了，每次的消息都更耸人听闻。有些人认为苏联人已经到了塞尔·卡尔曼广场；还有人甚至相信，苏联人的先头部队已经到了玛格丽特大桥的布达一端桥头。[18]

库鲁茨莱什区的西海尔路也传来了类似的消息："他们到这里了。目前为止还没出什么事。我得挂电话了，因为他们又来了。一两天后，你们也就没事了，然后我们就可以聊聊了。"[19]大多数平民天真而被动地静观事态发展，他们对围城意味着什么毫无概念。绍洛伊·伊什特万少尉对当时的怪诞情绪回忆道："12月25日，人们买了带坚果和罂粟籽的圣诞节点心，用碟子或者焙烤浅盘盛着，分给我们这些当兵的。他们从每家每户都带些东西给我们，问我们对军事局势知道多少。我很确定，他们没想到我们会打败仗。"[20]同日，在做弥散期间，扎德拉韦茨·伊什特万主教批评他的教民，就好像是他们自己把苏联人请进来似的："我们这个可怕的圣诞节全怪你们。"[21]最后一列电车是早上从塞尔·卡尔曼广场开出的，但在白天大多数电车中了炮弹，公共交通完全中断。尽管如此，有些人还是不愿面对现实。一个电车乘务员声称，苏联人已经到了布达永耶。翁瑙伊突击营的十四岁传令兵高兰陶伊·埃尔温听到这话，甚至想以散布谣言的罪名逮捕这个人。[22]

　　圣诞节后，有组织的食物供应几乎完全停止了。平民没有做好应对长期围城的准备，大多数人几天后就开始挨饿。很多人能活下来，仅仅是因为德军和匈军的骑兵与炮兵把3万多匹马带到了城内，可供宰杀食用。[23]1月初，饲料就已耗尽，在被用作马厩的教堂和商店里，这些饥饿的马饿得直咬木头。不管怎样，肯定要终结它们的痛苦。[24]到1月底，由于只有马肉、胡萝卜和豌豆，士兵们也在挨饿。但最大的问题是现有食物的分配。有些人简直是在胡吃海喝，而有的人什么吃的也没有。党卫军第22骑兵师的士官莱因哈特·诺尔写道：

> 我们的生活充满了矛盾。连每天做一顿汤的水都没有，但最好的烈酒却非常充足。我们每天只有一小块军用面包，但是猪油、果酱之类的却非常多。……有些最昂贵的匈牙利雪茄，我们之前听都没听说过，现在地下室里却是成箱成箱的。我现在也开始一根接一根地抽，否则我根本熬不过这最后的神经紧张。[25]

即使红军已经逼近，有些官僚还是不愿意在没有接到命令的情况下打开仓库。莱海尔街的食品店拒绝了军官学员马约尔·诺伯特打开商店的要求，尽管附近的街上已有敌人的机枪在轰鸣："别用这种失败主义的废话烦我。你以为你算老几？围城还要三个月，到那时拿什么发给老百姓！"[26]掌管商店的长官是这么告诉马约尔的，但马约尔还是趁他不注意"解放"了几箱补给。

军方禁止平民接触降落伞投下的补给，否则格杀勿论。有些德军单位当真执行了这种死刑。饮用水的缺乏往往只能通过融雪来缓解，但这也很危险，因为双方的士兵都可能不加区别地向跑到户外的平民开枪。很多平民被从地下室窗户投进来的手榴弹或燃烧弹炸死。

12月26日，欣迪向平民发表广播讲话，描述了形势的严重性，但是他承诺，首都很快就会得救。12 月 30 日，他向国防部部长和匈军总参谋长发出了以下的报告：

在 1 月的第一周，军队和平民的粮食补给将会枯竭。今天我听说，对犹太人隔离区的粮食供应已经完全终止，隔离区内据说有 4 万到 6 万犹太人，他们现在骚动不安。如果这些犹太人因为饥饿而冲出隔离区，情况将很不愉快。目前，我已经命令向隔离区供应一批玉米面。……根据我们获得的情报，首都市民认为形势非常绝望。……城内谣言四起。几天前有人谣传，我和我的参谋军官以及德军参谋部，已经乘飞机逃离布达佩斯。……群众虽然不会把苏联人看作解放者，但由于不断遭到炮击，情绪非常低落，至少会听任苏联人占领。布达佩斯市民具有伟大的爱国主义精神，他们没有为自己的命运哭泣，而是担忧城市会遭到毁灭。……

官兵再也不指望援军到达。……大多数军官尽职尽责地执行任务，但也有些人想要偷偷逃命。一些严肃守纪的军官在探讨突围的可能性，向我提出了严肃和经过深思熟虑的建议。

我当然无法对这些建议表达立场，尤其因为我并不主管布达佩斯防务，只能向德国党卫军第 9 山地军的军长提出这些建议。而他今天通知我，目前尚无突围的计划。[27]

德国人很少和匈军指挥部通气。12 月 31 日，欣迪甚至不知道德国人承诺即将发动的反击的目的是解放首都还是仅仅救出守军。为了澄清事态，他发电报给国防部部长："布达佩斯人民的力量在急剧下降。我认为，为了在心理上鼓舞他们坚持到底，有必要发布一条声明。为了这条声明，我请求得到以具体事实为基础的适当的形势报告。"[28]

在 1 月的解围作战期间，匈军指挥部建立了"汉凯"集群，作为危机处理单位，以便"在布达佩斯解放时供应粮食"。[29]补给将通过火车运到比奇凯和多罗格，然后再通过公路运到首都。该集群预计在解围六小时之内就可以运送三批货物，共计大概 1000吨补给，完全可以满足平民的需求，卡车也可以用来疏散平民。2 月 14 日，布达陷落的第二天，该集群解散了。

欣迪接见了各国大使馆和国际红十字会的代表以及教宗特使安杰洛·罗塔。罗塔于 11 月 13 日和 12 月 23 日严厉批评了箭十字党外交部部长凯梅尼·加博尔，谴责了匈牙利政府对犹太人的遣送。12 月 27 日，罗塔和瑞典大使一道试图说服欣迪停止战斗，但欣迪把他们送走了，说他没有权力下令停止战斗。

国际红十字会在 1 月 6 日的电报中请求苏德双方指挥部允许疏散平民，并建议短期停火以撤出平民。希特勒原则上同意了这个请求，但之后征询了将领的意见。[30]德军指挥部害怕匈牙利人擅自行动，于是通知匈牙利国防部部长拜赖格菲·卡罗伊，在得到上级命令之前不得进行任何谈判。[31]苏联方面则担心，平民撤出之后，需要供应的人数大大减少，守军的补给情况会得到改善。不管怎么说，红十字会的建议都泡了汤。

2 月 3 日，罗塔和他的秘书真纳罗·韦罗利诺大主教拜访了普费弗-维尔登布鲁赫。韦罗利诺回忆道：

　　不管我们走到哪里，每个房间、每条走廊都躺满了伤员，手术就在普通的桌子上进行。到处都是痛苦的呻吟声。

这是地狱。我们最后来到碉堡深处，见到了德国将军。他说："谁要是想投敌，尽管投。多瑙河已经冻上了，可以在冰上走。"[32]

罗塔大为震惊，问他为什么不同意停火。普费弗－维尔登布鲁赫回答，他没有得到这么做的授权，但许诺会请示他的上级，尽管他肯定知道不会有什么结果。

德军和匈军两个指挥部之间的关系越来越紧张。起初欣迪容忍了德国人的侮辱，在报告中只是提到了最明目张胆的挑衅，例如在12月30日：

> 一名德军工兵上尉轻率地炸毁了奥斯特罗姆街的一处街垒，却不曾注意到，一根直径800mm的水管也被他炸上了天。于是城堡停水了三天。……我把这件事向党卫军第9山地军指挥官做了报告。……但根据我目前为止的经验，我这次的抗议也不会有什么结果。……德国人不仅行为乖张，而且拒绝通报他们单位的番号，并用武器威胁工业设施的雇员。被他们武装征用的车辆和燃料当然是要不回来了。……
>
> 我本人与德军军长和他的参谋长关系良好，从没有过会影响合作的分歧。因为他是负责防守布达佩斯的主官，我认为我理所当然应当服从他的命令，并竭尽全力协助他。……但我必须报告，匈军所有单位的指挥官都来过我面前，请求我接管战术指挥权。[33]

事实上，两个指挥部互相之间几乎没什么话可讲。普费弗－维尔登布鲁赫有事从不与匈牙利人商量，都是出了事之后才通知他们。欣迪在 1 月中旬关于首都困境的每日报告体现了他对德国人的日渐不满：

> 战斗机的缺乏在布达佩斯的毁灭中起了关键作用。[34]

> 平民对死亡的恐惧让其他一切问题都显得不那么重要。他们的命运和苦难令人绝望。市中心很多地方已经化为燃烧的瓦砾堆。[35]

> 1. 佩斯桥头堡南部只有重要的支撑点还在坚守。敌人的压力不断增加，布达很快会遭遇同样的命运。
> 2. 持续的空袭和炮击给集结的部队和物资造成了巨大损失。
> 3. 街道被巨大的瓦砾堆堵塞。无法清除。
> 4. 饮用水已耗尽。少数几口井前排起了长队。
> 5. 虱子疫情迅速扩散。
> 6. 很多德国士兵搞到了平民服装。
> 7. 考兰蒂·伊姆雷中将身负重伤。
> 8. 部队战斗力持续下降，尤其是德军部队。[36]

1 月 30 日，德国人报告说，匈军部队和宪兵大部分已经投敌。这让欣迪终于爆发了。拜赖格菲把报告送交欣迪，要求开展调查。欣迪的答复如下：

> 平民的房屋和避难所被炸成平地，财产被剥夺。平民

遭受饥饿和缺水之苦，遭到双方火力的摧残，并且越来越仇恨德国人和箭十字党。他们私下里不断传播对德国人和箭十字党的恶评，因为他们认为，他们自己的苦难和首都的毁灭是毫无意义的。他们对我军士兵出现在避难所极为憎恨，而苏联人向平民发放香烟，有几次还给平民带来饮用水。因此很多人将苏联人看作解放者，等待他们的到来。苏联人以炮击回答我军的每一次行动，但他们不向平民开火。德国人对匈牙利军民的恶劣态度更是佐证了苏联人的宣传。

　　多次发生匈牙利平民和士兵无缘无故遭到党卫军逮捕和折磨的事情，直到匈军第1步兵军把他们解救出来。……我们的军官遭到德国人无缘无故的侮辱和殴打。在战斗中，德国人故意落在后面，用武器驱赶匈军士兵向前，而后方的德国人趁机抢劫匈军的兵营。仅仅是为了制造混乱，德国人就强迫我们的无武装工人参加进攻，造成了大量的无谓伤亡。[37]

在举了德军暴行的多个例子并强调匈军许多单位的勇敢之后，欣迪宣称，守军已经山穷水尽，即便最优秀的军官的神经也承受不住了。他在2月初的报告里同样直言不讳：

　　德国人把科尔文广场的方济嘉布遣会教堂改成了马厩。士兵的亲属和其他平民，饱受饥饿的折磨，已经顾不上羞耻，开始向指挥所和匈军单位的厨房乞讨。[38]

　　德国人把征召来劳动的平民带上前线。敌人的火力造成了很多伤亡，阻挠了他们的劳动。大多数情况下，他们什么活也没干，就在敌人的炮兵和步兵火力压制下不得不回家。抢劫私宅的事件越来越多。

德国人说，空运来的粮食很少。他们从不把这些粮食分给别人，而总是抢劫匈军发放给平民的粮食。……无法阻止大量武装的德军在战线后方频繁征用和抢劫物资。[39]

平民已经绝望。他们和匈军士兵的关系良好，但他们讨厌乖张放肆的德国人。在平民眼中，德军早已不是解放者了。他们说那是骗人的。[40]

欣迪的报告是有偏见的：匈军单位的士气肯定比德军差，而双方下层官兵的军事合作一般没有什么问题。这份报告真正表明的是，这位匈牙利将军已经把继续防守布达佩斯看作毫无意义的事情，甚至是罪孽，尽管他还是不能和德国人划清界限。

城市公用设施的工作停止得较晚，因为大多数工厂（水电、煤气）是逐渐落入红军手中的。煤气供应是 12 月 28 日中断的，自来水供应于 1 月 3 日中断。电话系统一直运转到 12 月底。在有些地方，尤其是布达电话局附近，直到 2 月突围开始时电话仍能使用。12 月 30 日，供电中断。炮击期间煤气管道经常受损。例如，血之原野草地下面的主管道着了火，一连烧了好几天，情形十分可怕。

尽管电话系统中断，但市民还是能够得到城内的消息。例如，红军谈判代表被打死以及箭十字党臭名昭著的领袖库恩·阿尔弗雷德神父被捕的消息传到了布达所有地下室的最深处。[41]

一顶红色的德军降落伞落到议会大楼的圆顶上，一时间谣言四起。大多数人以为它是红军的红旗，还有人继续编造，说带有圣母马利亚（匈牙利的主保圣人）肖像的匈牙利旗帜和苏联旗帜飘到了一起。[42]

几周以来，大型公寓街区的地下室里躲藏了成千上万人，尽管很多人甚至在轰炸期间也不敢躲到那里去，因为害怕被告发。

> 这些防空洞最糟糕的问题是，它们是用来躲避短时间的空袭的，而不是让大群人一连几周不分昼夜地躲在里面的。因此大多数防空洞只有几条长椅、一些消防设备以及一个急救橱。有的在这些原始装备之外还加装有无线电。人们是分批进入防空洞的。第一批通常是带小孩的家庭，他们无法在空袭时带着孩子跑下三四层楼到地下室、空袭之后再跑回去。大多数公寓楼的电梯12月以来就失效了。……较好的防空洞的墙上铺了瓷砖或涂了泥灰。很多人聚集在防空洞里，呼吸出来的空气含的水汽凝结在墙壁上，天花板不断有水滴落。[43]

防空洞里的人们经常因为做饭、取水和洗衣服而发生矛盾。很少有房屋拥有单独的水井，因此饮用水不得不从较远的地方取来，而取水总是有生命危险的。在佩斯，到12月底，只有议会大楼附近和玛格丽特岛才有水。奥尔德纳·弗拉基米尔中尉声称，红军在占领自来水厂之后没有阻止向仍在德军手中的地区供水，但他的说法和其他很多人的回忆是矛盾的。[44]布达市民从盖勒特山的医疗矿泉取水，或者在屋内打井，当时这种井比今天要多得多，而且在围城期间不断增多。但有些地方，比如城堡区，缺水现象非常严重。

一般来讲，15 到 20 个家庭要共用一个炊具来做饭或者烧水。有远见的人组织了公共厨房，这样不仅可以节省时间，更加经济，也可以避免各家单独做饭可能会造成的不公平。各家单独做饭的话很容易产生矛盾。有些人夜里偷偷吃东西以避免激怒他人，但咀嚼声往往会被他人听到。

供水中断后，厕所也无法使用了。要是仍然使用，堵塞的水管会发出令人窒息的恶臭。"厕所都堵塞了，现在浴缸也堵住了。有些人用纸包住粪便，丢到炉子里烧。"佩奇·布隆考在日记中写道。[45]到 1 月，大街上到处是粪便，增加了疫病的风险。

垃圾不断增加，带来了类似的问题。公共卫生系统崩溃以后，人们开始把家里堆积的垃圾运到街上和公园里。直到 1945 年夏季，垃圾山才被清理干净。

12 月 26 日，箭十字党委派的布达佩斯市长在广播中下令，各区的党委领导人及其家属应于次日到盖勒特山的多瑙河一侧报到，以便尝试利用城市的公共汽车撤出，欣迪许诺派部队支援这次行动。但普费弗 – 维尔登布鲁赫禁止他们撤走。[46]

事实上，箭十字党大多数党员早就尝试过逃跑了。帝国保安总局驻匈牙利代表威廉·霍特尔和箭十字党秘密警察领导人欧伦迪·诺伯特已于 12 月 24 日撤离，一起撤走的还有大部分德国安全人员和盖世太保。帝国保安总局主管犹太人事务的官员阿道夫·艾希曼访问了犹太人隔离区犹太委员会办公室，目的不明，随后于 12 月 23 日飞离布达佩斯。12 月 27 日合围完成时，留在城内的箭十字党区委领导人已经不多了。奥尔毛伊·贝拉中校是最后一批飞离布达佩斯的人之一，他回忆道："我奉命每天早上 8 点到城堡向总动员部长科沃尔奇·埃米尔报到。
……我去的时候，那儿根本没人，我很震惊。保险箱都打开了。
乱七八糟。一些喝醉的箭十字党党员说，‘他们都在夜里
跑了’。"[47]

**37. 因为轰炸和炮击而无家可归的平民在大环路上逃跑，
1945 年 1 月 18 日前后**

  箭十字党分成了好几个武装派别。其中两个派别，武装国
民卫队和党务队，甚至开始互相厮杀。12 月 24 日，党务队的
人绑架了武装国民卫队的总头目。[48]箭十字党权贵逃走后，党的
民兵组织失去了控制，既不听警察的，也不听军队的，其权力
几乎无人可挡。

  萨拉希试图结束这种混乱局面，任命尼多什·伊姆雷为首
都党组织的领导人（此人随后就在命令中自称布达佩斯箭十字

党警察总长），又任命化学系学生奇基·埃里希为布达佩斯的军事领导人，这两人都没有什么实权。在他们上任前，首都党组织领导人的职务暂时由莱希曼·库尔特担任。1月1日，沃伊瑙·艾尔诺（内政部部长沃伊瑙·加博尔的兄弟）以萨拉希的个人代表的身份来到布达佩斯；1月9日，他将尼多什·伊姆雷与奇基·埃里希晋为中校，并自封布达佩斯城防的党代表。党组织在废弃的街道上张贴告示，宣布了这些任命。

负责内部安全的机关，除了留在城内的盖世太保外，还有武装国民卫队、党务队，以及一部分箭十字党秘密警察。党务队的成员有将近25%是刑事犯。例如，第14区的党委领导人克勒瑟尔·维尔莫什曾经偷窃过德国国防军的汽车。[49]箭十字党秘密警察不仅对反对他们制度的各种真实或虚构的敌人进行监视、逮捕和拷打，还对各种右翼分子开展调查，甚至对党卫队副总指挥温克尔曼也疑神疑鬼地进行调查，直到遭到后者的强烈抗议才作罢。[50]

箭十字党和德国人之间的关系尚可，但同匈牙利军方的关系极为紧张。匈军军官鄙视箭十字党的"无产者"，后者则抓住每个机会炫耀现在权柄被他们抓在手里了。箭十字党的暴徒憎恶匈牙利半封建的社会制度和军官阶层。所以箭十字党上台之后的第一批措施之一就是取消军官的特权，并允许士官晋升为军官。

一些在过去显得可靠的宪兵此时也加入了箭十字党。例如，高兰陶伊宪兵营的菲赫尔中士无意中说出，箭十字党的人让他在审讯中干"脏活"，并许诺升他为军官作为奖赏。还有一名中士，参加箭十字党之前无可指摘，入党之后有次把一个犹太人用链子锁在床上，并于第二天早上将其打死，仅仅因为垂涎

这个犹太人的靴子。[51]这个中士每天都参加对被关押的犹太人的
虐待。

　　箭十字党暴徒甚至也不放过匈牙利军方的人。例如，科
恩·埃里希中校在卢多维卡学院的战斗岗位上被杀害，仅仅因
为他拒绝交出自己的汽车。"小伙子，打死他。"一个箭十字党
党徒对自己的副官说，后者从肩上取下冲锋枪，把一个弹匣全
打到了中校身上。最后，中校的副官用自己的冲锋枪打死了这
个"小伙子"，把那个党徒打伤。[52]

　　箭十字党的恐怖统治还威胁到了外交官和其他签发保护文
件的人。例如，1944 年 11 月 17 日，箭十字党民兵将匈牙利圣
十字协会主席卡瓦利尔·约瑟夫打成重伤（他的脑袋被猛推到
一扇窗户上，撞碎了玻璃），罪名是把"斯大林的朋友——教
宗"的通行证发给受迫害的人。[53]12 月 29 日，箭十字党的活跃
分子库恩神父把瑞士临时代办哈拉尔德·费勒的衣服剥掉，检
查他割没割过包皮，然后把他抢得精光。费勒向奇基（此人已
受雇于一家瑞士公司）申诉，欣迪把被抢的 100 枚金拿破仑还
给费勒，并赔礼道歉。

　　箭十字党和其他右翼团体的报纸一直发行到圣诞节。1 月
上半月，《新匈牙利人》和《团结报》这两份日报还在发行。
日报《布达团结报》从 1 月 22 日发行到了 2 月 11 日。德文版
的《布达佩斯包围圈新闻》是围城开始时创办的，是官方的
"要塞报纸"。[54]这些报纸有少量残缺的原件留存下来，被认为是
新闻出版史上的罕见之物。以下是箭十字党在第 11 区发行的
《布达团结报》日报的节选：

　　　[1 月 22 日] 公寓楼的长官必须收取房租，并立即向

区税务办公室缴纳财产税，因为只有在税务办公室获得相应资金的情况下，才能支付战争救济。

[1月24日] 销售马肉的商店业主请注意，马匹的屠宰只能在比奇凯街，于医官的监督下进行。屠宰时间是上午8点。以技术官范乔利·费伦茨为首的打井队已经组建，将在本地区的建筑群内打井。

[1月27日] 新建了一家妇产医院。……招贴书写员请向党组织报到。

[2月5日] 虽然有这么多苦难、牺牲和考验，但生活是美丽的。兄弟，如果你感到沮丧，请想一想萨拉希·费伦茨的话："耶稣没有受难就不会复活。"今天是布达佩斯的耶稣受难日。

[2月7日] 随着盖勒特浴场的水被抽进供水网，以及供水网络的修复，霍尔蒂·米克洛什路的供水又恢复正常了。……在布达佩斯围城中出现了一种新女性：她们的脸上没有口红和扑粉，只有煤烟和石灰尘。这是着火房屋的煤烟和倒塌墙壁的石灰尘，但这胜过一切化妆品，因为这见证了她们的英雄灵魂。

[2月9日] 副总理瑟勒西·耶诺通过《布达团结报》向首都人民发表讲话。街区领导人请务必立即向市议会缴纳房租。国家公务员可以在同一地点领取薪水。

今天我们简直无法想象，这些报纸提到的种种活动在持续的炮击和空袭中居然能够进行。当时80%的房屋遭到程度不一的毁坏，当局却要求上缴房产税，这简直荒诞得可怕。

奥尔毛伊·贝拉是最后一批飞离布达佩斯的人之一。以下是他看到的景象：

> 街道空无一人，商店都关了门，人们躲在没有暖气的地下室里。没有煤气，只有佩斯的几个地方才有电。外行搞的爆破往往使得水管好几天都不能工作。从 1 月 1 日起，市民每人每天领取 50 克面包。12 月 31 日，所有马匹都被屠宰了。即使对食物进行系统性的收集和分发，也只能维持 10 到 14 天。医院也没有暖气。甚至手术室也没有足够燃料。市民蒙受的苦难令人难以想象。[55]

医院的情况最糟糕。成千上万受伤的平民和军人躺在议会大楼、军事历史博物馆、国家印刷厂以及城堡区的地下室。市民奈伊·克拉劳伊的兄弟久尔考在取水时被弹片击中，她回忆道：

> 在顶层楼梯上，我们实在受不了那高温和恶臭。这也难怪，因为通往地下室的两层楼梯上，担架上都是死人。……地板上两边都躺着病人，只有中间有条狭窄的通道。我喘不过气来。我们走到久尔考床前时还没认出他来。我们居然认不出他来！和其他所有病人一样，他全身赤裸地躺在那儿，躺在可怕的高温中。他 9 天没有洗过一次身子。往往要等几个小时，他才能得到一小杯汤或蔬菜。……没人管事。很多病人是活活饿死的。……
>
> 公共防空洞的内层……在围城的第二周被德军征用，作为"军医院"。和这家"军医院"相比，山洞里的病房的那种可怕景象也算得上文明和卫生了。这里有电灯，但别的东西什么也没有。昏暗的走廊向四面分叉。人们挤在

一起，肮脏和悲惨得难以形容。在裸露的岩面之下、黑色泥土之上，残缺的人体，往往少了一只手臂或一条腿，因为受伤而畸形，几乎是一层一层摆在临时的简易床上。这些床是用木板、门板和担架做的。……另外，到处都是虱子。[56]

圣诞节之后，一些失去母亲的婴儿被留在了一家医院的产科病房。由于缺少母乳和其他营养品，他们无法得到喂养。在绝望中，护士们把这些婴儿紧紧抱在胸前，这样他们在死前至少能享受一下人体的温暖舒适。过了一段时间，护士们发现自己能产出母乳，这些婴儿就这样得救了。[57]

一连几周，平民眼睁睁地看着双方军队的残杀和城市的毁灭，却无力干预。1月2日，红军的一枚燃烧弹点燃了议会大楼的屋顶，熔化的铅皮屋顶燃起的蓝绿色火焰，显得十分诡异。德军和匈军弹药堆的爆炸造成了巨大破坏：1月13日，克洛蒂尔德街一座六层大楼被毁；1月15日，罗瑟米尔街上德军使用的一座建筑被毁；1月22日，玛格丽特大道的摄政王大楼也被炸毁。[58]光是这几起灾难就导致约1200人丧生。

很多市民被迫看着自己的全部财产被毁。1月14日与15日之间，加尔文广场一座豪华公寓的地下室里，红军一个排与德军发生交火。很多平民被双方军队当作人体盾牌，在战斗中丧生。红军撤退，德军带着火焰喷射器猛追。第二天红军终于占领这座大楼时，它的大理石正立面之后的一切都被烧毁了。[59]

1月30日，驻在瓦弗克街一座公寓楼的匈军宪兵和德军部队察觉到一群红军占领了附近一所学校然后从那里继续前进。在随后的交火中，一名德国士兵用冲锋枪打死了4名平民，而红军一直坚守在楼里，直到2月2日德军用火焰喷射器烧毁了整栋大楼，红军才撤出。这座烧毁的大楼一直在德军手中，直到围城结束。幸存的居民此前藏在附近楼房的地下室里，损失了全部财产。[60]

在前线附近的一个地区，十五岁的德谢厄·拉斯洛把悲剧的进程一小时一小时地记在日记里：

2月7日。……前线推进到这里了。他们在上层的两面阳台安装机枪。他们还想在我的房间安装一门速射炮。我在大厅和其中一个德国兵谈话，这时门前一枚地雷发生了爆炸，这个德国兵倒了下去。弹片把他的手指齐齐地切断了。这可怜的家伙在惨叫。

他们把花园里的木柴搬来，在窗户前建起壁垒。他们还把家具堆到窗户前。他们在一个房间搭建屏障时，我就在另一个房间把它们都拆下来。……

2月8日。……伤员数不胜数。对面的房子里有俄国狙击手。谁要是走到窗前，俄国人就会向他开枪。……瓦格纳［一名被强征入伍的德裔列兵］受了重伤。就在两个小时之前，他笑着承认，是他毁了整栋房子，因为他本可以把马牵到隔壁的空地下室去。夜间发生了激烈交火。

2月9日。……早上8点半。我站在通往地下室的楼梯旁。不久之前来了17个德国兵，负责保卫这座房子，其中有一个出生于英国的党卫军士兵。他们5个人站在我旁边。我们没说话。他们很紧张，一根接着一根地抽烟，手都在发抖。他们装上冲锋枪弹匣。其中一人是飞行员，他的飞机被击落了，现在他加入了守军。他的腰上挂着一支很大的信号手枪。……有两个大兵请求我们允许他们穿上平民服装。在上层倒还可以，但是在地下室这里，我们不许他们换平民衣服。……

2月10日。……10点5分，他们在给一个被手榴弹炸伤的德国兵包扎。他大腿上和手上都是伤。我看了看伤口。我已经不怕看到血了。弹片打掉了他的指甲，一直露出骨头来，可以清楚地看见白骨。……

5点半，他们在地下室坐下来。他们不愿谈判。现在必须不间断地看守地下室。

6点钟，他们索要1公斤土豆，我们没办法拒绝他们。一个德国伤兵告诉我，伤员会像狗一样被丢弃，没人照看他们。一个叫施莱伯尔·亚诺什的人前段时间受伤，现在还不能走路。他说，他得躲着德国兵，因为俄国人来的时候他是跑不掉的，所以德国兵可能会打死他。昨夜受伤的那人……没吃晚饭，因为其他士兵没给他东西吃，还说他们自己也是一天才能吃一顿饭。我父亲多次请求他们，他们才给了他几勺豌豆汤。我父亲担心，苏联人来的时候，这个伤兵会被自己的战友打死。伤兵的状况极为糟糕。房子里已经杀了6匹马。还有6匹马活着。

2月10日。……10点差一刻。一个大兵从起居室窗子往外望，砰的一声，头部中弹（好奇心害死猫）。我爬过起居室地板（我可不想暴露自己），无意中手碰到了飞溅出的血淋淋的脑浆。吃中饭时我才想起没洗手，但仍然冷静地继续吃饭。现在洗手是件奢侈的事情。……他们正在从地下室楼梯开枪。这就是我想象中的战争。但现在我已经对战争腻烦了。

迫击炮火很猛烈。看门人的公寓里已经有四具尸体了。地下室里有时因为石灰尘飞扬，什么都看不见。吊灯会晃荡很久。灰泥墙壁上的斑点会折射光线。一片死寂。然后又是机枪声和地雷爆炸声。今天我们没生火，因为烟囱被打坏了，烟会被堵在屋里。

克里斯蒂娜教堂已经被苏联红军占领了，50 号房子也被占领了。我从最后一扇窗户向街上望去。已经看得见俄国人的尸体了。

2 月 11 日。俄国人已经到了普莱辛格家的房子，就是这条街上第三家。……我们屋里还有德国兵。到处是死马。血腥和死尸的气味还有烟混在一起。天很冷。房间里的烂泥有齐膝深。……德国兵看上去好像冻僵了。他们变温顺了。他们甚至友好地告诫我，叫我回到地下室去，要不然就打死我，因为平民不应该待在前线。我向他们保证，这地方不可能长时间是前线，他们冷静了下来。车站显然着了火。

2 月 11 日。德国人终于离开了我们的房子。

2 月 12 日。凌晨 3 点差一刻，第一批两个俄国人来了。他们精神抖擞，带着机枪，很快活。……我跑进公寓。现在可以在各个房间走来走去，大喊大叫也没关系了。公寓里有 8 匹死马。墙上的血迹快有一人高，所有的东西都乱七八糟。阁楼有大概一个房间那么大的部分塌了下去。所有的门、橱柜、家具、窗户都坏了。没有一样东西是完整的。墙上的灰泥几乎全都脱落了。房子前面有被丢弃的德军补给车。……从卧室窗户到卡蒂察房间窗户的那面墙没有了。走路时往往会被死马绊倒。死马踩在脚下很松软，有弹性。如果在死马身上跳来跳去，弹孔周围就会嘶嘶地出现小小的血泡。

2月13日。我在街上走时，一个俄国人给了我一个柳条瓶子，要我跟他走。然后隔壁的看门人走过来，我把瓶子给了他，俄国人就把他带走了。我很想知道他被带到什么地方去了。

今天姑娘们去看望佐尔坦叔叔。他们住在台尔菲别墅。他们的房子被8枚炸弹击中。俄国人把他们的东西都抢走了。俄国人抢劫的时候，把他们锁在衣柜里。俄国人抢走了35000辨戈、手表、食物、衣服，什么都抢走了。

2月14日。早上有四个俄国人来了两次，抢了我们的东西。他们砸开所有的锁，抢走的东西多得惊人。死马很让我们担心，因为天气转暖，死马开始膨胀了。

2月15日。我听说现在已经不准随便抢东西了。要是你报告给军官，他会把抢东西的俄国兵撵走。

我看到一个犹太人穿着俄国军服。他穿俄国衣服蛮好看的。

很多地方他们都在强奸女人。所以到处都把女人藏了起来。[61]

罗库什山上几乎所有别墅都被毁掉了。伯瑟尔梅尼路、布达佩斯南站、塞尔·卡尔曼广场和玛格丽特大道已经化为瓦砾堆。欧洛斯大道上的别墅存放着盖世太保从犹太人那里抢来的金银、瓷器、挂毯、地毯等。这座别墅被炸毁了，所有的贵重物品都被毁掉了。在城堡区几乎找不到原来的道路，人们常常走在被摧毁的建筑的屋顶上。作家马洛伊·山多尔①描述了这世界末日般的景象：

> 我在古布达看到的东西，第一眼看去很吓人，走了几百米之后就越来越恐怖和令人难以置信。人们因害怕或怀疑而感到犹豫，仿佛这不是市区而是什么挖掘现场一样。有些街道只能大致猜一猜位置：这里曾是街角的弗洛里安咖啡馆，这是我曾经居住的街道。四处没有房子的踪影。统计学街和玛格丽特大道街角的这堆瓦砾几天前还是一片五层高的楼群，有很多公寓楼和一家咖啡馆。……这面墙所在的房子以前住着朋友们，那里是一条街道的残余部分，塞尔·卡尔曼广场上有电车残骸，还有血之原野的废墟、克里斯蒂娜城，以及城堡。[62]

动物园也遭到严重破坏。2500 只动物中只有 14 只活了下来。围城的最后一周，三名饲养员在弹雨中丧生，之后就再没有人喂动物了。很多动物被当地居民宰杀吃了。棕榈园的玻璃墙被爆炸的冲击波震碎，后面池子里的暖气系统被炮弹直接命中，怕冷的鳄鱼就都死了，但生活在一个完好且温暖的自流井里的河马们因为脂肪很厚，坚持活了下来。几只大型食肉动物从破损的笼子里逃了出来，互相吞食，或者被临近花园里的士兵开枪打死。有几只猛禽飞走了，靠吃腐肉活了下来。一只狮

①　马洛伊·山多尔（1900～1989），匈牙利文豪，第一个给卡夫卡作品写评论的人。他对纳粹持批评态度。他的小说《烛烬》表达了对已经消逝的奥匈帝国多民族、多文化社会的怀旧。二战后因为不喜欢当时的匈牙利政府，他移居美国，晚年因为癌症和抑郁而自杀。

子在地铁的隧道里躲了几个星期，靠吃走失的马匹为生，后来红军的城防司令伊万·特伦特维奇·扎莫采夫中将专门派遣了一支队伍才把狮子抓回来。1月，两匹设得兰矮种马失踪，在饥饿的城市里游荡了两个月居然毫发未伤，3月自己返回了马厩。据说，它们被一个大车车夫盗走，但围城结束后他又把它们送了回来，因为他害怕遭到惩罚。

城市各个广场的雕塑都被霰弹和枪弹损坏，很多被完全摧毁。有些是在城市陷落之后被匈共拆除的。其他的，包括议会大楼前的青铜狮子，被红军士兵抢走了。红军用1848年革命者格尔盖伊·阿图尔①的骑马雕像的金属铸造了一尊斯大林像。半个世纪之后，格尔盖伊的雕像被重铸，并被安置在菲尔沃努拉什广场一座列宁像的方形底座上。

在围城的最后一幕悲喜剧中，1945年3月1日，匈牙利议会通过了萨拉希的提议，授予布达佩斯"英雄抵抗之城"的称号，就像苏联把"英雄城市"的称号授予列宁格勒、斯大林格勒和莫斯科一样。布达佩斯陷落之后，匈军总司令拜赖格菲·卡罗伊准备了一篇广播讲话，颂扬守军的英勇事迹，这次讲话由最高统帅部的安全和宣传部门录制下来。一群士兵在把录音唱片送往广播台的途中停在一家酒吧喝了几杯，其中一人，肯定是喝得微醉，坐在了唱片上，把它坐坏了。这个士兵倒没有

---

① 格尔盖伊·阿图尔（1818~1916），匈牙利的一位军事领袖，出身贵族，1848年匈牙利革命（反抗奥地利帝国统治）后加入起义军，在对抗奥地利军队的战斗中表现出色，一度成为匈牙利的军事独裁者，但俄国出兵干预之后，格尔盖伊无力抵抗，向俄国军队投降。他被奥地利政府监禁，1867年被赦免，作为铁路工程师生活。当初他的起义同志大多被处死，而他安然无恙，所以有人怀疑他是叛徒。不过到他晚年，他在1848年起义中的作用得到普遍认可。

遭到惩罚，因为宣传部门的一名中尉恰好在那里，此人擅长模仿他人的声音。他重新录制了讲话，就连拜赖格菲本人也没听出来差别。[64]

对犹太人的迫害

我可不愿看到诸位先生住到那样一间房子里去。[65]
——沃伊瑙·加博尔在匈牙利议会
就建立国际隔离区所做的报告

在围城期间，布达佩斯爆发了对犹太人的血腥屠杀，其残忍程度和规模是纳粹统治下欧洲其他任何地方都难以比拟的，而且它得到了国家的准许，或者至少是纵容。1944 年 10 月 15 日霍尔蒂的停火企图失败之后，箭十字党政府立即启动"对犹太人问题的最终解决"。此时，还没有被遣送至德国集中营的匈牙利犹太人都待在首都或者被编入了强制劳动营。1944 年 3 月 19 日德军占领匈牙利之后，阿道夫·艾希曼就来到匈牙利，组织对犹太人的遣送。为此，德国人还在 3 月 20 日建立了犹太委员会。

10 月 18 日，艾希曼再次来到布达佩斯。保安处[66]和盖世太保[67]在大环路的王家酒店以及施瓦布山铁路终点站附近的多处公寓下榻。盖世太保官员汉斯·格希克此前指挥过利迪策的屠杀，颇具"专长"，被任命为保安处在匈牙利的负责人。他的同事阿尔弗雷德·特伦克尔则被任命为保安处在布达佩斯的负责人。

对萨拉希之流来说，灭绝匈牙利的犹太人比什么都重要，

38. "犹太人和苏联人：匈牙利的灾星"，当时的海报

甚至比打赢战争还重要。他们的行为完全丧失理性，唯一目的
就是羞辱、杀戮和灭绝犹太人。甚至有些箭十字党领导人也对
此产生了质疑。他们虽然没有对这种灭绝人性的措施的意识形
态理由提出挑战，但质疑了在当前形势下这种措施的实际意义。
例如，箭十字党外交部部长凯梅尼·加博尔提问道："我们是不
是真的这么富有，每天损失 400 万个工时也不在乎？"[68] 其他部
长对他发出了嘘声，后来匈牙利政府甚至对德国政府提出抗议，
因为德国人让犹太劳工在德匈边境上挖战壕，而匈牙利政府反
对让犹太人踏上匈牙利的土地，要求德国政府立即将他们送走。

德国领导人也坚持遣送犹太人，不断敦促匈牙利人采取行
动。例如，11 月 21 日，德国外交部部长约阿希姆·冯·里宾
特洛甫向帝国驻匈牙利代表埃德蒙·维森迈尔发出紧急电报，
催促他向萨拉希解释，尽快消灭犹太人对首都的防御具有关键

意义。[69]而事实上，除了华沙犹太隔离区起义之外，犹太人即便到了死亡的边缘也几乎没有进行过有组织的抵抗。

10月17日，作为遣送的序幕，布达佩斯第8区所有被标上大卫星的房屋的居民接到命令，次日早晨在庭院集中。10月18日，他们被强迫举着双手，沿拉科奇路走到凯莱派西公墓北面的陶特沙尔赛马场，19日又被押送到多瑙河堤岸。他们被迫排成一排，面向河水。但此时一名德军军官阻止了即将发生的屠杀，犹太人被送回家中。在有些房子里，警察和箭十字党民兵突袭了犹太家庭，殴打他们，命令他们离开。有些不愿立即离开的人甚至被打死。泰莱基广场6号的一个犹太老人不能走路，被拽着双脚从五楼拖了下来，头部流血不止，楼梯上都是血迹，后来他死在了大街上。[70]

没过多久，犹太人开始被送往德国。每天都有大约6000名犹太人先在古布达砖厂停留一下，后被箭十字党民兵驱赶着步行前往德国，分三条路线，平均每天行进30公里。在路上，箭十字党民兵公然打死打伤了很多人。从10月20日起，被标记房屋的居民被围拢起来，参加修筑工事，且无人考虑他们的健康状况。被强制劳动的人中有八十一岁高龄的老人。[71]大多数反坦克壕是犹太人挖掘的。

10月15日晚上7点32分，警方首次记录到有犹太人自杀。11月23日，急救车部门的日志第一次记录了多瑙河畔对犹太人的处决，不过自10月15日以来，那里每天都有犹太人被枪杀。11月25日之后，像这样的警方报告增多起来：

劳工皮乔夫·安德拉什，二十二岁，头部中弹，被2017号和2048号警官在多瑙河发现。

多瑙河上的塞切尼码头有犹太人被枪杀，其中几个人被扔进了运河。[72]

箭十字党最喜爱的屠杀场地是多瑙河堤岸，但是枪手在夜间瞄准很差，很多犹太人得以跳入冰冷的多瑙河，从桥的一端或下水道出口爬出来。下面是匈军第 1 步兵军军部的报告，描述了一起事件，措辞是很典型的转弯抹角式的："12 月 30 日清早，一名执勤的警官拦住了五名犹太人相貌的男子，他们浑身湿透，不断奔跑，头脑已经糊涂，说不出自己的身份，也说不清是如何落水的。"[73]

39. 箭十字党民兵在张挂海报。背景里，库恩神父的会衣上挂着手枪枪套

今天我们难以想象这种灭绝人性的行为是怎么发展的。在围城结束之前，一名政府官员告诉瑞士外交官卡尔·卢茨，城内只有 4000 名武装的箭十字党民兵。在正常情况下，4000 人

怎么能够对 100 万人施加恐怖统治呢？在纳粹占领的西欧，从来没有发生过公开的大规模种族屠杀。在苏联，这种事情也仅仅发生在德军入侵的最初阶段。[74]在匈牙利，反对屠杀的人不会遭到德国人的迫害，当局也仅仅需要遵守现有法规即可。但是，警察、宪兵和军方却冷眼旁观箭十字党党徒施暴。只有在广大群众当中发生深刻和广泛的道德危机时才有可能发生这种事情。[75]以下是当时的一些记述：

> 这位军官告诉我们，犹太人被剥得只剩衬衫，在多瑙河堤岸被枪毙，然后被丢到河里。"问题倒不是发生了这种事，"他说，"而在于有些犹太人还活着。只要他们没有被彻底消灭，他们就会成为一心复仇的猪。"[76]

> 两名教会女执事在聊天。一个说："箭十字党肯定在准备对隔离区做什么可怕的事情。"另一个人说："我为这些可怜人难过，但这样也好，他们就不会有机会报复了。"[77]

> 路上有个人和我一起走。他是从洛约什米热逃来的，但是很后悔。"我信了宣传。"他说。我向他保证，他很快就能回家了。他尴尬地咕哝道："我搞到了两亩犹太人的地。会不会允许我保留这块地？"[78]

箭十字党统治者担心的是，民兵的过度暴行会让市民对犹太人产生同情。议员毛罗蒂·卡罗伊支持处决犹太人的讲话就体现了这一点："决不能让单独个案使得市民对他们产生同情。……必须采取措施，阻止壕沟里整天传出临死的呻吟声。不能

40. 多瑙河堤岸上的死尸

允许群众观看死亡的人群。……不能把犹太人的死亡记录在匈牙利死亡档案里。"[79] 国家警察专员霍多希·帕尔的声明也是这个意思："问题不在于犹太人被杀，而在于我们采取的方式。尸体不能弄到大街上。要让尸体消失。"[80]

下面两个目击者的记述描绘了箭十字党民兵的典型行为：

在通往多瑙河的一条街上，我看到30到40人，全穿着白衣服。等他们走近了，我才看到这些人不论男女都只穿着衬衫、内裤、内衣，雪和碎玻璃在他们的光脚下嘎吱作响。我大吃一惊，停了下来。他们走近后，我问其中一个箭十字党的人，这些是什么人。我永远不会忘记那句玩世不恭的回答："神圣家族。"我站在那里，目瞪口呆了好长时间，直到多瑙河堤岸上传来冲锋枪响，我才意识到这些人在走向死亡。[81]

他们沿着大环路走，押送犹太人。四五个箭十字党的男孩，只有十四到十六岁，押送犹太人从凯奇凯梅街走向伊丽莎白大桥。一个犹太老太太倒了下去。她显然受不了这种行军。一个男孩开始用步枪枪托打她。我当时穿着制服，走上前去："小伙子，你自己没有妈妈吗？你怎么能这样？""叔叔，她只不过是个犹太人而已。"他回答道。[82]

41. 烟草街犹太会堂花园内的死尸

很多箭十字党人都有自己的"吉祥物犹太人"，对待他们不错。后来接受战争审判时，党徒就把这些犹太人搬出来，作为自己同情犹太人的证据。法律系大学生凯莱切尼·伊什特万是箭十字党犹太人灭绝部门的头目和负责种族鉴别的人类学部门的副部长。只要能拿到钱，他就愿意为富有的犹太人证明他们是雅利安人。[83] 内政部部长沃伊瑙·加博尔的妻子成了箭十字党的民族社会组织者，尽管她自己有犹太血统。后来她的背景被发现，沃伊瑙也与她离了婚，她这才辞职。[84]

有时箭十字党民兵的凶残不仅让平时不关心犹太人问题的平民憎恶，也引起了德国人的厌恶。例如，普费弗－维尔登布鲁赫禁止他的士兵参加反犹活动。但德国政治领导人很高兴看到别人替他们解决"犹太人问题"，而且比他们还残暴。维森迈尔收到了柏林的指示，"尽其所能地"帮助箭十字党，因为"匈牙利人现在开始以最严厉的方式反对犹太人，这对我们特别有利"。[85]

由于箭十字党的恐怖统治，1944 年 10 月 15 日到 1945 年 2 月 13 日期间，布达佩斯的犹太人口减少了 105453 人。大约 50000 名"租借犹太人"（即在合围之前被交给德军用来修建工事的犹太劳工）之中约 7000 人被红军俘虏，6000 人在城外死亡。穿制服的强制劳工落到红军手中后大多被关入战俘营。即便在围城结束之后，红军抓人时也不区分俘虏是否曾经受到过迫害。[86]

大多数匈牙利警察和宪兵军官从一开始就厌恶与箭十字党合作。例如，在第 14 区，箭十字党的民兵发现，他们送交给警察局的犹太人又被警察释放了，于是该地区的党委领导人决定，用他们自己的人手来清除"不良分子"。11 月 12 日箭十字党指挥部举行落成仪式之后，他们进行了第一次这种屠杀，在拉科什溪的岸边处决了十几名犯人。

对这些（理论上是违法的）行为的唯一抗议之声来自箭十字党的安约福尔德党委，他们的领导人恼火地反对其他地区的民兵把尸体抛在他的辖区，因为他已经难以向平民解释在自己的辖区内被打死的犹太人尸体了。[87]谋杀者之一是个十五岁的男孩，战后成为匈牙利空军军官，1966 年在对前箭十字党分子的调查中被捕。当年，他和他的同伴先对犹太人进行野蛮的折磨和变态的性攻击，然后将其处死。仅在圣诞节一天，他们就打死 50 多人，总共杀死了至少 1000 人，也许有 1200 人之多。多瑙河堤岸、城市公园、拉科什溪沿岸、游荡全城的卡车上，以及党部的洗衣室，都是屠杀地点。民兵在洗衣室对犹太人严加拷打，直到血堵塞了下水道。尸体一般被丢弃在屠杀现场，以制造持续的恐怖气氛。1944 年 11 月，城市公园和斯特凡妮娅路的长椅上堆积了太多尸体，人们花了几天才处理干净。

几乎所有箭十字党成员都必须参加对犹太人的折磨和处决，这也是对他们的所谓忠诚考验。十四五岁的男孩和妇女也参加了屠杀，最臭名昭著的女剑子手包括扎尔策·维尔莫什夫人，时年二十三岁，以及前护士德利·皮罗什卡。民兵卡托瑙·彼得·帕尔将 1100 人从古布达砖厂赶往隔离区，他本人就打死了 62 名掉队者。库恩神父指挥了多次屠杀，围城结束后承认自己杀死了 500 人。他的行刑命令一般是："以基督的名义，开火！"

大约 8000 名犹太人得到了特别立法的保护。箭十字党政府把受保护的人数大幅缩减。71 名犹太人因为在第一次世界大战中获颁金质英雄勋章，得到了萨拉希的特别赦免，内政部也授予了 500 名犹太人豁免权。

受国际红十字会委托，瑞典大使馆在大使卡尔·伊万·丹尼尔松领导下，于 1944 年 3 月 19 日德军占领匈牙利之后第一个向犹太人发放了安全通行证。随后，被瑞典政府和美国战争难民理事会派到匈牙利的拉乌尔·瓦伦贝格自行发放了特别通行证。起初这些文件并没有法律效力，后来才得到瑞典政府批准。文件声明，瑞典红十字会或瑞典政府与文件持有人之间存在特殊关系，因此这些人得到瑞典的保护。

这些保护文件得到了斯托尧伊①政府的承认，萨拉希上台之后的新外交部也接受了这些文件的合法性。尽管内政部部长沃伊瑙·加博尔于 10 月 18 日宣布，他"不承认任何个人及地方向匈牙利籍犹太人签发的任何安全通行证或外国护照"，[88]但箭十字党政府在瑞典等国家的压力之下，最终还是承认了 34800 份文件的合法性。[89]事实上当时有超过 10 万份通行证在流通，有的是真实的，有的是伪造的。各使馆也越过自己的权限，签发了超过配额的证件。瓦伦贝格还想出了其他很多办法来救人，他是最早建立"保护屋"的人之一，冒着生命危险为犹太人提供避难所，为他们搞来给养。适合服兵役年龄的犹太人被征召进"保护性"劳动队，但在 11 月 29 日他们被装上运载牲畜的卡车，交给了德国人。[90]

除瑞典人之外，还有瑞士外交官卡尔·卢茨、葡萄牙外交

---

① 斯托尧伊·德迈（1883～1946），塞尔维亚裔的匈牙利军人、外交官和政治家，早年在霍尔蒂政府中从事反谍报工作，1935 年至 1944 年担任匈牙利驻德国大使，非常欣赏纳粹。霍尔蒂秘密与西方盟国议和的企图被德国挫败后，被迫在 1944 年 3 月任命亲纳粹的斯托尧伊为总理和外交部部长。斯托尧伊上台后将箭十字党合法化，向东线增派匈牙利军队，解散工会，镇压反对派，加快向德国遣送匈牙利犹太人。1944 年 8 月，在霍尔蒂的压力下，斯托尧伊辞职。10 月，霍尔蒂被德国人推翻，斯托尧伊因为健康状况不佳没有再出任官职。战争末期他逃离匈牙利，被美军俘虏并交给匈牙利，最后被处死。

官卡洛斯·布兰基纽，以及教宗特使向犹太人提供保护证件。国际红十字会的主要代表弗里德里希·伯恩签发了1300份安全通行证。红十字会的B部门在新教牧师斯泰赫洛·加博尔领导下，发起了"好牧人儿童行动"，建立了32家孤儿院，收容失去父母的儿童，解救了1540人，使他们免于被遣送或饿死。另外，红十字会还管理着18家医院和急救门诊。萨尔瓦多大使馆签发了800份特殊的公民护照，尼加拉瓜大使馆也签发了500份。

　　最勇敢的营救行动是由"西班牙临时代办"乔尔乔·佩拉斯卡发动的。佩拉斯卡实际上是意大利公民，1944年3月19日因为发表反德言论被拘留。他逃脱之后躲在西班牙驻匈牙利大使馆，参加了对犹太人的营救。箭十字党容忍了西班牙大使馆的行为，希望换得西班牙独裁者弗朗西斯科·佛朗哥的承认。西班牙原临时代办安赫尔·桑斯－布里斯得到的是相反的明确命令，即西班牙政府不会承认箭十字党政府。他向箭十字党政府的外交部发出很多热情洋溢但没有实际意义的声明，外交部很长时间没有认识到西班牙人并不打算承认新的匈牙利政府。所以西班牙大使馆能够采取比瑞典和瑞士使馆更为激进的措施。它要求箭十字党对每一起暴行负责，并为受保护的犹太人准备一列特别列车。西班牙人认为箭十字党政府做不到这些，就会在其他方面做出妥协。

　　11月29日，桑斯－布里斯返回西班牙，因为箭十字党要求他对西班牙政府是否承认箭十字党政府的问题给出明确答复，他的处境变得很困难。他回国前，给了佩拉斯卡一份德国签证，并许诺帮助他从瑞士逃走。但佩拉斯卡不愿离开岗位。他欺骗箭十字党说，桑斯－布里斯回国是去办理承认箭十字党政府的手续的，因而任命他为临时代办。佩拉斯卡得以救出西班牙保护屋里的犹太人，这些犹太人正要被送往隔离区。直到合围完成，他不断误导，甚至敲诈匈牙利外交部，威胁他们说，西班牙有几千名匈牙利人质，如果他保护的犹太人发生不测，匈牙利人质的后果不堪设想。他的活动结束时，处于他保护下的犹太人已经从 300 人增加到了 5000 人。

佩拉斯卡向教宗特使安杰洛·罗塔承认了自己的谎言，对方只是提醒他不要告诉韦罗利诺大主教，因为后者"过于谨小慎微"，如果知道了这件事"以后怕是睡不着觉了"。但佩拉斯卡后来请求罗塔对箭十字党政府以断绝外交关系相威胁，教宗特使回答说："没有得到梵蒂冈的授权，他不能这么做。"佩拉斯卡回忆道："我忍受不了这个，我对外交官们作了一些尖刻的评论，然后跑开了。我非常难过，甚至忘记了亲吻他的戒指。"[91]

多蒙科什·米克绍是犹太委员会的成员，他的故事同样怪诞。10 月 16 日，也就是萨拉希政变的第二天，一群箭十字党党徒试图抢劫犹太委员会的总部，多蒙科什打电话给宪兵司令费伦奇·拉斯洛，向他求助。这位宪兵司令负责驱逐犹太人，他仅仅回答："一切正常。现在犹太人罪有应得了。"[92]尽管如此，多蒙科什还是骗箭十字党的暴徒说，费伦奇派了巡逻车来，所以他们最好离开。于是暴徒离开了。随后，多蒙科什穿着上尉制服，开始以费伦奇的名义发放"官方证明"，解救了很多犹太人，并释放了一些被箭十字党关押的犹太委员会成员。他看似权力很大，最后居然被任命为隔离区警长，因为别人以为他是国防部的代表，而且没有人意识到，他本人就是犹太人。[93]附近的箭十字党民兵如果在隔离区外抓住了犹太人且没有把他们带到多瑙河堤岸枪毙的话，就会把他们押到多蒙科什的"指挥部"。

1942 年的反犹法在议会得到了匈牙利三大教会代表的支持。但在 1944 年，很多教会组织目睹了驱逐犹太人的暴行，转而开始营救犹太人。1944 年夏初，加尔文宗和路德宗教会联合发表了新教备忘录，呈交给总理斯托尧伊。6 月 29 日，天主教会的谢雷迪·尤斯蒂尼安枢机主教写了一封公开信，谴责对犹太人的迫害。斯托尧伊的回应是禁止出版该备忘录和在教堂诵读这封公开信。当年夏季，加尔文宗的劳沃斯·拉斯洛主教以及谢雷迪都不断谴责对犹太人的遣送，但公众没什么反应。箭十字党夺权五天之后，劳沃斯·拉斯洛主教写信给萨拉希，请求他将布达佩斯宣布为不设防城市。12 月 1 日，他又写信给萨拉希，要求停止对犹太人的迫害。[94] 较小的教会组织联合起来进行营救活动，教会领袖也都知情。但往往只有部分犹太人，尤其是改信基督教的犹太人得到了教会的救援。

布达佩斯的警察总长谢代伊·久洛和他的副手久洛伊·久洛也尽力帮助隔离区里的人。箭十字党内部甚至也有少数良心未泯的人参加了营救。其中最有名的是绍洛伊·帕尔，此人于1942 年退党，霍尔蒂停火事件之后又重新入党，负责同警方联络。在这个岗位上，他能够出比以前更多的力来营救犹太人。他禁止在没有正式批准的情况下运走犹太人住宅内的财产，这样就保留了 50% 到 60% 的动产。他说服箭十字党的组织工作者格拉·约瑟夫对暴行发出抗议，并敦促警方开展调查。他向瓦伦贝格告知箭十字党计划在隔离区开展的大屠杀，他的副手派尔耶希·费伦茨甚至搬进了隔离区，试图改善那里的生活条件。

亚美尼亚血统的医生耶莱齐安·奥劳曾是箭十字党的副青

年领袖，但在 1939 年被开除出党。霍尔蒂停火事件之后，他重新入党，成为第 6 区的第二副长官。作为该区唯一识文断字的官员，他的任务是填写官方的逮捕证，因此得以拯救很多人的性命，尤其是在齐奇·耶诺街 1 号。他从瑞士大使馆得到了保护这座房屋的证件，然后从内政部获得许可，把它改成犹太医院，尽管在纸面上它是箭十字党的诊所。400 多名犹太人，包括 40 名医生，在这里得以幸存。

有好几次，耶莱齐安凭借镇定自若避免了暴露。1945 年 1 月，一名箭十字党指挥官率领 30 名武装人员包围了这所房子，逮捕了耶莱齐安，并宣布要按照规定杀死屋内所有的人。耶莱齐安出示了内政部的命令，但是没有用，于是他请指挥官开始搜查。医院里刚刚送来一批被炮击炸伤的人，武装人员不得不在呻吟着的濒死伤员之间走过。耶莱齐安对此事件结果的报告颇有些浪漫主义色彩：

> 令人紧张的搜查持续了将近一个半小时，然后他归还了我的手枪，让我召集医生。……有些妇女晕倒了，一个可怜人承受不了这悬而不决的紧张，从三楼跳楼自杀了，护理员……找到了她的尸体。

医生被集中到一个房间之后，指挥官站在屋子中间，说道：

"我今天来，是为了把藏在这房子里的 400 名犹太人和他们的领袖耶莱齐安一起杀掉。我来就是这个目的，但我今天看到的和经历的是我没想到的。要不是亲眼看到，我绝不会相信，短短几周就能在市中心建立起这么一家运转良好的医院。你们在这里已经做的和正在做的很了不起，我必须得向你们鞠躬，虽然我知道这是犹太人做的。我保证，从现在开始，任何人都不会骚扰你们。再坚持几天吧。解放的大军已经在路上了。

　　为了奖励你们的伟大成就和英雄主义，我会保证你们的安全，我会确保……在新的匈牙利国家你们不会被划为犹太人。"[95]

犹太医院里的人们活了下来，但在红军到来之后，有个医生捏造罪名诬告耶莱齐安，他因此被红军逮捕，几个月后才被释放。1981年，耶莱齐安获得"国际义人"称号，这是以色列向所有营救过犹太人的人士授予的最高荣誉。

　　各中立国的使馆不断对迫害犹太人的行为提出抗议。1944年10月21日，教宗特使罗塔同萨拉希谈判了两个多小时。11月17日，他联合各中立国的使馆向箭十字党政府联名抗议，要求立即停止对犹太人的驱逐和残害。12月23日，各中立国再次向匈牙利政府联名上书，但此时政府已经逃离首都。各国都拒绝撤出使馆人员。1945年1月5日，瓦伦贝格向普费弗－维尔登布鲁赫发出最后的集体抗议。

　　1944年11月12日，佩斯第6区圣伊什特万广场附近的72所房屋得到了瑞士使馆的保护。11月15日之后，这一地区被正式指定为国际隔离区。最初的目的是将所有持外国护照的犹太人集中到这里。这些房屋的设计承载能力是3969人，但一开始就安置了15600人，最后达到了40000人。理论上，这些房屋享有治外法权，每座房屋应有两名警官把守，但是箭十字党的人仍然不断袭击。

　　国际隔离区比所谓的"普通"隔离区（不久之后在第7区

建立）危险，因为它离多瑙河堤岸较近，箭十字党的人很容易进来行凶。到 1944 年 11 月底，只有 32000 名犹太人，而不是预期的 100000 人，进入了"普通"隔离区；同时期，国际隔离区的"瑞士保护屋"却住进了上万人，而不是原定的 7800 人，于是箭十字党产生了怀疑。他们发现，很多保护证件是伪造的。这些房屋遭到了重点搜查。因为很难鉴别真实的和伪造的证件，很多人被不加区分地押走。

1944 年 11 月 18 日，在第 7 区开始建立隔离区，专门关押没有保护文件的犹太人。11 月 21 日，内政部部长沃伊瑙·加博尔正式下令把这些地区改为"普通"隔离区。所有没有保护证件的犹太人必须于 12 月 2 日之前搬到这里。12 月 10 日，该地区被木板栅栏封闭，只留下 4 个出口。约 6 万人被关进 4513 座公寓，有时 14 个人同住一个房间。根据计划，所有犹太人，不管有没有保护证件，最终都要被关到这里来。每人每天的粮食配额是 900 卡路里，加上犹太委员会和中立国使馆送来的给养。事实上，5 个厨房每天只能提供每人 790 卡路里的热量。有时运送食物的人遭到抢劫或者被炮火击中，人们就只能整天挨饿。隔离区内唯一的警察局在沃伊瑙的命令下被关闭了，隔离区的内部安全由无武装的犹太警察负责。但一心要抢劫的箭十字党暴徒根本不把犹太警察放在眼里。一名目击者回忆了 12 月底的情形：

> 狭窄的考津齐街上，虚弱的人们垂着头，推着手推车。咔嗒作响的小车上，赤裸裸的尸体黄得像蜡一样，摇摇晃晃。一只贴着黑膏药的僵硬的手臂垂了下来，晃荡着，敲打着车子的轮辐。他们停在考津齐澡堂前，笨拙地转进格

子门。在澡堂的院子里，饱经风吹雨打的门面之后，尸体堆成一堆，冻得僵硬，像是木头。……我穿过了克劳乌扎尔广场。在广场中央，人们或蹲或跪，拿着刀从一匹死马身上割肉。马头放在几米外。黄色的和蓝色的肠子像果冻似的，闪着冰冷的光，从残缺的死马体内迸射出来。[96]

箭十字党不仅对各个隔离区的居民犯下了罄竹难书的罪行，甚至还侵犯了城内其他地方的中立国外交机构。1945 年 1 月 7 日，瑞典使馆有人被杀，瑞士使馆也发生了流血事件。[97]德国人倒是相对人道。虽然德军经常围捕犹太人、强迫他们修筑工事，但总会把他们活着送回隔离区。[98]

1944 年 11 月 14 日到 1945 年 1 月 18 日，隔离区每天的平均死亡人数是 80 人。和平时期该数字是 8。[99]有段时间，每天都有 50 到 60 具头部中弹的犹太人尸体被送到法医研究所。12 月 28 日，箭十字党党徒和一些违反命令的德军将一大群犹太人从拜特伦·加博尔广场的医院拖到多瑙河堤岸，将其全部处死。一周之内犹太人自杀事件的数量就超过了 1943 年匈牙利全国的自杀人数。"很多老人、年轻姑娘和孕妇自杀。有些母亲用擀面杖把不情愿自杀的女儿打晕，把她们搬到打开的煤气口下。"[100]1 月 3 日，负责集中犹太人的部级专员勒切伊·伊什特万下令立即组建 12 个犹太人劳工团。这道命令无法执行，因为此时大多数犹太人已经饿得走不动路了。

1945 年 1 月 1 日，萨拉希的特别代表沃伊瑙·艾尔诺发布第一道命令，要求将国际隔离区的犹太人转移到"普通"隔离区，说是出于"军事原因"，但实际上是为了方便屠杀他们。1 月 4 日，他重复了这道命令，这一次就连瓦伦贝格也无法搪塞了。1月5日和6日，"瑞典保护屋"的5000名居民在红军战斗机的火力之下被押送到"普通"隔离区。箭十字党宣布，如果外国不承认他们的政府，他们就不再遵守任何协约。1月7日，瓦伦贝格提出将受保护房屋内的所有剩余粮食交给箭十字党，才阻止了犹太人被遣送，但同一天，箭十字党攻击了一所"瑞典保护屋"，将大约130人带到多瑙河堤岸用机枪打死。[101]一名幸存者回忆道：

> 他们审完我之后又审问我母亲，她已经六十七岁了。他们把她的衣服剥光，三个人用橡皮棍子狠狠打她。她倒在地上，他们就用脚踩她，拔掉她的头发。然后……又有三个人打我。……半夜，他们又把我带到地下室，那里有30个负责拷打的人。全部30人都有棍棒和皮带，一起来打我。他们又把我从地下室推到洗衣室，那里已经有大约30人，浑身是血。在地下室，他们剥光年轻女人的衣服，用橡皮棍子打她们。大厅里，箭十字党的伯克尔·德奈什叫我求他打我的脸。然后我被迫站在门口，他们开始踢我。对六十多岁的老太太，他们也不客气。他们一直打我们，直到我们承受不住倒在地上。3点，他们把我们两人一组用皮带捆起来，说要把我们押往隔离区。我一直看着，他们带着步枪和机枪。链桥上有一个德国警卫，他让我们这45到50人通过了。在桥上，箭十字党的人端起枪指向我们，看上去很可怕。我开始解开皮带。和我捆在一起的人叫古特曼，他只穿了内裤和衬衫。我们走下链桥，走向多瑙河堤岸时，情况已经完全无望了。我放开母亲，完全解开了皮带。走了20米，他们停下来，命令我们站在河堤上

排成一排，面向多瑙河，说要打死我们。我和古特曼先生最先走到河堤。他们的头目，一个蓄着小胡子的矮壮的家伙，命令我走远一些。我假装服从，然后跳进了多瑙河。机枪在后面向我开火。在水里我听到他们打死了那50人。[102]

赫尔曼迪·伊万中尉描述了河堤上的一次屠杀：

> 我从维加多音乐厅的拐角偷偷望去，看到犹太人站在2路电车的轨道上，排成一长排，完全是听天由命。那些离多瑙河近的人已经被剥得精光。其他人一边慢慢走下来，一边脱衣服。一切都很安静，只是不时响起枪声。下午没人在那里时，我们又看了一下。死者或躺在多瑙河冰封的河面上，或浮在水里，尽是血。其中有女人、孩子、犹太人、非犹太人、士兵和军官。[103]

1月10日，为阻止屠杀，100名匈牙利警察奉命进入隔离区。但就在次日，离警察驻地几步远的韦塞莱尼街有45名犹太人被杀。他们的尸体被堆在考津齐街的犹太会堂和克劳乌扎尔广场，因为没人有时间，也没人愿意遵循欧尔绍什·费伦茨的建议。这位医学教授和前卡廷国际委员会成员讽刺地说："把犹太人的尸体丢进多瑙河吧，我们可不想再来一个卡廷。"[104]

1月16日，红军已经接近隔离区附近的大环路，箭十字党决定开始大规模屠杀。这个计划被一名警察泄露给了箭十字党与警方的联络官萨莱·帕尔。萨莱通知了沃伊瑙·艾尔诺，沃伊瑙说他已经知道这个计划了，不打算阻止它。经瓦伦贝格同

302 / 布达佩斯之围：第二次世界大战中的一百天

意后，萨莱警告佩斯德军的指挥官施米德胡贝少将，他要对他属下德军的行为负责。施米德胡贝立即招来沃伊瑙和策划该计划的德国人和匈牙利人，逮捕了一个党卫队三级小队长（中士），并禁止屠杀。[105] 为了保证他的命令得到服从，他还派遣德国国防军士兵进驻隔离区。

1月17日，红军接近了韦塞莱尼街的隔离区边缘。住在44号临时犹太医院的医生拜奈代克·拉斯洛说服了当地的一个匈军高炮连放弃抵抗。他把那些士兵装扮成病人，把他们的军服用医院的炉子烧毁。次日，在短暂的巷战之后，隔离区得到了解放。

但在布达，迫害仍在继续。1月14日，内梅特沃尔吉路箭十字党党部的一群暴徒在库恩神父率领下打死了毛罗什街犹太医院的170名病人和其他躲藏在那里的人。1月19日，他们在奥尔毛街的犹太救济院打死90人，21日又在瓦洛什马约尔街犹太医院打死149人。在犹太医院，他们让能够证明自己基督徒身份的人出列。有人拿出伪造的证件，就被打死了。其他人排成一排走到街上，"被押往佩斯的隔离区"，而此时隔离区已经在红军手中，且多瑙河上的大桥已经被炸毁，无论如何都是走不过去的，这些人在等待的时候就被枪杀了。不能走路的病人连同护士被打死在病房里，垂死的惨叫持续了两个小时。[106] 只有一个女人躲在街上的死尸堆里活了下来。[107]

同一伙暴徒还攻击了负责保卫警察总长谢代伊·久洛安全的高级警官。暴徒强迫警官们交出武器，然后离开了。但半夜时，他们又在库恩神父率领下返回。警官们被推到墙前站成一排，遭到库恩的羞辱，罪名是"其他人在前线为了胜利而受苦，他们却在躲藏"。在场的六名警官被带往箭十字党党部。第七名警官，贝利茨基·拉斯洛警长躲在厕所里，后来向谢代伊发出了警报。然而，前来营救的警察分队被箭十字党党徒缴了械。"弟兄们，这是拘留中心的毛罗什沃尔吉·伊姆雷博士。"一名坐过牢的党徒发现被俘的警官中有熟面孔。党徒都很熟悉这些警官，因为他们审讯过很多危险罪犯，而这些罪犯中的很多人加入了箭十字党。现在复仇的时刻到了："门被撞开了。库恩第一个冲出去。他用拳头猛击其中一个警官，然后狠狠地扇他的脸。'你这混蛋，终于逮到你了。'他说着，把这个人推进自己刚才走出来的那个屋。"[108]之后警方又派了一批人，才把警官们救出来。库恩神父和他的同伙被捕，不过库恩在突围时逃跑了。这群暴徒的头目绍博·彼得此前记了很详细的日记，他把日记连同他的身份证明文件及照片一起埋了起来，这些东西后来被偶然发现并交给了警方。日记中对犯罪的详细记录，包括强奸修女的罪行，使得警方可以审判其他藏匿起来的党徒。人民法庭最后判处库恩死刑，并将其处决。

抵抗运动

1945 年之后匈牙利出版的研究著作对布达佩斯的抵抗运动多有提及，主要是由于共产党国家喜欢详细记载敌后的反法西斯活动。而当时的德国和匈牙利军事文档对抵抗运动很少提及，可能是因为这些运动在军事上没有什么影响。

与红军作战的德国和匈牙利军事单位很少遭到抵抗分子的攻击。匈牙利人一般不把德国人看作敌人，因此不会攻击德国人。所以盖世太保在布达佩斯的头目阿尔弗雷德·特伦克尔宣称，对德国人来讲，匈牙利要比南斯拉夫安全。但抵抗分子对箭十字党又恨又怕。根据德国人的报告，即使在匈牙利军队内

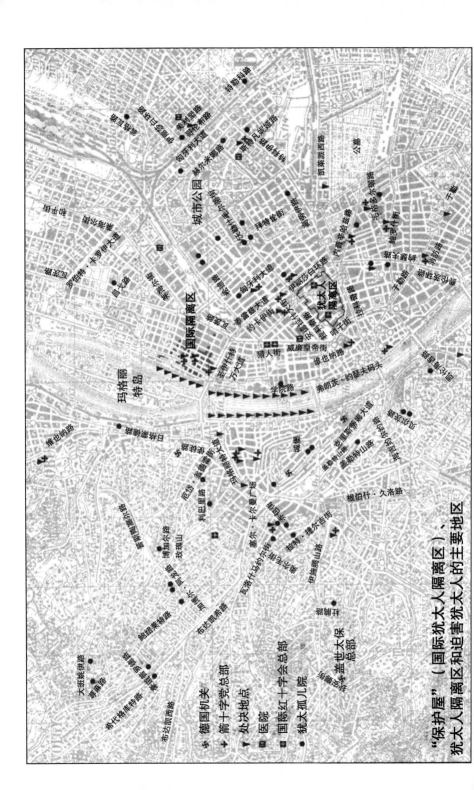

"保护屋"（国际犹太人隔离区）、
犹太人隔离区和迫害犹太人的主要地区

图例

- 德国机关
+ 箭十字党总部
- 处决地点
- 医院
- 国际红十字会总部
- 犹太孤儿院

城市公园

国际隔离区

犹太人隔离区

玛格丽特岛

凯莱派西路

公墓

特勒科路

斯塔维尼路

布达凯西路

大班瑙伊路

海钦路

部，也只有 3% 到 5% 的军官支持箭十字党政权，很多人反对极右宣传。因此，抵抗组织的活动主要是救人、阻挠对犹太人的遣送，以及越来越激烈地武装攻击箭十字党单位和党产。

箭十字党上台之后，有几位此前被迫转入地下活动的政治家着手开展最基本的抵抗运动。在（德军占领匈牙利以来开始活动的）非法组织"匈牙利阵线"的基础上，"匈牙利民族起义解放委员会"（MNFFB）于 11 月 9 日成立，主席是鲍伊奇-日林斯基·安德烈，副主席是乔尔包·亚诺什。该组织的军事分支于 11 月 11 日成立，参谋长是基什·亚诺什中将，他的副手是纳吉·耶诺少校，其他成员还有参谋军官陶尔乔伊·维尔莫什、内梅特·帕尔和拜莱兹瑙伊·伊什特万，技术军官克瓦戈·约瑟夫、奥尔马希·帕尔和劳德瓦尼·伊姆雷，骠骑兵上尉雷沃伊·卡尔曼，还有其他很多人。曾属于匈牙利阵线的各种非法组织都加入了"匈牙利民族起义解放委员会"，包括独立小农党、社会民主党、正统主义双十字党、匈牙利共产党和国家农民党。

"匈牙利民族起义解放委员会"希望阻止围城，避免布达佩斯遭到毁灭，因此计划为红军打开前线并同时发动起义：它甚至向安德拉什·山多尔指挥的第 10 步兵师和多个 KISKA 辅助单位提出了这个建议。11 月 13 日，匈军第 6 集团军的作战参谋希蒙菲-托特·艾尔诺少校作为"匈牙利阵线"的代表逃到红军那边。此前几天，他秘密地向秘书口述了一些文件，后来人们才发现他描述的是首都的防空系统和防御工事。[109] 最后他成了红军的宣传人员，负责向匈军劝降。

11 月 22 日，由于遭到米库利奇·蒂博尔上尉出卖，"匈牙利民族起义解放委员会"的军事参谋部人员在一次会议期间被捕。国家农民党领导人科瓦奇·伊姆雷因为迟到而幸免于难：

> 我听到歌剧院附近有枪声，加快脚步。我简直不敢相信自己的眼睛：歌剧院附近像是战场。战地宪兵和党的民兵从门后、树后、广告牌后疯狂地向一辆汽车射击，车上的人也在还击。地上有四具宪兵的尸体，被军大衣盖着。[110]

这场冲突是由同样迟到的塞切尼·帕尔少尉和迈希克·亚诺什中尉开始的。两人都被击毙，30 多人被捕。随后，"匈牙利民族起义解放委员会"的大部分成员，一共几百人，被逮捕。基什·亚诺什、纳吉·耶诺和陶尔乔伊·维尔莫什被匈军的一个特别法庭判处死刑，于 12 月 8 日在玛格丽特大道的军事监狱被处决。鲍伊奇 – 日林斯基·安德烈于 12 月 24 日被绞死在索普朗科西达。其他人大多被判处 10 到 15 年徒刑。

匈军最高统帅部防御部门主官米科·佐尔坦上尉也属于"匈牙利民族起义解放委员会"，但他的身份没有暴露。他随后组织了一个新的抵抗组织，包括大学生、KISKA 单位和其他人员。在最高统帅部，米科负责监管 KISKA 辅助单位，11 月底又奉命组织颠覆和间谍单位。他还负责领导普罗瑙伊突击队以及一个宪兵调查组。11 月初，他建立了破坏单位"格尔盖伊营"，虽然它名义上是普罗瑙伊突击队和箭十字党的一部分，但成员全是逃兵、左翼分子、被禁止活动的政治家和抵抗战士。这个单位的任务是获取合法身份证件，帮助潜逃人员和抵抗战士活动。通过瓦伦贝格，他不断把该营的补给送到"保护屋"里去。他还凭借自己和国家安全部门长官库道尔·拉约什的关系，在 11 月派遣了一个宪兵单位到国际隔离区，与箭十字党暴徒打了几次枪战。

格尔盖伊营在一个月间一边同普罗瑙伊突击队一起操练，一边秘密地开展破坏活动，并攻击箭十字党党徒。11 月 21 日，该营一名成员，一个从劳工队逃跑的犹太人，在普罗瑙伊食品店被一个执勤的中士认了出来，被捕时口袋里还装着黄色的大卫星。此后该营又有 10 名劳工队逃兵被箭十字党秘密警察抓住，于 12 月 4 日在玛格丽特大道的监狱被处决。米科把该营调到了多瑙河以北的伯尔热尼山，借口是训练需要和德军要求部署箭十字党游击队员。

米科招募了大约 800 名武装抵抗分子，包括格尔盖伊营的 250 人、KISKA 各单位的 500 人，以及他自己在宾博路 54 号指挥部的 50 人。有了这么多人，似乎可以进行真正的活动了。12 月 20 日，科瓦奇·伊姆雷和"匈牙利民族起义解放委员会"的另外三名代表拜访了伯尔热尼山的红军，讨论倒戈的可能性。但科瓦奇被疑心很重的红军反间谍军官逮捕，直到次年 2 月才逃出。

随着包围圈渐渐形成，米科计划投向红军，在第 14 区和玫瑰山为红军打开防线。12 月 25 日，大学突击营把一个叫科里洛夫的红军战俘押到他的单位。科里洛夫自从第一次世界大战时期就生活在匈牙利，在圣安德烈被红军俘虏之后作为探子被放回布达佩斯。米科把科里洛夫作为中间人放回红军阵线。在得到德军指挥官的批准、接管了玫瑰山的部分防线之后，米科召集他的人马，他原估计会有 300 到 400 人前来，不料只来了 70 人。大多数人要么不愿冒生命危险，要么无法从佩斯穿过多瑙河来到布达。

绝望之下，米科找到大学突击营的指挥官鲍拉什·希派基上尉。两人在军校时是同学，米科希望说服他一起投向红军。米科带着八名武装人员，包括邦多尔·维尔莫什中尉，此人戴着很多勋章。鲍拉什·希派基把他们当作内奸，支吾搪塞。最后，米科虚张声势说："目前为止，我还没有告诉你全部机密。德匈两个指挥部之间的矛盾已经激化，今晚匈牙利国家政策就会发生大的转变。今晚 8 点，前线四个重要地段的匈军会放下武器，让红军通过。"[111]鲍拉什·希派基回答说，他要向军部核实一下情况。米科知道自己的花招泡汤了。这群人中有些成员决定放弃投敌，自己尽快逃跑。米科和他的秘书逃到土耳其大使馆，在围城中活了下来。其他人决定不解散队伍，等待事态变化，尽管鲍拉什·希派基肯定不会主动变节。

对于随后发生了什么事情，有两种说法。邦多尔和他的同伴说，鲍拉什·希派基出卖了他们。鲍拉什·希派基自己说，他没有理由相信米科，因为军部里没有任何人提到集体变节的事情；他也不方便问，因为不知道还有什么人参与其中。他的说法是，他正打算离开，这时来了一个宪兵军官：

> 他问我是什么人，有没有上报米科来劝说变节的事情。我说还没有。他带我去见一个上校，我不认识这人，但他可能是军部情报处[112]的处长。上校说，我没有自己来报告被卷入变节的事情，这令人感到遗憾；要是不想惹更多麻烦，最好从实招来。[113]

12 月 26 日，大学突击营抓住了一些穿平民服装而且持有米科发放的证件的红军士兵，于是箭十字党秘密警察开始监视米科这群人。[114]他们伪称开会，把邦多尔骗到宾博街，将他和他的同伴逮捕。围城之后，苏联人又逮捕了米科和邦多尔，以间谍罪将他们判处死刑。邦多尔被改判二十五年徒刑。尽管米科主动与苏联人合作，比如在战俘中甄别箭十字党分子，[115]但他还是于 1945 年 8 月 15 日在敖德萨被处决。[116]

霍尔蒂停火事件之后，匈军很多军官投向了苏联，包括第 10 步兵师师长安德拉什·山多尔上校，[117]他得到了他的反间谍和情报部门的帮助；[118]还有第 7 步兵军参谋长哈采吉 - 豪茨·奥托上校，他在霍尔蒂的停火事件中担任军事外交官。1944 年 11 月 7 日，哈采吉 - 豪茨逃往塞格德，向红军透露了玛格丽特防线的细节草图。随后他为红军从事宣传工作，从 1945 年 2 月到 4 月 5 日担任红军在布达佩斯司令部的联络官。他后来被苏联内务人民委员部以莫须有的罪名逮捕，判处十五年苦役，被关押七年后于 1955 年 6 月 30 日获释。

匈军第 1 步兵军的军需长内梅特·德热在抵抗活动中扮演了极为重要的角色。他向受迫害者发放假证件，帮助希蒙菲 - 托特变节，藏匿红军士兵，并破坏首都的防御。当合围逐渐收拢时，内梅特故意把粮食运到郊区，让它们很快就落入红军手中。他还把军里的大部分弹药储存在玛格丽特码头的铁路车皮里，希望它们被红军摧毁。后来铁路车皮的确被摧毁，但是引发了大爆炸，炸毁了附近的房屋，很多人被炸死。[119]1945 年 2 月 7 日，内梅特连同他的参谋人员一起投奔红军，随后以连长的身份对德军和匈军作战，在战斗中负伤。1949 年，他在作秀公审中被判死刑，随后被处决。

1944 年 11 月 7 日，七个非法的大学生组织合并为"匈牙利大学生自由阵线"（MDSZF）。这个组织的领导人是考尔多什·拉斯洛、基什·山多尔和齐马尼·蒂博尔，代表了抵抗运动的激进派。它的很多成员加入了大学突击营、格尔盖伊营和坦契奇·米哈伊营①。"匈牙利大学生自由阵线"发行的一份非法的时事通讯引起了箭十字党秘密警察的注意。12月12日，秘密警察突袭了这个组织的总部，逮捕了很多成员。

坦契奇·米哈伊营的正式名称是第1匈牙利大学侦察营，成员主要来自布达佩斯各高校的民兵组织。该营拥有350到400人，发放了几百份假证件，多次攻击德军和箭十字党人员。他们投敌的企图被箭十字党民兵和德军挫败，于是他们分散开来，等待红军的到来。

德国占领匈牙利之后，布达佩斯市政府的各个办公室组建了若干抵抗组织。这些组织主要发放各种豁免和保护性证件。它们的军事核心是第6区的KISKA连，它们曾在该连帮助下试图占领市政大厅和其他公共设施建筑，但失败了。他们还和匈牙利王家钢铁机械厂（兵工厂）的抵抗战士有联系，后者由米什泰特·安德烈和科茨卡什·费伦茨领导，为"匈牙利民族起义解放委员会"搞到了一些反坦克炮。11月19日，第6区KISKA连和匈牙利王家钢铁机械厂抵抗组织的一些成员暴露了身份。

"匈牙利自由运动"的领导人是皮什基－施密特·弗里杰什，和社会民主党关系紧密，主要进行知识分子的抵抗运动。从1943年开始，在卡洛伊·米克洛什政府的默许下，"匈牙利自由运动"建立了一个秘密广播台，并发行报纸《复活》

---

① 坦契奇·米哈伊（1799～1884），匈牙利作家、记者、教师和政治家，曾因反对哈布斯堡家族的政治活动而入狱，在1848年3月15日（也就是1848年革命在匈牙利爆发的当天）获释。他大力推进匈牙利的小学教育。匈牙利新闻界有一项大奖以他的名字命名，即坦契奇奖。

（*Feltámadás*）。德国占领匈牙利之后，该组织更加活跃。箭十字党政变之后，"匈牙利自由运动"发行了非法报纸《自由斗争》（*Szabadságharc*）。通过与"匈牙利民族起义解放委员会"执行主席绍考希奇·阿尔帕德的协议，"匈牙利自由运动"还建立了一支武装队伍，保护它那非法的莱格拉迪印刷厂。在 12 月 25 日的一次枪战中，"匈牙利自由运动"武装队伍的领导人施托拉尔·贝拉和其他 23 人被击毙，但印刷厂得救了，因为工人把大部分设备带回了家。

"东方未来"（The Future in the East）组织包括平民和保安营的军校生。他们计划拯救一些被守军布了雷的公共建筑和工厂，但在 11 月 10 日，该组织的 27 人被捕，包括他们的领导人、保安营第 2 连的连长菲尔耶什·山多尔上尉，于是这个组织就瓦解了。

天主教会的圣母小昆仲会藏匿了一些犹太儿童、逃跑的法国与阿尔萨斯裔党卫军士兵，以及逃跑的法国和比利时战俘。德国国防军于 12 月 19 日逮捕了他们，但所有被他们保护的人都得到了挽救。

从德国占领匈牙利那天起，诗人瓦尔瑙伊·热尼和诺贝尔奖得主、生化学家圣捷尔吉·阿尔伯特就开始组织抵抗活动，其成员有多瑙河警卫队的几名军官和金牛工厂的经理。霍尔蒂停火事件之后，圣捷尔吉躲进瑞典大使馆，他的组织在费伦茨山一个山洞里建立了基地。12 月初，德军突袭了这个山洞，逮捕了该组织的成员。

匈牙利共产党有两个互相竞争的派系，一个由德梅尼·帕尔领导，另一个则追随莫斯科的路线。自 1944 年 9 月起，这两个派系都组织了一些小规模的抵抗群体。听从莫斯科的那派共产党人躲在匈牙利大道的一所公寓和法兰西路的一个地下室里，熬过了围城。奥采尔·捷尔吉为他们提供补给，此人在卡达尔①时代成了很活跃的文化政治家。这一派系的军事委员会包括帕尔菲-厄斯特赖歇尔·捷尔吉、费赫尔·拉约什和绍约姆·拉斯洛，由卡达尔·亚诺什担任联络官。[120]他们的任务是组织、武装和领导"希尔小组"、"劳茨伊小组"、"毛罗特小组"和其他"行动队"。在切佩尔，他们不得不和另一派系的德梅尼以及社会民主党人合作，建立了一个十三人委员会[121]来协调抵抗活动，阻止工厂被拆除，破坏军工生产，包括所谓的"萨拉希爆米花"火箭的生产。

切佩尔的共产党抵抗组织最重要的行动是阻止了该地的平民疏散。[122]12月4日，招贴出现在街头，要求平民在24小时之内离开。这招致了平民的愤怒，几千人聚集在市政厅前，自发举行了反对德国人和箭十字党的示威，砸碎了市政厅的窗户。匈军士兵和警察也许诺为示威群众提供支持。箭十字党民兵到达之后，遭到平民的石块攻击，两名党徒遭到当地妇女殴打，不得不逃走。反对疏散的情绪如此高涨，有些服从命令的人也遭到示威者的攻击，他们的财物被乱抛一气。

12月5日，当地的公证人和他的助手加入了抗议，宣布："他们是对的，我们一步也不走。"[123]箭十字党人将他们逮捕，示威者要求释放这两人时，党徒又逮捕了人群中的八名工人。四名武装的共产党人袭击了箭十字党党部，放出了被逮捕的人。共产党人科尔莫什·拉斯洛打死了三个箭十字党党徒，自己也被枪

---

① 卡达尔·亚诺什（1912~1989），匈牙利共产党领导人，从1956年到1988年领导该国。在他领导下，匈牙利是东欧共产主义阵营当中自由化程度和生活水准相对较高的国家。

杀。示威者随后又从市政厅走到皮奥茨广场，一个骑摩托车的德国兵向他们开枪，打死了一名妇女，进一步激怒了群众。[124]12月6日，匈军士兵开始把武器分给群众，疏散就告终了。

佩斯圣洛伦茨的疏散也因为群众反对而失败。这里有个代表团呼吁政府撤销疏散的命令。而且由于缺少部队，疏散本来就行不通。

在采石场区，基什·卡罗伊和霍瓦特·伊什特万·P. 在11月建立了一个四十多人的共产党抵抗组织。他们从弗朗茨城车站偷到一车的武器、炸药和制服，利用这些东西组成了一个KISKA单位。其中有人穿着箭十字党制服，打死了该地区的箭十字党头目、绰号"兄弟"的乔尔达什·亚诺什，以及其他两名党委领导人。基什·卡罗伊等人的武装活动很多，最重要的是炸毁了拉科什凯莱斯图尔的箭十字党党部，以及和施托拉尔的组织一起保卫莱格拉迪印刷厂。

另一个表现突出的共产党抵抗组织在新佩斯活动，由弗尔代什·拉斯洛领导。他们最有名的行动是保住了12月31日被箭十字党布雷的新佩斯水塔，以及于1月9日袭击箭十字党在新佩斯的党部，营救了48名政治犯，然后炸毁了党部。在后一次行动中，12名抵抗战士穿着箭十字党秘密警察的制服进入党部，要求带走犯人以进行"处决"，然后在走向多瑙河的路上把这些人放了。随后他们返回党部，交给党徒一个用14公斤苦味酸做成的定时炸弹，骗他们说这是黄金。这个诡计被发现时，已有28名箭十字党民兵被炸死。[125]新佩斯的共产党抵抗组织共开展了53次行动。

共产党游击队还发动了多次炸弹袭击。10月6日，"毛罗特"小组炸毁了匈牙利前右翼总理根伯什·久洛的雕像。

11月22日，"希尔"小组炸毁了大都会旅馆，一些德军高级军官在这里下榻。12月2日，"希尔"小组炸毁了市剧院入口的柱子，箭十字党原定在此举行党的大会。12月3日，剧院入口的瓦砾被清除了，但当日，"毛罗特"小组的成员向聚集在那里的人群投掷了两枚丙酮炸弹。通过这次极为精彩的行动，共产党人阻止了箭十字党的第一次也是最后一次大规模集会。

最终，"希尔"小组的多位成员被捕，只有奇利克·加博尔在12月底逃了出来。他立即重新组织抵抗活动。很讽刺的是，他于1月13日被红军逮捕，一同被捕的还有魏因贝格尔·德热，他绰号"希尔"，后来消失在古拉格。[126]"解放者"对所有人都极其不信任。第一波红军通过之后，红军军官有了更多时间，经常把抵抗战士连同其他人一起逮捕。

共青团的活跃分子图尔恰尼·拉约什领导的"萨格瓦里"（Ságvári）组织遭遇了类似的命运。他们"借来"了需要的制服、文件和办公用品，在德国民族联盟组织撤走之后占据了后者的办公大楼，自称"第101机械化化学营参谋部"。他们以此为伪装发动了多次武装行动。最终他们被红军俘虏，不过在共产党的干预下从格德勒战俘营被释放了。[127]

1945年1月2日，箭十字党逮捕了共产党红色旅的14名成员。在王宫的秘密警察驻地，他们遭到严刑拷打。受折磨最严重的要数布劳恩·埃娃。和她一起被关押的犯人回忆道：

> 我被审讯的时候，听到隔壁传来可怕的惨叫和喘息声。审讯我的宪兵倒还算文明。他注意到我在听隔壁的惨叫，就告诉我，他们在"搞"布劳恩·埃娃。他说，他们将木

头插进了她的下身。审讯结束之后，我被带着通过那间屋子，看到布劳恩·埃娃躺在地上，半裸着身子哭泣。[128]

1月下旬，很多犯人在王宫一个露台上被匈军宪兵处决。

犹太人的抵抗活动主要是为了救人。匈牙利犹太复国主义领袖和布达佩斯犹太人营救委员会主席科莫利·奥托在1943年曾同"匈牙利阵线"联系。在德国占领匈牙利之前，他还帮助过临近几个国家的犹太人逃往匈牙利或罗马尼亚。1944年9月，国际红十字会在布达佩斯的代表弗里德里希·伯恩任命科莫利为红十字会A处的处长，负责国际事务。实际上该处是犹太复国主义者的掩护，其中一个部门直接参与抵抗运动。箭十字党政变之后，科莫利签发了几百份安全通行证，有的是真的，有的是伪造的。他还把粮食运到隔离区。1945年1月1日，两名匈牙利军官拜访了他的办公室（享有治外法权），请他"把事情谈清楚"。科莫利随他们去了，就再也没有回来。[129]

从德军占领匈牙利开始，犹太人抵抗组织发放了成千上万份伪造的身份证、安全通行证、护照、注册证明及军火工人的豁免证明。20世纪30年代，由西拉吉·艾尔诺建立的犹太复国主义激进派"青年近卫军"组织也开展了武装抵抗。在六七次行动中，他们身穿箭十字党制服开展营救活动，或者杀死箭十字党党徒。12月24日和26日两天，他们用伪造的文件分别从玛格丽特大道的监狱救出30名和137名被关押者，其中就有诺恩·捷尔吉。

奥采尔·捷尔吉是个改信基督教的犹太裔演员，还是共产党员，在犹太复国主义抵抗组织担任联络官。他的任务是从犹太复国主义者手中接收金钱、武器和食物，转交给共产党。他的上级是彼得·加博尔，后来的匈牙利共产党秘密警察头目，以及多纳特·捷尔吉。霍尔蒂停火事件之后，奥采尔留起小胡子作为伪装。关于他的逃遁，各方说法不一："人们记得，奥采尔穿的不是宪兵制服，就是盖世太保制服、德军军官制服或军礼服，抑或是迷彩服。有人看到他坐在一辆大型黑色汽车或者吉普车里。他不断用德语大喊，发号施令，装作不会讲匈牙利语（但其实他根本不会说德语）。"[130]

当时有成千上万的逃亡者躲在首都，很多军队、宪兵和警察的军官也向他们提供了帮助。例如，丁斯特尔·安德拉什上校穿着军礼服，戴着全副勋章，在家中接待了一群搜寻他所藏匿的犹太人的箭十字党党徒，并把他们打发走了。宪兵探长保拉迪·伊什特万参加了对瓦伦贝格本人的保护，阻止了多次针对犹太人的行动。甚至在国家保安警察总长海因·彼得的随员中，也有人蓄意破坏"最终解决"。[131]

但由于时间紧迫、反犹宣传盛行，以及匈牙利中产阶级缺乏团结，始终未能形成协调一致的运动来阻止反犹法规的执行。有些人努力唤起公众的关注，但没有成功。例如，在政府规定犹太人必须佩戴黄色大卫星之后，拜特伦·伊什特万伯爵夫人试图说服基督徒妇女在衣服上佩戴一片黄叶以示支持犹太人，她被捕了。[132]铝土矿公司的经理特泰特莱尼·帕尔因为藏匿逃亡者而被处决，他那怀孕的妻子及两个小女儿也被杀害。当时到处都是招贴画，宣称如果藏匿犹太人，当场格杀勿论。箭十字党民兵也到处把这个威胁付诸实施。

1944年10月初，美军战略情报局（OSS）将匈牙利裔美国人科瓦奇·帕尔中尉派往匈牙利，组织抵抗运动并搜集军事情报。他以亚诺西·贝拉的"旋律"（Dallam）组织（有 20 名成员）为基础，接触了"匈牙利阵线"和其他几个抵抗组织，但于 12 月 5 日被捕。另有 46 人被捕，大多在 1945 年 1 月 15 日与 2 月 11 日之间被箭十字党秘密警察杀害。

英军也向匈牙利空投了秘密特工。其中 22 名匈牙利裔加拿大人为此接受了特殊训练，但只有一人在被匈牙利警察逮捕后逃脱并来到布达佩斯。在那里，第 2 驻军医院的抵抗组织把他藏匿起来。

抵抗组织建立了多个 KISKA 营。主要是第 3 至第 8 区以及第 13 和第 14 区的营参加了武装行动。最重要的是第 13 区第 1 营，营长是吉多福尔维·拉约什中尉。该营于 10 月 18 日成立，1 月初解散时有 1200 名成员，虽然很多成员只在纸面上存在。这群人和其他抵抗组织互相协作，发放伪造的证件，攻击箭十字党民兵，并阻止了斐迪南大桥和几座工厂被摧毁。他们计划向红军打开防线，但 1 月 8 日，该营大多数成员被箭十字党安全部队逮捕。吉多福尔维和几个同伴躲了起来，几天后死亡，可能是在试图阻止德军炸毁伊丽莎白大桥时被打死的。

1944 年 9 月，匈牙利最大的大学生联谊会的四名成员——代塞乌菲·奥莱尔、布伦昌·亚诺什、塞奇·亚诺什和维齐扬·安托尔建立了一个国民卫队营，后来改为 KISKA 营。这群大学生除了伪造证件之外，还参加了营救行动和武装抵抗。合围完成时，他们已经偷了 5 节火车皮的粮食和军用物资（1 万套军服、2 万枚手榴弹、3 门带弹药的高射炮、5000 双军靴和其他装备）。在红军到来前，他们把这些物资丢进了多瑙河。红军第一批士兵出现时，他们几乎全都投向红军，但大多数人最后被关入战俘营。[133]

拉多·伊姆雷和毛焦里·安德烈领导了一个457人的组织，以匈牙利出版公司为掩护，主要从事文件伪造工作，他们制造的假证件甚至也提供给德国兵。12月29日，由于叛徒出卖，该组织有71人被捕，在韦塞莱尼街52号的学校院子里同另外30名抵抗战士一起被枪决。这是规模最大的一次对抵抗战士的集体处决。

费伦奇·约瑟夫（后来的报业大亨）自德军占领匈牙利以来组织了多次反战行动。1944年10月15日，为了给他的86名抵抗战士提供合法身份，他建立了第7区第2 KISKA连。他参加武装行动，藏匿逃亡者。骠骑兵上尉戈比·埃德制作了伪造的豁免表格，由他的女儿、演员戈比·希尔达分发。

由于KISKA单位很不可靠，箭十字党当局于1月6日下令将其解散。有几个KISKA单位拒绝被解散，当局不得不动武。KISKA单位的有些成员被征召到箭十字党民兵队伍，而大部分人不是投敌就是逃散了。

红军的侦察活动极少有文字资料留下来。乌克兰第3方面军的玛丽亚·福尔图斯少校就自己的行动写了好几本书，内容半真半假，一个例子就是她对"巴拉顿行动"的记述。[134] 1945年1月，她声称获得了城堡区炮台里匈军保管的文件，内容是关于"德国的新型超级坦克"。事实上，1945年德国没有生产任何超级坦克，而且这种文件也不会被保存在德国境外，尤其不会在一座被敌人包围且毫无生产能力的要塞里。德国人也不可能把还没生产出来的"奇迹武器"的资料转给别国，尤其是匈牙利这样不可靠的盟友。1944年夏季，德国人甚至拒绝授权别国生产现有的德国坦克型号。更何况，所涉及的匈军单位的参谋长瓦采克·弗里杰什和军需官沃伊道·奥洛约什都不知道他们师保存着这样的文件。

为苏联效力的匈牙利士兵

霍尔蒂停火事件之后，越来越多的匈军士兵开始投向红军，尽管大多数人的动机不是反法西斯，而是因为他们相信继续抵抗已经毫无意义。欧斯拉尼·科尔内尔少将于 1944 年 11 月 23 日发布的命令体现了匈军领导层的态度：

> 煽动和密谋投敌者将被绞死。指挥官必须向逃兵开火。战地宪兵应当搜索树林，向任何躲藏或逃跑的士兵开火。要对被活捉的逃兵进行军法审判，没收其财产，处罚其亲属。必须枪决投敌者。困难不在于敌人，而在于我们自己的部队已经被污染，敌人的宣传对个别人来说具有诱惑力。指挥官必须采取更严厉的措施。[135]

躲藏在布达佩斯的逃兵多达数万人。最精明的逃兵聚在一起，组建虚假的单位以掩盖其活动。逃兵除了躲在 KISKA 单位外，还组建了所谓"第 101 征兵中心"，专门用来藏匿逃兵。红军的前线宣传也鼓励对方士兵变节。红军经常把战俘放回，让他们劝说还在战斗的人投敌。在整个围城期间，红军为了这个目的放回了 739 名匈军和 53 名德军战俘。其中 580 名匈军战俘最终返回红军战线，带回了 6208 名匈军士兵；27 名德军战俘返回，带回了 219 人。[136]1945 年 1 月底开始出现匈军部队成建制投敌的现象。根据红军的报告，匈军的第 74 炮兵营、第 204 高炮营和第 206 高炮营第 2 连、第 4 摩托化步兵营和第 1 "贝姆·约瑟夫①"乘骑炮兵营投向了红军。

随着围城的继续，投敌者面临两种选择，要么去西伯利亚的战俘营，要么对同胞作战。匈牙利人对第一次世界大战期间俄国战俘营的恐怖记忆犹新，所以一般会选择参战。由此出现了变节的匈军被允许同红军一起在布达作战的现象。

在过去，斯大林的命令是，即便成建制投降的敌军也要被关入战俘营。到 1943 年末，红军中的匈牙利军团和类似组织的招募工作已经停止，因为斯大林不愿与非共产党人分享即将到来的胜利。匈牙利志愿部队之所以能够在布达成立（主要是在 1945 年 1 月底），是因为红军兵力损失过大，急需补充，而他们自己没有人员可以补充。在匈牙利士兵当中进行的宣传鼓动很成功，为这些变节者提供武装也显得合理。另外，苏联于 1945 年 1 月 20 日同匈牙利临时国民政府（1944 年 12 月 22 日建立）达成停火协议，除去了组建匈牙利作战部队的法律障碍。

匈牙利志愿者最先被配属给红军步兵第 18 军和第 37 军。一位历史研究者描述了获取志愿者的困难："起初，尤其是匈牙利军官不愿与红军并肩作战。军官的犹豫使得一些士兵也不愿参战。倒也有很多士兵主动参战，给军官树立了榜样。"[137] 骠骑兵中尉萨拉蒙·奥雷尔对志愿参战的经历回忆道：

---

① 贝姆·约瑟夫（1794~1850，按照波兰语的习惯，名字应为约瑟夫·贝姆），波兰和匈牙利两国的民族英雄。他原为波兰军人和工程师，拿破仑战争时期为法国效力，参加过 1812 年拿破仑对俄国的远征，后在但泽战役中表现优异，获得荣誉团勋章。1815 年之后，波兰被俄国吞并。1830 年，贝姆参加了反对俄国统治、争取波兰独立的起义，表现出色，成为准将。起义失败后，他流亡法国、葡萄牙等国。1848 年革命期间，他参加了匈牙利反对哈布斯堡家族统治的起义，贡献颇大，受到匈牙利人爱戴。匈牙利的起义失败后，他逃往奥斯曼帝国，后皈依伊斯兰教，担任阿勒颇总督，被称为"穆拉德帕夏"。

第二天又是点名。士兵们又饿又渴。一两个人因为饥饿或者紧张，倒在了地上。

一个会说匈牙利语的红军军官站在队伍前面，说出了关键性的话："匈牙利士兵们，愿意同红军一起、在新的匈牙利部队里打击德国法西斯的，请出列。所有人都会保留原先的军衔，和红军士兵待遇相同。"

开始时很少有人响应。大家怀疑这是圈套，都在苦苦思索。他们可能在想，他们也许会被迫对抗自己的亲属，或者在德国人和苏联人之间两面不讨好。……

我们知道，在德国入侵苏联之前，伟人斯大林清洗了成千上万训练有素的军官（他后来为此付出了巨大代价），甚至因为害怕元帅们成为苏联的拿破仑，连他们也没有放过。……此外还有卡廷惨案当中波兰军官被屠杀的阴影。……

匈牙利士兵面对虚无，是有选择的。他可以像成千上万战友一样成为希特勒意识形态的牺牲品，或者在草菅人命的战俘营里结束毫无意义的生命，或者干脆死在前往战俘营的路上。

另一条道路是反对德国人。德国人炸毁了我们引以为豪的大桥。大桥轰然倒塌，烟云在城市上空盘旋时，谁的心没有揪起来呢？纳粹极度自负的罪行……

有些犹豫的匈牙利士兵的衣服和装备较好，倒戈的人就把他们的衣服剥掉。一个步兵少尉走到我面前，想解掉我的皮带。"你反正用不着这个了，中尉。"他傲慢地冷笑道。"你要是敢碰，我就砸碎你的脑袋。"我厉声对这土狼一样的家伙说，"我要去打德国人。"这个"同志"夹着尾巴逃走了。就是这件事让我最终决定倒戈。

抢东西的人逃走后，越来越多的人聚集到我周围。三名骠骑兵，包括我的勤务兵克罗恰考伊·米克洛什，选择了战俘营。"米克洛什，"我对他说，"你会后悔的。"但他不想再上前线了。那就算了吧。我们互相拥抱了一下，三年后，我又见到了他，但另外两人，多布什和科斯考，都死在了战俘营里。我们的判断是正确的。战俘营并不比前线更安全，两个地方死的人数差不多。[138]

建立第一个志愿者单位的可能是红军步兵第37军的翻译克鲁皮策·费伦茨。在围城期间另外组建了11个单位。志愿者会在训练一两天后，被分配到单独的匈牙利战斗群，人数最多的战斗群有183人，大致相当于一个连。[139]预备役炮兵上尉瓦劳迪·卡兹梅尔的战斗群于1月21日在福考西莱特公墓投入了战斗，这是他们中第一个参战的单位，也是损失最重的单位。到围城结束时，这个单位只剩下两个重伤员，其他人全死了。[140]

匈牙利志愿者被部署到最危险的地段，导致他们的伤亡特别大。好几个连的兵力损失了50%到80%。[141]在其他方面，红军指挥官倒真的把他们当同志看待。例如，红海军第83旅得到匈牙利志愿者补充时，该旅参谋长发布了下面的命令："给他们充足给养，平等对待他们，避免粗鲁行事，避免发生事端。"[142]步兵第37军军长费多尔·谢苗诺维奇·科尔楚克少将多次请匈牙利军官吃饭。有些红军指挥官在战场上是由匈牙利志愿者护卫的。

超过2500名匈军投向红军（大多是在围城的最后一周），并在红军编成内参加了布达佩斯南站、内梅特沃尔吉路、贝拉国王路、盖勒特山和城堡区的战斗。他们穿着匈军军服，手臂和帽子上缠着从德军降落伞上撕下来的红布。匈牙利志愿者大约有600人阵亡。1945年2月15日，各志愿连同一个志愿营（该营是三天前成立的，营长是沃里哈齐·奥斯卡中校）合并成了第1匈牙利志愿团，后来改称布达志愿团。

围城战的最后两周里，匈军大批投降。第10步兵师自合围以来就一直在逃避战斗。他们估计德国人会死守城堡区到最后一枪一弹，于是从城堡附近的玫瑰山转移到霍尔蒂·米克洛什广场。突围前夜，该师参谋长拜纽夫斯基·哲泽上尉谎称返回城堡的路已被红军坦克封锁。于是，2月11日早上，6000到7000名匈军，包括该师好几个毫发未伤的单位（例如第10通信营和第6步兵团），带着全副装备举手投降。红军把匈牙利人排成队，要求他们参加对德作战。拜纽夫斯基回忆道："一个苏联上尉爬到桌子上，命令愿意打德国人的士兵向右转。结果所有人都向右转，他吃了一惊，因为没料到会取得这么大成功。他说他需要一个立即可以作战的单位，于是从未参战的通信营成了一个志愿连。"[143]拜纽夫斯基和一名红军中校聊了起来，后者邀请他到德布勒森参加一个新集团军的组建工作。在混乱中，拜纽夫斯基被一名红军中士逮捕，被迫加入一队正好经过的战俘。沃里哈齐连同他的大部分部下最初被带到布达弗克的一个地下室。据他的副官莱陶伊·久洛中尉说，沃里哈齐"完全崩溃了……苏联人甚至抢走了他的皮大衣"。[144]

次日，苏联人又问谁愿意作战。除了负责邮件和复印的军官们外，所有人都主动参战，莱陶伊甚至拉来了两个大声抗议的随军神父。[145]这就成了第一个完全由匈牙利人组成的志愿营，此前匈牙利志愿者只是以连为单位和红军并肩作战。

布达的志愿者在阻止守军突围的战斗中表现尤为突出，苏联人为了表彰他们，允许他们在王宫的苏联红旗旁升起一面匈牙利旗帜。2月12日，驻守王宫的德军向切赖什涅什·拉斯洛中尉率领的匈牙利志愿者投降。[146]

由于红军安全部队惯于将一切"危险分子"不加区分地关在战俘营，有些志愿者也被关入了战俘营。2月15日，布达志愿团的2534名士兵被集中到凯伦沃尔吉郊区，解除了武装，被送往布达佩斯以东80公里的亚斯贝雷尼，以组建新的第1步兵师。

我们不能轻视匈牙利单位可以在苏联一面作战这个事实。他们的存在本身就为平民带来了巨大影响。他们阻止了很多暴力事件，说服了很多匈军士兵放弃无谓的抵抗。尽管他们自己损失很大，但他们帮助缩短了围城的时间，减少了平民的损失。

最后时刻：一切都结束了

1945年2月12日早上，布达佩斯城陷入一片怪异的寂静，只能听到零星枪声。布达山区的战斗还在继续，但布达的街道空空荡荡，只有一些走失的牲口和少数因饥饿和恐惧而几近发狂的德军和匈军士兵在寻找藏身之处。由于红军也暂时离开了，市中心一连几个小时没有任何武装部队。

公务员芬陶·约瑟夫在这寂静的鼓励下，从躲藏了六周的地下室走出，去查看他在城堡区的工作地点：

> 在萝卜街我看到了一些烧毁的坦克，它们已经不冒烟了。我沿着奥斯特罗姆街走，来到维也纳门。我没遇到……一个活人，只看见死尸。……
>
> 我走到城堡区，到处都没有人。我沿着韦尔伯齐街走。

除了尸体、废墟、补给大车和板车之外什么都没有。……我走到圣三一广场，决定去议会看看，那里也许有人。结果那里也是空无一人。我走到办公室。乱七八糟，空空荡荡。我走下楼梯，向右转弯。……一个人在我前面拖着步子，脑袋低垂。我走近才发现他是总理的国务次长巴尔齐·伊什特万·巴尔齐哈齐。他精神颓唐，头发灰白。我走近时，他才抬起头来。"次长先生，您到哪里去了？"我问道。"约什考，"他说，"别烦我……你自己去看吧，要是你受得了的话……"

我走到总理的宫殿。这座美丽的巴洛克建筑的拐角部分已是一片废墟。……大门对面的院子里是车房。我走进去，里面是意大利国王访问时乘坐的马车，已经被打碎了。隔壁是马厩……地上躺着两匹死马。离它们不远，也许一两米的地方，有个人脸朝下死在那里。我吓坏了，立即转身跑出来，也不知道自己在往哪儿走。……

我走到距离临时军医院入口20米的地方，看到两个德国兵走出来。他们没有武器，什么也没有，失魂落魄。他们看到我时，开始向血之原野跑……他们消失在阶梯底部，我走回维也纳门。我看到一些尸体，但是没有俄国人。

我回家路上仍是一片死寂，也没遇到俄国人。……我精神有些恍惚，只是向脚下看，避免踩到尸体。[147]

大学生克文迪·德奈什在大概同一时间走上大街：

早上，我走到学院里，大喊："万岁，解放了。"回答我的只有沉默和尖刻的眼神。有消息说，夜间有几个女人被强奸，大约10到15名躲在那儿的学生被带走干"轻松的活"（他们三天后被放回家）。……

我立即去看我的父亲和妹妹，自从圣诞节以后我就没听到过他们的消息。他们躲在了巴尔·毛道什寄宿学校，乡下来的人把它看作布达佩斯最安全的避难所。我知道，苏联人新年时就到了那儿。

但我没办法知道那里的情况怎么样了。有隐隐约约的传闻说部队突围了，有些德国兵被留在了城堡区。于是我……跑向瓦洛什马约尔农庄，但转进奥尔毛街时有人开枪。我不知道他们开枪是不是在打我，不管怎样，我躲到了附近一座别墅里。……门廊里还有三个年轻人也想到街上看看……这一次没有人打枪了。……

我们走到绘图研究所附近的那排树那儿，对面的人行

42. 布达市中心，1945年1月：军人墓地和饥肠辘辘的马匹

道上躺着大概20个士兵的尸体。我觉得他们是匈牙利兵和德国兵。我们没有仔细看他们，但是我们可以看到，一座看上去像是大商场或写字楼的烧毁的楼房底层有更多的士兵尸体。……

我离开了刚才的同伴，因为我要去特罗姆比塔什街，他们要去别处。秋天时我听说一个老同学住在这条街的2号，我决定去拜访一下他，看看情况怎么样。

我打开前门，吓了一大跳，这是我在整个围城期间第一次也是最后一次真正感到害怕。10 到 15 名德军高级军官站在楼梯上，从前门一直排到夹层上。……我一直本能地害怕德国人，希望苏联人解放我们（虽然是令人不愉快的解放）。我现在脑子一乱，第一个念头是，我被德军俘虏了。我嘟哝了几句，解释我是来做什么的，但不敢问我的同学如何了。我只想赶紧逃走。但我感觉到他们现在的情绪也不是征服世界者的豪迈，甚至对我的出现有些害怕。他们知道自己肯定是要被俘的，所以希望尽快了结。他们问我有没有看到苏联人。我说，附近没有。我问，我能不能继续走，意思是请他们放了我。"你是平民，当然可以走。"一名德国军官说，于是我拼命逃走了。

我从特罗姆比塔什街溜进那所寄宿学校的后门，没看到苏联人，一个人也没看到。我在那里找到了自己的亲人。……

第二天早上，我返回学院，感觉完全自由了。我不知道，苏联人当时正在大街上围捕成千上万穿平民衣服的年轻人。不管怎么说，我走到学院，一路平安无事。[148]

佩斯的犹太人隔离区没有发生大规模战斗，但随着战线接近，那里的犹太人还是经历了一些最后的冲突：

> 1 月 17 日，夜里将近 10 点。一些党卫军突破避难所之间的紧急通道，从克劳乌扎尔街 8 号跑来。他们告诉我们，他们的后面有一整个连，一个小时内就会赶到，然后他们穿过紧急通道逃向克劳乌扎尔街 12 号。但一个小时之后，一个排的红军从正常的入口走了进来。街区长官（他可能是第一次世界大战期间在战俘营里学会了俄语）把党卫军的话告诉了他们。他们让我们离开紧急通道通向的房间……然后隐蔽在较大房间里的混凝土水箱后面，等待德国人的到来。

> 德军来的时候可能已经午夜了。苏联人等五六个德军进来之后才用冲锋枪开火。幸运的是，虽然天黑，但他们能看到一个德国兵扛着铁拳，于是先把他打倒。另一名苏联红军向德国人扔手榴弹，造成一片混乱。三个水箱被炸碎，水流进了大房间下面半米处我们所在的地下室。我们爬到当床用的木箱子上，打算万一水位再升高就想办法爬到紧急出口。……我们当然不想到街上去，因为那里还在打仗。外面非常冷，第二天我们上街时，堆起来火葬的尸体根本没有臭气。

> 大概凌晨 1 点，他们把我们从地下室赶到一楼的房间，我们就在那里等天亮。我们经过那个受伤的党卫军时，他还在喘粗气。他的铁拳被放在了一个混凝土水箱的角落里。这个红军排在的时候，没有一个红军士兵对楼里的任何人施暴。[149]

在布达，前线附近的房屋在突围之前被撤空了。2 月 10 日下午，一个被疏散的平民看到了下面的情景：

　　沿着欧洛斯大道，加上附近街道的平民和德军战俘，我们的队伍达到了几百人。我们就这样走到城市边缘和布达凯希之间的林地。……

　　这个风景如画的地方的宁静被咒骂声和马蹄声打破了。我们在嘎吱作响的雪地上步履沉重地走过时，一个俄国兵骑着马疾驰而来，皮革肩带上挂着冲锋枪和弹鼓。我们队伍里一个德军战俘脚上绑着厚厚的绷带，艰难地挪着步子。骑马的俄国兵策马把这个德国战俘踢倒，在他身上乱踩。那时我一句俄语也不懂，无法理解他为什么这么凶恶。我们看到这情景都不由得停了下来。……

　　这个德国人试图爬起来，继续蹒跚前行。俄国兵又策马把他踢倒，一连三次。我们都吓坏了，继续走着。后来他再也爬不起来了，被丢在雪地里，要么死了，要么伤了。

　　那个俄国兵的愤怒是可以理解的。在战争期间他可能目睹过或经受过德国人的许多暴行，所以仇恨所有德国人。但是……这里有几百名德军战俘，为什么偏偏这个人引起了他的狂怒？如果他想打死德国人报仇，为什么不直接开枪，而是将其折磨至死？为什么只有他想复仇，而押送我们的所有其他俄国兵都没有？他会把对复仇的渴望发泄到我们身上吗？

　　直到今天，我仍然找不到对这些问题的满意解答。[150]

守军突围的第二天，红军允许一些平民返回家中，其中有人看到了这样的情景：

　　2月12日早上，天还没亮，三个士兵走进来说："回家吧。仗打完了。"他们通知了每一栋别墅。……当时雪已经融化了，我和儿子拉雪橇很困难。此时我们可以看见到处是德国兵的尸体，仍然全副武装。……

欧洛斯大道上有三个武装的苏联人走在我们前面。我们走到绘图研究所时，苏联人拦住了我们。我们不知道是怎么回事。我们在苏联人后面的人群的第三排，周围都是女人、小孩、病人。我突然看到一个德国兵，衣衫褴褛，佝偻着身子，没有武器，什么都没有，从萝卜街向我们走来。这个可怜虫犯了个大错：他的上衣没扣好，铁十字勋章露了出来。苏联人在讨论的时候，我们就站在那里等着看会发生什么事。苏联人谈了一会儿，其中一个向德国兵招手道："过来。"他把德国兵带向街道另一侧的许沃什沃尔吉电车轨道。那时当然没有电车，轨道上都是雪。他让德国兵走在他前面，快走到轨道边时，苏联人一枪打中德国兵的后脑。我们全都看到了。德国兵倒了下去……被丢在地上。[151]

战俘的待遇

我和一个大个子苏联兵走向欧洛斯大道。他的腰上系着一条教士长袍上的紫色腰带，天知道是从哪个教士那里抢来的。他还不断给我看一条看上去像是金子做的银链子。……我突然想到，教士腰带象征着对肉体欲望的抑制。我想知道，这个大兵有没有从中学到什么。[152]

——萨拉蒙·奥雷尔

他们真的抢了很多东西。他们抢了我的靴子、换洗的马裤、我的手电筒（我在它上面刻了"从佩奇中尉那里偷来"的字样），还有很多其他东西。[153]

——佩奇·捷尔吉

相对来讲，胜利者犯下的暴行可能比失败者多。围城期间德军对红军士兵的暴行很少见于记载，今天也鲜为人知。[154]与国际通行的做法相反，德军会强迫战俘搬运弹药，但会用相对人道的方式对待他们，原因之一是，德军自己被俘的可能性越来越大，一旦被俘，他们就得对自己以前犯下的暴行负责。德国本土成为战场之后，希特勒发布了一条特别命令："在城镇或村庄附近抓获的俘虏……不能在前线附近处决，因为之后平民要为之付出代价。"[155]在匈牙利，只有几起德军暴行引起了轰动，[156]也被苏联充分宣传利用。这不完全是空穴来风，有几次德军确实处死了受伤的红军战俘。例如，维豪罗什少校战斗群的一名德国中士曾把一些受伤的战俘带到一个地下室，将其全部打死。[157]

在苏联方面，受伤的战俘往往不能善终，尤其是党卫军和辅助人员（或者往往被错误地归为弗拉索夫①分子[158]）。辅助人员主要配属在后勤部队，相当于德军总兵力的 5% 到 10%。莫林战斗群的一位成员回忆道："红军开始用步枪枪托把德军里的

---

① 安德烈·安德烈耶维奇·弗拉索夫（Andrey Andreyevich Vlasov, 1901~1946），原为苏联红军将领，曾在中国担任蒋介石的军事顾问。二战初期，作为军长和集团军司令员，他在莫斯科保卫战当中发挥了重要作用。1942年初，在为列宁格勒解围的作战中，弗拉索夫兵败被俘，后投奔德军，担任所谓"俄罗斯解放军"领导人，为德国效力。战争末期他被苏联俘获，以叛国罪被判处死刑。

俄国人和乌克兰人从一座屋子里赶出来。他们遭受了雨点般的殴打，最后死在了我们面前。"[159]另一名战俘回忆道：

> 我们排好队，一个俄国军官问我们，我们当中谁是俄国人。我了解俄国人的心态和语言，明白这意味着什么。有15到20人出列。里面可能有几个人是志愿辅助人员（主要是从红军叛逃，或者被俘之后加入德军的人员），但大多数是在武装党卫军服役的俄籍德裔。就在我们的眼前，他们先后被打死。[160]

事态是无法预测的："他们把我们押往玫瑰山。我们停在一座大别墅前。他们交谈了片刻，打死了我前面两排的一个战俘。这个人穿着匈军军服，但也会说俄语。他是弗拉索夫分子吗？他倒在地上，我们从他身上跨了过去。"[161]

出于各种各样的原因，红军士兵不愿主动接受战俘。据幸存者说："铁路路基上有不少德国兵举着双手被打死。"[162]其他很多资料也都报告了这样的事情。[163]

武装党卫军和伤员的处境最危险。[164]前者被杀是因为政治原因，后者则是因为苏联人嫌治疗太麻烦，而且伤员不能干活。在布达凯希的体育场，党卫军士兵被强迫为自己挖掘坟墓，然后被枪杀。[165]在皮利什圣凯赖斯特，德苏双方的士兵都曾用斧子肢解在巷战中受伤的俘虏。[166]不能走路的受伤俘虏被拖在卡车后面，或者被坦克轧死。[167]匈军少尉马约尔·诺伯特目睹了下面的事件："托特·阿尔帕德步行街有两个人躺在地上。突然我们看到其中一人举起手，又虚弱地垂下去。大家什么都不敢做，但我们好几个人请求押送我们的红军中尉帮忙。他直接掏出了手枪。"[168]

最黑暗的故事是向包姚的死亡行军，走不动的俘虏立刻就会被押送的红军丢下。[169]赫尔曼迪·伊万发现自己走不动了，躺下来听天由命。红军发现他是匈牙利人，就拦住一辆经过的农民大车，让赶车的农民把他送往战俘营，但由于他不是和大队战俘一起来的，战俘营拒绝接纳他。最后，他倚在一棵树下，被丢弃不管。[170]

此时，战俘很少得到食物。有一群战俘从绍什库特战俘营转来，吃的第一顿饭是腊肠和玉米面，不过是在汽油桶里做的。他们根本吃不下去，但很快就后悔自己没有吃了。[171]一个幸存者回忆道："有时他们允许我们休息。于是所有的战俘都趴到水坑和沟里喝水。如果路边有玉米地，我们就都跑过去摘玉米，看守向我们开枪，我们也不管。有几百人喝了脏雪水之后感染痢疾而死。"[172]

对待战俘的方式是没有什么总体规划的。红军指挥部和德国指挥部不同，从不发布明确的（处死战俘的）命令，只是不断将敌人描绘为肮脏可鄙、残忍暴虐的野兽，需要为早前的罪行付出代价。[173]

在每一场战争中，苏联宣传工作者都会基于少数人的行为而把全部敌人描述为"野兽""杀人犯""渣滓""野蛮人""畜牲"。在1939年的对芬冬季战争中，他们就是这样描述芬兰人的。红军士兵每天的读物包括描述芬兰人如何把人的眼睛挖出来或者把人活活烧死，以及芬兰红十字会护士的残忍行为的文章。[174]二战期间，苏联把德国人描述为"吃人野兽"、"龌龊的东西"、"怪物"和"畜牲"。[175]发给苏联士兵用来写家信的信封上常画着一个小孩在乞求："爸爸，杀德国人吧。"[176]有些

43. 艺术家艾克·山多尔在创作招贴画"法西斯野兽无路可逃"

单位还发放了所谓的"个人复仇记录"，上面有空格可填写杀死的德国人的数量、使用的武器以及指挥官的证明。[177]

　　苏联作家伊利亚·爱伦堡在宣传作品《德国人》中甚至将普通的德国士兵也描述成"杀人犯"、"野兽"或"饿死的耗子"，并宣称："我们不把他们当人看。……欧洲早就知道了，好的德国人就是死的德国人。"[178]这样的话语在亚历山大·亚历山德罗维奇·法捷耶夫、阿列克谢·托尔斯泰、历史学家叶夫根尼·塔尔列，甚至诺贝尔奖得主米哈伊尔·肖洛霍夫的小说《学会仇恨》中都有体现。

44. "格别乌：这里也会一样"，当时的反苏海报

爱伦堡及其同僚的文章自 1941 年 7 月起就在前线的报纸上刊登，是红军的必读读物。他们制造的复仇狂热导致很多德军战俘死亡。但很多红军士兵目睹过德国人对犹太人或其他苏联平民的暴行，这也是红军报复的原因之一。

苏联领导层可能知道己方士兵的行为。乌克兰第 2 方面军政治部在报告中强调，德国士兵宁愿死也不愿被俘。[179]有很多红军军官曾在政治警察（契卡、国家政治保卫总局、内务人民委员部）或者 OSNAS 破坏单位服役。[180]G. S. 切博塔廖夫中校在回忆录中提到，他曾在 20 世纪 30 年代指挥内务人民委员部的一个分支与高加索的部落作战。[181]其他很多人从镇压坦波夫农民起义①、镇压富农或者卡廷事件这样的行动中获取了经验。红军每个集团军都配属了这样的团、营或内务人民委员部单位。[182]

有时苏联人也会比较友善。一名红军士兵向沃尔夫冈·拜茨勒中尉祝贺他获颁勋章。中尉的帽子丢失了，另一个红军给了他一顶。党卫队一级突击队中队长（上尉）库尔特·波图加尔回忆道：

> 他们问了我的姓名、军衔和单位，然后给了我一块面包和一些伏特加，说我可能几天都没吃喝，一定饿了。……屋里很热，我大汗淋漓。苏联红军少校要我解开迷彩服。他饶有兴趣地查看了我军服上的军阶标识、党卫军符号和勋章。然后他说："我对武装党卫军的士兵非常尊敬。你会被送到我们的后方。我们的后方和你们的后方一样，都有很多狗杂种。我建议你摘掉党卫军标志和勋章，这对你的健康有好处。我不会拿你的勋章，这里的人都不会要你的东西，因为我们是近卫军，也就是俄罗斯的武装党卫军。"[183]

波图加尔接着回忆道，在这几分钟前，

> 两个战俘被发现是讲俄语的，遭到了痛打。苏联人让

---

① 亦称坦波夫叛乱、安东诺夫叛乱（以其领袖亚历山大·安东诺夫命名），是 1920 年到 1921 年（俄国内战期间）发生的规模最大、组织最严密的反对布尔什维克政权的农民叛乱之一。发生地在莫斯科东南不到 500 公里处。起因是政府强行向农民征粮并不断提高征粮指标。

他们跪下对着圣母发誓，再也不会拿起武器反对祖国。这两个战友其实是伏尔加的德裔，在1939年希特勒和斯大林签订协议之后移民到了德国。苏联护士医治了他们，然后他们被放回我们当中，每个人胳膊下都夹着面包。[184]

玫瑰山上有些德军和匈军被俘，随后发生的事体现了苏联人行事的不可捉摸。战俘被排成一列，一个接着一个被报复心切的苏联人枪毙。轮到参谋上尉鲍劳巴什·贝拉时，一名红军军官从附近的别墅冲出来，大吼着让士兵停下。另有一次，沃尔夫·卡罗伊街上有些邮递员和电车乘务员差点被红军枪毙，这时有个会说俄语的匈军军官向苏联人解释，他们穿的并不是箭十字党民兵制服，他们这才得救。[185]

有时，好心的红军士兵会故意让匈军战俘逃走。考萨什·伊什特万中尉向看守要水喝，对方却告诉他想去哪里就去哪里，不过他喝了几口水之后还是决定返回战俘群中，因为担心被丢在后面会因为无法证明自己的身份而遭殃。[186]另有一次，在行军结束时，红军警卫命令战俘中的军官出列。他们并没有遭遇不测，而是被带到农舍睡觉（警卫也睡在农舍），其他衔级较低的战俘则睡在谷仓。

有时人们被捕完全是出于意外。有个红军士兵问负伤的骠骑兵中尉陶博迪·伊什特万会不会说德语，后者刚答了一个"ja"（德文：是的），就被猛地一脚踢倒，推到德军战俘中。他根本没有机会解释，自己其实是匈牙利人。[187]

由于狂热的宣传，红军士兵中间开始出现一些失控现象。[188]因此，从1945年起，几乎所有单位都接到严厉命令，禁止虐待战俘和平民。[189]当年早些时候，马利诺夫斯基元帅签署的这样一道命令的副件落入了德军和匈军手中。

战争期间的暴行远不止苏联红军在布达佩斯犯下的那些，它们在规模和残忍程度上也不能与德国特别行动队在苏联犯下的罪行相提并论。红军的暴行并不意味着德国纳粹体制的罪恶可以得到原谅。

战争暴行

集体性犯罪

任何一支参战的军队都会或多或少地侵犯人权，苏联红军也不例外。但苏德双方的战争暴行在方式和程度上有很大差别。在围城之前，匈牙利理论上是德国的独立盟国，因此德军在那里犯下的暴行比在苏联犯下的要少得多。尽管德国人也参加了对犹太人的迫害，但他们在匈牙利主要进行的是"文书工作"，直接犯罪的是箭十字党政府及其执行机关。

德军在布达佩斯的战争罪行主要发生在围城的最后阶段，形式主要是抢劫和破坏财产，例如在佩斯圣洛伦茨，德军为了给炮兵提供射击阵地，炸毁了一些工人的住房。针对平民的最严重的一起暴力事件发生在多瑙豪劳斯蒂，一群德国兵枪杀了抗议征用牛群的村民。[190]在鹰山，另一群德军将一户居民逐出他们的房屋，打死了他们的小女儿。[191]但已知的这种事件只有十几起。

红军是在极为不同的情况下抵达喀尔巴阡盆地的。红军把匈牙利视为敌国，而且很少有匈牙利人会说俄语，红军和平民的交流很困难。部队允许他们往家里寄10公斤以下的包裹，这也是隐晦地鼓励士兵抢劫，因为除此之外还有什么东西好寄？大多数人，包括高级军官，直接或间接地经历过德军和匈军在苏联的暴行，所以一心想要报复。

红军的做法有的是个人行为，但也有一些是遵照上级的命令。在布达佩斯，和在其他大城市一样，红军的特别单位立即着手为苏联搜集财物。根据瑞士大使馆的资料，围城结束后不久，一小群特别一丝不苟的苏联军官"洗劫了每家银行的保险箱，尤其是属于英美人的保险箱，抢走了所有现金"。[192]犹太人为他们的"解放"付出了沉重代价：被抢走的艺术品据估计有95%属于著名的犹太收藏家，如考恩菲尔德·莫里茨、德梅尼·拜尔陶隆和豪尔沙尼·山多尔。[193]

匈牙利的国家收藏品遭到了受过艺术史培训的苏联军官系统性的劫掠，豪特沃尼·费伦茨①的藏品就是这样从商业银行的保险柜里消失的。附近唯一可以使用的水井在银行的地下室，来打水的人们可以看到红军士兵搬运财物搬了好几天。[194]住在隔壁的艺术品商人波尔考伊·马顿恰恰在此时被内务人民委员部逮捕，这或许不是巧合。匈牙利总信贷银行的经理报告了银行发生的事件：

> 1945年1月20日，一群苏联军官来到银行。他们打开了所有保险箱，有些是强行打开的。他们抢走了1.13亿辨戈现金，以及客户储存的800个手提箱和其他容器，抢走了1400个保险箱里的财物。
>
> 无法估计被抢走的财物究竟价值几何，但肯定是极大的数目。他们还抢走了价值几个亿辨戈的债券，部分属于客户，部分是银行的。[195]

---

① 豪特沃尼·费伦茨男爵（1881~1958），匈牙利画家和艺术品收藏家。他的藏品包括丁托列托、塞尚、雷诺阿等人的作品。二战末期他的藏品被苏联人掳走，后来赎回了一部分。1947年，他移民到法国。

切佩尔的魏斯·曼弗雷德工厂被苏联人拆除，设备被运走，理由是该工厂是德国财产（魏斯家族是犹太人，他们把工厂股份转让给党卫军，以获准逃往瑞士）。国家银行地下金库里的犹太人财产也落入苏联人手中，他们用卡车装运这些财物运了好几天。[196]

45. 匈牙利警察（非战斗人员）前往红军战俘营

　　除了占领城市，苏联人还开始"清洗"匈牙利共产党队伍。抵抗战士德梅尼·帕尔的追随者构成了布达佩斯共产党的主要部分。1945 年 2 月 13 日，他被红军逮捕，罪名是他的派系违抗了莫斯科的路线。2 月 16 日，也就是被箭十字党释放不久之后，他写信给匈牙利共产党领导人拉科西·马加什①，请求

———————————

① 拉科西·马加什（1892～1971），匈牙利共产党领导人和 1945 年至 1956 年匈牙利国家的实际领导人，坚持斯大林主义，屈从于莫斯科。1956 年匈牙利革命后拉科西被迫流亡苏联，在那里去世。

澄清自己的地位，但没有得到答复。

　　尤为晦暗不明的一个案例来自拉乌尔·瓦伦贝格，他也许是苏联反间谍部门的牺牲品当中最有名的一个。一般认为，他的悲惨命运是由于他看过关于卡廷事件的文件。[197]1943 年，匈牙利法医学家欧尔绍什·费伦茨对卡廷事件现场做过调查，并做了报告，波兰抵抗组织也向匈牙利方面提供了一些细节。这些文件被储存在匈牙利总信贷银行。和瓦伦贝格一样，1945 年的匈牙利国民议会主席沃尔高·贝拉和著名抵抗战士米科·佐尔坦也熟悉卡廷调查的结果。因此，这三人都被红军反间谍部门逮捕就不是巧合了。两个匈牙利人最初被判死刑。沃尔高·贝拉被他的翻译，一位匈牙利裔的红军上校救了下来，这位上校教他如何回答：“最重要的是，如果问到卡廷，你就说什么都不知道。”[198]米科于 1945 年 8 月 15 日被处决。米科的助手邦多尔·维尔莫什被判二十五年徒刑，苏联人在审讯中不断问他对瓦伦贝格和“文件”知道什么。瓦伦贝格本人于 1945 年 1 月 19 日在拉科什圣米哈伊被红军逮捕，后来死在苏联，死因不明。

　　另外，在苏联人看来，瓦伦贝格、米科和邦多尔与间谍组织有来往，这就足够判他们死刑了。瓦伦贝格在瑞典大使馆的职务仅仅是个幌子，他的真正后台是美国世界难民理事会，苏联反间谍部门相信这个理事会与美国秘密情报部门有联系（这不是没有道理）。[199]而米科和邦多尔指挥过箭十字党的破坏和情报单位。这些事实就足以让苏联方面特别严厉地对待这三人了。

　　苏联人甚至逮捕了武装抵抗组织的共产党成员，并且指控犹太复国主义者是德国人的间谍。[200]曾从事情报或反间谍工作的人、前检察官，或者与外国公司做过生意的人，遭到了最严厉的对待。每个人都是嫌疑人：

> 一旦某人被捕，他的通讯录上的所有熟人、朋友、亲属、债务人和生意伙伴都会被捕。每个出口商都会被怀疑是间谍，他拥有的文件会遭到疯狂搜查。如果哪个不幸的公民的名字出现在某家出口公司的文件中，不管他是雇员、专家、调查人员还是投标人，都会被关入大牢。[201]

苏联人把从事出口贸易视为最恶劣的犯罪。

战后多年，瓦伦贝格案仍然牵扯了很多人。1952 年，为了呼应莫斯科的"犹太医生审判"，布达佩斯也对犹太复国主义者进行了作秀公审。佩斯隔离区的领袖和营救行动的组织者被指控"谋杀"了瓦伦贝格。数百人被捕，在审讯中很多人由于遭到拷打而落下终身残疾。著名的营救者多蒙科什·米克绍由于遭受拷打，在 1954 年 2 月 25 日死去。直到斯大林去世，这些审判的闹剧才算告终。[202]

甚至外国外交官也遭到迫害，以下是瑞士临时代办卡尔·卢茨的经历：

> 布达佩斯陷落之后，红军在英国大使馆的废墟中袭击了我们。一个军官要我们交出使馆的汽车，有些车子已经无法启动了。他命令我在五分钟之内找到"备用部件"。然后他掏出手枪，追我进入碉堡，向我开了几枪。我勉强从防空洞的紧急出口逃了出来。随后，醉酒的士兵骚扰和抢劫我们长达十天。[203]

瑞士使馆的一份报告讲到了使馆工作人员的遭遇以及犹太人财产的损失：

　　红军到达不久，瑞士大使馆的领导人哈拉尔德·费勒先生和他的主要文书汉斯·迈尔先生就被格别乌①（其实应当是内务人民委员部，格别乌于 1934 年被并入此部门）逮捕。此后他们音信全无。……大使馆遭到四次抢劫。在一次袭击中，一个苏联人为了强迫使馆职员恩贝尔先生交出保险箱的钥匙，用套索勒住了他的脖子。恩贝尔先生仍然拒绝交出钥匙，被勒得失去了知觉。苏联人从他口袋里拿出钥匙，从保险箱抢走了价值几百万的财物。……瑞典大使馆的一个大保险箱没有被德国人抢走，却被苏联人抢走了。[204]

随着红军占领的继续，对城市相关物资的征用变得越来越"有条不紊"。但有时也会出人意料。布达弗克郊区的葡萄酒窖很有名，当地红军的指挥官和政委在很短时间内被连续撤换了两批，因为他们在大量免费酒精的刺激下做出的恶行引起了红军最高统帅部的注意。[205]在很多酒窖，当地居民因为害怕酗酒的士兵，就把酒桶凿漏了。在有些地方，漏到地上的酒有 40 厘米深。红军士兵不仅喝酒，还在酒里蹚来蹚去，浸在酒里打滚。德谢厄回忆说，布达弗克的一个酒窖有将近 20 名红军在酒里淹死。[206]

---

① 格别乌（GPU），即"国家政治保卫局"，是 1922 年到 1923 年苏俄的一个情报和秘密警察机构，第一位主任即契卡原主席捷尔任斯基。格别乌后来被并入内务人民委员部（NKVD）。

亲历者记忆中的红军士兵心态

> "你期待苏联人到来吗？"
>
> "是的。就好像他们是我的家人一样。比如，拉夫特像疯子一样跑出去迎接他们，拥抱了第一个苏联人，泪流满面。苏联人说：嘿，犹太佬，把你的皮大衣给我。"[207]
>
> ——拜奈代克·伊什特万和瓦莫什·捷尔吉

曾有很多人试图分析苏联红军行为的显著特征。经历过那个时代的人的回忆表明，红军士兵比西欧或中欧的士兵更容易冲动，更容易走极端。在匈牙利，由于战争和后来的斯大林统治，人们记住的更多是红军的阴暗面。其实很多红军士兵对平民很人道，他们的冲动性格不仅体现在暴力中，也体现在个人和体制层面的善意中。红军士兵经常保护孩子或者整个家庭。苏联军队把成千上万的无辜平民遣送到西伯利亚，但也设立了流动厨房，照顾留下的平民，不求报答。

布达佩斯是红军在残酷战斗后接触到的第一座西方式大都市，这里有"资产阶级"的物质享受。在布加勒斯特和贝尔格莱德，红军作为解放者得到了欢迎，而华沙在红军抵达之前已经被毁。对很多苏联人来说，抽水马桶、大量书籍和眼镜都是新鲜玩意儿。瑞士领事卡尔·卢茨在德军突围之后前去寻找红军高级指挥部，他回忆道："我们在城堡区地下长长的隧道里爬过烧毁的火焰喷射器和坦克，最后终于到达红军指挥部，看到的却是地狱般的狂欢。军官们在欢庆胜利，在桌子上跳舞，醉得发狂。他们派了一个乌克兰人给我当警卫，但他第二天晚上

46. 红军士兵给匈牙利儿童食物

就跑了。"[208]红军占领匈牙利，让两种完全不同的文化发生了冲击。匈牙利人眼中的德国人很文明，但也能做出极为残忍的事情；苏联人基本上是善良的，但很野蛮，他们对于私人财产、义务和责任的看法和西方人非常不同。

很多红军士兵对西方只知道一点，那就是西方尽是"资产阶级"。任何人只要有一块手表、一张床或一个炉子，就是"资产阶级"。苏联士兵往往不懂得使用现代的抽水马桶，甚至把东西放在里面晾干或者冲洗，一冲水这些东西就会被冲走，因此他们把抽水马桶称为"偷东西的机器"。[209]

手表和钟对苏联人似乎有种神秘的意义。作家伊莱什·安德烈讲了一个关于某位教授的故事，这位教授和一群红军士兵交了朋友，但他的手表被另一群士兵偷走了。教授的士兵朋友立即把事情处理好了，很快他又戴上了手表，但不是他原先那块手表。[210]有人目睹了红军对一家急救医院的"解放"：

> 突然有两个红军士兵出现在入口。其中一个大声命令我们把手表和珠宝交出来，另一个士兵拿着冲锋枪指着我们，打开了枪机保险。所有人都一声不吭，直到一个女人……开始大声抽泣。这个大兵几乎还是个孩子，稚气未脱，受到了震动。"不要哭。"他不停地说着，抚慰她，从自己口袋里掏出两块腕表塞到她手里。然后他继续抢劫。[211]

几个月后，布达佩斯的电影院上映了关于雅尔塔会议的新闻影片。美国总统富兰克林·D. 罗斯福举起手向斯大林指什么东西，罗斯福的手表露了出来，观众当中好几个人开玩笑地叫道："小心你的手表！"

苏联士兵虽然有时会野性大发，但也有很多禁忌。其中之一是不得伤害小孩。下面的回忆很有代表性。回忆者当时三岁，和他的祖父母一起，在一个防空洞被一名红军上尉发现：

> "爸爸。"我说，因为他一脸胡子茬，我以为他是我父亲，从前线回来了。上尉问其他人我说了什么。有人用塞尔维亚－克罗地亚语回答了他。他流出眼泪，拥抱了我，说他是个教师，有个和我一样年纪的孩子，并且拿照片给我们看。后来他经常给我们带来食物。突围之后他派了一个卫兵在我们屋子前保护我们，在部队自由劫掠期间不准我们上街。[212]

基雄讲述的一个事件也同样有说服力：

　　我妹妹阿琪决定去向解放者表示感谢。德国人从我们的郊区撤退不久之后的一天晚上，她打扮得漂漂亮亮，穿着低领口的裙子，向最近的红军指挥部走去。我们等了她半夜，担心得要命。她凌晨才回来，情绪高涨，告诉我们，苏联人对她多么客气，拥抱她，给她东西吃，还给她一袋食物带回家。

　　我妹妹那时年纪很轻，很天真，这也许在那个可怕的夜晚拯救了她。但也有可能苏联人非常尊敬疯女人。……

　　苏联人天性单纯、残忍，就像不懂事的小孩。几百万人被残害，或者在战争中丧生，死亡对他们来讲已经是家常便饭了。他们杀人时没有仇恨，被杀时也毫无抵抗。[213]

　　苏联士兵对医生极为敬仰，对作家也是如此，因为作家有所谓的政治影响力。马洛伊回忆说，一个粗野的哥萨克人强迫他背一袋好几公斤重的抢来的战利品走了好几公里，然后问他是干什么的。"他［哥萨克人］听到'作家'这个神奇字眼后立刻把袋子拿了回去。他皱皱眉头，拔出刀子，把一块面包切成两半，把一半给我，另一半夹在胳膊下，自己走开了。"[214]

　　与人们一般的观念相反，红军对平民进行强迫劳动、劫掠和欺凌时并不考虑受害者的宗教信仰。这让犹太人非常失望。马洛伊记述了雷安尼弗卢的拉比和一个红军士兵第一次见面的情景。当这个"大家长式的人物……告诉俄国兵，他是犹太人时"，这个士兵在他两边的面颊上各亲吻了一下，说自己也是犹太人，然后把他全家人推到墙前，像个莫斯科盗贼一样把屋子彻彻底底地搜了一遍，抢走了所有值钱的东西。[215]

　　有人回忆，苏联人是这样管理布达佩斯的公共事务的：

在西方，即将被盟军占领的地区的平民会提前得到无线电通知，英国将军伯纳德·劳·蒙哥马利会告诉平民，英美军队到来时他们应该怎么做。布达佩斯陷落之后一连几周，出了问题人们也不知道该找苏联红军哪个指挥部。事实上，苏联人自己也不知道该怎么办。红军的第一道命令是2月5日发布的，2月6日发布了第二道，编号却是第1号命令。命令上没有总司令员或者城防司令的签名，只有一个奈费多夫少校签了名。[216]

围城的结束并没有给布达佩斯带来任何宽慰。人们把另一座城市当成了"流奶与蜜之地"："塞格德现在秩序井然。没有抢劫，大街上有路灯，有电车，剧院里有戏看，电影院里放着美国和英国电影。市场上什么都有。"[217]布达佩斯的情况恰恰相反。城市里除了正规军的士兵外，还有成千上万的苏联逃兵，他们主要靠劫掠为生，并且经常和内务人民委员部的部队以及警察发生激战。直到1946年2月，一天之内仍发生了八起抢劫杀人的恶性事件。虽然也有很多匈牙利罪犯利用了战败后的权力真空，但大多数犯罪分子是苏联士兵。

一群苏联士兵强征了一辆公共汽车，用枪强迫司机带他们兜风。而有些占领军试图常住下来：

> 如果一个苏联人想过资产阶级的生活，或者爱上了一个匈牙利女人，他就会决定留下来。他换上平民服装，也没人管。在我们的街区，有个从前是鞋匠的苏联人，受到不错的收入和自由的吸引，当了一个鞋匠的学徒。……一个苏联女兵出现在我们门房的门前，请求在这个街区给她

提供住处，因为她想脱离军队。她已经找到了不错的工作，并许诺当个好房客，不会骚扰别人。[218]

匈牙利人很快开始自卫。最初的迹象是很多人开始在胳膊上戴英国、美国、法国、南斯拉夫、瑞典、罗马尼亚、葡萄牙或者捷克斯洛伐克国旗色彩的臂章，也有人戴上红十字会或者公共事业单位的徽章，如布达佩斯交通公司、匈牙利国家铁路或者警察。因为苏联人通常会尊重后两个单位，所以戴这两种徽章的人特别多。很多公寓街区有平民警卫。过去在空袭时，每幢大楼前都固定了若干金属物品，人们敲击它们以警示轰炸机的出现。现在它们被用来警示抢劫者的到来。

47. 男性战俘当中的匈牙利女性

在围城结束后的权力真空期，大楼管理员几乎成了绝对统治者。他们同苏联人谈判，交易在各自的街区发现的财物，并给房客立下规矩。作为多民族的奥匈帝国的残余，匈牙利的很多人有斯拉夫血统，讲的是斯拉夫语言，也同情其他斯拉夫人。有一位 K. B. 夫人反抗试图在地下室里强奸她的俄国军官，大楼管理员漫不经心地说："你这么大惊小怪干什么？你都是大人了。"[219]

很多关于士兵暴行的申诉被呈交给红军当局，当局往往非常严厉，把犯罪者就地处决。据说马利诺夫斯基曾亲自枪毙一个强奸民女的红军少校。当然，相反的事情也会发生。切佩尔的指挥官声称"本指挥部希望能够把时间花得更有意义"，请求允许处置在他辖区内任何胆敢诽谤红军的人。这个请求得到了批准，立刻就没有人提出申诉了。[220]

生活得继续

一个女人……在毁坏的商店窗户下卖油炸土豆，10 辨戈一个。油炸土豆已经冷了，不好吃，而且卫生状况也颇为可疑。……但饥饿的人们早就管不了这么多了，他们都停下来买了吃。

国家剧院附近，一个小伙子在兜售他的货物："苏联红星！……仅售 2 辨戈一个！……快来买苏联红星吧！"

还是炸土豆更好卖。[221]

——托奈利·山多尔

战斗渐渐平息之后，平民开始从地下室，从战线后方和隔离区返回家中。他们走进家里时，尤其是在鹰山、盖勒特山和玫瑰山上的别墅，看见地上有很多德国、俄国和匈牙利士兵的尸体。在泥灰当中、倒塌的墙壁之间，塌陷的天花板下方和破碎的玻璃上，尸体冻得僵硬，姿态怪异，武器弹药和其他东西撒了一地。他们的靴子一般已经被偷走，衣服撕烂，血迹发黑，证件被翻检死人口袋的俄国兵撕得粉碎，扔得到处都是。家具或窗框上浸透的血迹和脑浆往往需要用砂纸磨除，死过人的沙发和扶手椅也需要处理掉。第一个任务是埋葬腐烂的尸体。到处都是人和动物的尸体。红军把所有平民，包括年仅十二岁的孩子，从家里赶出来，命令他们埋葬尸体。[222]

1944 年圣诞节前和 1945 年 1 月，国家公务员得到预支三个月的工资，因为军事形势已经恶化，将来不可能继续开工资了。普通公务员大概能拿到 1200 到 2000 辨戈。战斗结束之后，所有人都想买些东西，因为很久没能购物了。2 月，1 公斤面粉卖 100 辨戈，1 公斤糖 400 辨戈，一件西服 6000 到 7000 辨戈，一双鞋 3000 辨戈。但这和后来的恶性通货膨胀相比还不算什么。

红军高级指挥部也开始为形势担忧。第一任城防司令切尔内绍夫少将一心只考虑自身利益，遭到撤职。第二任城防司令伊万·特伦特维奇·扎莫采夫于 1945 年 2 月底上任，一直干到 1948 年。加尔·卡尔曼上校自 1944 年 10 月 17 日以来担任布达佩斯保安营营长，他于 1945 年 4 月 13 日成为第一位匈牙利籍的城市管理官员，但重要的决定还是全部由扎莫采夫做出。

四位抵抗战士，奥代斯卡尔基·帕尔侯爵、地主比德曼·伊姆雷、格尔盖伊·吉多中尉和陶希·耶诺计划在佩斯陷落后的第二天在国家博物馆会见他们的同志绍约姆·拉斯洛，此人

48. 玛格丽特大道，围城结束之后

在战斗期间为他们提供过炸药。陶希对 1 月 19 日他们见面的情形回忆道：

> 阳光灿烂。破碎的人行道上尽是雪、血和烂泥。这地方挤满了苏联兵，都在争吵。仅有的平民就是被苏联兵押着的人。国家博物馆多处受损，但还没倒塌。我们看到入口的铁栏杆那里站着绍约姆·拉斯洛，我简直不敢相信自己的眼睛。……在某个地方，苏联巡逻队拦住了我们，绍约姆递给他们一张带有橡皮图章的纸，对方似乎满意，就放行了。我

们继续……走到市剧院对面的一座好几层的黄色大楼。这座楼的正立面仍然带有德语的"民族联盟①"字样，但上面挂着新的木牌子，上面写着"匈牙利共产党布达佩斯中央办公室"……旁边是带有锤子镰刀标志的红旗。……绍约姆带我们走到走廊尽头，让我们等着。他走进一个办公室，很快带出一个瘦高男人，后者站在我们面前，说道："我叫卡达尔·亚诺什。我是共产党布达佩斯支部的书记。绍约姆同志告诉我，你们参加了解放的武装斗争。为了表彰你们的功勋，我们给你们机会加入我党。这是特殊的荣誉。……我希望你们现在就答复，你们必须现在就下决心。"[223]

这四个人拒绝了，并离开了大楼。在下一个街角，其中三人（与比德曼分开后）被红军士兵逮捕。陶希回忆说："我们自信满怀地抗议，把刚刚在党的办公室领到的双语［匈牙利语和俄语］文件给他们看。苏联红军士官吐了一口痰，撕碎了三份文件，把我们推到俘虏群中。"[224]

卡达尔和布达佩斯共产党领导人是于1945年1月13日在采石场区见到第一批红军士兵的。他们都不会说俄语，所以花了很长时间才解释清楚自己的身份。十天后，卡达尔被任命为布达佩斯副警察专员。他很清楚红军的越轨行为，并就此于2月9日呈交了一份机密报告：

> 尽管困难重重，我们还是在红军到达后立即开始组织国民卫队。……组织工作极为困难，因为红军当局在警察

---

① 这里指的是二战期间匈牙利德裔的一个政治组织。

局和兵营逮捕了很多警察。每天巡逻的警察只有一半能走到目的地。逮捕规模过大，以至于格德勒战俘营里现在有2000 到 3000 名警察。红军指挥部使得我们的工作特别困难，尤其是在工作的起步阶段。新建立的警察局和指挥部遭到内务人民委员部单位的袭击，他们不断前来，提出无理要求，浪费了我们大量时间，使得我们的工作无法开展。……有些地方同时组建了多支警察队伍，这使得情况更加混乱。在有些地方，某些政党和消息不灵通的红军指挥部不考虑后果就都任命了警察负责人，导致同一个警察局有两个局长。……另一个典型现象是犹太人的渗透。……我还必须提及非法警察队伍的活动，如"匈牙利格别乌"、"米克洛什卫队"，以及"社会民主党内部安全组织"。我们正在清除这些组织。[225]

考虑到形势的严峻性，红军从德布勒森和其他城镇抽调了安全部队来布达佩斯维持秩序，他们的武装是苏联人提供的（巡逻的警察刚开始只有警棍）。正如卡达尔所说，平民起初对这些部队持欢迎态度，但很快就对他们的滥用职权大失所望。

甚至在围城结束之前，匈共和它初生的警察队伍就开始专断地抓人和开展所谓的"人民审判"。劳工组织领导人罗吉什·约瑟夫和西沃什·山多尔被控犯有 124 项法西斯谋杀罪行，于 1945 年 2 月 4 日被公开绞死。[226] 公开处决一连好几年都有举行，有时出于政治原因简直变成了公共节日。一位目击者回忆道："围观的党员不断向刽子手齐声呼喊'慢点儿，博加尔。慢点儿，博加尔'。我们很多人请求司法部结束这种野蛮行径。……我去见了司法部部长里斯·伊什特万，他拒绝了我的请求。他说，

49. 玫瑰山上一座别墅的遗迹

'犹太人受了这么多罪，现在应该得到满足'。"[227]到1945年4月
12日，布达佩斯已有8260名"法西斯和其他反动分子"被捕，
其中只有1608人最终得到释放。[228]

　　1月20日，匈牙利临时国民政府同意与苏联停火。条件之
一是，匈牙利政府必须为在匈牙利境内的全部红军提供给养。
反正红军已经征收了所有的库存粮食，政府付的都是毫无价值
的军用货币。这种滥发纸币的不负责任行为是后来匈牙利发生
严重通货膨胀的原因之一。

　　尽管匈牙利共产党领导人不断提出请求，马利诺夫斯基还
是拒绝向匈牙利当局提供粮食。考虑到首都粮食补给的极端重
要性，多党联合政府授予沃什·佐尔坦极大的权力，于1945年
2月13日任命他为公共供应政府专员。沃什没收了所有还没有
被苏联人征用的粮食，下令逮捕任何妨碍他工作的人。他只做

过一次让步：著名的贡德尔餐厅的老板贡德尔·亚诺什因为涉嫌要价过高而被捕，布达佩斯的知识分子为他奔走呼吁，政府只得将他释放。沃什的第一批命令包括疏散布达佩斯的儿童，并在城内设立紧急厨房。第一批粮食是于 2 月 17 日送达的。首都的最低需求是每天十车皮粮食，但开始时这根本办不到。在过渡时期，很多工厂自行为职工解决粮食问题，把产品拿到匈牙利各省份换取粮食。到 1945 年春季，有 5 万人靠公共厨房维持生活。300 名被选定的艺术家和学者得到了特别供应，这被戏称为"沃什包裹"。

在城市废墟中分发食物是个重大任务：最初所有的粮食都是用蒸汽机车在临时修复的电车轨道上拖运的。2 月 25 日，沃什下令在市中心发放粮票，但粮票系统直到 6 月 1 日才在所有郊区运行起来。3 月底之前的定额是每人每天 500 卡路里，3 月底之后是每人每天 1000 卡路里，而人维持生存的最低需求是每天 2000 卡路里。后来红军指挥部同意把部分已经没收的补给借给匈牙利政府，并返还一些没收的工厂，于是情况迅速好转。最先恢复生产的是吉泽拉磨坊（3 月 27 日），但生产能力最强的"集体面包厂"直到 6 月底才重新转入民用。

贸易主要集中在证券交易所大楼和它前方的广场，以及泰莱基广场。除了现金和有价证券之外，人们还买卖油脂、李子果酱、硫酸铜和其他各种各样的东西，几乎应有尽有。大多数商人不储存货物，但知道哪里可以买到需要的东西。背包是当时最流行的东西之一，到乡下做生意的人都背着它，那些希望能够找到什么东西的人也背着。用德军降落伞的红丝绸做的衬衫很受欢迎。平民把降落伞藏起来，有的是为了将来派上用场，有的是因为红军看到空投下来的弹药箱之后就会猛烈炮击整个居民区，平民不得不把落下的降落伞藏好，免得遭到炮击。[229]在乡下，这样一件衬衫甚至可以换到一只鹅。马毯被改成秋冬外衣，帐篷的帆布被改成夹克。懂机械的人在收集汽车和摩托车残骸，或者把它们的引擎改装成链锯、谷物磨粉机和磨面机的马达。很多稀奇古怪的东西一直保存到今天：笔者本人就亲眼看到坦克座椅被当作脚凳，降落伞投下的补给箱被用作搬运东西的板条箱，德国坦克的引擎润滑油被用在园艺工具上，带有德文"帝国海军"字样的桶被用来收集雨水。

除了手表之外，苏联人还特别喜欢打火机和钢笔，后两样东西几乎可以当成现金使用。带有"红宝石"的手表特别受欢迎，有些聪明人在手表内部的机械装置上点上一些红色珐琅颜料，冒充宝石。当时有些商人在商店橱窗上用俄语写了招贴，收购金银、皮革和纺织品。沃什市长在报纸上下令禁止这种做法，因为"这种招贴会给人造成错误印象，似乎英雄的解放者红军战士在销售以非法途径获得的物品。这会损害伟大红军的形象"。[230]市中心一家商店的店主在窗户上用匈牙利语和俄语写道："我不在店里储存货物。请不要闯进来。"[231]

大多数汽车在围城期间毁掉了，剩余的车辆也被苏联人没收了。第一条电车线路于1945年2月8日开始运营。[232]其他路线直到4月和5月才恢复运营，到11月绝大多数路线恢复了。红军指挥部命令一家公共汽车公司在三天内制造出一辆公共汽车，随后公共汽车系统就凭借这辆车在2月20日重新开始了运营。[233]3月19日出现了第一辆马拉的出租车。5月1日，电话、电台和邮政恢复正常。布达弗克的火柴厂是工业生产恢复的标志。苏联人派兵保护工厂免遭苏联士兵抢劫，工人最初领到的工资是火柴。[234]2月7日，煤气厂开始营业，但因为管道受损，直到 11 月，通有煤气管道的家庭只有一半得到了煤气供应。最后恢复工作的是下水道系统，到 11 月还没有恢复战前水平的 2%。4 月，人们开始清扫公共场所的 45000 立方米的垃圾，花了好几个月才完成。[235] 苏联人只要求立即清除死尸，这是为了防止瘟疫暴发。这项工作主要是由当地居民完成的。

50. 社会民主党第 12 区选举的游行队伍。上方，
一架坠毁的德军滑翔机，它的飞行员被斩首

水的供应还不稳定，人们经常在公共喷泉和泉水里洗衣服。城市公园的温泉特别受人欢迎，附近英雄广场的铜像被当作晾衣架。很多人开始在花园里种蔬菜，以解决部分食品供应。

1945 年夏天，仅在第 14 区就有约 35000 人自己种蔬菜。[236]

1945 年 2 月 6 日，佩斯的一家电影院首先开门营业，放映的是苏联电影《奥廖尔战役》。乌克兰第 2 方面军战争委员会还命令竖立雕像来颂扬苏联的英雄，雕像位置在布达的盖勒特旅馆对面，以及佩斯的多瑙河步行街上。红军已经强迫居住在附近的平民清理了这些地点。佩斯的卡巴莱表演也很快恢复了生机。喜剧演员洛陶巴尔·卡尔曼出现在舞台上，卷起袖子和裤管，露出大约 30 块手表，赢得观众的热烈喝彩。他对抢劫的苏联人的嘲讽和笑话引得人们哄堂大笑。[237]

布达附近的村庄在围城期间损失很大。很多村庄多次易手，例如皮利什毛罗特村附近的战斗持续了三个月。当地居民有 10% 到 20% 遭到绑架，所有人都遭到胜利者的劫掠。村民的穷困到了极为可怕的地步，以至于到 3 月初，他们从地下掘出死尸，以便用死人的衣服与外多瑙地区受战争破坏较少的村庄交换谷物种子。在乔尔诺克，村民掘出了一个红军士兵的尸体（他们之前奉命埋葬了他），发现他身上穿着五条裤子，都是从当地一个施瓦本农民那里抢来的，其中两条还可以穿。村民还用这种方法得到了死人的靴子，用来交换物品。[238]

到 1945 年 4 月，布达佩斯的人口已经从 120 万下降到 83 万，幸存者中女性比男性多 16.6 万人。大约 3.8 万匈牙利平民（包括犹太人）在围城中丧生，另有 3.8 万人在劳动营或战俘营死亡。匈军士兵死亡 28500 人。死亡总数约 104500 人。死者中有 44% 在布达第 1 区丧生，33% 死在第 2 区。围城之前的英美空袭摧毁了将近 40% 的建筑物，受损最严重的是佩斯第 9 区与布达第 12 区（见表 15 和表 16）。

七　尾声

　　布达佩斯战役作为第二次世界大战欧洲战场最血腥的城市战之一永载史册。根据苏联方面的统计，红军在攻城和相关的行动中（包括对抗德军解围部队）有 240056 人负伤，80026 人死亡。[1] 死亡的 80026 人相当于红军在匈牙利境内（1946 年确定的匈牙利国境，也就是今天的国境）死亡总人数的一半。也就是说，每两个死在匈牙利的红军士兵中，就有一个是为布达佩斯而死。物资损失的情况也类似。按照苏联方面的历史记载，布达佩斯战役从 1944 年 10 月 29 日开始，持续 108 天。在这期间，马利诺夫斯基的乌克兰第 2 方面军和托尔布欣的乌克兰第 3 方面军共损失轻武器 135100 件、坦克和自行火炮 1766 辆、火炮 4127 门、飞机 293 架。[2] 苏联方面的统计把乌克兰第 2 方面军（1944 年 10 月 29 日到 1945 年 2 月 13 日）和乌克兰第 3 方面军（1944 年 12 月 12 日到 1945 年 2 月 13 日）的全部损失都归于布达佩斯战役，尽管有些行动是在埃尔奇、豪特万或大包约姆地区发生的。因此我们很难比较苏德双方的损失，更何况德军和匈军的损失数字也是非常粗略的。

　　根据笔者的计算，红军与布达佩斯有关联的伤亡有 25% 来自解围作战，55% 来自城市战本身，还有 20% 来自其他行动，德军和匈军则不认为这些行动与布达佩斯战役直接有关。在《特里亚农条约》规定的匈牙利领土之上的作战中，有 382 人荣获"苏联英雄"称号，其中 276 人的受勋提及了具体地点；

而这 276 人中，参与了布达佩斯或其周边的作战的红军官兵比例高得惊人，尤其是在埃尔奇强渡多瑙河的作战当中，荣获"苏联英雄"称号的多达 115 人（见表 17）。

对于德军和匈军的损失，只能大概地估算，因为我们不知道解围部队中是否包括匈军，这就造成了大概 10% 的误差。德军和匈军的伤亡总数字不会超过红军伤亡的 60%，尽管几乎全部守军都损失掉了。令计算更加复杂的是，从 1944 年 11 月到合围完成之前，有很多部队被调往或调离首都。根据现有的不完整的战争报告和笔者的计算，德军和匈军伤亡共计 13.7 万人，其中大约 2.6 万人受伤，4.8 万人死亡，6.3 万人被俘；红军和罗军伤亡共计 28 万人，其中 20.2 万人受伤，7 万人死亡，8000 人被俘（见表 18）。

大批红军转往布达佩斯，使得德军暂时得以勉强维持匈牙利境内其他几条即将崩溃的战线。即便在 1944 年圣诞节之后，也仅仅因为匈牙利首都牵制了大批红军，德军才能守住外多瑙地区，否则它早就被红军的优势兵力压垮了。随着援兵到达，德军前线得以加强，布达佩斯就迅速失去了作为一个必须不惜一切代价防守的要塞的意义。况且由于补给的问题，守军甚至无法发挥与其兵力相称的战斗力。例如，围城战最初几周结束时，他们已经没有重武器了。解围失败之后，形势已经很清楚，12 月底之前前线得以稳定的代价是：相当于 4 个师的德军的全部装备丢失殆尽，将近 10 万名德国和匈牙利士兵死亡，这些人员和装备都是无法补充的。

因此，德军高层只能在很短的时间内从围城获得有利条件。但德军还是坚持这一战略一直到最后。有三次，德军集中了庞大的预备队准备反击，都因为红军的先发制人而丧失了机会。

德军这些强大兵力的行动要么转入防御，要么因为缺少燃料而流产，一个很好的例子是德军在最后一次攻势（"春醒"行动）中，由于缺少燃料不得不炸毁坦克，以免其落入红军手中。

1944年9月25日，南方集团军群向匈牙利战区投入了14个师（包括4个装甲师），有277辆坦克和突击炮（其中192辆可动，85辆在修理中）。到1945年1月10日，在匈牙利的德军兵力增加到28个师（包括9个装甲师），有1102辆坦克和突击炮（其中499辆可动，603辆在修理中）。1945年3月15日，在匈牙利的德军兵力为29个师（包括12个装甲师），1796辆坦克和突击炮（其中772辆可动，1024辆在修理中）。兵力的增加表明德国人越来越重视匈牙利，如果我们考虑到在这段时间内德军有4个师被全歼并从作战序列中消失，那么在匈牙利的增兵就更加显得意义重大。1945年3月，东线德军一半的装甲师（全部装甲部队的30%）在匈牙利，尽管红军此时离柏林已经只有60公里了。[3]

红军在布达佩斯最终达到了目的，但从苏联人的角度来看，这次战役却是一系列的失败。马利诺夫斯基攻克布达佩斯城的企图四次失败：1944年11月7日、11月的第三周、12月的第一周和最后一周。每一次红军都不得不修改预定攻下城市的时间，因为最高统帅部的命令根本不切实际。马利诺夫斯基本人对漫长的战役极为恼火。他最后抓住普费弗－维尔登布鲁赫时对其咆哮道："要不是我得向莫斯科负责，我就把你绞死在布达广场。"[4] 攻城的延误使得红军无法释放出足够兵力来有效地攻击德军。例如，1945年2月初，德军刚刚开始调动第6装甲集团军到匈牙利时，大多数红军部队仍因为三次"康拉德"行动而衰弱不堪。谢尔盖·什捷缅科大将在回忆录中承认："12月底占领维也纳、3月占领南德的计划主要是被匈牙利首都的漫长战役打乱的。"[5]

城市战与其他战斗形式相比有很多不同。野战可以很快分出胜负，但城市战可能要打几周甚至几个月。防守城市的一方占有相对优势，其中一个原因是公共设施是逐渐崩溃的，士兵和平民都可以坚持很长时间，尽管要承受很大的痛苦。另一个原因是进攻一方在混乱的建筑群中比防守方更难找到道路和方位。巷战中，指挥部往往会失去对部队的控制，作战分解为很多小规模行动，由排连级的指挥官领导。重武器的效用也大大减弱，往往只有通过白刃战才能消灭守军。例如，在列宁格勒，守军即使有几十万人冻死饿死也没有投降。华沙犹太人隔离区的起义者虽然只有轻武器，但还是抵抗了德军的火焰喷射器、轰炸机和坦克三十多天之久。甚至美国人的地毯式轰炸也无法消灭德国大城市的全部人口。

进攻者进入市区之后，战斗达到白热化。守军的兵力暂时有所增强，因为他们的撤退使得战线缩短，减少了需要防守的土地面积，剩余各个地段也能得到更多的重武器支援。布达佩斯围城期间，7周之内，守军的战线缩短了90%，占据的土地面积缩小到最初的3%。同时，战线缩短和占据土地面积缩小的速度下降了：12月24日，战线总长度为87公里，1月15日为21公里，2月11日为5公里。守军兵力的下降速度甚至更慢。1944年12月24日，守军的总兵力为7.9万人（不包括伤员），作战兵力大约3.5万人。1月24日，总兵力为约4万人，作战兵力约1.5万人。[6]2月11日，总兵力为3.2万人，作战兵力1.1万人。[7]

第二次世界大战的军事行动有将近30%是筑垒地域的争夺

战。其中有数量相当多的围城战，这也是最血腥的战斗形式。1943 年至 1945 年，意大利战线的德军伤亡是大约每周 400 人，甚至在西线也没有超过每周 1000 人。而在东线，仅仅为镇压华沙起义，德军每周就损失 1250 人。[8] 在布达佩斯，德军兵力在 7 周内从 4.5 万人下降到 2.4 万人。换句话说，德军每周损失兵力将近 3000 人，相当于西线的三倍，这还没算上匈军的伤亡。对红军来说，布达佩斯战役也是二战中代价最为昂贵的军事行动之一。布达佩斯战役持续 108 天，[9] 红军损失 320082 人；维也纳战役 31 天，红军损失 167940 人；柏林战役 23 大，红军损失 352475 人；斯大林格勒战役（红军进攻阶段）76 天，红军损失 485777 人；莫斯科战役 34 天，红军损失 379955 人。仅仅在这五次攻势中（苏联历史学家记录了 51 次大规模进攻或防守作战），红军就有超过 169 万人伤亡，损失火炮和迫击炮 24100 门、坦克 7700 辆、飞机 2670 架。也就是说，红军在这五次战役中的损失比英国或美国军队在整个第二次世界大战中的损失都要大（见表 19）。红军参加的所有战役中只有斯大林格勒保卫战（红军防御阶段，125 天）、高加索保卫战（160 天）和解放乌克兰的战役（116 天）耗时比布达佩斯战役长，尽管在斯大林格勒，真正的围城时间要短一些，平民伤亡也比布达佩斯少得多。这些惊人的伤亡数字表明，红军最高统帅部只要能够达成目标，伤亡再大都在所不惜。

对孤立无援的德国守军来说，布达佩斯成了"第二个斯大林格勒"。在斯大林格勒，战斗也坚持到了最后一颗子弹，最后活着投降的人已经不堪作战。于斯大林格勒被俘的德军最终在战俘营中幸存下来的人数少得惊人：9.6 万名战俘中只有大约 4000 人最终回国。关于布达佩斯战役没有类似的细节资料，但可以根据一些不完整的报告和笔者自己的计算，对军事上的总损失数字做一个估算：匈军损失大约 5.5 万人，德军 4.7 万人，共计 10.2 万人（见表 20）。

布达佩斯是德军防守时间最久的一座城市，虽然德军在其他很多地方也实施了这种毫无意义的迟滞作战。希特勒在 1944 年 5 月将很多城市宣布为"要塞"，命令要塞守军固守待援。这种命令的原因是，希特勒对国防军将领的不信任到了病态的程度，他认为这些将军不能忠于国家社会主义对全面战争的理解。他坚持"要塞"理论不放，尽管 1944 年夏季德军中央集团军群在白俄罗斯的毁灭至少在某种程度上是由于坚守要塞不放的错误战术。在这场战役中，进攻的红军仅仅绕过要塞继续前进，几天之后要塞守军就深陷敌占区几百公里。因此救援是根本不可能的。孤立无援的德军部队选择了突围而不是投降。有些士兵突围之后跋涉了 700 公里，一路躲藏或者战斗，最后抵达了德军战线。

德军的士气即使在战争最后几周仍然是无与伦比的：在放下武器之前，他们的确战斗到了最后一座房屋、最后一个房间。他们的惊人毅力延长了纳粹的独裁统治，但他们的高昂士气并不是由于对纳粹的忠诚。正如前文所述，除了德国的传统武德之外，另一个重要因素是每一个普通的德国士兵对战争的看法。他们把这场战争视作全面战争，因此个人就没什么选择。即使那些对极权体制有所保留的人也受到了持续恐怖轰炸、对敌人的恐惧以及盟国反德宣传的影响。纳粹宣传中经常引用美国财政部部长亨利·摩根索对德国人民的恶言谩骂和苏联作家伊利亚·爱伦堡的反德宣传。

匈牙利士兵的情况是不同的。对他们来讲，这不是一场生死存亡的战争。在五百年历史中，匈牙利从来没有打赢过一场战争，因此匈牙利人比德国人更熟悉失败的滋味及其后果。大多数匈牙利士兵是穷苦农民，没有什么可失去的。他们的士气很低落，而且还被迫用极为低劣的装备作战，因此胜利的希望就更渺茫，再加上德国人把他们当作下等人对待。

我们已经看到，匈军的伤亡数字没有超过德军，更是远远低于红军。但是匈军的牺牲是最没有意义的。匈牙利士兵，无论是在哪一边作战，扮演的都只是配角，并且毁坏的是他们自己的家园。很多人意识到了这一点，但依然认为军人既然已经立下誓言，就应当战斗到底，即使他们已经清楚地看到了战争的结局。有些人在霍尔蒂停火企图失败之后向红军投降。最终，他们只有两种选择：为了错误的事业而英勇奋战就只是延长了必败的战争，而投降也没能带来真正的解放。

注　释

第一章　序曲

1. Ölvedi, pp. 114, 121. 乌克兰第 2 方面军的兵力情况，见 Krivosheev, p. 227。

2. 苏联的损失出自：Ölvedi, p. 196；HL KTB Hgr. Süd 876/b, daily reports, 6 – 10 October 1944。

3. Teleki, p. 173.

4. Kovalovszky, pp. 83, 79.

5. Churchill, pp. 194 – 195.

6. 莫洛托夫在柏林的谈判内容见 Seidl, pp. 278 – 284。

7. Zaharov, p. 216.

8. Styemenko 1972, quoted in Tóth 1975a, p. 22.

9. Ibid.

10. 尽管匈军第 1 集团军在 1944 年 10 月 15 日之后损失惨重，并且有约 15000 名士兵脱离部队，但该集团军不仅没有瓦解，而且甚至能发动反击去阻滞彼得罗夫的乌克兰第 4 方面军。迟至 1944 年 12 月底，彼得罗夫的部队仍然停留在喀尔巴阡山地区的东北部。

11. 马特维·瓦西里耶维奇·扎哈罗夫少将对这段对话的评论很有误导性，也很典型："此时，［匈牙利的］民主政府正在组建。将布达佩斯从德国法西斯的桎梏下解放出来，将会加快民主政府组建的过程，对各资产阶级政党和群体当中的动摇分子也有好处。"（Zaharov, p. 216）实际上他知道斯大林说的"政治问题"指的不是占领布达佩斯在宣传上的意义，而是将来几个胜利者之间如何瓜分东欧和东南欧。

12. Zaharov, p. 217.

13. Dombrády and Tòth, pp. 378 – 380.

14. Ibid. , p. 30.

15. Ibid. , p. 382.

368 / 布达佩斯之围：第二次世界大战中的一百天

16. BA – MA KTB Hgr. Süd 19 V/51, document no. 7097.

17. HL KTB Hgr. Süd 897/a, 14 November 1944.

18. BA – MA KTB Hgr. Süd 19 V/51, document no. 6660.

19. HL VKF 304/a, orders of 12 October 1944.

20. 将骠骑兵师调往佩斯的命令，以及禁止炸毁布达佩斯桥梁的命令，无
    疑都是因为匈牙利人在准备停火。

21. 根据比尔尼策的手稿（私人藏品），匈牙利最高统帅部在 1944 年 10
    月 17 日就发布了相应的命令。

22. HL VKF 306/b, 1 November 1944. Pfeffer – Wildenbruch's order to the
    Budapest Corps Group.

23. Friessner, pp. 159 – 160.

24. Kovalovszky, p. 82.

25. Huszár, p. 125.

26. HL TGY, Marosújvári, pp. 9 – 10.

27. Huszár, p. 126.

28. HL KTB Hgr. Süd 896/b, attachments 3 November 1944; Kovalovszky,
    pp. 180 – 211.

29. *Hadtudományi tájékoztató* 1944/10, p. 43.

30. 不仅苏联的资料证明了这一点，德军南方集团军群破译的红军无线电
    讯息也能证明这一点。HL KTB Hrg. Süd 896/b, 5 November 1944.

31. Tóth, 1975a, p. 41.

32. HL KTB Hgr. Süd 896/b, report of 11 November.

33. 德军成功反击之后发现了那些投降的党卫军士兵残缺不全的尸体。对
    于此事的记录，见德军南方集团军群作战日志 11 月部分的附件。

34. KTB Hgr. Süd RH 19 V/54, pp. 59, 116.

35. BA – MA RH 24 – 72/44, strength report 12th Infantry Division, 25
    October 1944.

36. HL TGY; Tassonyi, p. 19.

37. Martin and Ugron, p. 98.

38. Friessner, p. 176.

39. Tóth 1975a, p. 62.

40. Thuróczy, p. 69.

41. Tibor Gencsy's memoirs, p. 18（in the collection of the author）.

42. HL TGY, TGY Aurél Salamon 3179, p. 54.

43. Tóth 1975a, p. 62.

44. 1944 年 10 月，斯大林和丘吉尔对瓜分巴尔干达成了协议。详见 Kogelfranz, pp. 12 – 13。

45. Tóth, 1975a, pp. 62 – 63.

46. Ibid. , p. 73.

47. Tóth, 1975b, p. 280.

48. Veress, p. 76.

49. Tomka（manuscript in the collection of the author）.

50. 获得"苏联英雄"称号的人员名单见 Tóth, *Hősök*, pp. 203 – 310。在匈牙利境内作战期间获得"苏联英雄"称号的总人数是 382 人，其中 26 名将军和 80 名空军军官的具体获奖原因不明。减去这 106 人，就是 276 人。因参加埃尔奇渡河作战而获得"苏联英雄"称号的 115 名士兵相当于这 276 人的 41.7%。

51. 约 8000 名匈军和德军面对约 4 万名苏联红军。在突破口，攻防双方的兵力差距甚至更悬殊。

52. Hanák's battle report of 9 December（in the collection of the author）; interview with Városi.

53. Friessner, pp. 204 – 205.

54. HL KTB Hgr. Süd 897/a, 14 December 1944.

55. *Népbírósági Közlöny* 1, 1945; *Hadtudományi Tájékoztató*, P. 191.

56. 有关 KISKA 辅助保安连的信息，见第二章。

57. Note by Gödry（in the collection of the author）.

58. Martin and Ugron, p. 102.

59. Ibid. , p. 104.

60. Thuròczy, pp. 72 – 74.

61. Csima, pp. 47 – 48.

62. HL, documents of the 10th Infantry Division, telephone diary, 6 December 1944.

63. Ibid. , 15 December 1944.

64. HL TGY, György Péchy, pp. 149 – 151.

65. HL TGY, Vajda, TGY 2772, p. 101; Csima, p. 48.

66. HL KTB Hgr. Süd 897/b, 14 December 1944.

67. Tóth（1975a, p. 131）给出的数字不准确，因为他不可能知道德军和匈军各师的实际兵力。在这个时期，最大数字为：第 1 骠骑兵师有 3000

人，第 271 国民掷弹兵师有 6000 人，凯谢欧战斗群有 2000 人，第 20 步兵师有 4000 人，德军第 1、第 3、第 6 和第 23 装甲师的装甲集群有 2000 人，德军第 153 野战训练师有 7000 人。这些部队共有 24000 人，而攻击他们的红军有约 15 万人（16 个步兵师、4 个机械化军或坦克军）。

68. Tomka, p. 99.

69. Veress, p. 86.

70. BA – MA RW 49/145, report of 30 December 1944.

71. Thuróczy, p. 103.

72. Teleki, p. 173.

73. Fiala, p. 88.

74. HL KTB Hgr. Süd 897/a. 3 November 1944.

75. HL KTB Hgr. Süd 897/a, 26 November 1944.

76. 根据对瓦切克的采访，他执行这道命令的时候是匈军第 1 装甲师参谋长。

77. 然而，匈军第 6 步兵军留在了喀尔巴阡山地区，它的下辖部队除了第 10 步兵师之外，始终没有到布达佩斯。

78. BA – MA N 370/1. 在很多参考书和历史研究著作里，普费弗 – 维尔登布鲁赫被错误地称为"普费弗·冯·维尔登布鲁赫"。实际上他不是贵族。他的详细信息见第 2 章。

79. HLVKF 306/a; Zákó, p. 101.

80. HLKTB Hgr. Süd 897/b, 23 November 1944.

81. HLKTB Hgr. Süd 897/a attachments, 1 December 1944.

82. Teleki, p. 173.

83. See HL microfilm, reel no. 1071, Winkelmann's notes.

84. Maier, p. 493; HL Hgr. Süd 897/a attachments, 12 December 1944.

85. HLKTB Hgr. Süd 897/a, 12 December 1944.

86. BA – MA RW 49/145, 12 December 1944.

87. HLTGY, Bíró 3053, p. 17.

88. Ferenc X. Kovács, p. 21 (in the collection of the author).

89. Interview with Wáczek.

第二章　包围

1. Blanka Péchy, p. 34.

2. Száva，1975b，p. 212.

3. Faragó，p. 1（manuscript in the collection of the author）.

4. MagyarJátékszín，18/22，21－27 December 1944.

5. MAKTB Hgr. Süd，897/b，daily reports，23 December I944.

6. Száva，1975b，p. 248.

7. Guderian，p. 347.

8. 关于此次调动的耽搁，见德军南方集团军群作战日志。Bayer 著作里有相关的摘录。巴尔克认为保卫布达佩斯是多余的，因为单凭调动的部队就足以稳定外多瑙地区的局势。党卫军第 4 装甲军的调动也是没有必要的。古德里安对希特勒决定的评论见 Maier，p. 330。

9. 根据对科瓦奇的采访。德军南方集团军群的所有报告都会被发送给德军和匈军各指挥部，只要该报告与其有关。

10. 持这种观点的主要是 Gosztonyi，但德军南方集团军群在 12 月 22 日与 23 日的报告（基于普费弗－维尔登布鲁赫的报告）清楚地表明事实与之截然相反。

11. Schweitzer，BA－MAmsg2/4631，p. 1；Bondor，p. 63. Schweitzer 是第 13 装甲师作战日志的撰写者，他早在 12 月 23 日就收到了关于城市被合围的报告。

12. MAKTB Hrg. Süd 898/b，8 February 1945.

13. MAKTB Hrg. Süd 898/b，8 February 1945.

14. Pálfalvi，p. 73.

15. HL，documents of the 10th Infantry Division，war diary，P. 74.

16. HLTGY，Bíró，3053，p. 48.

17. HL，documents of the 10th Infantry Division，war diary，23 December.

18. HL，documents of the 10th Infantry Division，telephone diary，23 December.

19. HLTGY，Vajda，2772.

20. Interview with Kamocsay.

21. HLKTB Hrg. Süd 897/b，24 December 1944.

22. 乌斯道·林德瑙中校对两个参谋部之间关系的评论，见 Gosztonyi，1984。

23. 欣迪的报告和他的幕僚成员（保利齐、博尔巴什、科瓦奇）的回忆都能支持这种印象。接受采访的过程中，科瓦奇说："我们还得知，布达佩斯周边的村庄已经被敌人占领。我们什么都没做，也没办法给德国人很多建议，因为他们不管怎么样都会简单地让我们派遣匈军部队过去。另外，德国人太粗暴无礼，不肯听我们的建议。他们'不需要'我们的建议。"

24. HL TGY；letter fromPál Darnói.

25. Interview with Pintér.

26. BA－MAmsg, Hübner, p. 2.

27. Interview with Kovács.

28. Ibid.

29. Gosztonyi, 1992, p. 230.

30. Portugall, p. 2（in the collection of the author）.

31. 根据对列车上的乘客 Dalmy 的采访。

32. Interview with Czeczidlowszky.

33. Hingyi manuscript, p. 2（manuscript in the collection of the author）.

34. Interview with Kamocsay.

35. HLTGY, Elischer, p. 13.

36. 当时的名字是新圣亚诺什医院。老的亚诺什医院在干草广场的南侧，于围城战期间被毁。

37. Zolnay 1986, pp. 411－412.

38. BA－MA RH 2/1950.

39. 例如，根据对米夏埃尔·克莱因的采访："圣诞节，在希皮罗纳，苏联人在抢劫街上平民的订婚戒指、结婚戒指和手表，而没有履行自己的军事职责。"

40. Interview with Neuburg.

41. Letter from György Válas（in the collection of the author）.

42. Flekács, p. 1（in the collection of the author）.

43. Interview with Kamocsay.

44. 关于占领佩斯县各村庄的细节，见 Krizsán。

45. Csiffáry, p. 18.

46. 这位师长的行为体现了匈牙利正规军军官的心态，也能解释匈牙利军队在围城期间的态度。尽管到此时大多数正规军军官已明白继续战争是毫无意义的，并努力让自己的部队脱离战斗，但他们还是不能下定决心，是背叛自己的盟友，还是放下武器。

47. Interview with Safáry.

48. Nagy, Gábor1983, p. 431.

49. OSZK, Csécsy, 24 December 1944.

50. Varga, p. 1 (in the collection of the author).

51. Hingyi manuscript, p. 3 (in the collection of the author).

52. Csebotarev, 1975, pp. 121 – 123.

53. HLTGY, Dénes Horváth, pp. 1 – 2.

54. Pálfalvi, p. 69.

55. Interview with Sasvári.

56. Vass, *Egyetemisták* (private collections), p. 18.

57. HLTGY, Elischer, p. 13. 箭十字党青年组织的领导人饶科·伊什特万还建议把大学生营撤走，但埃利舍不愿意与箭十字党联合行动，于是带着自己的单位留在布达佩斯。

58. HL, documents of the 10th Infantry Division, war diary, P. 77.

59. Letter to the author from József Varga, 23 January 1944.

60. *Okmányok*; interview with Dobai.

61. Sólyomand Szabó, p. 54.

62. Katona, p. 47.

63. Márai, 1990b, p. 285.

64. *Pest Megyei Hirlap*, 24 June 1973.

65. Zaharov, p. 229. 这个数字似乎夸张了。被困在多瑙河河弯地带的德军与匈军人数很少，主要是保卫河弯地带的各营，加起来只有 1000 到 2000 人。

66. 这个数字是把《自由报》1944 年 12 月 24 日到 1945 年 2 月 16 日公布的数字加总后得到的。

67. HLKTB Hgr. Süd 897/b, report of 31 December 1944.

68. Letter from Horváth to Gosztonyi, 8 November 1961, HL TGY 3070, Darnói.

69. HL, documents of the IX SS Mountain Army Corps, report of 14 January.

70. HLTGY, Bíró 3251；第 10 步兵师的文件表明，1945 年 1 月 28 日至 2 月 1 日，约 1000 人在玫瑰山被俘。2 月 11 日，又有数千人被俘。

71. Interview with Czeczidlowszky.

72. Ravasz, p. 383.

73. Városy, p. 21 (in the collection of the author); interviews with Lénárt and Csány.

74. Interview with Városy.

75. Interview with Wáczek.

76. BA – MA KTB Hgr. Süd 897/b, report of 16 December 1944.

77. Interview with Wáczek.

78. Interview with Létay.

79. Interview with Benyovszky.

80. Interview with Czeczidlowszky; recollections of Bíró (HL TGY).

81. HLVKF, box 306/b, 2 November 1944.

82. HLTGY, Bíró 3251.

83. 例如，匈军第 10 步兵师的圣安德烈·拉斯洛中尉加入了德军"统帅堂"师（根据对圣安德烈的采访）。Kern 也提到了一些平民志愿者。

84. Soviet archival sources, for example Zaharov, p. 259.

85. 根据对 Sasvári 的采访。这个单位可能是第 201 重炮兵营。

86. Balek, p. 611; Balek: unpublished papers, BA – MA N 647/v. 13, p. 5.

87. HLTGY, Salamon, Aurél, 3116, p. 95. 大多数关于士兵自杀的报告来自突围的幸存者。（见第四章）。

88. HLKTB Hgr. Süd 897/5, 8 February 1945, report from Colonal – General Balek.

89. Kovács, pp. 12, 36 (manuscript in the collection of the author).

90. Interview with Gerő Ungváry.

91. BA – MA RH 2/2468, report of November 1944.

92. Interview with Wáczek.

93. For example, Klein, p. 44 (manuscript in the collection of the author).

94. BA – MA RH 2/2458. 一个可以体现苏联高层之残酷无情的典型例子是：整个近卫骑兵第 214 团被设定为惩戒部队，团长被降职，原因仅仅是该团在德布勒森的坦克战中丢失了军旗（BA – MA RH 2/1996, report of 18 January 1945）。在鹰山作战的一名红军上尉告诉平民，就连那些骨折的伤员在两天之后也被重新送上前线，因为指挥官"想甩掉这些包袱"（根据对 Benefi 的采访）。

95. HLTGY, Bíró 3053, p. 28.

96. BA – MA RH 2/1330.

97. BA – MA RH 2/2458.

98. Gosztonyi 错误地将这个防空洞描述为"霍尔蒂的掩体"。摄政王的掩体实际上在王宫下方。

99. Lieutenant – Colonel Wolff's report, BA – MA N 647/13.

100. BA – MA, Schweitzer, p. 5.

101. BA – MA N 647/13.

102. BA – MA N 647/13.

103. Balck, pp. 611, 661.

104. Interview with Benyovszky.

105. MA Hindy's record sheet.

106. Ibid.

107. Bokor, 1982, p. 344.

108. Ibid. , p. 345.

109. Ibid. , pp. 221 – 222.

110. Tomka, p. 49 (manuscript in the collection of the author).

111. HL, Trial of Hindy.

112. 实际上，如果他更积极主动地反对德国人，那么可以做更多。

113. Varga, p. 221.

114. Ibid. , p. 218.

115. HLTGY Paulits, p. 40.

116. 突击炮最早参加实战是在 1940 年。因为突击炮产量有限，在布达佩斯的突击炮兵主要作为步兵参战。

117. Interview with Bődy.

118. Interview with Lám.

119. Interview with Hingyi.

120. 根据苏联方面的数字，该集团军下辖 7 个军，共有 3341 辆坦克，差不多是德军坦克总数的两倍 （Suworow, p. 176）。

121. *Sovetskaya Voyennaya Entsiklopediya*：Malinovsky, vol. 5, pp. 100 – 101；Tolbukhin, vol. 8, p. 63.

122. Bondor, p. 38.

123. Interview with Galántay.

124. HL, Trial of Hindy.

125. *Budai Összetartás*, 7 January 1945.

126. Letter to the author from Galántay, 21 September 1994.

127. Így élt.

128. Letter to the author from Galántay, 17 August 1997.

129. Interview with Galántay.

130. Ibid.

131. *Népbírósági Közlöny* 5, no. 2, February 1946. 人民法庭后来判定多伊奇无罪，说他未曾与箭十字党合作。

132. HL TGY, Szalai, pp. 57 – 58.

133. HL TGY, Elischer, p. 3.

134. HLTGY, Vass, *Egyetemisták*, pp. 9 – 11.

135. HL TGY, Elischer, pp. 3 – 4.

136. Sipeki, p. 1 (manuscript in the collection of the author).

137. HL TGY, Elischer, p. 13.

第三章　围城：1944 年 12 月 26 日至 1945 年 2 月 11 日

1. Interview with Baló.

2. HL, documents of the10th Infantry Division, telephone diary, 25 December.

3. Report from Ernst Schweitzer, 26 February 1945 (manuscript in the collection of the author).

4. HLK TGY, Aurél Salamon, 3179, p. 65.

5. Tóth, 1975b, p. 336.

6. 对此次攻击的说法互相矛盾。根据第 10 步兵师作战日志，该营夺回旧阵地之后陷入了恐慌；而根据幸存者（比如高兰陶伊）的说法，撤退是因为苏联坦克从该营的后方逼近。

7. Bayer, p. 332.

8. Gosztonyi, 1992, p. 230.

9. HLVKF, box 306/b, situation report of 30 December 1944.

10. Tóth, 1975b, p. 336.

11. Csima, p. 50.

12. For example, Chebotarev, Necheporuk, Tóth, Máté, Balázs Szabó.

13. Gosztonyi, 1989a, p. 137.

14. 利特拉蒂 – 罗茨的位置距离霍夫赫尔 – 施朗茨工厂 2 公里；根据地图，谈判代表死亡的地点与他之间的距离不是 150 到 200 米，而是 400 米。并且该地区没有铺鹅卵石的街道。我要感谢 József Baki 提醒我注意利特拉蒂 – 罗茨的自相矛盾之处，后来我去实地确认了。

15. Csebotarev, 1967/4, p. 724.

16. Gosztonyi, 1989a, p. 145.

17. Csebotarev, p. 725 认为这些谈判代表同时遭到了火炮和轻武器的攻击。

18. Klein, 1994 （private collections, manuscript in archive ofPongrácz）; Gosztonyi, 1989a, p. 145.

19. Gosztonyi, 1989a, p. 142.

20. BA‑MAmsg, Schweitzer, p. 3, reiterated in a letter to the author in 1996.

21. 违反国际公法的人将被处以死刑。在战争期间，德国国防军最高统帅部有一个专门的部门负责调查被指控犯有战争罪行的敌人和德国人。

22. BA‑MA RW 4/900.

23. Ibid.

24. Ibid. 普费弗‑维尔登布鲁赫也收到了这道命令，但将其撤销了。Tóth（1974，p. 256）错误地将命令的日期写成了谈判代表死亡之前。

25. Zayas, passim.

26. HL, Trial of Hindy.

27. Klein, 1994, and undated letter （private collections, archive ofPongrácz）.

28. 近卫第5炮兵师（第17炮兵旅、第18榴弹炮旅、第95重炮旅、第27迫击炮旅），第16炮兵师（第52、第109榴弹炮旅，第61炮兵旅，第90重型榴弹炮旅，第114迫击炮旅），第22特种反坦克炮旅，近卫第41炮兵旅，第152炮兵旅，第48、第66、第80迫击炮团，第5高射炮师（Zaharov, pp. 472–473）。

29. 根据 Zaharov, pp. 472–474，有第3、第39坦克旅，独立第30重坦克团。

30. Interview with Hingyi.

31. Tóth, 1975b, p. 341.

32. Schweitzer, Report （in the collection of the author）.

33. HLVKF, box 306, Budapest situation report of 31 December.

34. Czoma, p. 337.

35. 布达佩斯的德军没有虎式坦克，佩奇可能把豹式坦克误认为虎式了。

36. HLTGY, György Péchy, p. 161.

37. Csima, p. 54.

38. Ibid.

39. Maier, p. 56; HL KTB Hgr. Süd 897/b, 2–4 January 1945.

40. Tóth, 1975a, pp. 227–228.

41. Zaharov, pp. 264–265; Tóth, 1975a, pp. 227–228.

42. Interview with Entzmann.

43. HL, documents of the 13th Panzer Division, strength reports of 7 and 14

January1945.

44. BA – MAmsg, Schweitzer, p. 5.

45. KTB Hgr. Süd, report of 5 January 1945.

46. Letter to the author from Vályi, p. 5; interview with Mányoki.

47. Interview with Hanák.

48. Schöning (documents in the collection of the author).

49. Maier, p. 44.

50. Városy, p. 22 (manuscript in the collection of the author).

51. HL, documents of the 10th Infantry Division, war diary, p. 93.

52. HLKTB Hgr. Süd 897/b, 9 January 1945.

53. *Hadtudományi*, p. 192.

54. Ibid.

55. *Hadtudományi*, p. 76.

56. Városy, p. 24 (manuscript in the collection of the author).

57. HL, documents of the 10th Infantry Division, order book, 11 January 1945.

58. HLKTB Hgr. Süd 897/b attachments, report of 11 January 1945.

59. HLTGY, Vajda, 2772, p. 112.

60. Interview with Baló.

61. Csima, pp. 59 – 60.

62. HL, documents of the 13th Panzer Division, report of 13 January 1945.

63. HL TGY, Mucsy, p. 18.

64. Maier, p. 61; KTB Hgr. Süd, report of 13 January 1945.

65. Interview with Kutscher.

66. Interview with Kamocsay and HL TGY, Vass, *Egyetemisták* (private collections), p. 38.

67. HLVKF, box 306/b, report of 14 January 1945.

68. HLKTB Hgr. Süd 897/b, 14 January 1945.

69. Billnitzer, VII, p. 22 (private collection；感谢 Sándor Tóth 允许我使用这份手稿).

70. HL VKF, box 306/b, report of 15 January 1945.

71. HL TGY, Mucsy, p. 19.

72. Interview with B ődy.

73. HL, documents of the 13th Panzer Division, report of 15 January 1945.

74. HLTGY, Bíró 3251, p. 28.

75. Gosztonyi, *Politikusok*, p. 30.

76. HL TGY, Mucsy, p. 19.

77. HL, documents of the 13th Panzer Division, report of 16 January1945.

78. Ibid.

79. HL VKF, box 306/b, report of 16 January1945.

80. Gosztonyi, 1990, p. 189.

81. Maier, p. 63.

82. Interview with Kamocsay.

83. Interview with Ferenc X. Kovács.

84. HLTGY, Vajda, 2772, p. 118.

85. Benyovszky's diary (in the collection of the author).

86. Bayer, p. 347.

87. Interview with Wohltmann.

88. HLK TGY, Vass, *Egyetemisták* (private collections), p. 39.

89. HLTGY, Gödry.

90. Hingyi, Nyilas (private collections).

91. HL, telephone diary of the 10th Infantry Division, 26 December 1944.

92. *Tétény – Promontor*, pp. 361 – 362.

93. *Hadtudományi*, p. 189.

94. HL TGY, Elischer, p. 16.

95. HLTGY, Vass, *Egyetemisták* (private collections), p. 20.

96. Asik, p. 261.

97. Interview with Vasváry.

98. Interview with Major.

99. HLTGY, Horváth, p. 2.

100. HL, documents of the 13th Panzer Division, report of 15 January 1945.

101. Interview with Sasvári.

102. Galántay, *Boy* (private collections); lectures at the Sandhurst and Budapest military academies (in the collection of the author).

103. Galántay, *Defense*; interviews with Galántay, Vass, and Sasvári.

104. HLTGY, Vass, *Egyetemisták* (private collections), p. 30.

105. Interviews with Hingyi and Kokovai.

106. Interviews with Hingyi and Galántay.

107. HL, documents of the 13th Panzer Division, report of 16 January.

108. Sulyánszky, p. 17 (in the collection of the author).

109. Interview with Galántay.

110. Letter from Litteráti – Loótz to Gosztonyi, 1973.

111. HL, war diary of the 10th Infantry Division, 21 January1945.

112. Letter from Litteráti – Loótz to Gosztonyi, 1973.

113. Ibid.

114. Ibid.

115. HL, documents of the 13th Panzer Division, report of 21 January 1945;
     diary of Városy, p. 25 (in the collection of the author).

116. HL, documents of the 13th Panzer Division, report of 21 January 1945.

117. Letter from Galántay to the author, 17 August 1997.

118. 步兵第 30 军和近卫第 68 步兵师被用于防备德军的解围。1 月 18 日
     之前在佩斯作战的其他所有单位都被调往布达。

119. Zaharov, p. 260.

120. Tóth, 1975b, p. 355.

121. HL, Documents of the 13th Panzer Division, report of 22 January 1945.

122. Notes by Dema, p. 2 (in the collection of the author).

123. HL, Documents of the 13th Panzer Division, report of 23 January 1945.

124. Ibid. , report of 24 January 1945.

125. Interviews with Hanák and Városy.

126. Interview with Benefi.

127. Vass, *Egyetemisták*, p. 39.

128. HL, documents of the 10th Infantry Division, war diary, 21 January 1945.

129. Interview with Bíró.

130. Interview with Hanák.

131. HLVKF, box 306/b, report of 26 January 1945.

132. Friedrich, pp. 96 – 97 (private collections).

133. Report by Schweitzer, p. 4 (copy in the collection of the author).

134. Maier, p. 90.

135. Ibid. , p. 89.

136. Letter to the author from Galántay, 20 March 1995.

137. Billnitzer's diary, VTI/p. 22 (manuscript in the collection of the author).

138. Maier, pp. 90 – 100.

139. BA – MAmsg, Schweitzer, p. 8.

140. Interview with Galántay.

141. Maier, p. 100.

142. HLTGY, Horváth, p. 3.

143. HL VKF, box 306/b, report of 31 December 1944.

144. Maier, p. 102.

145. HL VKF, box 306/b, report of 2 February 1945.

146. Major, p. 2 (manuscript in the collection of the author).

147. BA – MA KTB Hgr. Süd, report of 4 February 1945.

148. Ibid.

149. Interview with Wáczek.

150. Hingyi, 1994b, p. 56.

151. Major, p. 3 (manuscript in the collection of the author)

152. Maier, p. 107.

153. Lukács, p. 175 (manuscript in the collection of the author).

154. HL VKF, box 306/b, report of 6 February 1945.

155. Letter to the author from Joó.

156. Sárközi, 1995, p. 112.

157. Interview with Sasvári.

158. Interview with Keller.

159. HL, war diary of the 10th Infantry Division, 8 February 1945.

160. HL TGY, Kokovay, p. 10.

161. Tóth, 1980, pp. 40 – 41.

162. Vass, Dénes, p. 47.

163. Noel, p. 3.

164. Tóth, 1980, pp. 43 – 44.

165. Sulyánszky, p. 29 (manuscript in the collection of the author).

166. Dombrády and Nagy, p. 124.

167. Bolyos, p. 67 (private collection；在此感谢 Pál Dobay 提供的帮助)；
    Tóth, 1980, p. 23.

第四章　解围作战

1. Letter from Ernst Philipp to Gosztonyi, 23 July 1985.

2. Boldt, p. 28.

382 / 布达佩斯之围：第二次世界大战中的一百天

3. Száva, 1975a, p. 224.

4. 匈牙利陆军中尉、党卫队一级突击队大队长（中校）奈伊·卡罗伊因
   为抗命不遵而被匈牙利军队开除。他从东线的右翼老兵当中招募了这
   支队伍，到战争末期该单位有 5000 人。战后，他成为中央情报局的特
   工，在奥地利组织秘密军火库和破坏小组。

5. 近卫机械化第 1、第 2、第 4、第 9 军，机械化第 7 军，坦克第 5、第
   18、第 23 军，近卫第 4、第 6 军，骑兵第 5 军。

6. 机械化第 7 军、近卫骑兵第 5 军、近卫机械化第 2 军。

7. Tóth, 1975a, p. 157.

8. Ibid. , p. 156. 这些单位包括近卫步兵第 49、第 109 师，以及近卫机械化
   第 2 军一部。

9. Maier, p. 45.

10. HL KTB Hgr. Süd 898/b, report of 9 January 1945.

11. Maier, p. 53.

12. Ibid.

13. Information from Tóth（based on a report by Ferenc Krupiczer, interpreter
    of the 37th Rifle Corps）.

14. Maier, p. 55.

15. Soviet figures from Veress, pp. 169 – 173；German from BA – MA KTG
    Hgr. Süd RH 19 V/59, strength reports.

16. Zaharov, p. 245.

17. Száva, 1975b, p. 242.

18. 较早的研究说只有 18 公里，这是错误的。德军解围部队的桥头堡，
    即他们占领的最靠东的村庄考亚索圣彼得（Kajászószentpéter），距离
    最近的包围圈（鹰山）有大约 25 公里。

19. Gosztonyi, 1989b, p. 55.

20. Veress, p. 169.

第五章　突围

1. Wolff's report, BA – MA N 647/13, p. 5.

2. 1945 年 4 月底发生过这样的事情：温克上将指挥的第 12 集团军突破了
   红军对柏林的包围圈，最后被英美军队俘虏。即便在 1945 年 5 月，德
   军也坚持战斗，而不向苏联人投降。

3. Garád, p. 5（manuscript in the collection of the author）.

4. BA – MA RH 10 V/60, in：Maier, p. 518.

5. Cf. Letter from Wolff（copy in the collection of the author）.

6. Cf. Garád（private collections）, Hübner（BA – MA）, and Mückl（BA – MA）.

7. Nagy, László.

8. BA – MAmsg, Schweitzer, p. 8.

9. Interview with Kokovay.

10. Interview with Hingyi.

11. Csebotarev, 1967/4, p. 128.

12. HL TGY, Kokovay; interviews with Galántay and Rácz.

13. 尽管从苏联资料中看不出来红军做了准备去应对德军的突围，但通过博尔迪扎尔和佐尔瑙伊的回忆录以及当地居民的证词，可以准确地了解到红军所做的准备。

14. Letter to the author from Antalóczi, 9 February 1995.

15. Gosztonyi 据一名目击者的叙述，说居住在党卫军第 9 山地军无线电通讯中心隔壁掩体内的一名女子是苏联间谍。这个颇有姿色的金发女子自称是来自特兰西瓦尼亚的难民，与一些德国人发生了关系。但突围发生之后，一辆载着内务人民委员部军官的吉普车把她带走时，她突然说起了俄语。Wáczek 和 Hingyi 的说法能够佐证上述的故事，但这不能说明苏联人知道任何与突围直接相关的信息。Tóth（1980）认为，德军无线电通讯中心的上尉指挥官（有人在围城战结束之后看到他穿着苏联制服）出卖了德军突围的计划，而普费弗－维尔登鲁赫的无线电信息被一名叛逃到苏联人那边的匈牙利军官截获了。德军突围计划泄露的假说未能得到同时代的苏联或匈牙利作者的证实，他们仅仅说，苏联人并未对德军突围感到意外。如果有人向红军指挥部泄露了德军的计划，那么应当能留下某种档案资料。并且在战后苏联人没有理由对这个问题继续保密。

16. Sárközi, 1995, p. 71.

17. Hübner, BA – MAmsg 2/238.

18. OSZK, Faragó, p. 66.

19. Cf. Friedrich（private collections）, Schweitzer（BA – MAmsg and private collections）, et al.

20. 上午 11 点，匈军第 10 步兵师参谋长拜纽夫斯基·哲泽（他的前任博通德·贝拉叛逃了）偷偷派遣一支巡逻队去德布伦泰广场，并让他们带回"苏联坦克已经抵达那里"的消息。这是为了让盖勒特旅馆附近的匈军士兵不要前往城堡区。

21. Letter from Galántay（in the collection of the author）.

22. Reports of Helmuth Wolff, BA – MA N 643/VI3; Balck unpublished documents, BA – MA N 647/14.

23. Friedrich, p. 102（private collections）.

24. Bayer, p, 371.

25. Noel, p. 3.

26. HL TGY, Vajda, 2772, p. 139.

27. Letter to the author from Galántay. The same event is reported in Blanka Péchy, p. 87.

28. Interview with Keller.

29. Interview with Wáczek.

30. 作战参谋是师作战处的军官。

31. Cf. Schweitzer's diary and letters, partly in the collection of the author and partly at BA – MAmsg.

32. BA – MA RH, Nachtmann, p. 3.

33. 奥斯特罗姆街的集体墓穴发掘于 20 世纪 50 年代。

34. Garád, p. 7（manuscript in the collection of the author）.

35. Notes by Dávid（manuscript in the collection of the author）.

36. BA – MAmsg, Schweitzer.

37. Garád, p. 11（manuscript in the collection of the author）.

38. Billnitzer, p. 8（in the collection of the author）.

39. Letters from Wolff（Gosztonyi collection, 1961, Hingyi collection, 1988）.

40. OSZK, Lichtenberg.

41. HL, Trial of Hindy.

42. Ferenc X. Kovács, p. 40（manuscript in the collection of the author）.

43. HL TGY, Paulies, p. 50.

44. Letter from Borbás, August 1979, in: Gosztonyi, 1992, p. 239.

45. 准确时间不明。科瓦奇·费伦茨·X. 说行动于午夜开始，而他的一名军官回忆说是晚上 6 点。这两种说法可能都错了。

46. Interview with Kovács.

47. HL TGY, Paulics, p. 53.

48. BA – MAmsg, Hübner, p. 11.

49. Noll, p. 4.

50. HLTGY, Paulics, p. 54.

51. Letter to the author from Betzler, 30 November 1996.

52. Ferenc X. Kovács, p. 5 (manuscript in the collection of the author) .

53. Máté, p. 180.

54. Gosztonyi 错误地说德尔纳在出口的枪战中丧生。科瓦奇·费伦茨·X. 在 2 月 13 日见到了德尔纳, 当时德尔纳身负重伤, 被带到贝拉国王路 的一个集合点。德尔纳昏昏沉沉地说:"他们会枪毙我们。" 此后再也 没有人见过他。

55. Noll, p. 4.

56. BA – MAmsg, Mückl, p. 31.

57. Noll, p. 4.

58. HL TGY, Paulics, p. 60.

59. Ferenc X. Kovács, p. 6 (manuscript in the collection of the author) , and interview.

60. HL TGY, Paulics, p. 60.

61. Interview with Kovács.

62. HL TGY, Paulics, p. 61.

63. Garád, pp. 8 – 9 (manuscript in the collection of the author) .

64. HL TGY, Kokovay, pp. 2 – 3.

65. BA – MAmsg, Schweitzer. p, 15.

66. 根据对 Hingyi 的采访。显然一名穿德军制服的红军士兵告诉他们大科 瓦奇已无人防守。

67. HL TGY, Biró, p. Iv.

68. Recollection of Corporal Dániel Vali, in letter to the author from Galántai.

69. BA – MA RH, Nachtmann, p. 4.

70. Garád, p. 12 (manuscript in the collection of the author) .

71. BA – MA RH, Nachtmann, p. 4.

72. Ibid. , p. 7.

73. HL TGY, Kokovay, p. 4. Eventually Flügel was helped to get away.

74. BA – MAmsg, Schweitzer, p. 28.

75. BA – MA RH, Nachtmann; BA – MAmsg, Schweitzer.

76. Hingyi manuscript, p. 3 (in the collection of the author) .

77. Interview with Boosfeld, by courtesy of Peter Zwack Jr.

78. 参见沃尔夫在 1961 年和 1980 年的信（Gosztonyi collection）。但沃尔夫对地理细节的记忆不准确。

79. Interview with Kutscher.

80. Schöning's unpublished documents（in the collection of the author）.

81. HL TGY, Kokovay, pp. 5 – 6.

82. Gosztonyi 没有给出资料来源（可能是沃尔夫的报告），说有 785 人。这个错误的数字第一次被刊登在 1957 年《维京的呼唤》期刊的文章《布达佩斯第一次死亡时》里，后来其他所有的作者都采信了这个数字。沃尔夫的记忆似乎并不准确，尤其是当我们把他后来的书信与 1945 年 2 月 15 日他的报告相比时。根据德军南方集团军群的文件，到 2 月 16 日，有 624 人抵达德军战线（Mayer, p. 120）。大多数是属于党卫军和国防军的德国人。

83. BA – MAmsg, Schweitzer.

84. Ibid. Schweitzer's toes were subsequently amputated.

85. BA – MAmsg, Hübner, pp. 12 – 13.

86. HL TGY, Konkoly – Thege, pp. 152 – 153.

87. Cf. M. V. K.（private collections）; interview with Hingyi; OSZK, Faragó, p. 67.

88. BA – MAmsg, Hübner, p. 14.

89. HL TGY, Konkoly – Thege, p. 155.

90. BA – MAmsg, Hübner, p. 14.

91. Bayer, p. 112.

92. 古斯塔夫·哈特耐克中将指挥的这个骑兵军驻扎在恰克堡和埃斯泰尔戈姆之间，下辖第 711 和第 96 步兵师、第 3 骑兵旅、第 6 装甲师以及匈牙利第 1 骠骑兵师，但没有足够数量的装甲单位。

93. Maier, pp. 113 – 115.

94. Ibid. , p. 519.

95. Ibid. , pp. 115 – 116.

96. 根据对 Kokovay，此人从马尼逃离。

97. "南风"行动的目标是消灭在多瑙河以北取得突破的红军部队。

98. BA – MA RH 19V/61, Maier, p. 520.

99. Maier, pp. 520 – 521.

100. Komiszarov, pp. 139 – 140.

101. Tóth, 1980, p. 52.

102. Andrjusenko, pp. 141 – 142.

103. Ibid. , p. 142.

104. Interviews with Finta, Aurél Salamon, Dobay, and Wáczek.

105. 瓦切克在维尔豪洛姆广场看到 400 到 500 具死尸。

106. BA – MA. 普费弗 – 维尔登布鲁赫的未发表文件里包含许多这样的剪报。

第六章　围城与平民

1. *Magyarság* (journal), 9 November 1944.

2. 13. *Panzerdivision*, p. 7.

3. Ránki, 1968, p. 910.

4. Kovalovszky, p. 88.

5. HL TGY, Almay, 3091.

6. Glatz, p. 144.

7. Kutuzov – Tolstoy, pp. 330 – 331.

8. Zamercev, p. 54.

9. Glatz, p. 142.

10. Teleki, p. 166.

11. OSZK, Tonelli, *Budapest*, p. 79.

12. HL, Documents of the Hungarian 10th Infantry Division, attachments.

13. Interview with Hingyi.

14. Teleki, p. 335.

15. Kovalovszky, pp. 207 – 208.

16. HL KTB Hgr. Süd 897/b, 23 December 1944.

17. Teleki, p. 213.

18. OSZK, Tonelli, *Budapest*, p. 79.

19. Seidl, Marietta, p. 2 (manuscript in the collection of the author).

20. HL TGY, Szalay.

21. Interview with Nádasdy.

22. Interview with Galántay.

23. 根据欣迪的一份报告, 匈牙利人有 22000 匹马。Gosztonyi, 1990, p. 46.

24. Interview with Bődy.

25. Noll, p. 2.

26. Interview with Major.

27. Gosztonyi, 1990, pp. 46 – 49.

28. HL VKF, box 306/b, 31 December 1944.

29. HL 21, I. 107, Documents of national Chief Inspector, Henkei Group, situation report of 31 January 1945.

30. BA – MA RH 2/1950.

31. Maier, p. 49; KTB Hgr. Süd, daily report of 8 January 1945.

32. Bokor, 1995.

33. Gosztonyi, 1990, pp. 48 – 50.

34. HK VKF, box 306/b, report of 15 January 1945.

35. Ibid. , report of 16 January 1945.

36. Ibid. , report of 17 January 1945.

37. HL VKF, box 306/b, letter from Beregfy to General Hans Greiffenberg.

38. HL VKF, box 306/b, report of 3 February 1945.

39. Ibid. , report of 5 February 1945.

40. Ibid. , report of 6 February 1945.

41. Cs. Lengyel, p. 193.

42. Bárdos.

43. OSZK, Tonelli, p. 97.

44. Oldner, p. 12 .

45. Blanka Péchy, p. 68.

46. Gosztonyi, 1994, p. 53.

47. HL TGY, Almay, 3091, p. 31.

48. Teleki, p. 132.

49. Sólyom and Szabó on Kröszl.

50. Teleki, p. 123.

51. Interview with Lám.

52. Ferenc X. Kovács, p. 9 (manuscript in the collection of the author); interview with Kovács.

53. *Képes figyelő*, 1945, no. 13.

54. 尽管这份报纸没有实物保存下来，高兰陶伊在接受采访时证实了它的存在。苏联人出版了一份用于宣传的报纸，标题与之相同，有一份实物保存在今天的军事历史博物馆。

55. Gosztonyi, 1990, p. 56.

56. Ney, *Budapest*, pp. 41 – 45 (manuscript in the collection of the author).

57. 这是首都圣伊什特万医院的 Katalin Sárlai 医生的说法。他是从一位前护士那里听说的。这种现象叫作诱发泌乳，医学文献里多有讨论。

58. OSZK, Tonelli, p. 91.

59. Reported to the author by Pintér.

60. Interview with Kézdi – Beck.

61. Diary of Deseő (in the collection of the author).

62. Márai, 1945.

63. Zamercev, p. 123.

64. Eszenyi, pp. 411 – 412.

65. Teleki, p. 145.

66. 保安处（SD）除了负责组织将犹太人运往集中营之外，还与盖世太保合作，负责情报与反谍报工作。

67. 从 1944 年 2 月 19 日开始，盖世太保接管了军事情报局的工作。

68. Szirmai, p. 270.

69. Ránki, 1968, p. 912.

70. Interview with Aczél.

71. Lévai, 1947, p. 24.

72. Lévai, 1946b, p. 128.

73. Gosztonyi, 1990, p. 50.

74. 在兰贝格和里加，有些德军单位公开处决犹太人，还发生了虐待犹太人的暴行。

75. Cf. Especially Bibó.

76. Blanka Péchy, p. 67.

77. Fenyő, 3 January 1945.

78. Márai, 1990a, p. 285.

79. Teleki, p. 150.

80. Lévai, 1946b, p. 120.

81. Memoirof Dema (in the collection of the author).

82. Interview with Rácz.

83. Lévai, 1946a, p. 226.

84. *Népbírósági Közlöny*, 25 May 1946.

85. Teleki, p. 135.

86. Stark, pp. 33 – 40.

87. Sólyom and Szabó, p. 123.

88. *Soproni Hírlap*, 18 October 1944.

89. Teleki, p. 139.

90. Lévai, 1947, p. 59.

91. Elek, p. 92.

92. Lévai, 1947, p. 76.

93. Ibid. , p. 16.

94. Lévai, 1946b, p. 88.

95. Jerezian, p. 61.

96. Kis, pp. 24 – 26.

97. Lévai, 1947, p. 104.

98. Ibid. , p. 107.

99. Lévai, 1946a, p. 262.

100. Lévai, 1947, p. 113.

101. Határ, p. 918.

102. Szekeres, p. 571.

103. Interview with Hermándy.

104. Lévai, 1947, p. 135.

105. Lévai, 1947, p. 135. Gosztonyi 错误地说是普费弗 – 维尔登布鲁赫和他的党卫军士兵保护了犹太人隔离区。施米德胡贝从来不属于党卫军。

106. Szekeres, p. 578.

107. OSZK, Csécsy.

108. HL TGY, Lám, pp. 147 – 148.

109. Ferenc X. Kovács, p. 19 (manuscript in the collection of the author).

110. Imre Kovács, p. 112.

111. Sipeki Balás, p. 3 (manuscript in the collection of the author).

112. 可能是 Béla Tatay 上校。情报处（1. b section）是反间谍与情报单位。

113. Sipeki Balás, p. 3.

114. Vass, *Egyetemisták* (private collections), p. 17.

115. Bondor, p. 187. 对于米科被处决的日期，大多数参考资料搞错了。

116. Ibid. ; interview with Ferenc X. Kovács.

117. 1946 年，安德拉什被匈牙利国家保安局（ÁVO）以捏造的罪名逮捕，被判死刑，后改为十年苦役。

118. 根据对拜纽夫斯基和比罗的采访。该师军需部门的指挥官 Aladár Zvolenszky 少校已经联系了在喀尔巴阡山的苏联红军，最终带领他的整个单位叛逃。

119. Ferenc X. Kovács（manuscript in the collection of the author）; Blanka Péchy, p. 43.

120. 在围城战的大部分时间里，卡达尔是一位男爵夫人聘用的经理人。他的弟弟齐尔毛奈克·耶诺也参加了抵抗运动，三年后试图在自己的工作地点升红旗的时候从阳台跌落摔死。

121. 按照遵循党的路线的历史学家的说法，莫斯科派的抵抗分子"主宰了委员会的领导权，不是因为他们人多，而是因为他们有丰富的地下斗争的经验，纲领很明智，并且他们非常勇敢"（Gazsi and Pintér, p. 174）。实际上，德梅尼的派系在方方面面都更强。

122. Gazsi andPintér, pp. 179 – 185.

123. Ibid. , p. 182.

124. Csepel, p. 392.

125. *Újpest*, p. 208.

126. Benedek andVámos, p. 39.

127. *A magyar antfasiszta*, pp. 283 – 284.

128. Gazsi andHarsányi, p. 682.

129. Grossmann, pp. 271 – 272.

130. Révész, p. 19.

131. Szita, pp. 86 – 88.

132. Ibid. , p. 88.

133. M. Kiss, p. 300.

134. Fortusz, p. 48.

135. HL TGY, Bíró, 3053, p. 21

136. Száva, 1975a, p. 267

137. Tóth, 1980, p. 25

138. HL TGY, Aurél Salamon, 3116, pp. 16 – 17.

139. *Hadtudományi* 1994/10, p. 185

140. Száva, 1975a, p. 282.

141. HL TGY, Sárközi – Csécsy, p. 18.

142. Tóth, 1980, p. 27.

143. Interview with Benyovszky.

144. Interview with Létay.

145. Ibid.

146. Gosztonyi, 1992, p. 240.

147. Interview with Finta.

148. Letter to the author from Kövendi.

149. Letter to the author from Válas.

150. Reminiscence of Salfay（in the collection of the author）.

151. Interview with Finta.

152. HL TGY, Aurél Salamon, 3116, p. 28.

153. HL TGY, György Péchy, p. 165.

154. 在作者所知的匈牙利人撰写的回忆录中，仅 Konkoly – Thege（HL TGY）、Aurél Salamon（HL TGY）以及 Gyalog 提到了类似的情况。

155. HL KTB Hgr. Süd, 898/b.

156. Zaharov, p. 250.

157. HL TGY, Konkoly – Thege, p. 116.

158. 安德烈·弗拉索夫中将于 1942 年被德军俘虏，1944 年 9 月奉德国人的命令组建反苏的"俄罗斯解放军"。尽管他的士兵都没有被派到布达佩斯，苏联的宣传还是把每一个为德军效力的苏联人都称为"弗拉索夫分子"。

159. HL TGY, Rhédey, p. 8.

160. Bayer, p. 389.

161. HL TGY, Konkoly – Thege, p. 156.

162. HL TGY, Salamon, Zsigmond, p. 3.

163. 根据对 Hingyi、Tomcsányi 和 Aurél Salamon 的采访，以及当地居民的回忆。在派尔巴尔和特克周围的布达山区，发现了很多被处死的德军。Payer（p. 209）报告称，在派尔巴尔有 300 人被处决，Gosztonyi 收藏的一封匿名信说特克附近发生了类似的事件。这样的例子还有很多。

164. 在特罗姆比塔什街 2 号的一间公寓，苏联士兵向一名躺在沙发上的负重伤的德国军官打了整整一个冲锋枪弹匣的子弹（根据对 Tomcsányi 的采访）。到 2 月 13 日，德国伤员仍然在塞尔·卡尔曼广场附近被"偶然"枪杀（根据对 Aurél Salamon 的采访）。

165. Friedrich, p. 140（private collections）.

166. Interview with Dobay.

167. Reports by Ottó Fritzsch, István Janositz, and Ferenc Stofficz in the Dobay collection, and interview with Dobay.

168. Interview with Major.

169. Bayer, pp. 388 – 389; Portugall, p. 7 (manuscript in the collection of the author); interviews with Bartha and Ferenc X. Kovács.

170. Interview with Hermándy.

171. Interview with B ődy.

172. Bayer, p. 388.

173. 德军高层命令将两种类型的俘虏处死：犹太人和政治委员。所谓的"政治委员命令"没有贯彻始终，最终于 1942 年被撤销。后来很多曾经的苏联红军政委在弗拉索夫的军队里发挥了重要作用。苏联人对俘虏的态度起初不明确，因为一方面苏联不承认战俘身份，另一方面很多指挥官把"消灭德国侵略者"的口号理解为杀死所有战俘。这种局面到 1942 年结束，当时斯大林发布了一道特殊命令：如果德国士兵和军官投降的话，红军应当接受他们为俘虏。Boog, pp. 778 – 790.

174. Hoffmann, pp. 85 – 86.

175. Marshall Buddonny's battle order no. 5, 16 July 1941, BA – MA RH 24 – 3/ 134.

176. Sander and Johr, p. 124.

177. Walendy, I, p. 10.

178. Boog, p. 784; Hoffmann, pp. 85 – 86.

179. Száva, 1975b, p. 266.

180. Cheka: Extraordinary Commission for Combating Counterrevolution and Sabotage, 1917 – 1922; GPU: State Political Administration (political police), 1922 – 1923; NKGB: People's Commissariat for State Security, beginning in 1941; NKVD: People's Commissariat for Internal Affairs, beginning in 1922; OSNAS: units with special designations within the NKVD.

181. Csebotarev, 1967/4, p. 713.

182. 根据曾在摩尔多瓦第 14 集团军担任指挥官的 Aleksandr Lebed 向匈牙利报界提供的叙述，1941 年 7 月 16 日，斯大林命令组建特殊单位，专门负责处决逃兵和其他可疑分子；11 月 17 日，他又建立了更多单位来摧毁靠近前线的所有定居点。有些在德军后方活动的单位要穿德军制服，以增强人们对侵略者的仇恨。尽管这些活动不像党卫军特别行动队那样组织有力，却也无视了战争法。

183. Portugall, p. 7 (manuscript in the collection of the author).

184. Ibid. , p. 6.

185. Lukács, p. 176 (manuscript in the private collection of Mrs. Ernő Lakatos).

186. Interview with Kaszás.

187. Interview with Tabódy.

188. BA – MA RH 19 XV/6, 22 February 1945; RH 2/2685, 26 March 1945.

189. Hoffmann, pp. 274 – 276.

190. Szekeres, p. 565.

191. Interview with Benefi.

192. Gosztonyi, 1989a, p. 175.

193. *Szombat*, 1997, no. 2.

194. Gazsi, 1995, p. 28.

195. Kogelfranz, p. 96.

196. Letter to the author from Czagányi, 19 February 1995.

197. For example, Bondor; Gazsi, 1995.

198. Gazsi, 1995, p. 29.

199. Ibid. , p. 22.

200. Benedek andVámos, p. 59.

201. ImreKovács, p. 186.

202. Ember.

203. BA – MA letter from Lutz to Pfeffer – Wildenbruch, N 370/6.

204. Montgomery, p. 206.

205. Zamercev, p. 67.

206. Diary of Deseő (in the collection of the author).

207. Benedek andVámos, p. 67.

208. BA – MA N 370/6, letter from Lutz to Pfeffer – Wildenbruch, 14 February 1956.

209. Interview with Mrs. Kovács.

210. Ibid.

211. Steinert, p. 388.

212. Interview with Benefi.

213. Kishon, p. 75.

214. Márai 1990b, p. 10.

215. Károly Kiss, 1 April 1995.

216. OSZK, Tonelli, *1944 – 45*, pp. 144 – 146.

217. Ibid. , p. 139.

218. Ibid. , p. 150.

219. Interview with Mrs. K. B.

220. Zamercev, p. 97.

221. OSZK, Tonelli, *1944 – 45*, p. 239.

222. Interview with Sasvári.

223. Thassy, pp. 458 – 459.

224. Ibid. , p. 461.

225. Szakács and Zinner, pp. 83 – 84.

226. 匈牙利共产党特地预先请求苏联的城防司令许可，以确保"参加活动的游行者不会被抓去劳动"（Szakács and Zinner, p. 94）。

227. Sulyok, p. 275.

228. Szakács and Zinner, p. 94.

229. Interview with Gábor Seidl.

230. OSZK, Tonelli, *1944 – 45*, p. 244.

231. Ibid. , p. 250.

232. *Szabadság*, 8 February 1945.

233. Szirtes, p. 10 (manuscript in the collection of the author).

234. *Tétény* – Promontor, p. 365.

235. *Vas*.

236. *Kossuth Népe* 10 (June 1945).

237. Bárdos.

238. Interview with Dobay.

第七章　尾声

1. Krivosheev, pp. 211 – 212. Gosztonyi (1994, p. 59) 称有 240136 人负伤，79946 人死亡，但他没有给出数据来源。

2. Krivosheev, p. 372.

3. BA – MA RH2 Ost Karten（Panzerlage）, 4999 – 6257.

4. Gosztonyi, 1992, p. 239.

5. Gosztonyi, 1982, part 4, p. 160.

6. HL, Documents of 13th Panzer Division, report of 24 January 1945.

7. 普费弗－维尔登布鲁赫报告称，突围前有 43900 人，包括 11600 名伤员。

8. Glatz, p. 99.

9. 根据苏联的记载（从 1944 年 10 月 29 日整个作战的开端算起），布达佩斯战役的时长为 108 天。根据德国和匈牙利的记载，时长为 102 天（从 1944 年 11 月 4 日苏联军队抵达匈牙利首都的行政边界算起）。

表　格

表1　多瑙河与蒂萨河之间的匈牙利和德国军队，1944年10月31日

<table>
<tr><td colspan="5" align="center">匈军第3集团军</td></tr>
<tr><th>单位</th><th>作战兵力①</th><th>坦克与突击炮</th><th>火炮</th><th>战斗力级别②</th></tr>
<tr><td>第10步兵师</td><td>2000</td><td>0</td><td>9</td><td>4(从喀尔巴阡山赶来)</td></tr>
<tr><td>第7突击炮营</td><td>0</td><td>9</td><td>0</td><td>2</td></tr>
<tr><td>第23后备师</td><td>3600</td><td>0</td><td>26</td><td>低于4</td></tr>
<tr><td>第1骠骑兵师</td><td>3700</td><td>0</td><td>30</td><td>2</td></tr>
<tr><td>第1装甲师</td><td>700</td><td>20</td><td>7</td><td>3</td></tr>
<tr><td>第5和第8后备师</td><td>3300</td><td>0</td><td>26</td><td>低于4</td></tr>
<tr><td>第20步兵师</td><td>1500</td><td>0</td><td>15</td><td>4</td></tr>
<tr><td>第23装甲师(德军)</td><td>1000</td><td>50</td><td>30</td><td>2(10月31日至11月1日从蒂萨河以东赶来)，包括第503重装甲营(虎王坦克)</td></tr>
<tr><td>第24装甲师(德军)</td><td>1600</td><td>18</td><td>45</td><td>2(在前线后方)</td></tr>
<tr><td>总计</td><td>17400</td><td>97</td><td>188</td><td></td></tr>
</table>

资料来源：BA – MA KTB Hgr. Süd RH 19/V54, situation report of 25 October 1944.

①德国军事术语中的"作战兵力"指的是某单位可部署到前线的兵力，不包括炮兵、后勤人员、无线电操作员、工兵等。作战兵力一般相当于总兵力的约30%至50%。

②德军的战斗力级别分为四级：1有完全的进攻能力；2有部分的进攻能力；3有完全的防御能力；4有部分的防御能力。

表 2　多瑙河与蒂萨河之间的苏联红军，1944 年 10 月 31 日

乌克兰第 2 方面军下属的第 46 集团军				
单位	作战兵力	装甲车辆	火炮	注释
近卫机械化第 2 军	约 12000	248	约 60	经过充分整补的生力部队
近卫机械化第 4 军	约 6000	73	约 50	11 月 1 日从贝尔格莱德赶来
步兵第 10 军	约 8000	0	约 90	
步兵第 23 军	约 10000	0	约 90	经过充分整补，11 月 1 日从迈泽海杰什赶来
近卫步兵第 31 军	约 8000	0	约 90	
近卫步兵第 37 军	约 8000	0	约 90	
总计	约 52000	321	约 470	

资料来源：Tóth, 1975, pp. 15－16. 有"约"字样的是本书作者的估算。

表 3　调往大匈牙利平原的德军单位

单位	步兵作战兵力	坦克和突击炮	火炮	抵达地点与时间
第 1 装甲师	1000	13	30	皮利什－采格莱德，11 月 1 日
第 13 装甲师	1100	9	14	多瑙凯西－欧乔，11 月 1 日
"统帅堂"装甲师	900	21	15	厄尔凯尼
党卫军第 8 骑兵师	3060	10	37	于勒，11 月 2 日

续表

单位	步兵作战兵力	坦克和突击炮	火炮	抵达地点与时间
党卫军第 22 骑兵师	7000	9	57	多瑙豪劳斯蒂 - 绍罗克萨尔,11 月 1 日
第 503 重装甲营	0	41	0	厄尔凯尼 - 皮利什 - 于勒,11 月 3 日
总计	13060	103	153	

资料来源:BA – MA KTB Hgr. Süd RH 19/V 54,situation reports of 25 October and 3 November 1944. 第 503 重装甲营的数字是本书作者的估算。

表 4　豪特万地区的德国和匈牙利军队

单位	步兵作战兵力	重型反坦克炮	坦克与突击炮	火炮
第 76 步兵师	1000	9	7	32
匈军第 2 装甲师一部	800	2	16	24
党卫军第 18 装甲掷弹兵师	1000	8	5	42
党卫军第 4 装甲掷弹兵师	900	9	13	32
第 13 装甲师一部	700	1	6	36
第 46 步兵师	900	15	5	62
第 357 步兵师	800	8	5	42
德军和匈军总计	6100	52	57	270
对面的红军	约 50000	?	510	2074

资料来源:德军的数字出自 attachments to the war diary of the German Army Group South（HL KTBHgr. Süd 897/a，b）。

表 5　乌克兰第 2 方面军和对面的德军与匈军

人员与装备	红军	德军与匈军	比例
人员	528000	127000	4.2∶1
火炮	10867	2800	3.9∶1
迫击炮（不包括喀秋莎火箭炮和烟幕弹发射器）	3974	880	4.5∶1
坦克和突击炮	565	约 140	4∶1

资料来源：Hazánk, p. 70. Minasyan 给出的数字基本正确，只有在德军坦克与突击炮方面需要参考德军南方集团军群的作战日志进行修改。

表 6　玛格丽特防线上的德军和匈军单位

单位	负责的防线长度	作战兵力
德军第 271 国民掷弹兵师和匈军第 23 后备师的部分单位	20 公里	3000
党卫军第 8 警察团（非德国人）	10 公里	800
凯谢欧战斗群和匈军第 1 骠骑兵师的部分单位	30 公里	800
德军第 153 野战训练师	20 公里	约 1500
德军第 1 装甲师	10 公里	约 900
匈军第 20 步兵师	10 公里	800
总计	100 公里	约 7800

资料来源：HL KTB Hgr. Süd 897/a, attachments.

表 7　布达佩斯以西的红军和德/匈军，1944 年 12 月 24 日和 25 日

单位	坦克和火炮	步兵
红军坦克第 18 军	约 160 辆 T-34 坦克 30 辆强击火炮	约 3000
红军近卫步兵第 31 军	0	约 16000
红军总计	约 190	约 19000

单位	坦克和火炮	步兵
匈军第 16 和第 20 突击炮师	29 辆追猎者歼击车	0
德军第 271 国民掷弹兵师	0	约 1500
匈军第 20 和第 23 步兵师	0	约 1200
德军帕佩师级集群（正在途中）	62 辆四号和五号坦克	约 1000
德军和匈军总计	91	约 3700

资料来源：Számvéber, Norbert：*Páncélosok a budapesti csatában 1944. október 29 – 1945. február 13.* Budapest 2018 Jaffa. 有 "约" 字样的是本书作者的估算。

表 8　布达佩斯包围圈内的匈军单位，1944 年 12 月 25 日

单位	总兵力	作战兵力（只算可部署的步兵）[1]	火炮	坦克和突击炮	重型反坦克炮
第 10 步兵师[2]	7500	1000	25	0	13
第 12 后备师	4000	500	26	0	12
第 12 坦克师[3]	5000	500	3	7	3
第 1 和第 2 大学突击营	1000	1000	0	0	0
翁瑙伊营	1000	800	0	0	1
第 1 骠骑兵师部分单位[4]	1000	250	8	0	4
6 个突击炮营的部分单位[5]	2000	1000	0	30 ~ 32	8
6 个高炮和探照灯营的部分单位[6]	2000	800	168	0	0
5 个宪兵营[7]	1500	1000	0	0	0
技术和工兵集群[8]	7000	2000	0	0	0
布达佩斯近卫营[9]	800	800	0	0	4
第 1 和第 2 布达佩斯突击连[10]	1000	1000	0	0	0

续表

单位	总兵力	作战兵力（只算可部署的步兵）	火炮	坦克和突击炮	重型反坦克炮
在布达佩斯征召的若干战斗群⑪	2000	1600	0	0	10
布达佩斯保安营⑫	300	300	0	0	0
炮兵部队⑬	500	0	20～30	0	0
布达佩斯警察及其战斗群⑭	7000	2000	0	0	0
布达佩斯军事院校和补给单位⑮	3000	0	0	0	0
箭十字党民兵战斗单位⑯	1500	500	0	0	0
KISKA 单位	7000	0	0	0	0
总计	55100	15050	250～260	37～39	55
除去 KISKA 单位和军事院校的总计	45100	15050	250～260	37～39	55
作战部队（除去警察）	38100	13050	250～260	37～39	55

①HL, Documents of the 10th Infantry Division. 根据 1944 年 12 月 16 日的电话记录，该师的总兵力为 7990 人。

②大部分炮兵在包围圈外，在"圣拉斯洛"师编制内作战。

③这一条的资料来源是第 10 师的作战日志、布达佩斯军事历史档案馆的研究，以及对各单位指挥官及成员的采访。在更早的记述里，很多单位要么被忽略，要么被列到了错误位置，要么列举不完整。

④包括第 4 轻骑兵团、第 2 反坦克连、第 1 "贝姆·约瑟夫"乘骑炮兵营、第 1 特种轻骑兵营、第 4 摩托化步兵连。

⑤包括第 1、第 7、第 10 突击炮营，第 13、第 16 和 25 突击炮营的残部。

⑥包括第 1、第 201、第 206、第 208、第 217 高炮营和第 201 高炮探照灯营。

⑦包括高兰陶伊宪兵营、兹劳希宪兵营、塞凯尤德沃尔海伊宪兵营、拜斯泰尔采伊宪兵营、佩奇宪兵营。各营的总兵力从 150 人到 700 人不等，所以按照平均每营 300 人计算。

⑧共 11 个营和 25 个连。

续表

⑨每个区有 1 个营，再加上厄特沃什·罗兰大学的 KISKA 营和坦契奇营（当时番号是第 1 匈牙利大学侦察营），共 16 个营。

⑩这些单位是于 1944 年 11 月组建的，指挥官分别是库斌伊·费伦茨和海勒布隆特·古斯塔夫（根据对辛吉伊和海勒布隆特的采访）。

⑪包括贝伦德战斗群、科朗尼战斗群、德里战斗群、莫林战斗群、维豪罗什战斗群。前三个的人员主要是损失了高炮的高炮兵，第四个战斗群的人员主要是大瓦劳德军校的学员。

⑫由军校学员组成。

⑬第 9、第 21 野战炮兵分队，第 106 重炮分队，第 4 迫击炮营第 20 连，第 2 炮兵营第 4 连。

⑭1 个保安团、1 个自行车营、2 个高炮连、1 个训练营、1 个装甲车分队和其他警察单位。

⑮第 4 摩托化补给分队（可能还有其他番号不明的单位）。

⑯箭十字党民兵中央战斗群（普罗瑙伊·帕尔）、北佩斯战斗群（艾维特尼·伊什特万）、施瓦布山战斗群（奥斯蒂安·安托尔）、市中心战斗群（克劳利茨·贝拉）、古布达战斗群、布达佩斯第 14 区 - 采石场区战斗群、切佩尔战斗群（指挥官不详）。

表 9　布达佩斯的德军单位，以及德军与匈军的比例，1944 年 12 月 24 日

单位	总兵力	火炮	坦克和突击炮（可动或维修中）	重型反坦克炮
党卫军第 8 骑兵师①	约 8000	约 30	29	17
党卫军第 22 骑兵师②	11345	37	17	14
"统帅堂"装甲师③	7255	38	24	9
第 13 装甲师④	4983	35	17	8
第 271 国民掷弹兵师一部⑤	约 1000	约 6	0	约 4
党卫军第 1 警察团	约 700	0	0	?
第 40 重型高炮团第 1 营	约 500	12	0	0

续表

单位	总兵力	火炮	坦克和突击炮 （可动或维修中）	重型反坦克炮
党卫军第 12 警察装甲车连	约 100	0	0	0
若干战斗群	约 1500	0	0	约 10
第 12 高炮突击团[6]	约 1000	约 48	0	0
第 573 重型高炮分队	约 200	12	0	0
"欧罗巴"营	约 300	0	0	0
第 500 特种营（惩戒营）[7]	约 200	0	0	0
非战斗人员和其他被困在布达佩斯的人员[8]	2500	0	0	0
直属于党卫军第 9 山地军的单位[9]	约 1500	约 9	0	0
被困在布达佩斯的伤病员	约 1500	0	0	0
总计	约 42600	约 234	87	约 62
除去伤病员的总计	约 41000	约 234	87	约 62
包含匈军的总计[10]	约 79000	约 489	约 125（221）	117
匈军所占比例	46%	53%	30%	47%
德军所占比例	54%	47%	70%	53%

资料来源：现存的兵力报告只涉及党卫军第 8 和第 22 骑兵师、"统帅堂"装甲师和第 13 装甲师。但 12 月 24 日之后有一些部队处在首都之外（BA–MA RH 10/139）。表中列出的重武器只有约 60% 至 70% 可用。关于各单位，见 strength reports, KTB Hgr. Süd 897/b 及 reports of the IX SS Mountain Army Corps, Archive of Military History, Budapest。与戈斯托尼的说法相反，党卫军第 6 警察团从来没有到过布达佩斯。

①BA - MA RH 10/105.

②BA - MA RH 10/328，不包括 12 月 24 日之后在包围圈之外的 800 名工兵。

③BA - MA RH 10/206，不包括在包围圈之外的 1 个营、2 个装甲连和 3 个炮兵连。

④第 13 装甲师的兵力只有 60% 在布达佩斯作战。1 个装甲营、1 个反坦克营、1 个高炮营和第 93 装甲掷弹兵团第 2 营要么在包围圈之外，要么根本不在匈牙利。BA - MA RH 10/151。

⑤第 977 和第 978 掷弹兵团的残部、2 个炮兵连和 1 个党卫军警察连。

⑥包括第 147 炮兵营、第 632 炮兵营、第 40 炮兵营第 1 连和第 241 炮兵营第 2 连（BA - MA RH 10/139）。

⑦特种营（Bataillon zur besonderen Verwendung）是德国国防军的惩罚单位，其成员如果不再犯错，可以返回原单位。

⑧第 26 野战宪兵分队一部、第 91 反坦克炮营、党卫军第 3 炮兵团、党卫军第 4 警察团、党卫军第 109 通信分队一部。

⑨第 959 炮兵营第 1 连、第 504 烟雾火箭炮营、第 127 工兵旅第 1 和第 2 团、第 771 工兵营第 1 连、第 59 舟桥营一部。BA - MA RH 11 Ⅲ/40 K3 and HL KTB Hgr. Süd 897/b, strength report of 1 January 1945。

⑩这个数字得到了当时已投敌的参谋上校沃勒什·久洛的确认。Luknitsky, p. 100。

表 10　在佩斯和布达作战的红军单位（不包括炮兵和直属单位）

在佩斯桥头堡和切佩尔岛	
1944 年 11 月 3 日至 5 日	近卫机械化第 2 和第 4 军
1944 年 11 月 3 日至 12 月中旬	近卫步兵第 10 军（近卫步兵第 49、第 86、第 109 师），步兵第 23 军（步兵第 99 师，近卫步兵第 316 师，另近卫步兵第 68 师于 12 月 20 日与步兵第 18 师合并）
1944 年 11 月 3 日至 12 月 1 日	步兵第 37 军（步兵第 320 师，近卫步兵第 59、第 108 师）
1944 年 11 月 15 日至 1945 年 1 月 16 日	罗马尼亚第 7 步兵军（第 2、第 19 步兵师，第 9 骑兵师，近卫步兵第 66 师）
1944 年 11 月 15 日至 1945 年 1 月 18 日	近卫步兵第 36 师

续表

在佩斯桥头堡和切佩尔岛	
1944 年 12 月 12 日开始	步兵第 30 军（近卫步兵第 25、第 36 师，步兵第 151、第 155 师）
1944 年 12 月中旬开始①	特种步兵第 18 军（步兵第 297、第 317 师）
1945 年 1 月 3 日至 18 日	步兵第 337 师
在布达	
1944 年 12 月 24 日开始	步兵第 75 军（步兵第 59 师、近卫步兵第 108 师、步兵第 320 师），红海军第 83 旅
1944 年 12 月 24 日至 1945 年 1 月 3 日	近卫机械化第 2 军，近卫步兵第 49 师，近卫步兵第 10 军（近卫步兵第 180、第 109 师），步兵第 23 军（步兵第 99、第 316 师）
1945 年 1 月 3 日至 21 日	步兵第 37 军（人员来自近卫步兵第 10 军），步兵第 99 师，步兵第 316 师（无指挥部）
1945 年 1 月 21 日开始	特种步兵第 18 军（近卫步兵第 66 师，步兵第 297、第 317 师）

资料来源：Tóth, 1975a, pp. 128, 247；BA - MA KTB Hgr. Süd RH V/58 - 62 and situation maps. 本表格不完整，因为难以接触到苏联史料，而且已发表的资料里矛盾重重。除了表中列出的单位，以下单位参加了围城战，一直到围城结束：空降第 21 团，加农炮第 123 旅，特种轻型炮兵第 202 旅，特种坦克第 110 师，迫击炮第 28 旅，高炮第 9 和第 60 师，技术第 11、第 12 和第 14 旅，特种通信第 12 和第 16 团，边防第 336 团，战斗机第 3 军的 3 个师与 13 个团；以及其他一些特种营和团，其番号全都是"布达佩斯"。

①根据最高统帅 1944 年 11 月 14 日的命令，特种步兵第 18 军和步兵第 30 军从乌克兰第 4 方面军（正在喀尔巴阡山）调入乌克兰第 2 方面军。这次调动到 12 月中旬才完成。步兵第 30 军在豪特万取得突破后首先转移到布达佩斯防御圈的东北段。

表 11　攻守双方的兵力对比，1944 年 12 月 24 日至 1945 年 2 月 11 日

	德军与匈军兵力（不包括伤员）		红军与罗马尼亚军的兵力		比例	
	总兵力	作战兵力	总兵力	作战兵力	总兵力	作战兵力
1944 年 12 月 24 日	79000	35000	177000	100000	1 : 2.2	1 : 2.9
1945 年 1 月 3 日	70000	30000	145000	80000	1 : 2.1	1 : 2.7

续表

	德军与匈军兵力 (不包括伤员)		红军与罗马 尼亚军的兵力		比例	
	总兵力	作战兵力	总兵力	作战兵力	总兵力	作战兵力
1945 年 1 月 20 日	45000	16000	80000①	40000	1∶1.8	1∶2.5
1945 年 2 月 11 日	32000	11000	75000	36000	1∶2.3	1∶3.3

资料来源：这些数字是基于引用的史料得出的，只有红军的作战兵力是作者的估算。

①罗马尼亚第 7 步兵军、步兵第 30 军和第 68 步兵师于 1 月 18 日撤出围城战。

表 12 喀尔巴阡盆地内德军南方集团军群和红军的坦克与突击炮，1945 年 1 月 1 日

	坦克与突击炮	注释
南方集团军群	494	还有 554 辆在修理
乌克兰第 2 和第 3 方面军①	1066	在修理的数量不明
近卫机械化第 1 军	246	12 月 18 日开始（从乌克兰第 4 方面军）赶来；到 1 月 31 日有 162 辆坦克和自行火炮可以作战
近卫机械化第 2 军	54	
近卫机械化第 4 军	约 60	1 月 8 日起被配属给坦克第 6 集团军
骑兵第 5 军	约 50	1 月 28 日有 37 辆坦克和自行火炮
骑兵第 7 军	101	根据德军的报告，该军在 1 月 10 日前损失 57 辆坦克，1 月 27 日还剩 40 辆②
近卫坦克第 6 集团军（近卫坦克第 5 军、近卫机械化第 9 军），特种坦克第 27 旅	162	1 月 13 日还剩 72 辆坦克和自行火炮③

续表

	坦克与突击炮	注释
坦克第 18 军	150	12 月 25 日有 165 辆坦克和自行火炮
坦克第 23 军	193	1 月下半月才投入作战,1 月 24 日报告称有 152 辆坦克④
直属于 2 个方面军的坦克与自行火炮	50	2 个方面军可能有 7 个直属的自行火炮团,准确的作战兵力不明⑤

①Svirin（p.77）说有 1016 辆坦克和自行火炮,不包括几个坦克和自行火炮独立团。

②Veress, pp.131, 170.

③Minasyan, p.357.

④Ibid., p.363.

⑤第 30 特种重装甲团、近卫第 78 装甲突击团、第 1202 自行火炮团、近卫第 366 重型自行火炮团、近卫第 373 特种自行火炮团、近卫第 382 自行火炮团、第 1453 自行火炮团。

表 13 "康拉德二号"行动期间（1945 年 1 月 7 日至 11 日）南段战场德军与红军的兵力

单位	坦克和突击炮	火炮	步兵(作战兵力)
第 4 骑兵旅	约 43	28	1800
第 1 装甲师	约 19	36	1100
第 3 装甲师	5	28	900
第 23 装甲师	约 24	24	1900
第 503 重装甲营(虎式坦克)	约 25	0	0
德军总计	约 116	116	5700
近卫步兵第 20 军,另加 6 个炮兵团	0	约 140	约 6000
机械化第 7 军	约 70	80	约 2000
步兵第 93 师	0	约 20	约 1500
骑兵第 63 师	0	约 20	约 1000
红军总计	约 70	约 260	约 10500

资料来源：BA – MA KTB Hgr. Süd 898/b, report of 9 January 1945. 红军的数字是作者的估算。

表 14　围城和突围期间布达佩斯守军的损失（百分比为估算）

	人数	百分比
1944 年 12 月 24 日的守军	约 79000	100
在佩斯被俘或阵亡[1]	约 22000	28
2 月 11 日之前在布达被俘或阵亡	约 13000	16
突围开始时的守军[2]	约 44000（包括 11600 伤员）	56
2 月 11 日至 15 日在突围期间被俘[3]	约 22350	28
2 月 15 日之后被俘（估计）	最多 1000	1
逃脱	最多 700	1
藏匿在腹地[4]	最多 700	1
突围期间死亡总数[5]	约 19250	24

①苏联资料说有 35830 人和 291 辆坦克，但日期不详（可能是 11 月 3 日）。这些损失当中匈军的比例较高，因为大部分匈军无论是出于偶然还是故意，没有转移到布达。

②到 2 月 11 日有 35000 人死亡、失踪或被俘。

③根据 1945 年 2 月 16 日红军最高统帅部收到的报告。

④主要是匈军。

⑤红军步兵第 23 军报告称，有 4700 名敌军死亡，1300 人被俘（Andrjusenko, p. 52）。近卫骑兵第 5 军和近卫步兵第 10 军也参加了阻止突围的战斗，它们报告的数字类似。

表 15　匈牙利人因围城战而蒙受的损失

	平民	
A	1944 年 6 月布达佩斯人口	1200000
B	1945 年 4 月布达佩斯人口	830000
C	死于军事行动	13000[1]
D	饿死、病死等	25000
E	死亡人数小计（C + D）	38000[2]
F	犹太人死亡人数（包括在 E 内）	15000[3]
G	被处决人数（包括在 E 内）	约 7000[4]
H	被遣送为强制劳工	约 50000

续表

	平民	
I	被遣送为强制劳工后未返回	约 25000[5]
J	被当作战俘抓走	约 50000
K	未能从战俘营返回	约 13000[6]
L	死亡总数（E + I + K）	约 76000
	军人	
M	被俘	约 40000
N	未能从战俘营返回	约 12000
O	1944 年 11 月 3 日至 1945 年 2 月 15 日期间死亡	约 16500
P	死亡总数（N + O）	约 28500
Q	平民与军人死亡总数（L + P）	约 104500

①*Hadtudományi*，1994/10，p. 161.

②1944 年之前和 1945 年之后，首都平均每年死亡人数为 18000。1944 年，这个数字增加到 25855。1945 年，增加到 49364。也就是说，围城战发生的两年内平均每年死亡人数为 37600。首都人口的很大一部分在围城战之前已经逃走。还有很多人死于盟军空袭。

③包括箭十字党恐怖统治和红军占领时期的数字。

④Lévai 说人民法庭审判了 6200 个案子。单单最臭名昭著的箭十字党群体在布达佩斯第 14 区就杀害了 1200 人。

⑤*Hadtudományi*，1994/10，p. 162.

⑥根据 Tamás Stark 的说法，被红军俘虏的人有 70% 最终得以回家。*Hadtudományi*，1994/10，p. 163.

表 16 围城战之后房屋状况

房屋	数量	百分比
可居住	215653	73.0
部分可居住	47322	16.0
不可居住但可修复	18775	6.4
全毁	13588	4.6

资料来源：Kövágó，p. 47.

表 17 在匈牙利作战的军人获得"苏联英雄"称号的人数

	数量	百分比
总数	276	
在埃尔奇渡过多瑙河	115	41.7
布达佩斯外围的作战	15	5.4
布达佩斯的作战	24	8.7
阻止突围的防御作战	6	2.2
抵挡解围的防御作战	4	1.4
与布达佩斯有关的总数	164	59.4
其他行动	112	40.6

资料来源：Tóth，1975a.

表 18 围城战期间双方军人损失的比较

1944 年 11 月 3 日至 1945 年 2 月 11 日期间的损失	负伤	死亡	被俘	总计
红军[1]	约 130000	约 44000	最多 2000	约 176000
罗马尼亚第 7 步兵军[2]	约 12000	约 11000	最多 1000	约 24000
德国和匈牙利守军	包括在被俘人数中	约 40000	约 62000	约 102000
三次"康拉德"行动造成的红军损失	约 60000	约 15000	约 5100[3]	约 80000
三次"康拉德"行动造成的德军和匈军损失[4]	约 26000	约 8000	最多 1000	约 35000

续表

1944 年 11 月 3 日至 1945 年 2 月 11 日期间的损失	负伤	死亡	被俘	总计
德军和匈军损失总计	约 26000	约 48000	约 63000	约 137000
红军和罗马尼亚军损失总计	约 202000	约 70000	约 8000	约 280000

①如上文所示，红军全部损失的 25% 是因为三次"康拉德"行动，55% 是因为围攻布达佩斯。

②根据 *Hadtudományi* 以及 Maniescu and Romanescu 中的不完整信息估算而来。

③根据德军南方集团军群的总结报告，1944 年 12 月 24 日至 1945 年 2 月 10 日间共有 5138 名德军被俘。在苏联资料中，己方被俘人员被列入"死亡和失踪"，因为他们起初被算作失踪。

④巴尔克集团军在 1944 年 12 月 24 日至 1945 年 2 月 10 日记录了 34108 人伤亡，这不包括失踪人员（根据我的计算至少有 1000 人）（KTB Hgr. Süd, Maier, p. 521）。

表 19 红军在几次主要攻势中的损失

	伤亡		坦克损失		火炮和迫击炮损失		飞机损失	
	总数	每日	总数	每日	总数	每日	总数	每日
布达佩斯（108 天）	320082	2964	1766	16	4127	38	293	2 ~ 3
维也纳（31 天）	167940	5417	603	19	1005	32	614	20
柏林（23 天）	352475	15235	1997	87	2108	92	917	40
斯大林格勒（76 天）	485777	6392	2915	38	3591	47	706	9
莫斯科（34 天）	379955	11175	429	13	13350	393	140	4

资料来源：Krivosheev, pp. 174, 182, 212, 217, 219, 224 – 227, 368 – 373.

表 20　围城战期间匈军和德军的军人损失

	匈军	德军	总计
1944 年 11 月初阿提拉防线的防御兵力	约 54000	约 48000	约 102000
1944 年 11 月 3 日至 12 月 24 日在佩斯的损失（死亡、失踪、负伤、被俘）	约 17000	约 6000	约 23000
被俘（包括在上栏数字中）	约 9500	约 500	约 10000
1944 年 12 月 24 日防线上的兵力	约 38000	约 41000	约 79000
1944 年 12 月 24 日至 1945 年 1 月 18 日在佩斯的损失（死亡、失踪、负伤、被俘）	约 12000	约 10000	约 22000
被俘（包括在上栏数字中）	约 9000	约 1000	约 10000
1944 年 12 月 24 日至 1945 年 2 月 13 日在布达的损失，包括突围期间的损失	约 26000	约 31000	约 57000
被俘（包括在上栏数字中）	约 20000	约 10000	约 30000
总损失	约 55000	约 47000	约 102000

参考文献

在"注释"部分，我用作者或编者的姓氏或文献标题的首字母缩写来表示图书或文章。档案的出处（匈牙利文的历史文献和研究论文集、德文的德国国防军档案和手稿集）用档案名称及其下属部分的缩写来表示。回忆录、报告、日记、书信等收藏在私人手中的材料都有相应的说明。我与幸存者的访谈也是如此。我用的很多材料只有匈牙利文版本。在这些情况下，我在方括号里给出了标题的英文翻译。如果我引用了外文图书的匈牙利文译本，我会给出标题的原文，也会给出其已经发表的英文版的标题。我引用了一些俄罗斯作家的作品的匈文版，对于这些作家的名字，在"注释"部分，我是按照匈牙利文的习惯音译的，并在以下文献列表里给出了按照匈牙利文和英文习惯的音译。引用德军南方集团军群作战日志的材料出自布达佩斯的匈牙利军事历史档案馆（HL），或弗赖堡的德意志联邦军事档案馆（BA－MA）。在图书和文章的部分，期刊《军事历史研究》（Haclförténeti Közlemények）的标题被缩写为 HK。

著作与文章

Adonyi-Naredy, Ferenc, and Kálmán Nagy. *Magyar huszárok a II. világháborúban* [Hungarian hussars in the Second World War]. Sárvár, 1990.

Aly, Götz, and Christian Gerlach. *Das letzte Kapitel: Die Vernichtung der ungarischen Juden* [The last chapter: The destruction of the Hungarian Jews]. Munich, 2002.

"Ami Budán a 'Kitartás' nyomában maradt . . . " [What was left of Buda after the "Endurance" . . .]. In *Feltámadás,* 19 February 1945.

Andrjusenko, Szergej Alekszandrovics. "A Duna hullámain II." [Sergei Aleksandrevich Andrushenko, On the waves of the Danube II.] In: *HK*, no. 1, 1966.

Anghi, Csaba (ed.). *A 100 éves állatkert* [The 100-year-old zoo]. Budapest, 1966.

Árokay, Lajos. *Emlékező tájak* [Landscapes that remember]. Budapest, 1970.

Asik, Mihail. "Emlékeim a Budai Önkéntes Ezred harcaiból." [Mikhail Ashik, My memories of the battles of the Buda Volunteer Battalion.] In *HK*, no. 2, 1981.

Asztalos, István. *Író a Hadakútján* [A writer on the road of the armies]. Budapest, 1978.

Bajtársi Levél [Letter to comrades (newspaper)].

Baktai, Ferenc. *A kőbányai előörs* [The Kőbánya outpost]. Budapest, 1956.

Balassa, Erik. "'Csia Testvér! Kérem ezt az ügyet rövid úton kivizsgálni . . .'" ["Brother Csia, please investigate this matter right away . . ."]. In *Képes Figyelő*, no. 13, 1945.

Balck, Hermann. *Ordnung im Chaos: Erinnerungen 1893–1948* [Order in chaos: Memories, 1893–1948]. Osnabrück, 1980.

Bangha, Ernő. *A magyar királyi testőrség 1920–1944* [The Royal Hungarian Bodyguard, 1920–1944]. Budapest, 1990.

Bárdos, Lajos. "Nincsen Isten—Istenünkön kívül: Ostromnapló" ["There is no god—apart from our god: A siege diary"]. In *Jel*, no. 3, 1997.

Bayer, Hanns. *Kavalleriedivisionen der Waffen-SS* [Cavalry divisions of the Waffen SS]. Heidelberg, 1980.

Béke és Szabadság [Peace and liberty (newspaper)].

Benedek, István, and György Vámos. *Tépd le a sárga csillagot* [Tear off the yellow star]. Budapest, 1990.

"Beszélnek a szemtanúk" [The eyewitnesses speak]. In *Ország-Világ*, nos. 14–16, 1968.

Bibó, István. "The Jewish Question in Hungary after 1944." In *Democracy, Revolution, Self-Determination*. Boulder, 1991.

Bokor, Péter. *Végjáték a Duna mentén: Interjúk a filmsorozathoz* [Endgame on the Danube: Interviews on the film series]. Budapest, 1982.

———. "Verolino Érsek, az ostrom tanúja" [Archbishop Verolino, witness to the siege]. In *Magyar Hírlap*, 11 February 1995.

Boldizsár, Iván. "Értem esett el" [He died for me]. In *Magyar Nemzet*, 13 February 1945.

———. "Buda 1945. február 13." [Buda, 13 February 1945]. In *Magyar Nemzet*, 13 February 1951.

———. *Don-Buda-Paris*. Budapest, 1982.

Boldt, Gerhard. *Hitler: die letzten zehn Tage in der Reichskanzlei*. Munich, 1976. [*Hitler: The Last Ten Days*. Trans. Sandra Bance. New York, 1973.]

Bondor, Vilmos. *A Mikó rejtély* [The Mikó mystery]. Budapest, 1995.

Boog, Horst, et al. (eds.). *Das Deutsche Reich und der Zweite Weltkrieg, Band 4: Der Angriff auf die Sowjetunion*. Stuttgart 1983. [*Germany and the Second World War*. Vol. 4, *Attack on the Soviet Union*. Trans. Dean S. McMurry et al. Oxford, 1998.]

Boros, Pál (ed.). *Pest megye felszabadulása és az új élet megindulása a korabeli sajtó tükrében* [The liberation of Pest County and the beginning of new life as reflected in the press of the time]. Budapest, 1970.

Braham, Randolph B. *The Politics of Genocide: The Holocaust in Hungary.* 2 vols. New York, 1981.

Budai Összetartás [Buda solidarity (newspaper)].

Budai Polgár [Buda citizen (newspaper)].

Budapest (newspaper).

Budapester Kesselnachrichten [News from the Budapest cauldron (newspaper)].

Buligin, V. A. "Visszaemlékezés a Magyarország felszabadításáért folyó harcra" [Recollections of the struggle for the liberation of Hungary]. In *HK,* 1961/1.

Churchill, Winston S. *The Second World War,* vol. 6. London, 1954.

Command (magazine).

Csapó, György. "Ahol Steinmetz utolsó éjszakáját töltötte" [Where Steinmetz spent his last night]. In *Magyar Nemzet* 304, 1954.

Csebotarev, G. Sz. *A béke katonái* [The soldiers of peace], Budapest, 1975. [G. S. Chebotarev, *Soldaty mira.* Moscow, 1950.]

———. "A parlamenter halála." [G. S. Chebotarev, The death of the parley delegate]. In *HK,* no. 4, 1967.

Csepel története [The history of Csepel]. Budapest, 1965.

Cseres, Tibor. *Bizonytalan század* [The insecure company]. Budapest, 1968.

Csiffáry, Nándor. "Dorog a II. világháborúban" ["Dorog in the Second World War"]. In *Dorogi Füzetek* 5, 1995.

Csima, János. "A 7. román hadtest a Budapest felszabadításáért folytatott harcokban" [The Romanian 7th Corps in the battles for the liberation of Budapest]. In *HK* 1965/1.

Cs. Lengyel, Beatrix. "Budapest ostroma: Széchenyi Viktor gróf feljegyzései 1944. december 24.–1945. február 12." [The siege of Budapest: Count Viktor Széchenyi's notes, 24 December 1944–12 February 1945]. In *Tanulmányok Budapest múltjáról* [Studies in Budapest's past] 24 (1991).

Czoma, László (ed.). *Tanulmányok Rákospalota-Pestújhely történetéből* [Studies in the history of Rákospalota and Pestújhely]. Budapest, 1974.

Darnóy, Pál. "A Budapestért vívott harc" ["The struggle for Budapest"]. Series of articles in *Hadak útján,* 1962–1970.

Darvas, József. *Város az ingóványon* [City in the mire]. Budapest, 1945.

Délmagyarország [Southern Hungary (newspaper)].

Dernői Kocsis, László. "Pest 1945. január 18.: Zuglótól a Belvárosig" [Pest 18 January 1945: From Zugló to the city center"]. In *Magyar Nemzet* 14, 1955.

Déry, Tibor. *Két Emlék* [Two memories]. Budapest, 1955.

———. "Alvilági játékok" ["Games in the underworld"]. In *Magyar írók tanuságtétele 1944–45* [Hungarian writers' testimonies, 1944–1945]. Budapest, 1975.

Dezsényi, Miklós. *A szovjetorosz hajóraj harcai Magyarország felszabadításáért* [The Soviet fleet's battles for the liberation of Hungary]. Budapest, 1946.

Djilas, Milovan. *Találkozások Sztálinnal.* Budapest, 1989. [*Razgovori sa Staljinom.* Belgrade, 1990. *Conversations with Stalin.* Trans. M. B. Petrovich, New York, 1962.]

Dombrády, Lóránd, and Gábor Nagy. *Fegyverrel a hazáért: Magyar ellenállási és partizánharcok a második világháború idején* [With arms for the homeland: Hungarian resistance and partisan actions in the Second World War]. Budapest, 1980.

Dombrády, Lóránd, and Sándor Tóth. *A Magyar Királyi Honvédség 1919–1945* [The Royal Hungarian Honvéd Army, 1919–1945]. Budapest, 1987.

Dorogi Füzetek [Dorog pamphlets].

13. Panzerdivision. Das waren wir, das erlebten wir. Der Schicksalsweg der 13. Panzerdivision [The 13th Panzer Division, what we were, what we lived through: The fateful journey of the 13th Panzer Division]. Hanover, 1971.

Duna Tudósitó [Danube reporter (newspaper)].

"Egy farkasréti lakós naplója" "[Diary of a Farkasrét resident"]. In *Magyar Nemzet,* 30 January 1949.

Egyesületi Értesitő [Association bulletin].

Ehrenburg, Ilja. *A német.* [Ilya Ehrenburg, The German.] Budapest, 1945.

Elek, László. *Az olasz Wallenberg* [The Italian Wallenberg]. Budapest, 1989.

Életünk [Our lives (newspaper)].

Ember, Mária. *Ránk akarták kenni* [They tried to pin it on us]. Budapest, 1992.

Eszenyi, László. *Trianoni nemzedék* [The Trianon generation]. Dabas, 1990.

Fáklya [Torch (newspaper)].

Fancsali, Petronella (ed.). *Budapest felszabadulásának kronológiája: A hadműveletek előrehaladása szerint, bibliográfiai utalásokkal* [Chronology of the liberation of Budapest: Following the progress of the military operations, with bibliographical notes]. Budapest, 1954.

Fehér, Lajos. *Harcunk Budapestért* [Our struggle for Budapest]. Budapest, 1955.

———. *Így történt* [This is how it happened]. Budapest, 1979.

Feltámadás [Resurrection (newspaper)].

Fenyő, Miksa. *Az elsodort ország (visszaemlékezések)* [The country that was swept away (memoirs)]. Budapest, 2d ed., 1986.

Fiala, Ferenc. *Így történt* [This is how it happened]. London, 1968.

Fogarassy-Feller, Michael. *Die Geschichte und Volkskunde der Gemeinde Werischwar/Pilisvörösvár* [The history and ethnology of Pilisvörösvár]. Budapest, 1994.

Fortusz, Marija. *Visszaemlékezéseim.* [Mariya Fortus, My memories.] Budapest, 1982. [*Balaton.* Simferopol, 1971].

Friessner, Hans. *Verratene Schlachten* [Betrayed battles]. Hamburg, 1956.

Gács, Teri. *A mélységből kiáltunk hozzád* [Out of the depths we cry to thee]. Budapest, 1946.

Galántay, Ervin. "Budapest védelme 1944–1945" [The defense of Budapest, 1944–1945"]. In *Duna Tudósító* 36, no. 2, 1999.

———. *The Defense of Budapest: Rise and Fall of the Volunteer VANNAY Battalion.* Sandhurst, n.d.

Gazsi, József (ed.). *Magyar szabadságharcosok a fasizmus ellen, 1941–1945* [Hungarian freedom fighters against fascism, 1941–1945]. Budapest, 1966.

———. *Akit Mózesként tiszteltek: Wallenberg füzetek II* [The man they honored like Moses: Wallenberg pamphlets II]. Budapest, 1995.

Gazsi, József, and István Pintér (eds.). *Fegyverrel a fasizmus ellen: Tanulmányok a magyar ellenállás és partizánharcok történetéből* [With arms against fascism: Studies in the history of Hungarian resistance and partisan actions]. Budapest, 1968.

Gerevich, László (ed.). *Budapest története* [The history of Budapest]. Budapest, 1980.

Gibson, Hugh (ed.). *The Ciano Diaries, 1939–1943.* New York, 1946.

Glatz, Ferenc (ed.). *Az 1944. év Históriája: História évkönyv 1984* [The history of 1944: History yearbook, 1984]. Budapest 1984.

Gobbi, Hilda. *Megszállás, ostrom, felszabadulás* [Occupation, siege, liberation]. In *Béke és Szabadság* 13, 1955.

Gosztonyi, Péter. *Der Kampf um Budapest 1944–45* [The battle for Budapest, 1944–1945]. Munich, 1964a.

———. "Der Kampf um Budapest 1944–45" [The battle for Budapest, 1944–1945]. In *Studia Hungarica*, 1964b.

———. *Endkampf an der Donau* [The final battle on the Danube]. Munich, 1969.

———. "Die militärische Lage in und um Budapest im Jahre 1944" [The military situation in and around Budapest in 1944]. In *Ungarn Jahrbuch* [Hungary yearbook] 8, 1977.

———. "Ungarns militärische Lage im Zweiten Weltkrieg" [The military situation of Hungary in the Second World War]. In *Wehrwissenschaftliche Rundschau* [Review of military science] 2–5, 1982.

———. "Budapest ostroma" [The siege of Budapest]. In *Magyar Nemzet,* 6 December 1984.

———. *Háború van, háború* [It is war, war]. Budapest, 1989a.

———. *Légiveszély Budapest* [Enemy aircraft approaching Budapest]. Budapest, 1989b.

———. *Vihar Kelet-Európa felett* [Storm over Eastern Europe]. Budapest, 1990.

———. *A magyar Honvédség a második világháborúban* [The Hungarian Honvéd Army in the Second World War]. Budapest, 1992.

———. "Harc Budapestért" [Struggle for Budapest]. In *Magyarok Világlapja,* October 1994.

———. *Budapest lángokban* [Budapest aflame]. Budapest, 1998.

———. *Politikusok, katonák, események* [Politicians, soldiers, events]. Munich, n.d.

Grossman, Sándor. *Nur das Gewissen: Carl Lutz und seine Budapester Aktion: Geschichte und Porträt* [Nothing but conscience. Carl Lutz and his enterprise in Budapest: History and portrait]. Wald, 1986.

Guderian, Heinz. *Erinnerungen eines Soldaten* [Memories of a soldier]. Heidelberg, 1952. [*Panzer Leader.* Trans. Constantine Fitzgibbon. London, 1957.]

Gyalog, Ödön. *Horthy Miklós katonája vagyok: Egy tüzérszázados emlékei* [I am Miklós Horthy's soldier: Memories of an artillery captain]. Budapest, 1992.

Györffy-Spáczay, Hedvig. "A IX. SS-Hadtestparancsnokság titkos napi jelentései a Budapesten folyó harcokról" [The IX SS Corps Command's secret reports on the fighting in Budapest]. In *HK,* no. 1, 1975.

György, István. *Kétezerötszázan voltak* [There were two thousand five hundred of them]. Budapest, 1975.

Hadak Útján [On the road of the armies (newspaper)].

Hadtörténeti Közlemények [Contributions to military history].

Hadtudományi Tájékoztató: A Budapesti csata 1944–1945: Az 1994. 12. 15–16-án megtartott tudományos ülésszak anyaga [Guide to military science. The battle of Budapest, 1944–1945: Material from a conference held on 15–16 December 1994]. Budapest, no. 10, 1994.

Határ, Győző. "Életút. Minden hajó hazám" [Journey through life: Every ship is my home]. In *Életünk* 11–12, 1994.

Hazánk felszabadulása, 1944–1945 [The liberation of our homeland, 1944–1945]. Budapest, 1970.

Herczeg, Ferenc. *Hűvösvölgy: Herczeg Ferenc emlékezései* [Hűvösvölgy: Memories of Ferenc Herczeg]. Budapest, 1993.

Hidegkúti Hirek [Hidegkút news (newspaper)].

Hingyi, László. "Magyar önkéntes alakulatok Budapest védelmében" [Hungarian voluntary formations in the defense of Budapest]. In *Hadtudományi Tájékoztató,* 1994a.

———. "Budapest légi ellátása" [Airborne supplies to Budapest]. In Ravasz, 1994b.

Hoffmann, Joachim. *Stalins Vernichtungskrieg* [Stalin's war of annihilation]. Munich, 3d ed., 1996.

Honcsar, Olesz. *Zászlóvivők.* Budapest, 1979. [Oles Honchar, *Znamenostsy.* Moscow, 1990. *Standard-Bearers.* Trans. N. Jochel. Moscow, 1948].

Hungarista [Hungarist (newspaper)].

Huszár, János. *Honvéd ejtőernyősök Pápán 1939–1945: A Magyar Királyi "vitéz Bertalan Árpád" Honvéd Ejtőernyős Ezred története* [Honvéd paratroopers in Pápa: The history of the Royal Hungarian "vitéz Bertalan Árpád" paratroop regiment]. Pápa, 1993.

Igaz Szó [True word (newspaper)].

"Így élt és ölt a Vannay-zászlóalj" [How the Vannay Battalion lived and killed]. In *Kossuth Népe* 37, 1945.

"Így vitte vágóhídra a budapesti rendőröket Hitschler SS-tábornok" [How SS General Hitschler led Budapest's policemen to the slaughter]. In *Népbírósági Közlöny* 2, 1946.

Itélet [Judgment (newspaper)].

Izsáky, Margit. *Ország a keresztfán* [A country on the cross]. Budapest, 1945.

Jel [Sign (newspaper)].

Jerezian, Ara. *A védett ház* [The protected house]. Budapest, 1993.

Juhászi, Imre. *Az ostrom: Regényes korrajz Budapest ostromából* [The siege: A fictionalized period portrait of the siege of Budapest]. Budapest, 1947.

———. "Négy nap Budán 1945-ben" [Four days in Buda in 1945]. In *Népszava* 25–28, 1955.

Kabdebó, Lóránd. *A háborúnak vége lett* [The war is over]. Budapest, 1983.

Kadosa (Kiss), Árpád. *Viszontlátásra, hadnagy úr* [So long, lieutenant]. Budapest, 1989.

Kántor, Zsuzsa. *Feledhetetlen ifjúság* [Unforgettable youth]. Budapest, 1955.

Katona, Gyuláné Sz. Katalin. *A Szentendrei Római Katolikus Egyház és Plébánia története 1002–1992* [The history of the Roman Catholic Church and Parish of Szentendre, 1002–1992]. Szentendre, 1996.

Kemény, Simon. *Napló: 1942–1944* [Diary: 1942–1944]. Budapest, 1987.

Képes Figyelő [Illustrated observer (newspaper)].

Kern, Erich. *Die letzte Schlacht. Ungarn 1944–45* [The last battle: Hungary, 1944–45]. Preussisch-Oldendorf, 1960.

Kertész, Róbert. "Egy gyerek ostromnaplója" [A child's siege diary]. In *K. R., Ne felejts* [Do not forget]. Budapest, 1955.

Kis, Ervin. *Vallomás és körülmények* [Confession and circumstances]. Budapest, 1965.

Kishon, Ephraim. *Volt szerencsém. Kishont Ferenc önéletrajza.* [I was lucky: Autobiography of Ferenc Kishont]. Budapest, 1994.

Kiss, Károly. "Találkozások a Vörös Hadsereggel" [Encounters with the Red Army]. In *Magyar Nemzet*, 1 April 1995, 30 September 1995.

Kiss, Sándor M. (ed.). *Magyarország 1944. Fejezetek az ellenállás történetéből* [Hungary 1944: Chapters from the history of the resistance]. Budapest, 1994.

Klietmann, K.G. *Die Waffen-SS: Eine Dokumentation* [The Waffen SS: A documentation]. Osnabrück, 1965.

Kogelfranz, Siegfried. *Jalta öröksége—az áldozatok, és akik megúszták* [The heritage of Yalta: The victims and the survivors]. Budapest, 1990. [*Das Erbe von Jalta*. Paris, 1985.]

Komiszarov, N.V. "Harc Budapestért" [The struggle for Budapest]. In *HK* 1, 1980.

Kossuth Népe [Kossuth's people (newspaper)].

Kőszegi, Imre. *Budavár ostroma 1945-ben* [The siege of the Buda Castle district in 1945]. Budapest, 1945.

Kovács, Béla. "Tizenhat pilisi hős" [Sixteen Pilis heroes]. In *Új Világ* 2, 1955.

Kovács, Imre. *Magyarország megszállása* [The occupation of Hungary]. Budapest, 1990.

Kővágó, József (ed.). *Budapest közállapotai az 1945–46-os tél küszöbén* [The general situation of Budapest on the threshold of winter, 1945–1946]. Budapest, 1946.

Kovalovszky, Miklós. *Lidércnyomás: Napló 1944. október 8.–1945. január 8.* [Nightmare: A diary, 8 October 1944–8 January 1945]. Budapest, 1995.

Kövendy, Károly. *Magyar Királyi Csendőrség: A csendőrség békében, háborúban és emigrációban* [Royal Hungarian Gendarmerie: The gendarmerie in peace, war, and emigration]. Toronto, 1973.

Kraetschmer, E. G. *Die Ritterkreuzträger der Waffen-SS* [Waffen SS bearers of the Knight's Cross]. Preussisch Oldendorf, 1982.

Krivosheev, G. F. (ed.). *Grif sekretnosti snyat: Poteri Vooruzhennykh sil SSSR v voinakh, boevykh deystviyakh i voennykh konfliktakh.* Moscow, 1993. [*Soviet Casualties and Combat Losses in the Twentieth Century.* Trans. Christine Barnard. London, 1997.]

Krizsán, László (ed.). *Okmányok a felszabadulás történetéhez Pest megyében* [Documents on the history of liberation in Pest County]. Budapest, 1960.

Kutuzov-Tolstoy, Mikhail Pavlovich. *Mein Leben: Von Petersburg nach Irland,* Marburg/Lahn, 1988. [Michael Pavlovich Kutuzov-Tolstoy, *The Story of My Life.* Marburg/Lahn, 1986.]

Kuznetsov, P. G. *Marshal Tolbukhin.* Moscow, 1966.

Láng, Judit. "Negyvennégy (közreadja Frank Tibor)" [Forty-four (published by Tibor Frank)]. In *Történelmi Szemle* 2, 1982.

Lestyán, Sándor. "Az utolsó órák" [The last hours]. In *Magyar Nemzet,* 30 January 1949.

Lévai, Jenő. *Fekete könyv a magyar zsidóság szenvedéseiről.* Budapest, 1946a. [*Black Book on the Martyrdom of Hungarian Jewry.* Ed. Lawrence P. Davis. Zürich, 1948.]

———. *Szürke könyv magyar zsidók megmentéséről* [Gray Book on the rescue of Hungarian Jews]. Budapest, 1946b.

———. *A pesti gettó csodálatos megmenekülésének története* [The story of the miraculous escape of the Pest ghetto]. Budapest, 1947.

Luknyickij, Pavel. *Magyar napló* [Hungarian diary]. Budapest, 1980. [Pavel Luknitsky, *Vengerskii dnevnik: noiabr 1944–aprel 1945.* Moscow, 1973.]

A magyar antifasiszta ellenállás és partizánmozgalom 1939–1945 Válogatott bibliográfia [The Hungarian antifascist resistance and partisan movement, 1939–1945: A select bibliography]. Budapest, 1982.

Magyar Futár [Hungarian courier (newspaper)].

Magyar Hírlap [Hungarian news (newspaper)].

Magyar Játékszín [Hungarian stage (newspaper)].

Magyar Nemzet [Hungarian nation (newspaper)].

Magyarok Világlapja [Hungarian world journal (newspaper)].

Magyarság [Hungarians (newspaper)].

Maier, Georg. *Drama zwischen Budapest und Wien: Der Endkampf der 6. Panzer-armee 1945* [Drama between Budapest and Vienna: The final battle of the 6th Panzer Army, 1945]. Osnabrück, 1985.

Mándy, Iván. "Arcok és árnyak" [Faces and shadows]. In *Vendégek a palackban* [Guests in the bottle]. Budapest, 1949.

Maniescu, Antone, and Gheorghe Romanescu. *Armata Romana in razboiul anti-hitlerist* [The Romanian army in the war against Hitler]. Bucharest, 1980.

Márai, Sándor. "Budai séta" [A walk in Buda]. In *Budapest,* December 1945.

———. *Napló: 1943–1944* [Diary: 1943–1944]. Budapest, 1990a.

———. *Napló: 1945–1957* [Diary: 1945–1957]. Budapest, 1990b.

Markin, Ilya. *Na beregakh Dunaya* [On the banks of the Danube]. Moscow, 1953.

Markó, György. "'A jelszó mozijegy'" ["The password is cinema ticket"]. In *Új Tükör,* 30 October 1988.

Martin, Kornél, and István Ugron. "Fejezetek a Szent László hadosztály történetéből" [Chapters from the history of the Szent László Division]. In *HK* 3, 1995.

Máté, György. *Budapest szabad!* [Budapest is free!]. Budapest, 1980.

Matolcsy, Károly. "Az 'utolsó nap' a Várban" [The "last day" in the Castle district]. In *Magyar Nemzet,* 13 February 1955.

Mészáros, Sándor. "A Budapesten körülzárt német-magyar hadseregcsoport légi ellátása" [Airborne supplies to the German and Hungarian army group encircled in Budapest]. In *Aero Historia,* December 1988, June 1989, December 1989.

Minasyan, M. M. *Osvobozhdenie narodov Yugo-Vostochnoy Yevropy. Boyevye deystviya Krasnoy Armii na territorii Rumynii, Bolgarii, Vengrii i Yugoslavii v 1944–1945 gg* [The liberation of the people of southeast Europe: Operations of the Red Army in the territories of Romania, Bulgaria, Hungary, and Yugoslavia, 1944–1945]. Moscow, 1967.

Montgomery, John Flournoy. *Magyarország, a vonakodó csatlós.* Budapest, 1993. [*Hungary: The Unwilling Satellite.* New York, 1947.]

Nagy, Gábor. "A 3. Ukrán Front felszabadító hadműveleteinek első szakasza" [The first phase of the 3rd Ukrainian Front's liberation operations]. In *HK* 2, 1972.

———. "Adalékok Komárom megye felszabadulásának történetéhez" [Contributions to the history of the liberation of Komárom county]. In *HK* 3, 1983.

Nagy, Lajos. *Pincenapló* [Cellar diary]. Budapest, 1945.

Nagy, László. "Mi történt február 11-én" [What happened on 11 February]. In *Budai Polgár,* 22 July 1945.

Némethy, Károly. "Karácsony Budapest 1944" [Christmas, Budapest, 1944]. In *Budapest,* 1945.

Nemzetőr [National guard (newspaper)].

Népbírósági Közlöny [The people's court gazette (newspaper)].

Néphadsereg [The people's army (newspaper)].

Néplap: Debrecen [The people's journal: Debrecen (newspaper)].

Népszabadság [The people's liberty (newspaper)].

Népszava [The people's word (newspaper)].

Neulen, Hans Werner. *An deutscher Seite: Internationale Freiwillige von Wehrmacht und Waffen-SS* [On the German side: International volunteers of the Wehrmacht and Waffen SS]. Munich, 1985.

Noel, Péter. "Az Egyetemi Rohamzászlóalj kitörési kísérlete" [The break-out attempt of the University Assault Artillery]. In *Bajtársi Levél* 5, 1974.

Noll, Reinhard. "Im Kessel von Budapest" [In the Budapest cauldron]. In *Wiking Ruf* 3, 1953.

Nonn, György. *Így szabadultam* [How I escaped]. Budapest, 1975.

Nyecseporuk, N. A. "A magyar föld felszabadítása." [N. A. Necheporuk, The liberation of the Hungarian soil]. In *HK* 1, 1967.

Nyíri, János. *Die Judenschule* [The Jewish school]. Munich, 1989.

Oldner, Vladimir. "A budapesti harcok krónikája" [Chronicle of the fighting in Budapest]. In *Néphadsereg*, 12 February 1955.

Ölvedi, Ignác. *A budai Vár és a debreceni csata: Horthyék katasztrófapolitikája 1944. őszén* [The Buda Castle district and the battle of Debrecen: The Horthy Regime's catastrophic policy in autumn 1944]. Budapest, 1974.

Örkény, István. *Budai böjt* [Fasting in Buda]. Budapest, 1948.

———. *Hóviharban* [In the snowstorm]. Budapest, 1954.

Ország-Világ [Country-World (newspaper)].

"Összefoglaló kimutatás Magyarország háborús kárairól" [Summary report on war damage to Hungary]. In *Magyar Statisztikai Zsebkönyv* [Statistical pocket book of Hungary]. Budapest, 1947.

Összetartás [Solidarity (newspaper)].

Ot Volzhskikh stepey do avstriyskikh alp. Voyevoy put' 4-oy gvardeyskoy armii [From the Volga steppes to the Austrian Alps: The war route of the 4th Guard Army]. Moscow, 1971.

Pálfalvi, Nándor. *Esküszöm, hogy hű leszek* [I swear to be faithful]. Budapest, 1990.

Palich-Szántó, Olga. "A vérző város: A németek menekülése a Várból" [The bleeding city: The Germans' escape from the Castle district]. In *Magyar Nemzet*, 3 March 1949.

Pápai újság [Pápa news (newspaper)].

Papné Wighard, Edit (ed.). *Napló a pincében töltött napokról: Budapest ostroma egy diáklány élményeinek tükrében* [Diary of the days spent in the cellar: The siege of Budapest as reflected in the experiences of a schoolgirl]. Budapest, 1994.

Payer, András. *Armati Hungarorum*. Munich, 1985.

Péchy, Blanka. *Este a Dunánál* [Evening on the Danube]. Budapest, 1977.

Pesterzsébet. Soroksár: Budapest XX. kerületének múltja és jelene: Tanulmányok [Pesterzsébet, Soroksár. Past and present of the XX district of Budapest: Studies]. Budapest, 1972.

Pest Megyei Hírlap [Pest County news (newspaper)].

Petyke, Mihály. *A Gestapó foglya voltam* [I was a captive of the Gestapo]. Budapest, 1945.

Polcz, Alaine, *Asszony a fronton: Egy fejezet életemből.* Budapest, 1991. [*A Wartime Memoir: Hungary, 1944–1945.* Trans. Albert Tezla. Budapest, 1998.]

Pongrácz, György. "Mi van az Aszú utcában" [What is happening in Aszú Street]. In *Hidegkúti Hírek*, 6, 1993.

————. "Hol legyen Buda környékén az 1945-ös budai kitörésnél elesettek katonai temetője" [Where is the cemetery containing the soldiers killed during the Buda break-out in 1945?]. In *Hidegkúti Hírek*, 5, 1994.

Ránki, György. *A Wilhelmstrasse és Magyarország: Német diplomáciai iratok Magyarországról, 1933–45* [Wilhelmstrasse and Hungary: German diplomatic documents about Hungary, 1933–1945]. Budapest, 1968.

———— (ed.). *Hitler hatvannyolc tárgyalása* [Sixty-eight discussions of Hitler]. Budapest, 1983.

Ravasz, István (ed.). *Magyarország a Második Világháborúban: Lexikon* [Hungary in the Second World War: Encyclopedia]. Budapest, 1994.

Révész, Sándor. *Aczél és korunk* [Aczél and our era]. Budapest, 1997.

Ruffy, Péter. *A tábornok úr (Ferencvárosi szél)* [The general (Wind in Ferencváros)]. Budapest, 1970.

Sander, Helke, and Barbara Johr. *Befreier und Befreite: Krieg, Vergewaltigungen, Kinder* [Liberators and liberated: War, rapes, children]. Frankfurt, 1995.

Sárközi, Sándor. *Küzdelmes katonaévek* [Hard years in military service]. Budapest, 1979.

————. *Budán harcoltak* [They fought in Buda]. Budapest, 1995.

Das Schicksal der Deutschen in Ungarn, herausgegeben vom ehemaligen Bundesministerium für Vertriebene, Flüchtlinge und Kriegsgeschädigte [The fate of the Germans in Hungary, published by the former Federal Ministry of Displaced Persons, Refugees, and War Victims]. Augsburg, 1994.

Schmidt, Mária. *Kollaboráció vagy kooperáció: A budapesti Zsidó Tanács* [Collaboration or cooperation: The Budapest Jewish Council]. Budapest, 1990.

Seidl, Alfred (ed.). *Die Beziehungen zwischen Deutschland und der Sovjetunion: Dokumente des Auswärtigen Amtes* [The relations between Germany and the Soviet Union: Documents of the German Foreign Ministry]. Tübingen, 1949.

Simmler, Karl. *Die Belagerung von Budapest* [The siege of Budapest]. Zürich, 1989.

Soldaten-Jahrbuch 1994 [Soldiers' yearbook 1994]. Munich, 1994.

Sólyom, József, and László Szabó. *A zuglói nyilasper* [The Zugló Arrow Cross trial]. Budapest, 1967.

Soproni Hírlap [Sopron news (newspaper)].

Söptei, István (ed.). *Az I. Huszárhadosztály a II. Világháborúban: Harctéri naplók, visszaemlékezések* [The I Hussar Division in the Second World War: Battlefield diaries and reminiscences]. Sárvár, 1992.

Sovetskaya Voyennaya Entsiklopediya [Soviet war encyclopedia]. Moscow, vol. 5, 1978; vol. 8, 1980.

Srágli, Béla, and László Bogár. "Tíz évvel ezelőtt . . . A budapesti felszabadító harcok" [Ten years ago . . . The battles of liberation in Budapest]. In *Néphadsereg* 1, 8, 11, 14, 25, 31, 33, 35, 37, 1955.

Stark, Tamás. *Zsidóság a vészkorszakban és a felszabadulás után, 1939–1945.* Budapest, 1995. [*Hungarian Jews During the Holocaust and After the Second World War, 1939–1949.* Trans. Christina Rozsnyai. Boulder, 2000.]

Steiner, Felix. *Die Armee der Geächteten* [The army of the outlawed]. Oldendorf, 1971.

Steinert, Gyula. "Budapest ostroma egy orvos szemével" [The siege of Budapest through the eyes of a doctor]. In *Vigilia* 5, 1995.

Strassner, Peter. *Europäische Freiwillige: Die Geschichte der 5. SS-Panzer-Div. Wiking* [European volunteers: The history of the 5th SS Panzer Division Wiking]. Osnabrück, 1977.

Styemenko, Szergej M. *Ahol a győzelmet kovácsolták* [Where victory was forged]. Budapest, 1969. [Chapters from Sergei M. Shtemenko, *Generalnyy shtab v gody voyny.* Moscow, 1968. *The Soviet General Staff at War: 1941–1945.* Moscow, 1985–1986.]

———. "Európa szívében" [In the heart of Europe]. In *Fáklya* 10, 1972.

Sulyok, Dezső. *A magyar tragédia* [The Hungarian tragedy]. Newark, 1954.

Suworow, Viktor. *Der Eisbrecher: Hitler in Stalins Kalkül,* Stuttgart, 9th ed., 1996. [Victor Suvorov, *Ledokol. kto nachal vtoruyu mirovuyu voynu?* Moscow, 1992. *Ice-breaker: Who Started the Second World War?* Trans. Thomas B. Beattie. London, 1990.]

Svéd, László, and Ágnes Szabó (eds.). *Dokumentumok a magyar párttörténet tanulmányozásához 5, 1939. szeptemberétől 1945. áprilisáig* [Documents for the study of Hungarian party history 5, September 1939–April 1945]. Budapest, 1955.

Svirin M., et al. *Tankove Srazennya. Boj u Ozera Balaton: Yanvar-Mart 1945* [Tank battles at Lake Balaton, January–March 1945]. Moscow, 1999.

Szabadság [Freedom (newspaper)].

Szabó, Balázs. "A 2. Ukrán Front budapesti hadműveletének I. szakasza" [The first phase of the 2nd Ukrainian Front's Budapest operations]. In *HK* 4, 1964.

———. "A 2. Ukrán Front budapesti támadó hadmuveletének II. szakasza" [The second phase of the 2nd Ukrainian Front's Budapest assault operations]. In *HK* 1, 1970.

Szabó, Borbála. *Budapesti napló (1944. november–1945. január)* [Budapest diary (November 1944–January 1945)]. Budapest, 1983.

Szakács, Sándor, and Tibor Zinner. *A háború megváltozott természete—Adatok és adalékok, tények és összefüggések, 1944–1948* [The altered nature of war: Information and contributions, facts and connections, 1944–1948]. Budapest, 1997.

Szalai, György. *Kőbánya története* [The history of Kőbánya]. Budapest, 1970.

Szántó, Piroska. *Bálám szamara (Visszaemlékezések)* [Balaam's ass (memoirs)]. Budapest, 1989.

Száva, Péter (ed.). *Fejezetek hazánk felszabadulásának történetéből* [Chapters from the history of the liberation of our homeland]. Budapest, 1975a.

———. (ed.). *Magyarország felszabadítása* [The liberation of Hungary]. Budapest, 1975b.

Szekeres, József (ed.). *Források Budapest történetéhez, 1919–1945* [Sources for the history of Budapest, 1919–1945]. Budapest, n.d.

Szentgróti, Éva. "Egy szovjet hadijelentés nyomában" [On the track of a Soviet war report]. In *Magyar Nemzet* 37, 1955.

Szép, Ernő. *Emberszag: Visszaemlékezések.* Budapest, 1989. [*Smell of Humans: Memoir of the Holocaust in Hungary.* Trans. J. Bakti. Budapest, 1994.]

Szidnainé Csete, Ágnes. *A 125 éves budapesti állat- és növénykert története: 1866–1991* [The 125-year history of the Budapest Zoo and Botanical Gardens, 1866–1991]. Budapest, 1991.

Szilágyi, István. "A kör bezárul (Tanulmányrészlet)" [The circle closes (Part of a study)]. In *Három fekete évtized* [Three black decades]. Budapest, 1946.

Szirmai, Rezső. *Fasiszta lelkek: Pszichoanalítikus beszélgetések háborús főbűnösökkel a börtönben* [Fascist souls: Psychoanalytical conversations with major war criminals in prison]. Budapest, 1993.

Szita, Szabolcs (ed.). *Magyarország 1944: Üldöztetés—Embermentés* [Hungary 1944: Persecution—rescue]. Budapest, 1994.

Szmirnov, Szergej. "Harcban született barátság." [Sergei Smirnov, friendship born in battle.] In *Új Világ* 7, 1949.

———. *Harcban Budapestért* [In battle for Budapest]. Budapest, 1952. [Sergei Smirnov, *Na polyakh Vengrii.* Moscow, 1954.]

Szombat [Saturday (newspaper)].

Sztéhló, Gábor. *Isten kezében.* Budapest, 1984. [*In the Hands of God.* Budapest, 1994.]

Teleki, Éva. *Nyilas uralom Magyarországon* [The Arrow Cross rule in Hungary]. Budapest, 1974.

Tersánszky, Józsi J. *Egy kézikocsi története* [The story of a handcart]. Budapest, 1949.

———. *Nagy árnyakról bizalmasan (Visszaemlékezések)* [In confidence about large shadows (Memories)]. Budapest, 1962.

Tétény-Promontor: Budapest XXII. kerületének története [Tétény-Promontor: The history of the XXII district of Budapest]. Budapest, 2d ed., 1988.

Thassy, Jenő. *Veszélyes vidék: Visszamlékezések* [Dangerous region: Reminiscences]. Budapest, 1999.

Thuróczi, György. *Kropotov nem tréfál* [Kropotov is not joking]. Debrecen, 1993.

Tiszay, Andor. *Budapest felszabadulásának dokumentumai* [Documents on the liberation of Budapest]. Budapest, 1955.

Tóth, Sándor. "Steinmetz Miklós." In *Forradalomban, háborúban.* ["Miklós Steinmetz" in In revolution and war.] Budapest, 1974.

———. *Budapest felszabadítása* [The liberation of Budapest]. Budapest, 1975a.

Tóth, Sándor. (ed.). *Hősök: A Szovjetunió Hősei a magyarországi felszabadító harcokban 1944–1945* [Heroes: The heroes of the Soviet Union in the Hungarian battles of liberation, 1944–1945]. Budapest, 1975b.

———. *A Budai Önkéntes Ezred* [The Buda Volunteer Regiment]. Budapest, 1980.

———. *Budai önkéntesek* [Buda Volunteers]. Budapest, 1985.

Újlaki, László. "A galántai zászlóalj és a 'vörös Csepel'" [The Galántai battalion and "red Csepel"]. In *Egyesületi Értesítő* 19, 1973.

Új Magyarság [New Hungarians (newspaper)].

Újpest története [The history of Újpest]. Budapest, 1977.

Új Szó [New word (newspaper)].

Új Tükör [New mirror (newspaper)].

Új Világ [New world (newspaper)].

Varga, László. *Kérem a vádlott felmentését* [I request the acquittal of the defendant]. New York, 1981.

Vas Zoltán polgármester jelentése a Székesfőváros közigazgatásának működéséről 1945. május 16.1946.–november 16. [Mayor Zoltán Vas's report on the activities of the capital's public administration, 16 May 1945–16 November 1945]. Budapest, 1946.

Veress, Csaba D. *A Dunántúl felszabadítása* [The liberation of Transdanubia]. Budapest, 1985.

Vigilia [Vigils (newspaper)].

Világosság [Light (newspaper)].

"Vízmüvek az ostrom alatt" [The waterworks during the siege]. In *A Szabad Nép naptára* [The free people's diary]. Budapest, 1947.

Walendy, Udo. *Einsatzgruppen im Verbande des Heeres* [Einsatzgruppen within the army]. Preussisch-Oldendorf, 1983.

Wiking Ruf [Viking call (newspaper)].

Woche, Klaus. "Die Soldaten der 'Feldherrnhalle'" [The soldiers of the Feldherrnhalle Division]. In *Zeitschrift für Heereskunde* 272, 1977.

Zaharov, Matvej Vasziljevics. *Délkelet-és Közép-Európa felszabadítása.* [Matvei Vasilevich Zakharov, The liberation of southeast and central Europe.] Budapest, 1973. [Matvei Vasilevich Zakharov, *Osvobozhdenie Yugo-Vostochnoy Tsentralnoy Yevropy voyskami vtorogo i tretyego Ukrainskikh frontov.* Moscow, 1970.]

Zákó, András. *Őszi harcok 1944* [Battles in autumn 1944]. Budapest, 1991.

Zamercev, Ivan Tyerentyevics. *Emlékek, arcok, Budapest: Egy szovjet városparancsnok visszaemlékezései.* [Ivan Terentevich Zamertsev, Memories, faces, Budapest: Memoirs of a Soviet city commander.] Budapest, 1969. [Ivan Terentevich Zamertsev, *Cherez gody i rasstoyaniya.* Moscow, 1965.]

Zayas, Alfred Maurice de. *Die Wehrmacht-Untersuchungsstelle: Deutsche Ermittlungen über alliierte Völkerrechtsverletzungen im Zweiten Weltkrieg.* Munich, 1980. [*The Wehrmacht War Crimes Bureau, 1939–1945.* Lincoln, 1989.]

Zeitschrift für Heereskunde [Journal of army studies].

Zentai, Gyula. "Budapest felszabadítása" [The liberation of Budapest]. In *HK* 1, 1955.

Zolnai, László. "Egy SS-főhadnagy leleplezte a Margit híd felrobbantásának titkát: Nyilas gonosztevők okozták a sokszáz ember halálát előidéző borzalmas szerencsétlenséget" [An SS first lieutenant has revealed the secret of the blasting of Margit Bridge: The terrible disaster that cost the lives of several hundred people was caused by Arrow Cross criminals]. In *Világosság* 77, 1947.

———. "Decembertől februárig" [From December to February]. In *Népszabadság*, 9 February 1985.

———. *Hírünk és hamvunk (Tények és tanúk)* [Our traces (Facts and witnesses)]. Budapest, 1986.

Zsolt, Béla. *Kilenc koffer*. Budapest, 1980. [*Nine Suitcases*. Trans. Ladislaus Löb. London, 2004.

Zsombor, János. *Így történt* [This is how it happened]. Budapest, 1955.

档案资料

Hadtudományi Levéltár Budapest [Archive of Military History, Budapest] (HL)

现代文献

Documents of the operational section of the Hungarian army general staff (VKF) 304, 304/a, 305, 306, 306/a, 306/b.

Documents of the Hungarian 10th Infantry Division, box 90.

Daily reports of the Hungarian 12th Reserve Division, box 29.

Documents of the IX SS Mountain Army Corps and the 13th Panzer Division. No number.

Documents of the national Chief Inspector of the Royal Hungarian Police, box 21, I. 107.

War diary and attachments of the Army Group South on microfilm, 896–901.

Hindy's trial file on microfilm, 1068.

Winkelmann's notes on microfilm, 1053, 1071.

研究文集（TGY）

Almay, Béla. Lecture and private diary. TGY 3091.

———. *A Budapestért vívott harc* [The struggle for Budapest]. TGY 3314.

Bakos, Tibor, and Erno Gödry. *Feljegyzés az egykori M.Kir. 153. kerékpáros utász századról* [Note on the former Royal Hungarian 153rd Bicycle-Pioneer Company]. No number.

Berthold, Hermann. *Visszaemlékezés a második Ukrán Frontnál eltöltött időre* [Recollections of time spent with the 2nd Ukrainian Front]. TGY 2814.

Bíró, József. *A Tatárhágótól Budapestig* [From the Tatárhágó Pass to Budapest]. TGY 3053.

Bíró, József. *Budapest védői* [The defenders of Budapest]. TGY 3251.

Botár, Elek. *A Morlin-csoport* [The Morlin Group]. TGY 3368.

Darnói, Pál. Collection of documents, including correspondence with former officers of the Royal Hungarian Police and Gendarmerie about the siege of Budapest. TGY 3070.

Egyedi, Balázs. *Sorstól űzve, hányavetetten* [Persecuted by fate]. TGY 3029.

Elischer, Gyula, *Visszaemlékezés a M. Kir. I. Honvéd Egyetemi Rohamzászlóalj megalakulásának napjaira 1944-ben* [Recollections of the days of the foundation of the Royal Hungarian Honvéd I University Assault Battalion in 1944]. TGY 3180.

Horváth, Dénes. *A 201/1 légvédelmi ágyúüteg részvétele a budapesti harcokban* [The 201/1 Antiaircraft Battery's participation in the fighting in Budapest]. TGY 3078.

Kokovay, Gyula. *Kitörés és átjutás* [Break-out and escape]. TGY 3369.

Konkoly-Thege, Aladár. *Tépett lobogó* [Torn flag]. TGY 3273.

Lám, Béla. *Emlékek gyertyafénynél* [Recollections by candlelight]. no number.

Lisszay, Aurél. *A Budapestért vívott harc* [The struggle for Budapest]. TGY 3072.

Marosújvári, Géza. *Ejtőernyős katonai szolgálatom emlékei* [Memories of my paratrooper service]. TGY 2904.

Mucsy, Iván. *Békéstől Békésig: Egy volt hadapródiskolai növendék emlékiratai* [From Békés to Békés: Memoirs of a former cadet]. no number.

Paulics, József. *Budapest végnapjai* [The last days of Budapest]. TGY 2829.

Péchy, György. *Csapattiszt voltam a Magyar Királyi Honvédségben* [I was a combat-troop officer in the Royal Hungarian Honvéd Army]. TGY 3184.

Pothradszky, Ádám. *A Hunyadi hadosztály* [The Hunyadi Division]. TGY 2830.

Rakovszky, István. *A M. Kir. Jurisics Miklós Honvéd Tüzér Osztály harcai Budapest védelmében* [The battles of the Royal Hungarian Honvéd Artillery Battalion: Jurisics Miklós in the defense of Budapest]. TGY 3269.

Rhédey, Tamás. *A Morlin-csoport története a budapesti ostrom idején* [The history of the Morlin Group at the time of the siege of Budapest]. TGY 3271.

Salamon, Aurél. *Budán történt* [It happened in Buda]. TGY 3116.

———. *Az elsüllyedt hadosztály* [The sunken division]. TGY 3179.

Salamon, Zsigmond. *Katonai szolgálatom a 202. fényszóró osztálynál* [My military service with the 202nd Searchlight Detachment]. TGY 3365.

Sárközi, Sándor, and Barnabás Csécsi. *A Budai Önkéntes Ezred kialakulása és harcai* [The development and battles of the Buda Volunteer Regiment]. TGY 2856.

Soltész, Emil. *Adatok a M. Kir. "Árpád fejedelem" 2. huszárezred történetéhez* [Data for the history of the Royal Hungarian "Árpád fejedelem" 2nd Honvéd Hussar Regiment]. TGY 3054.

Szalay, István. *Memoir*. No number.

Tassonyi, Edömér. "Zuhanóugrás" [Free fall]. In *Kritika*, 12 January 1982. No number.

Vajda, Alajos. *Az 1. páncéloshadosztály története* [The history of the 1st Armored Division]. TGY 2772.

———. *Budapest ostromának anyagi tanulságai* [The material lessons taught by the siege of Budapest]. TGY 2832.

Vass, Dénes. *A M. Kir. I. Egyetemi Rohamzászlóalj 2. századának története* [The history of the 2nd Company of the Royal Hungarian I University Assault Battalion]. TGY 3302.

Bundesarchiv—Militärarchiv Freiburg [Federal archive—Military archive Freiburg] (BA-MA)

国防军文献

Heeresgruppenkommando RH 19 V/ 58-63 (Bestand Heeresgruppe Süd).

Generalkommando RH 24-72 (LXXVII. Armeekorps).

RH 24-202 (I. Kavalleriekorps).

OKH Generalstab RH 2/96k, 332, 720–723, 1387, 1398, 1418, 1420, 1421, 1426, 1428, 1468, 1950, 2338, 2358, 2468, 2960, 2883.

RH2 Ost Karten 4999-6257 (Panzerlage).

General der Panzertruppen RH 10/105, 139, 151, 206, 328, 350.

General der Pioniere und Festungen RH 11 III/25.

Inspektion der Infanterie RH 12-2/69.

13. Panzerdivision RH 27-13/160–165.

RH 80/B 11.

Wehrmachtführungsstab RW 4/44, 79, 84, 460, 482–485, 494, 584, 670, 714, 801, 802, 845, 900.

Amt Ausland/Abwehr RW49/145.

N 643/v13, documents of Helmut Wolff.

手稿集

Balck, Hermann. Documents from the estate. N 647/12–23, 41–43.

Hübner, Werner. *Geschichte der in Ungarn eingesetzten Panzereinheiten* [History of the panzer units deployed in Hungary]. MSg 2/238.

Mückl, Ludwig. *Zwischen Don und Donau: Lebensweg eines Volksdeutschen aus Siebenbürgen* [Between the Don and the Danube: A Transylvanian ethnic German's journey through life]. MSg 2/5407.

Nachtmann. *Die letzten Tage im Ausbruch aus Budapest* [The last days of the break-out from Budapest]. RH 39/524.

Pfeffer-Wildenbruch, Karl. Documents from the estate. N 370/1–11.

Schweitzer, Ernst. *Der Kessel von Budapest* [The Budapest cauldron]. MSg 2/4631.

Manuscript Collection of the Országos Széchényi Könyvtár
[National Széchényi library] (OSZK)

Faragó Ödönné báró Urbán, Jusztina. *Buda ostroma és ami utána történt a Logodi utca 31. sz. házban: Naplóm, 1944. december 22-től 1945. március 16-ig* [The siege of Buda and what happened afterward at 31 Logodi Street: My diary, from 22 December 1944 to 16 March 1945]. Fol. Hung. 3646.

Csécsy, Imre. *Napló* [Diary]. OSZK Fond 36/1589.

Lichtenberg, Judit von [Judit Láng]. *Visszaemlékezések 1945-re* [Memories of 1945]. Analekta 11.579.

Ney, Klára Mária. *Budavár Ostroma* [The siege of the Buda Castle district], Analekta 12.172.

Rácz Pálné Újfalussy, Klára. *Naplóm* [My diary]. V. 139/57/95.

Szuly, Gyula. *A "Háttér a vár" háttere* [The background to "The background is the Castle district"]. Fol. Hung. 3568.

Szép, Anna. *Feljegyzések Szép Ernőről* [Notes about Ernő Szép]. Fond 81/820.

Tonelli, Sándor. *Budapest szörnyű napjai: Az ostrom története 1944 október–1945. május* [The terrible days of Budapest: The history of the siege, October 1944–May 1945]. OSZK, Fol. Hung.

———. *Az ostrom története: Emlékek* [The history of the siege: Memories]. Canada before 1950, Fol. Hung. 3629.

Újfalussy Lászlóné Murányi, Klára. *Napló: Budapest-Nyíregyháza. 1944. december 24–1945. május 7* [Diary: Budapest-Nyíregyháza, 24 December 1944–7 May 1945]. QH 3171.

私人收藏

我要感谢下列研究者允许我使用他们的私人藏品中的材料：Péter Gosztonyi、Pál Dobay、Dénes Vass、Péter Zwack Jr.、ándor Tóth、László Hingyi。"采访、书信与回忆录"部分列出了提供其他书面或口头材料的人士的名单。

Anon. An unknown student's memoir of the break-out and escape. Dénes Vass collection.

Billnitzer, Ernő. *Memoir*. Sándor Tóth collection.

Bolyos, Rezső Ákos P. *Pálosok magyarországon a XX. század első felében* [Pauline friars in Hungary in the first half of the twentieth century].

Csongrádi, András (Budapest resident). Letter.

Dalmy, Tibor (Budapest resident). Letter.

Dávid, András. Notes.

Dema, Andor (1st Armored Division). Manuscript.

Esterházy, Kázmérné. Diary.

Farkas, Erik. Diary.

Friedrich, Helmut. *Wanderer zwischen Krieg und Frieden* [A wanderer between war and peace]. Manuscript.

Galántay, Ervin. *Boy Soldier: Five Days in the Life of a Dispatch-Runner: Excerpts from the Defense of Budapest, 1944–45.* Self-published.

———. Letters to the author.

Garád, Róbert (assault artillery first lieutenant). Memories of the 7th Assault Artillery Detachment's Battles and Break-out.

Gödry, Ernő. Notes of the former commander of the 153rd Bicycle Pioneer Company.

Gömöri, György. *Budapest ostroma (napló)* [The siege of Budapest (Diary)].

Hanák, Sándor (captain, commander of 10th Infantry-Artillery Battalion). Report no. 6 about the fighting at Baracska on 8–9 December 1944.

Herbert, Jakob (8th SS Cavalry Division Florian Geyer). Memoir.

Hingyi, László. *Nyilas Hungarista pártszolgálatosok bevetései a budapesti harcokban* [The deployment of Arrow Cross Hungarist Party militiamen in the fighting in Budapest]. Manuscript.

Klein, Erich. Contribution to *Das Soldaten-Jahrbuch* [The soldiers' yearbook]. Manuscript.

Kovács, Ferenc X. *Villanások* [Flashes]. Manuscript.

Litteráti-Lóotz, Gyula. Letter to Péter Gosztonyi.

Lukács, Gyula. *A pokol stációi: Emlékirat a II. Világháborúból* [The stations of hell: Memoir from the Second World War]. Manuscript (by courtesy of Mrs Ernőné Lakatos).

Major, Norbert. *A 102. fogatolt vegyiharczászlóalj Buda várának védelmében* [The 102nd Horse-Drawn Chemical Warfare Battalion in the defense of Buda Castle]. Manuscript.

Monspart, Gábor (hussar colonel). Memoir.

M. v. K. önkéntes ápolónő visszemlékezése a Sziklakórházban töltött időkre [Voluntary nurse M. v. K.'s memories of her times in the Rock Hospital]. Manuscript (Dénes Vass collection).

Ney, Klára Mária. *Budapest ostroma* [The siege of Budapest]. Manuscript.

Nyiredy, Szabolcs (private). Memoir.

Portugall, Kurt (Hauptsturmführer antiaircraft battalion commander, 8th SS Cavalry Division Florian Geyer). Memoir.

Schlosser, Franz (8th SS Cavalry Division Florian Geyer). Memoir.

Schöning, Wilhelm (reserve lieutenant-colonel, 13th Panzer Division). Documents, notes, and contemporary maps.

Schreiner, János. Diary.

Schweitzer, Ernst. Report of 26 February 1945 on the engagements of the 13th Panzer Division and the break-out. Manuscript.

Seidl, Marietta. *Ostrom* [Siege]. Manuscript.

Sipeki, Balás, Lajos. *1945. január 1-i Mikó-Bondor akció története* [The history of the Mikó-Bondor action of 1 January 1945]. Manuscript.

Szirtes, Tibor. *Három hónapom a székesfővárosi autóbuszüzemben: 1944–1945* [My three months with the bus company in the capital, 1944–1945]. Manuscript.

Teske, Hans Georg (8th SS Cavalry Division Florian Geyer). Memoir.

Tomka, Emil. *A szentesi M. Kir "Árpád feldjedem 2/I. honvéd huszárosztály harctéri naplója 1944–1945* [Battlefield diary of the Royal Hungarian "Prince Árpád" 2/I Honvéd Hussar Battalion, 1944–1945].

Válas, György. Letter.

Vályi, Lajos (1st Assault Artillery Detachment). Memoir.

Varga, József. *Átélt események 1944. december 23. és 28. között* [Events experienced between 23 and 28 December 1944]. Manuscript.

Városy, Péter (1st Assault Artillery Detachment). Memoir.

Vass, Dénes. *Egyetemisták az ostromgyűrűben: Az I. Honvéd Egyetemi Rohamzászlóalj története* [University students in the encirclement: The history of the I Honvéd University Assault Battalion]. Manuscript.

Wachter, Hans-Otto (8th SS Cavalry Division Florian Geyer). Memoir.

采访、书信与回忆录

我特别感谢下列人士。若没有他们的帮助与建议，本书不可能完成。

对于在布达佩斯战役期间服兵役的人士，我给出了他们当时的军衔和所在单位。对于为我提供帮助的当地居民和研究者，我给出了相应的说明。采访是在1993~1997年进行的，我留有磁带录音或手写的笔记。

Aczél, Ferenc (Budapest resident)
Alberz, Péter (271st Volksgrenadier Division)
André, Dr. László (deputy commissioner, Galántai Gendarmerie Battalion)
Antalóczy, Mrs. Tibor (Budapest resident)
Árvay, Rezső (University Assault Battalion)
Baki, József (researcher)
Baló, Zoltán (second lieutenant, 1st Armored Division)
Barabás, Béla (captain, head of operational section, 1st Armored Division)
Baranyi, László (University Assault Battalion)
Baross, Dénes (first lieutenant, 4th Hussar Regiment)
Baróthy, Miklós (captain, 1st Armored Division)
Bartha, Endre (KISKA)
Bartha, István (second lieutenant, 101st Military Police Company)
Baumgart, Leo-Franz (241st Flaksturmregiment)
Benefi, Géza (Budapest resident)
Benyovszky, Győző (captain, chief of staff, 10th Infantry Division)
Berend, Károly (captain, Berend Group)
Betzler, Wolfgang (lieutenant, diarist of IX SS Mountain Army Corps)

Bierwirth, Willibald (Feldherrnhalle Panzergrenadier Division)

Bődy, Oszkár (Morlin Group)

Boosfeld, Joachim (SS Hauptsturmführer, Florian Geyer 8th SS Cavalry Division)

Böttcher, Heinz (captain, 13th Panzer Division)

Csány, Balázs (lieutenant, 16th Assault Artillery Detachment)

Csipkés, Ernő, Jr. (Budapest resident)

Csongrády, András (Budapest resident)

Czagány, József (Prónay commandos)

Czeczidlowszky, Béla (lieutenant, 40th Artillery Detachment)

Dalmy, Tibor (Budapest resident)

Deseő, László (Budapest resident)

Dobay, Pál (forester and researcher)

Emmerich, Wolfgang (son of survivor)

Entzmann, Martin (Maria Theresia 22nd SS Cavalry Division)

Finger, Johannes (Florian Geyer 8th SS Cavalry Division)

Finta, József (Budapest resident)

Friedrich, Helmut (captain, 13th Panzer Division)

Galántay, Ervin (Vannay Battalion)

Geiss, Erhard (13th Panzer Division)

Gencsy, Tibor (lieutenant, 4th Hussar Regiment)

Gencsy Tiborné Hellenbach, Klotild (Budapest resident)

Grelle, Martin (13th Panzer Division)

Hanák, Sándor (captain, 10th Assault Artillery Detachment)

Haraszti, István (Budapest resident)

Héjj, Ervin (Budapest resident)

Hellenbronth, Gusztáv (commander, II Budapest Assault Battalion)

Hermándy, Iván (first lieutenant, 1st Armored Division)

Hernády, Béla (captain, 1st Armored Division)

Hingyi, László (researcher)

Horváth, Dr. Lóránd (Budapest resident)

Irmay, Ferenc (general staff captain, head of operational section, 12th Reserve Division)

Jerezian, Ara (Arrow Cross deputy district commander, rescuer of Jews)

John, Adolf (SS Unterscharführer, Florian Geyer 8th SS Cavalry Division)

Joó, Oszkár (12th Reserve Division)

Kákosy, Dr. László (Budapest resident)

Kamocsay, Gyula (Honvéd, train group)

Kaszás, István (first lieutenant, 1st Armored Division)

Katona, Dr. Tamás (historian)

Keller, Ernst (corporal, Feldherrnhalle Panzergrenadier Division)

Kerekes, Medárd (University Assault Battalion)

Kézdi-Beck, Géza (Budapest resident)

Klein, Andreas (22nd Cavalry Division)

Klein, Erich (captain, Feldherrnhalle Panzergrenadier Division)
Klein, Michael (SS Unterscharführer, Maria Theresia 22nd SS Cavalry Division)
Kohánszky, Béláné (Budapest resident)
Kokovay, Gyula (cadet, University Assault Battalion)
Kovács, Ferenc X. (general staff captain, head of operations, I Army Corps)
Kovács, Ferencné (Budapest resident, wife of Ferenc X. Kovács)
Kováts, László (201/2 Antiaircraft Artillery Battalion)
Kövendi, Dénes (Budapest resident)
Kükedi, József (Budapest resident)
Kurdi, József (10th Infantry Division)
Kutscher, Otto (13th Panzer Division)
Lakatos, Ernőné (Budapest resident)
Lám, Béla (first lieutenant, Galántai Gendarmerie Battalion)
Lénárt, Lajos (ensign, 16th Assault Artillery Detachment)
Létay, Gyula (captain, 10th Division, Buda Volunteer Regiment)
Linkowski, Alfred (8th SS Cavalry Division)
Lőrincz, András (University Assault Battalion)
Maczkovits, István (Budapest resident)
Major, Norbert (ensign, 101st Horse-Drawn Chemical Warfare Battalion)
Mányoky, István (first lieutenant, 1st Assault Artillery Battalion)
Marthy, Dr. János (local historian)
Martin, Kornél (ensign, Szent László Reserve Division)
Máté, József (local historian)
M. K., Mrs. (Budapest resident)
Mucsy, Iván (Morlin Group)
Nádasdi, Richard (Budapest resident)
Neuburg, Pál (former Budapest resident)
Ney, Klára (Budapest resident)
Nyárády, Gábor (1st Armored Division)
Nyárády, Richárd (Budapest resident)
Paál, Zoltán (Budapest resident)
Pataki, László (Budapest resident)
Pintér, Géza (lieutenant, Antiaircraft Group Buda South)
Prach, Hans (4th Assault Pioneer Company)
Prágay, Dezső (University Assault Battalion)
Rácz, Ernő (Budapest resident)
Rádi, Mrs. László (Budapest Resident)
Ringhoffer, Josef (Maria Theresia 22nd SS Cavalry Division)
Rüblein, Richárd (a.k.a. Szuly, Gyula; Vannay Battalion)
Ruszti, György (Budapest resident)
Safáry, Endre (general staff captain)
Salamon, Aurél (lieutenant, military hospital commander, 4th Hussar Regiment, later Buda Volunteer Regiment)

Salfay, István (Budapest resident)
Sasvári, Endre (researcher)
Schäffer, Georg (Maria Theresia 22nd SS Cavalry Division)
Schönfeld, Rolf (5th SS Panzer Division)
Schweitzer, Ernst (first lieutenant, diarist 13th Panzer Division)
Seidl, Gábor (Budapest resident)
Seidl, Marietta (Budapest resident)
Sélley-Rauscher, Aurél (captain, 25th Assault Artillery Detachment)
Solt, Pál (general staff captain, chief quartermaster, 12th Reserve Division)
Spanberger, Maria (Dorog resident)
Stanley, László (Budapest resident)
Sulyánszky, Jenő (cadet)
Sulzer, Michael (IX SS Mountain Army Corps)
Szablya, János (Budapest resident)
Szabó, Dr. László (cadet, 25th Assault Artillery Detachment)
Szántay, Lajos (University Assault Battalion)
Szentendrei, László (first lieutenant, 10 Infantry Division, Feldherrnhalle Panzer-
   grenadier Division)
Sztrilich, György (researcher)
Takács, János (private, University Assault Battalion)
Tasnádi, Frigyes (Maria Theresia 22nd SS Cavalry Division)
Tesszáry, Zoltán (lieutenant, 1st Armored Division)
Tomcsányi, Ágnes (Budapest resident)
Toperczer, Oszkár (captain, 1st Armored Division, researcher)
Török, László (first lieutenant, Guard Battalion)
Tóth, Sándor (Budapest resident)
Ungváry, Gerő (12th Reserve Division)
Ungváry, József (Morlin Group)
Vadász, Sándor (university professor)
Vajna, Edéné (Budapest resident)
Válas, György (Budapest resident)
Vályi, Dr. Lajos (ensign, 1st Assault Artillery Detachment)
Városy, Péter (cadet, sergeant, 1st Assault Artillery Battalion)
Vass, Dénes (private, University Assault Battalion)
Vasvári, Tibor (lieutenant, Viharos Group)
Wáczek, Frigyes (general staff captain, chief of staff, 1st Armored Division)
Wohltman, Willi (first lieutenant, 13th Panzer Division)
Wolff, Helmuth (lieutenant-colonel, Feldherrnhalle Panzergrenadier Division)
Závori, Lajos (lieutenant, I Army Corps)
Zeisler, Erwin (13th Panzer Division)
Zsohár, György (Maria Theresia 22nd SS Cavalry Division)
Zwack, Peter, Jr. (researcher)

图片版权说明

译名对照表

匈牙利地名中常见的一些元素：

Fasor 大道

Fürdő 浴场

Híd 桥

Körút 林荫道

Palota 宫

Pályaudvar 或 （Vasút） Állomás （火）车站

Sor 巷

Sziget 岛

Temető 墓地

Tér 广场

Út 路

Utca 街

Acsa 奥乔

Aczél, György 奥采尔·捷尔吉

Adony 奥多尼

Afonyin, Ivan Mikhailovich 伊万·米哈伊洛维奇·阿方因

Aggteleky, Béla 奥格泰莱基·贝拉

Albertfalva 阿尔伯特福尔沃

Alcsút 奥尔丘特

Áldás Street 祝福街

Alkotás Street, see Gömbös Gyula Road 奥尔科塔什街，见根伯什·久洛路

Alma Street 奥尔毛街

Almásfüzitő 奥尔马什菲齐特

Almay, Béla 奥尔毛伊·贝拉

Alsógöd 格德

Alsóhegy Street 奥尔索山街

Alsónémedi 下内迈迪

Alsórákos 奥索拉科什

Amerikai Road 美利坚路

Andor Street 翁多尔街

Andrássy Road 安德拉什路

Androniki 安德罗尼基

Angolpark (park) 英国公园

Angyalföld 安约福尔德

Angyalföld Station, see Magdolnaváros Station 安约福尔德车站，见毛格多尔瑙瓦洛什车站

Anker Palace 安克尔宫

Apponyi Square 奥波尼广场

Aquincum 阿昆库姆

Archive of Military History (Hadtörténelmi Levéltár) 军事历史档案馆

Aréna Road (today Dózsa György Road) 竞技场路（今天的多饶·捷尔吉路）

Árpád Bridge 阿尔帕德桥

Átrium Cinema 阿特里乌姆电影院

Attila Line 阿提拉防线

Attila Road, see Béla király Road 阿提拉路，见贝拉国王路

Avar Street 奥沃尔街

Baár Madas (boarding school) 巴尔·毛道什（寄宿学校）

Baja 包姚

Bajcsy-Zsilinszky, Endre 鲍伊奇-日林斯基·安德烈

Bajna 鲍伊瑙

Bajza Street 鲍伊佐街

Balassagyarmat 包洛绍焦尔毛特

Balaton (lake) 巴拉顿湖

Balck, Hermann 赫尔曼·巴尔克

Bank for Commerce (Kereskedelmi Bank) (today Interior Ministry, Belügyminisztérium) 商业银行（今天的内政部大楼）

Baracska 鲍劳奇考

Baross Street 鲍罗什街

Bartók Béla Road 巴托克·贝拉路

Bartók Béla Square 巴托克·贝拉广场

Batthyányi Square 包蒂雅尼广场

Batthyányi Street 包蒂雅尼街

Bécsi Kapu (gate) 维也纳门

Bécsi Road 维也纳路

Békásmegyer 贝卡希迈耶尔

Béla király Road (today Attila Road) 贝拉国王路（今天的阿提拉路）

Belgrade 贝尔格莱德

Bem Barracks (Bem laktanya) 贝姆兵营

Benyovszky, Gyözö 拜纽夫斯基·哲泽

Beregfy, Károly 拜赖格菲·卡罗伊

Berlin 柏林

Berlin Square (today Nyugati Square) 柏林广场（今天的布达佩斯西站广场）

Bethlen Gábor Square 拜特伦·加博尔广场

Bethlen Gábor Street 拜特伦·加博尔街

Bia 比奥

Biatorbágy 比奥托尔巴吉

Bicske 比奇凯

Csillebérc 奇莱贝尔茨

Csobánka 乔班考

Csolnok 乔尔诺克

Csömör 切莫尔

Dág 达格

Dagály Street 涨潮街

Damjanich Street 道姆尧尼奇街

Danube（river）多瑙河

Danube Bend 多瑙河河弯

Danube Embankment（Dunapart）多
　瑙河堤岸

Danube Promenade（Dunakorzó）多
　瑙河大道

Dány 达尼

Daróczi Road 道罗奇路

Debrecen 德布勒森

Déli Station 布达佩斯南站

Diósárok Street 迪奥沙罗克街

Dobogókő　多博戈科

Döbrentei Square 德布伦泰广场

Dömös 德默什

Döner, Helmut 赫尔穆特·德尔纳

Dorog 多罗格

Dózsa György Street 多饶·捷尔
　吉街

Dráva Street 德拉沃街

Dunaföldvár 多瑙城堡

Dunaharaszti 多瑙豪劳斯蒂

Dunakeszi 多瑙凯西

Dunapentele 多瑙潘泰莱

Ecser 埃切尔

Eger 埃格尔

Egressy Road 埃格赖希路

Ercsi 埃尔奇

Érd 埃尔德

Erdei Lak Restaurant 劳克·艾尔代
　伊饭店

Érsekújvár（Nove Zamky）艾尔谢库
　伊瓦尔（新扎姆基）

Erzsébet Boulevard 伊丽莎白大道

Erzsébet Bridge 伊丽莎白大桥

Esztergom 埃斯泰尔戈姆

Farkasrét Cemetery 福考西莱特公墓

Fehérvári Road 费赫尔瓦里路

Felvonulás Square 菲尔沃努拉什
　广场

Fény Street 光明街

Ferdinánd Bridge 斐迪南大桥

Ferenc Boulevard 费伦茨大道

Ferenc József Bridge（today
　Szabadság Bridge）弗朗茨·约瑟
　夫大桥（今天的自由大桥）

Ferenc-hegy（hill）费伦茨山

久洛路

Haller Street 哈勒街

Hamburg 汉堡

Hanák, Sándor 豪纳克·山多尔

Hankóczy Jenő Street 洪科奇·耶
诺街

Harkály Street 啄木鸟街

Hármashatár hegy (hill) 三边界山

Határ Road 豪塔尔路

Hatvan 豪特万

Hegyalja Road, see Wolff Károly
Street 海吉约尔约路，见沃尔
夫·卡罗伊街

Hegytető Street 海吉泰托街

Herceghalom 海尔采高洛姆

Hermánd Street 赫尔曼德街

Hidegkút 希代格库特

Hidegkúti Road (today Hűvösvölgyi
Road) 希代格库蒂路（今天的许
沃什沃尔吉路）

Himmler, Heinrich 海因里希·希
姆莱

Hindy, Iván 欣迪·伊万

Hofherr-Schrantz (factory) 霍夫赫
尔–施朗茨工厂

Holt-Duna (Dead Danube, river
branch) 死多瑙河（多瑙河支流）

Horthy, Miklós 霍尔蒂·米科洛什

Horthy Miklós Bridge 霍尔蒂·米克
洛什大桥

Horthy Miklós Road 霍尔蒂·米克
洛什路

Horthy Miklós Square 霍尔蒂·米克
洛什广场

Horváth Mihály Square 霍瓦特·米
哈伊广场

Horváth, Sándor 霍瓦特·山多尔

Hősök Square 英雄广场

Hungária Boulevard 匈牙利大道

Hunyadi Road 匈雅提路

Hűvösvölgy (valley) 许沃什沃尔吉
（山谷）

Hűvösvölgyi Road, see Hidegkuti Road
许沃什沃尔吉路，见希代格库
蒂路

Ignotus Street, see Klára Street 伊格
诺图斯街，见克拉劳伊街

Institute of Forensic Science
(Törvényszéki Orvostani Intézet)
法医研究所

Institute of Military History
(Hadtörténeti Intézet) 军事历史
研究所

Ipoly (river) 伊波伊河

Isaszeg 伊沙塞格

伊路）

Kiscell 基什采尔

Kiscelli Road 基什采尔路

Kiskőszeg（Batina）基什科赛格（巴蒂纳）

Kiskunhalas 基什孔豪洛什

Kisoroszi 基绍罗西

Kispest 小佩斯

Kisrákos 基什拉科什

Kistarcsa 小陶尔乔

Klára Street（today Ignotus Street）克拉劳伊街（今天的伊格诺图斯街）

Klauzál Square 克劳乌扎尔广场

Klotild Street 克洛蒂尔德街

Kőbánya 采石场区

Kőbánya-alsó Station 下采石场车站

Költő Street 诗人街

Komárom 科马罗姆

Königsberg（Kaliningrad）柯尼斯堡（加里宁格勒）

Könyves Kálmán Boulevard 卡尔曼大道

Korong Street 科隆街

Kossuth Square 科苏特广场

Kosztolányi Desző Square, see Lenke Square 科斯托拉尼·德索广场，见兰凯广场

Kovács, Ferenc X. 科瓦奇·费伦茨·X.

Kovács, Imre 科瓦奇·伊姆雷

Kovalovszky, Miklós 科沃洛夫斯基·米克洛什

Kovarcz, Emil 科沃尔奇·埃米尔

Kozma Street 科兹马街

Krisztina Boulevard 克里斯蒂娜大道

Krisztina Church（Krisztina templom）克里斯蒂娜教堂

Krisztinaváros 克里斯蒂娜城

Kun, Alfréd 库恩·阿尔弗雷德

Kündiger, Herbert 赫伯特·屈恩迪格

Kunmadaras 孔毛道劳什

Kurucles 库鲁茨莱什

Kurland 库尔兰

Kútvölgy（valley）库特维尔日山谷

Kútvölgyi Road 库特维尔日路

Labanc Road 劳班茨路

Lágymányos 拉伊曼约什

Lajosmizse 洛约什米热

Lakihegy 劳基海吉

Látó-hegy（hill）拉托山

Leányfalu 雷安尼弗卢

Légrády（printworks）莱格拉迪印刷厂

Lehel Street 莱海尔街

Leningrad（St Petersburg）列宁格勒
（圣彼得堡）

Lenke Square （today Kosztolányi
Dezső Square）兰凯广场（今天
的科斯托拉尼·德索广场）

Léva（Levice）雷沃（莱维采）

Lidice 利迪策

Lipótmező 利普特迈佐

Little Boulevard（Kiskörút）小环路

Little Hungarian Plain 小匈牙利平原

Lónyay Street 洛尼奥伊街

Lövőház Street 洛沃哈兹街

Lübeck 吕贝克

Ludovika Academy （Ludovika-
akadémia）卢多维卡军事学院

Magdolnaváros Station （today
Angyalföld Station）毛格多尔瑙瓦
洛什车站 （今天的安约福尔德
车站）

Maglód 毛格洛德

Major, Norbert 马约尔·诺伯特

Makó 毛科

Mány 马尼

Marcibányi Square 毛尔齐巴尼伊
广场

Margit Boulevard 玛格丽特大道

Margit Bridge 玛格丽特桥

Margit Island 玛格丽特岛

Margit Line 玛格丽特防线

Margit Quay（Margit rakpart）玛格
丽特码头

Mária Valéria Bridge 玛丽亚·瓦莱
丽大桥

Máriahalom 马里奥豪洛姆

Maros Street 毛罗什街

Mártonhegyi Road 马尔通山路

Martonvásár 毛尔通瓦沙瓦

Márvány Street 大理石街

Mátra（hills）马特劳山

Mátray Street 马特劳伊街

Mátyás király Road 马加什国王路

Mátyás Street 马加什街

Mátyásföld 马加什福尔德

Mátyás-hegy（hill）马加什山

MÁVAG arms factory （MÁVAG
fegyvergyár）匈牙利王家钢铁机
械厂（兵工厂）

Mechwart Square 迈希沃特广场

Mészáros Street 梅萨罗什街

Metropol Hotel 大都会酒店

Mexikói Roa 墨西哥路

Mikó, Zoltán 米科·佐尔坦

Mikó Street 米科街

Ministry of Defence （Honvédelmi

Minisztérium）匈牙利国防部

Miskolc 米什科尔茨

Mogyoród 莫焦罗德

Monor 莫诺尔

Mór 莫尔

Móric Zsigmond Square, see Szent
Imre Square 莫里茨·日格蒙德广
场，见圣伊姆雷广场

Moszkva Square, see Széll Kálmán
Square 莫斯科广场，见塞尔·卡
尔曼广场

Munkácsy Mihály Street 蒙卡奇·米
哈伊街

Municipal Theatre（Városi Színház）
市剧院

Museum of Military History
（Hadtörténeti Múzeum）军事历
史博物馆

Múzeum Boulevard 博物馆大道

Nagy Sándor Street 纳吉·山多尔街

Nagy-Svábhegy（hill）（today
Szabadság-hegy）大施瓦布山
（今天的自由山）

Nagybajom 大包约姆

Nagykőrösi Road 大克勒什路

Nagykovácsi 大科瓦奇

Nagykovácsi Road 大科瓦奇路

Nagyszálló Hotel 瑙吉萨洛旅馆

Nagytétény 大特特尼

Nagyvárad（Oradea）大瓦劳德（奥
拉迪亚）

Naphegy（hill）太阳山

Nárcisz Street 水仙街

National Bank（Nemzeti Bank）国家
银行

National Museum（Nemzeti Múzeum）
国家博物馆

Németh, Dezsö 内梅特·德热

Németvölgy 内梅特沃尔吉

Németvölgy Cemetery 内梅特沃尔吉
公墓

Németvölgyi Road 内梅特沃尔吉路

Népliget（park）人民公园

Normafa Road 诺尔毛福路

Notre Dame de Sion（convent）锡安
圣母修道院

Nyíregyháza 尼赖吉哈佐

Nyugati Square, see Berlin Square 布
达佩斯西站广场，见柏林广场

Nyugati Station（West Station）布达
佩斯西站

Nyúl Street 兔子街

Óbuda 古布达

Óbuda Island 古布达岛

Ócsa 欧乔

Oktogon Square 八角广场

Olasz Avenue （ today Szilágyi Erzsébet Avenue）欧洛斯大道（今天的西拉吉·伊丽莎白大道）

Old Cemetery（Régi temető）老公墓

Opera 歌剧院

Orbánhegy（hill）奥尔班山

Orczy Road 欧尔齐路

Orczy Square 欧尔齐广场

Ördög-Árok（culvert）厄尔德格－阿罗克涵洞

Öreg-Duna （ Old Danube, river branch）老多瑙河（多瑙河的支流）

Orsós, Ferenc 欧尔绍什·费伦茨

Örs vezér Square 厄尔什维泽尔广场

Ostapenko, Ilya Afanasevich 伊利亚·阿法纳西耶维奇·奥斯塔片科

Ostrom Street 奥斯特罗姆街

Oszlányi, Kornél 欧斯拉尼·科尔内尔

Ózd 欧兹德

Palatinus baths 包劳蒂努什浴场

Párkány（Stúrovo）帕尔卡尼（什图罗沃）

Parliament Building（Parlament）议会大楼

Pasarét 鲍绍莱特

Pasaréti Road 鲍绍莱特路

Pasaréti Square 鲍绍莱特广场

Páty 帕吉

Pécel 佩采尔

People's Stadium（Népstádion）人民体育馆

Perbál 派尔巴尔

Perényi Road 派雷尼禄

Pesthidegkút 佩斯希代格库特

Pestszenterzsébet 佩斯圣伊丽莎白

Pestszentimre 佩斯圣伊姆雷

Pestszentlőrinc 佩斯圣洛伦茨

Pestújhely 佩斯新城

Petőfi Bridge 裴多菲大桥

Petőfi Road, see Gömbös Gyula Road 裴多菲路，见根伯什·久洛路

Pfeffer-Wildenbruch, Karl 卡尔·普费弗－维尔登布鲁赫

Piac Square 皮奥茨广场

Pilis（hills）皮利什山

Pilis-nyereg（saddle）皮利什山脊

Pilisborosjenő 皮利什博罗什耶内

Piliscsaba 皮利什乔包

Piliscsév 皮利什切夫

Pilisjászfalu 皮利什亚斯福卢

Pilismarót 皮利什毛罗特

Pilisszántó 皮利什桑托

Pilisszentiván 皮利什森蒂万

Pilisszentkereszt 皮利什圣凯赖斯特

Pilisszentlélek 皮利什圣雷莱克

Pilisvörösvár 皮利什红堡

Pliev, Issa Aleksandrevich 伊萨·亚历山德罗维奇·普利耶夫

Podmaniczky Street 波德马尼茨基街

Pomáz 波马兹

Post Office Palace 邮局宫

Prime Minister's Palace（Miniszterelnökségi palota）总理府

Pusztazámor 普斯陶扎莫尔

Pusztaszeri Road 普斯陶塞尔路

Racecourse（Lóversenytér）赛马场

Ráckeve 拉茨凯韦

Radetzky Barracks（Radetzky-laktanya）拉德茨基兵营

Rákóczy Road 拉科奇路

Rákos（stream）拉科什溪

Rákos Station 拉科什车站

Rákoscsaba 拉科什乔包

Rákosfalva 拉科什福尔沃

Rákoskeresztúr 拉科什凯莱斯图尔

Rákospalota 拉科什宫

Rákosrendező Station 拉科什兰德佐车站

Rákosszentmihály 拉科什圣米哈伊

Ráth György Street 拉特·捷尔吉街

Regent Building（Regent-ház）摄政大楼

Remete-hegy（hill）赖麦特山

Remetehegyi Road 赖麦特山路

Retek Street 萝卜街

Rézmál 雷兹马尔

Rigó Street 里格街

Róbert Károly Boulevard 罗伯特·卡罗伊大道

Rókus-hegy（hill）罗库什山

Roman baths 罗马浴场

Rothermere Street（today Balaton Street）罗瑟米尔街（今天的巴拉顿街）

Rotta, Angelo 安杰洛·罗塔

Rottenbiller Street 罗滕比勒街

Royal Hotel 王家酒店

Royal Palace（Várpalota）王宫

Rózsa Street 罗饶街

Rózsadomb（hill）玫瑰山

Salamon, Aurél 萨拉蒙·奥雷尔

Salesian boarding school（szalézi internátus）天主教慈幼会寄宿学校

Sándor, András 安德拉什·山多尔

Széchenyi-hegy（hill）塞切尼山

Szeged 塞格德

Széher Road 西海尔路

Székesfehérvár 塞克什白堡

Széll Kálmán Road 塞尔·卡尔曼路

Széll Kálmán Square（today Moszkva
　　Square）塞尔·卡尔曼广场（今
　　天的莫斯科广场）

Szemlő-hegy（hill）塞姆洛山

Szénasquare 干草广场

Szent Imre Square（today Móricz
　　Zsigmond Square）（今天的莫里
　　茨·日格蒙德广场）

Szent István Boulevard 圣伊什特万
　　大道

Szent István Square 圣伊什特万广场

Szentendre 圣安德烈

Szentendre Island 圣安德烈岛

Szentháromság Square 圣三一广场

Szentháromság Street 圣三一街

Szentkirályi Street 森特基拉利街

Szépilona 希皮罗纳

Szépjuhászné saddle（Szépjuhászné-
　　nyereg）西普尤哈斯内山脊

Szépvölgyi Road 塞普沃尔吉路

Sziklakápolna（chapel）西科劳卡波
　　尔纳礼拜堂

Szilágyi Erzsébet Avenue see Olasz

Avenue 欧洛斯大道

Szilas（stream）西洛什溪

Szinyei Merse Street 西涅伊·迈尔
　　谢街

Szolnok 索尔诺克

Szomor 索莫尔

Tabán 陶班

Tabán Park 陶班公园

Tahi 陶希

Táncsics Mihály Street, see Werbőczy
　　Street 坦契奇·米哈伊街，见韦
　　尔伯齐街

Tarján 陶尔扬

Tárogató Road 塔罗高托路

Tata 陶陶

Tatabánya 陶陶巴尼奥

Tattersaal（racecourse）陶特沙尔赛
　　马场

Tavaszmező Street 陶沃斯迈佐街

Teleki Square 泰莱基广场

Temes Street 蒂米什街

Teréz Boulevard 泰雷兹大道

Tétény 特特尼伊

Tímár Street 蒂马尔街

Tinnye 廷涅

Tisza（river）蒂萨河

Tisztviselőtelep 蒂斯特维赛洛泰

Veresváry, László 韦赖什瓦里·拉斯洛

Vérhalom 维尔豪洛姆

Vérhalom Square 维尔豪洛姆广场

Vérmező(meadow) 血之原野（草地）

Vértes（hills） 维尔泰什山

Vidámpark（amusement park） 主题乐园

Vigadó（concert hall） 维加多（音乐厅）

Viharos, Gyula 维豪罗什·久洛

Villányi Road 维拉尼路

Virányos 维拉尼约什

Virányos Road 维拉尼约什路

Visegrád 维谢格拉德

Vistula（river） 维斯瓦河

Víziváros 水城

Vojvodina 伏伊伏丁那

Volga（river） 伏尔加河

Voronezh 沃罗涅日

Vörösmarty Street 沃勒什毛尔蒂街

Wáczek, Frigyes 瓦采克·弗里杰

War Academy（Hadiakadémia） 军事学院

Warsaw 华沙

Werbőczy Street（today Táncsics Mihály Street） 韦尔伯齐街（今天的坦契奇·米哈伊街）

Wesselényi Street 韦塞莱尼街

Winkelmann, Otto 奥托·温克尔曼

Wöhler, Otto 奥托·沃勒

Wolff, Helmut 赫尔穆特·沃尔夫

Wolff Károly Street（today Hegyalja Road） 沃尔夫·卡罗伊街（今天的海吉约尔约路）

Zamertsev, Ivan Terentevich 伊万·特伦特维奇·扎莫采夫

Zámoly 扎莫伊

Zemplén（hills） 曾普伦山

Zichy Jenő Street 齐奇·耶诺街

Zoo（állatkert） 动物园

Zsámbék 让贝克

Zsámbék Basin 让贝克盆地

Zsigmond Square 日格蒙德广场

Zugliget 祖格里盖特

Zugló 祖格洛

图书在版编目（CIP）数据

布达佩斯之围：第二次世界大战中的一百天／（匈）
翁格瓦利·克里斯蒂安著；陆大鹏，刘晓晖译. －－北京：
社会科学文献出版社，2021.5
　　书名原文：The Siege of Budapest：100 Days in
World War II
　　ISBN 978 - 7 - 5201 - 6795 - 6

　　Ⅰ.①布…　Ⅱ.①翁…　②陆…　③刘…　Ⅲ.①第二次
世界大战战役 - 史料 - 匈牙利　Ⅳ.①E195.2

中国版本图书馆 CIP 数据核字（2020）第 102373 号

地图审图号：GS（2020）5043 号（本书地图系原书插附地图）

布达佩斯之围：第二次世界大战中的一百天

著　　者／〔匈〕翁格瓦利·克里斯蒂安（Krisztián Ungváry）
译　　者／陆大鹏　刘晓晖

出 版 人／王利民
组稿编辑／董风云
责任编辑／钱家音

出　　版／社会科学文献出版社·甲骨文工作室（分社）（010）59366527
　　　　　地址：北京市北三环中路甲 29 号院华龙大厦　邮编：100029
　　　　　网址：www. ssap. com. cn
发　　行／市场营销中心（010）59367081　59367083
印　　装／三河市东方印刷有限公司

规　　格／开　本：889mm × 1194mm　1/32
　　　　　印　张：15　字　数：348 千字
版　　次／2021 年 5 月第 1 版　2021 年 5 月第 1 次印刷
书　　号／ISBN 978 - 7 - 5201 - 6795 - 6
著作权合同
登 记 号／图字 01 - 2018 - 8526 号
定　　价／108.00 元

本书如有印装质量问题，请与读者服务中心（010 - 59367028）联系

// 1943 年之前匈军缴获并作为战利品陈列在布达佩斯的苏联装甲车辆，地点是血之原野北端。1945 年，红军把这些车辆运走。

//上图：1944 年 11 月，约阿希姆·鲁莫尔在他的师的阵地中，地点是韦切什。

//下图：1944 年夏季，约阿希姆·鲁莫尔和他的长子在一起，孩子穿着定做的党卫军军服。

// 上图：1945 年 1 月血之原野的航拍照片。
可以看见几架 DSF-230 滑翔机。
// 下图：1945 年 2 月的塞尔·卡尔曼广场。

// 阿尔帕德街的一辆匈军兹里尼突击炮。

// 上图：阿提拉街拜特伦广场前的公园。
// 下图：埃里希·克莱因上尉，"统帅堂"师第 1 炮兵营营长。

// 上图：巴托里路，佩斯一侧。

// 下图：拜特伦广场前的熊蜂式自行火炮。

// 上图：保罗大街 6 号，一群红军士兵。
// 下图：被俘的匈牙利人。

//被红军缴获的德军装甲车辆（追猎者坦克歼击车）和其他车辆，地点是克里斯蒂娜城，距离伊丽莎白大桥不远。

// 上图：被毁的链桥。
// 下图：被毁的链桥的西桥头堡。

//上图：被抛弃的德军半履带装甲车。
//下图：被抛弃的德军豹式坦克。

// 上图：被抛弃的德军装甲车辆。
// 下图：比尔尼策·艾尔诺中将（图中穿的是少校制服），
突击炮兵指挥官。

// 遍布尸体的街道。

// 博托什·拉约什于 1945 年或 1946 年夏季
在布达山区漫游时发现了这个德国士兵的坟墓。

//上图：布达佩斯街道上马的尸体。
//下图：布达佩斯南站附近的一辆五号坦克（豹式坦克），曾由
恩斯特·凯勒驾驶。红军士兵在检查这辆坦克。

//上图：从城堡山向北眺望匈牙利国防部大楼。今天这座大楼
只剩下两层。右侧是约瑟夫大公的宫殿（1945 年之后被拆除）。
//下图：从东面看王宫和萨伏依的欧根亲王纪念碑。

// 上图：从陆军部大楼向北望。

// 下图：从玛格丽特大道向北眺望（宾博路），后面可见统计局大楼。

//上左图：党卫军第 8 骑兵师参谋长斯文·冯·米茨拉夫少校（照片拍摄于 1935 年，他当时是候补军官）。

//上右图：党卫军第 8 骑兵师师长约阿希姆·鲁莫尔，与约阿希姆·布斯菲尔德一起视察前线。

//下左图：党卫军第 8 骑兵师某炮兵营营长哈里·菲克斯上尉。他是少数成功突围的人之一。

//下右图：党卫军第 8 骑兵师师长约阿希姆·鲁莫尔。

//上左图：党卫军第 9 山地军军长，武装党卫军与警察上将卡尔·普费弗 – 维尔登布鲁赫。

//上右图：党卫军第 15 骑兵团团长奥斯瓦尔德·克劳斯（图中还是警察上尉）。

//下图：党卫军第 22 骑兵师师长，党卫队旅队长（少将）奥古斯特·齐恩德。

//上图：党卫军第 22 骑兵师师长，
党卫队旅队长（少将）奥古斯特·齐恩德。
//下图：齐恩德于 1941 年视察毛特豪森集中营。

// 上图：德军的一辆熊蜂式自行火炮。
// 下图：德军的一门 88 mm 高射炮。

//上图：德军的一门 Vomag 高射炮，安装在
汽车的底盘上。炮管上的白圈表示它击落了多少架敌机。
//下图：德军第 13 装甲师的一辆豹式坦克，已被摧毁，时间是
1945 年 2 月 13 日（即突围开始之后），地点是萝卜街的拐角。

//上图：德军第 13 装甲师的一辆豹式坦克，在瓦茨路。沉重的坦克陷入了下水道。

//下图：德军一架 DSF-230 滑翔机在阿提拉大街 37 号一座房屋的屋顶迫降。飞行员被屋梁"斩首"。

//上图：德军一辆被抛弃的熊蜂式自行火炮，地点不详。

//下图：德军一门高射炮。

// 上图：第 13 装甲师师长格哈德·施米德胡贝少将。
// 下图：多瑙河的布达一侧岸边、盖勒特酒店附近，红军收集的德军车辆残骸。

//上图：多瑙河畔。

//下图：多瑙河畔的碉堡。

// 上图：多饶·捷尔吉广场。
// 中图：多饶·捷尔吉广场上被摧毁的德军装甲车。
// 下图：多饶·捷尔吉广场上的死马。

//上图：弗朗茨·约瑟夫大桥的航拍照片。
//下图：福街 81 号门前一辆追猎者坦克歼击车。

// 上图：第13装甲师的车辆以及福街上的房屋。左侧可见一面红十字旗帜。右侧有一座房屋被烧毁。

// 下图：干草广场与塞尔·卡尔曼广场的拐角，向西可见突围时留下的死尸。

// 上图：格哈德·施米德胡贝少将，第 13 装甲师师长。
// 下图：宫殿街上被丢弃的匈军大炮。

//光明街与萝卜街交会处，一辆在突围时被摧毁的豹式坦克。

// 上图：广场上的尸体。
// 下图：赫尔曼·奥托街的一座房屋。

// 上图：赫尔穆特·弗里德里希。
// 下图：霍瓦特花园（城堡山的地道附近）里被丢弃的德军车辆和士兵坟墓。

// 上图：霍瓦特花园内的一辆德军豹式坦克。
// 中图：霍瓦特花园内的一辆德军四号坦克歼击车。
// 下图：霍瓦特花园内的一辆豹式坦克。

//上图：加尔文广场。

//下图：考兰蒂·伊姆雷中将（图中穿的是少将制服），负责维持作战纪律的单位的指挥官。

// 克里斯蒂娜广场 9 号的斯波拉里希咖啡馆。

// 上图：丽思大饭店（围城战之后被拆除，今天这里是洲际酒店）。

// 下图：鲁莫尔刚刚获得骑士十字勋章时的肖像照，当时他还是中校衔。

//上图：玛格丽特大道，摄政王府邸的废墟。
前方有一门德军的 75 mm 反坦克炮。
//下图：玛格丽特大道、贝姆街和霍瓦特街的交会处。

// 玛格丽特大道上的方济各会教堂。

//上图：男性俘虏当中的匈牙利女性。
//下图：庞蒂街被抛弃的德军装甲车。

// 上图：切尔斯路的房屋。

// 下图：切尔斯路附近 MOM 工厂的房屋。

//苏联红军重型榴弹炮第 109 旅（203 mm 口径）的一门重炮。

// 上图：苏联红军重型榴弹炮第 109 旅
（203 mm 口径）的作战日志，图上已经
被摧毁的链桥是该师的最重要目标。
// 下图：苏联一份军事杂志上描绘普费
弗 – 维尔登布鲁赫的讽刺漫画。

//上图：损毁的德军追猎者坦克歼击车。
//下图：损毁的德军车辆。

//上图：太阳山，底格里斯街。

//下图：突围之后的德军死尸。

// 王宫内院。

// 上图：维泰斯街被炸毁的房屋。

// 下图：武装党卫军上尉约阿希姆·布斯菲尔德的照片，拍摄于
1945 年 2 月 21 日之后。

//上图：新亚诺什医院附近瓦洛什
马约尔农庄里的一辆被抛弃的追猎者坦克歼击车。
//下图：匈军的一门博福斯高射炮，地点不详。

//上图：匈军一辆兹里尼突击炮，地点不详。

//下图：匈牙利王国国防部。

//上图：匈雅提路上的黄蜂式自行火炮，前方是德军士兵的墓地。

//下图：血之原野北端。

//上图：血之原野北角，战役结束后被缴获的德军装甲车辆与大炮。
//下图：血之原野边缘被摧毁的德军滑翔机，从南向北看。
DSF-230 滑翔机残骸清晰可见。

//上图：血之原野边缘被摧毁的德军载重滑翔机。
//下图：血之原野的北端。右侧可见曾发生激战的阿提拉街的学校。

//上图：一架苏联轰炸机拍摄的血之原野，视角从南向北，当时血之原野被当作紧急机场使用。雪地里可以看见弹坑。

//中图：一辆宁录式自行高炮。

//下图：战役结束之后布达佩斯南站附近的房屋。

//市中心的战争痕迹。

//市中心的战争痕迹。

//围城战期间及战后的布达佩斯街景。

//围城战期间及战后的布达佩斯街景。

//围城战期间及战后的布达佩斯街景。

//围城战期间及战后的布达佩斯街景。

//围城战中被损毁的房屋。

//围城战中被损毁的房屋。

//围城战中被损毁的房屋。

// 围城战中被损毁的房屋。

//围城战中被损毁的房屋。

//围城战中被损毁的房屋。